国家社科基金
后期资助项目

1971年南亚危机与美巴关系

South Asian Crisis of 1971 and
U.S-Pakistan Relations

张威 ◎ 著

国家社科基金后期资助项目出版说明

后期资助项目是国家社科基金设立的一类重要项目，旨在鼓励广大社科研究者潜心治学，支持基础研究多出优秀成果。它是经过严格评审，从接近完成的科研成果中遴选立项的。为扩大后期资助项目的影响，更好地推动学术发展，促进成果转化，全国哲学社会科学规划办公室按照"统一设计、统一标识、统一版式、形成系列"的总体要求，组织出版国家社科基金后期资助项目成果。

全国哲学社会科学规划办公室

序

当代世界正处在后冷战时期地缘政治格局变动和大国战略调整的新阶段。这种变动和调整涉及全球和地区两个层面，具有全球利益的大国无疑具有主导性地位，然而促使格局变动的契机往往发生于地区性冲突，并将大国拖入其中。如果我们不讨论20世纪冷战特有的意识形态和制度对抗，而只是从地缘政治和国际关系的一般视角回顾当年的冷战历史，那么冷战史提供的历史经验与现实国际政治的相似性就会凸显出来，令人感悟到：冷战的结束只是一度存在的"两个世界"对抗的终结，回归于"一个世界"的人类并没有超越民族国家作为行为主体的国际体系，国际政治的延续性也并未中断。因此，后冷战时期的国际政治与意识形态祛魅后的冷战史便具有了内在的联系，正是在这个意义上，冷战史研究可以成为理解现实的历史之鉴。

20世纪90年代以来，国际学术界兴起了"冷战史新研究"的潮流。与以往的研究比较，"新研究"的特征不仅表现在研究视域的拓展和研究资料的丰富，而且在于利用新的研究条件创新了研究方法，形成了被称作"冷战国际史"的新研究范式。冷战国际史研究立足于多国多边历史资料，将冷战同20世纪世界历史的总体发展联系起来，既重视在冷战中起主导作用的大国政治和大国关系的研究，也关注对冷战进程发挥重要影响的其他国际行为体的研究；既重视传统的高层政治、重要人物和重大事件研究，也关注冷战在经济、社会、文化领域的多维度表现及其与高层政治的相互作用。因此，冷战国际史研究不仅超越了狭义的外交史，而且超越了一般意义的国际关系史，正在发展为具有跨学科特征、各国学者共同参与、反映全球化时代学术走向的一个综合性的研究领域。冷战史涉及的内容十分丰富，在最新的研究成果中，已经展示出一些新的发展趋势。如：在大国与地区性国家（主要是"第三世界"国家）关系中更加重视地区性国家的本土性因素及其行为对大国政治和冷战格局的影响，并由此提出"四维互动"研究框架（当冷战涉及地区性问题时，互动的角色不仅有国际层面的斗争双方，还有地区自身的矛盾对立者，而且互动的两个层次彼此交叉）。又如：在两大集团同盟关系研究中开始深入揭示"国家安全"目标与"制度竞争"目标构成的张力及其导致的政策选择困境。正是在这种困境中，美国在冷战时期面对"友好的独裁者"政权时不得不推行"双重标准"；苏联为了实现扩张目标也不得不维持那些并非真正认同其制度和意识形态的亲苏政权。而在社会主义国家间关系（尤其是中苏关系和中、苏与其他社会主义国家关系）中，国内政治和国际政治、党际关系和国家关系的两重性及其结构性矛盾也正在引起研究者的关注。此外，经济冷战、科技冷战（核技术、空间技术、通讯技术、生物技术等）、文化冷战（媒体、文学、电影等）以及冷战对社会变动和社会心理的影响越来越多地进入冷战史的研究课题，这类研究借鉴了社会史、经济史、文化史和自然科学的研究方法，成为跨学科研究的探索者，为冷战史研究拓展了更广阔的空间，也为深化人们对冷战的认识提供了新的视角。

近十多年来，中国的冷战史研究队伍随着研究领域的拓宽、研究水平的提高而逐步壮大。其中，一批冷战史研究方向的博士生成为这支队伍的新锐。他们利用冷战史"新研究"兴起和冷战史研究国际化所提供的机遇，从研究视角、档案文献、理论和方法等诸多方面与国际史学前沿接轨，及时吸取最新的研究资料，撰写出富有新意的博士论文。有些论文在其研究领域达到了一定的理论深度，提出了可供后续研究进一步展开的命题。张威博士的著作就是这个研究领域的一项优秀成果，此书获得国家社会科学基金的后期资助是对其学术水准的肯定。

《1971年南亚危机与美巴关系》一书以冷战转型阶段的地缘政治格局变动和大国战略调整为研究主题，通过1971年南亚危机的个案分析，从宏观上准确地把握了冷战的"双重逻辑"——国际性与本土性的张力，并以地区政治和美巴关系为复合主线，重点考察美国尼克松政府在调整全球战略与处理地区危机中的优先目标和政策底线之间的内外折冲及调适。此书在丰富的多国史料基础上，具体展现了这一牵涉多方利益和多重目标的复杂历史事件的源起和发展进程，进而以第三次印巴战争及其结果为聚焦点将美、中、苏大三角的建构和印、巴新均势的形成整合为统一的历史逻辑，对南亚危机与冷战新格局之间的关系做了具有相当深度的诠释。

南亚地区因殖民主义遗留的民族、宗教矛盾和美、苏大国势力的介入而成为冷战时期冲突频发的国际政治热点，在冷战史研究中应当占有重要地位。作为印度和巴基斯坦的邻国，中国在冷战时期也曾经与南亚地区的危机和冲突密切相关，尤其是1971年南亚危机正逢中苏关系陷入低谷、中美关系发生重大调整的当口，"巴基斯坦渠道"又恰是中美联络沟通的关键场所，因此中国的角色和作用也应当成为研究的重要对象。但是，因受限于南亚研究的基础和南亚地区多边关系对多国史料的要求，致使南亚问题在中国学界的冷战史研究中成为难度较高、相对薄弱的领域，迄今高水平的研究成果尚不多见。正是在这一背景下，张威的著作体现了青年学者敏锐的学术眼光和知难而进的创新精神。

为了突破以往同类研究中对美国外交档案文献的依赖，将研究视角从单维的大国战略拓展到多维的"本土"行为体，作者在南亚国家史料的收集和运用上做了很大努力。如作者所言，作为此书重要参考资料的有：巴基斯坦学者编辑的美巴关系文件集、巴基斯坦官方外交文件集、印度外交部编辑出版的两卷本《孟加拉文件》、印度学者编纂的三卷本《美国与南亚关系：1947—1982》、孟加拉学者辑选的《孟加拉解放战争：穆吉布纳嘎政府文件集，1971》和《孟加拉档案集，1971》等。除了以上档案资料，作者还重视利用印度、巴基斯坦学者撰写的研究论著。由于史料来源的多元和研究视角的拓展，使之摆脱了"美国外交史"的羁绊，在研究主题的设置、历史过程的叙事和分析框架的建构诸方面都较好地体现出"国际史"研究范式的特点，而这正是"冷战史新研究"所倡导的学术方向。

今天，由于20世纪冷战的终结，国际竞争的主体已经发生了变化，随着原来主导二元体系格局的制度和意识形态对抗因素的消解，原先被"遮蔽"的另一些世界性对抗和地区性冲突开始发挥其威力。由于世界体系层面全球治理机制的滞后，缺乏公共产品支撑的国际体系面临失范的风险，后冷战时代的世界正呈现出难以把握的"不确定性"。近年来中国周边环境的复杂化即是国际体系面临调整和变革的重要环节。其中，南亚地区仍然是一个不容忽视的矛盾集中之地，该地区的战略态势也同中国西部边疆的安全息息相关。就此而言，张威的研究虽然以"过去"

为对象，但却表达了强烈的现实关怀。作为联结"过去"与"未来"的认知纽带，冷战史提供的经验和教训是十分重要的。如果人们能够以历史为鉴，那么不同国家发展道路和制度模式的竞争未必会再次导向冷战式对抗，而且从历史的深层反思中人们有可能形成关于未来发展路径选择的共识。否则，人类社会将很可能以不同的（乃至更坏的）形式重蹈冷战的覆辙。当然，冷战史能够提供的历史借鉴不止于此，在很多具体的问题领域，如集团政治、危机控制等，冷战时期的经验教训都是今天的人们不应该忘记的。我想，这就是张威的著作给予读者的启示。

余伟民

（华东师范大学历史学系教授、博士生导师）

2014 年 6 月 6 日于华东师大

目　录

绪　言 ·· 1
 第一节　研究综述 ·· 2
  一、国际学术界的研究状况 ······································ 2
  二、国内学术界的研究状况 ···································· 17
 第二节　研究目的与选题意义 ······································ 24
 第三节　基本结构与主要内容 ······································ 28

第一章　1971 年南亚危机的国际背景与地区根源 ············ 35
 第一节　冷战格局中的南亚与美国在南亚的利益诉求 ········ 36
  一、印巴对外部力量的选择 ···································· 36
  二、美国在南亚的利益诉求 ···································· 39
 第二节　美巴结盟与美巴关系的演变 ···························· 40
  一、第一阶段：1947—1954 年 ································ 40
  二、第二阶段：1954—1962 年 ································ 44
  三、第三阶段：1962—1968 年 ································ 49
 第三节　冷战转型与美巴关系进入新阶段 ······················ 53
  一、冷战转型与美国对外战略的调整 ························ 53
  二、尼克松主义与美巴关系的新阶段 ························ 59
 第四节　南亚危机的地区根源 ······································ 61
  一、印巴敌对 ·· 61
  二、西巴与东巴之间的民族矛盾 ······························ 65
 小　结 ·· 72

第二章　危机前夜的巴基斯坦政治变局与美巴之间的彼此借重 …… 74
第一节　叶海亚·汗军人政权确立与大选前的准备 …… 75
第二节　"巴基斯坦渠道"的开掘 …… 80
　　一、开掘"巴基斯坦渠道"的具体过程 …… 80
　　二、尼克松政府开启"巴基斯坦渠道"的因素分析 …… 86
第三节　"一次例外"军售政策的出台 …… 91
第四节　大选、宪政危机与美国的应策 …… 97
　　一、1970年12月巴基斯坦大选前后 …… 97
　　二、"三巨头"的政治角力与宪政危机 …… 109
　　三、美国在宪政危机的应对过程 …… 126
小　结 …… 130

第三章　危机初始阶段与美国对巴基斯坦的政策倾斜 …… 132
第一节　叶海亚·汗对东巴政治的强力控制与美国的应策 …… 133
　　一、"探路灯"行动 …… 133
　　二、危机爆发后尼克松政府的政策 …… 142
　　三、西斯科的政策建议与美国各界对尼克松政府的批评 …… 144
　　四、东巴政治重建计划的初构 …… 148
　　五、尼克松政府危机政策的调整 …… 153
第二节　难民问题的出现与美国的难民救助政策 …… 155
　　一、难民潮对印度的冲击与英迪拉·甘地政府的初步反应 …… 155
　　二、尼克松政府的难民救助政策 …… 159
第三节　印度的秘密干预与"孟加拉人民共和国临时政府"的成立 …… 171
　　一、危机初期印度社会各界的反应 …… 171
　　二、英迪拉·甘地政府对人民联盟的暗中支持 …… 174
第四节　美国对巴基斯坦军售政策的"微调" …… 180
小　结 …… 185

第四章　危机升级与美巴政策协调的加强 …… 187
第一节　基辛格秘访中国与《苏印和平友好互助条约》的签订 …… 188

一、基辛格秘访中国前后 …………………………………… 188
　　二、中美在南亚危机问题上的初步共识与中国政府的
　　　　政策立场 …………………………………………………… 192
　　三、中美"冲击外交"的影响 ……………………………… 196
　　四、苏联的政策立场与苏印联盟的建立 ………………… 198
　　五、尼克松政府对《苏印和平友好合作条约》的反应 …… 209
第二节 难民问题的激化与美印的政策对立 …………………… 211
　　一、难民问题的激化 ………………………………………… 211
　　二、尼克松政府对难民问题的政策调整 ………………… 213
　　三、美国与印度在难民问题上的政策对立 ……………… 221
第三节 东巴政治和解的失败 ……………………………………… 224
　　一、叶海亚·汗政治重建计划的破产 …………………… 224
　　二、美巴在"穆吉布·拉赫曼问题"上的分歧 ………… 230
　　三、尼克松政府秘密斡旋东巴、西巴政治和解的努力 …… 238
第四节 危机对抗的升级与美国的应策 ………………………… 247
　　一、印巴军事对峙的进一步加强 ………………………… 247
　　二、东巴内战冲突的升级 …………………………………… 250
　　三、尼克松政府的战争应对预案 ………………………… 253
第五节 美国停止对巴军售 ………………………………………… 260
第六节 英迪拉·甘地访美与印巴边界军事冲突的爆发 …… 264
　　一、英迪拉·甘地访美 ……………………………………… 264
　　二、苏联政策的调整与苏印联合的加强 ………………… 267
　　三、印巴边界军事冲突的爆发 …………………………… 270
小　结 ………………………………………………………………… 276

第五章　第三次印巴战争与南亚国际关系新格局 …………… 277
第一节 战争第一周的进程与白宫的"双轨"政策 ………… 278
　　一、印巴双方的战略规划与战前军事部署 ……………… 279
　　二、战争第一周的进程 ……………………………………… 285
　　三、尼克松政府的"双轨"政策 ………………………… 291
第二节 战争第二周进程与美、苏、中三大国外交角力 …… 311
　　一、战争第二周的进程 ……………………………………… 311
　　二、巴基斯坦内部的权势纷争 …………………………… 313

三、美、苏、中三大国外交角力 ················ 321
第三节　南亚国际关系新格局的形成 ················ 334
　　一、美、苏、中战略大三角 ···················· 334
　　二、印巴新均势 ······························ 339
　　三、新格局中的美巴关系 ······················ 343
小　结 ·· 346

结　语 ·· 347
　　一 ·· 347
　　二 ·· 354
　　三 ·· 363

参考文献 ·· 366
后　记 ·· 388

绪 言

　　1947年印巴分治之后，决定南亚次大陆和平与战争的首先是该区域的两个主要国家：印度和巴基斯坦；其次是美苏。在冷战争霸的利益诉求之下，美苏两强把冷战引入南亚，使得长期处于政治动荡、经济发展困境中的南亚成为冷战强权政治的竞技场。而1962年中印边界战争之后，中国对南亚国际关系整体走势的影响程度在不断加大。大国对次大陆事务的竞争性介入使"南亚火药桶"在明争暗斗的多重权势博弈中风波不断，宿怨难平。综观半个多世纪以来的美巴关系，一波三折、几经沉浮。① 为更好地理解现在的美巴关系走向以及大国在南亚事务中所起的作用和影响，研究冷战时期的美巴关系是十分必要的。

　　从1969年3月25日上台到1971年12月17日去职，叶海亚·汗（Yahya Khan）对巴基斯坦进行了近三年的统治。其间对美巴关系影响至为深远的莫过于1971年南亚危机和中美"秘密外交"。这两大历史事件不仅在时空条件上交织迭加，而且互为影响，推动大国对外战略的转型以及次大陆新政治格局的出现。透过1971年南亚危机不仅可以揭示美国在盟国巴基斯坦的利益诉求与追逐，展现尼克松—基辛格所极力倡导的"遵循现实主义的思维逻辑"在处理地区危机过程中"现实"、"理性"的路径选择，而且也使我们深刻地认识到冷战时代第三世界国家因国内制度缺陷所导致的危机是如何"外溢"到国际领域，进而引发区外大国的介入，使危机升级。因此，冷战时期地区危机与大国战略的互动在1971年南亚危机的个案中得到了生动的体现。

---

① 美国著名学者丹尼斯·库克斯将美巴关系的发展形象地比喻为"过山车"，此起彼伏。参见 Dennis Kux, *The United States and Pakistan 1947 – 2000：Disenchanted Allies*, Washington, D. C. : National Defense University Press, 2002, p. 361.

第一节 研究综述

一、国际学术界的研究状况

迄今国际学术界对美巴关系的研究当中，美国学者的研究成果最为显著，其次，印巴两国学者对此问题的研究也较为深入。就其研究内容而言，主要可分为通史类研究和专题类研究两大部分。

(一) 美国学术界的研究状况

1. 通史类

这一类的代表著作主要有：丹尼斯·库克斯所著的《1947年—2000年的美巴关系：不抱幻想的盟友》(Dennis Kux, *The United States and Pakistan 1947 – 2000: Disenchangted Allies*, National Defense University Press, 2002)；谢瑞·塔希尔·凯利的《美国与巴基斯坦：影响关系的演变》(Shirin Tahir-Kheli, *The U. S. and Pakistan—The Evolution of An Influence Relations*, Praeger Publisher, 1982)。

丹尼斯·库克斯 (Dennis Kux) 是美国著名的南亚问题专家。他的专著《1947年—2000年的美巴关系：不抱幻想的盟友》是当代美国南亚研究的扛鼎之作。库克斯把半个世纪以来的美巴关系表述为"不稳定的伙伴关系" (An Unstable Partnership)。之所以如此表述，是因为两国的国家利益、安全政策抵触不断。在本书的第七章中，作者详尽论说了尼克松政府的南亚政策，并指出美国在1971年危机中遭遇到一次令人尴尬的挫折。尼克松对东巴事态的反应过于迟钝、太不果断。特别是尼克松、基辛格对巴基斯坦的"偏袒" (Tilt)、对印度意图的误判使一场局部战争险些变成一场美苏间的全球对抗。从危机的结局来看，战争并未使美巴关系陷入低谷，尼克松并未消减对伊斯兰堡的政策投入，而布托上台后，依旧将美巴关系视作巴基斯坦外交的首要议题。该著作最大的一个特点是以大量第一手档案为史著的坚实基础，所采用的档案包括美国外交文件 (*Foreign Relations of United States*)、美国国家安全委员会文件 (*National Security Council Files*)、美国国务院政策计划署文献 (*Department of State, Policy Planning Staff Records*)。丰富史料的娴熟运用使尘封的历史往事跃然在目。此外，作者利用自己在美国外交界的联系，对涉及美巴关系发展的一些亲历者进行采访,将访谈成果融入论述分析之中为该书添色不少。

谢瑞·塔希尔·凯利(Shirin Tahir-Kheli)的《美国与巴基斯坦:影响关系的演变》是一部颇具特色的研究著作。虽然成书于20世纪80年代初,但作者对美巴关系特质的深刻洞察在今天亦对我们分析当今的美巴关系走向有所帮助。凯利认为就美巴两国而言,它们之间相互影响的程度取决于两者在共同理念和实际利益诉求方面的"交集"。但美巴之间缺乏"共同的安全感"。巴基斯坦视印度为首要安全威胁,而美国则试图消解关乎巴基斯坦生死存亡的核心问题,淡化"印度威胁"。巴基斯坦对印度的持续敌对使得美国要维持南亚均势面临难以克服的内在紧张。这一根本性的制约在尼克松和叶海亚·汗之间围绕1971年南亚危机所展开的外交博弈中体现得淋漓尽致。在作者看来,尼克松的政策难以完全影响叶海亚"糟糕透顶"的行为,同时为了避免钻进由苏联和印度共同编织的"捕网",美国在1971年南亚危机中对巴基斯坦的支持是十分有限的。

2. 专题研究类

1971年南亚危机是尼克松时期对美巴关系乃至亚洲冷战都产生重要影响的历史事件。美国学界和前尼克松政府的官员撰写了大量研究尼克松政府危机决策的著作。其中具有代表性的有以下一些:

丹·哈恩德尔(Dan Haendel)的《优先规划的过程——美国在1971年印巴战争中的外交政策》(*The Process of Priority Formulation—U. S. Foreign Policy in the Indo-Paki War of* 1971, Boulder: Westview Press, 1977)是一部从外交决策分析角度审视尼克松政府应对1971年南亚危机的力作。哈恩德尔基于美国著名学者查尔斯·赫尔曼(Charles F. Herman)的"国际危机管理的处境模式"理论[①],将1971年南亚危机界定为"一场中等强度危机(A Middle-Level Crisis)",并依据外交决策

---

① 查尔斯·F.赫尔曼将"处境变量"引入国际危机研究,并提出作为"处境"的危机的三个基本要素: 1. 决策单位的首要目标受到威胁; 2. 决策者做出反应的时间有限; 3. 情形出乎决策者的意料之外。以此为基础,赫尔曼进一步根据威胁程度、时间紧迫与否、情景的意外程度将危机处境划分为八种类型。参见 Charles F. Herman: "Some Issues in the Study of International Crisis", in Charles F. Herman ed., *International Crisis: Insights from Behavioral Research*, New York: The Free Press, 1972, pp. 12 – 16; 张清:《查尔斯·赫尔曼的外交危机管理的"处境模式"》,《中国行政管理》2006年第3期。

分析领域的三个分析范式:"理性人模式"、"心理分析模式"、"渐进模式"分别就尼克松政府是如何应对1971年南亚危机,尤其是白宫与国会上之间、基辛格领导的国家安全委员会与国务院之间的严重政策分歧,乃至"偏袒"政策出台的原因进行了细致分析和比较研究。哈恩德尔认为尼克松上台之后,南亚次大陆并非美国全球战略的核心要地,但在美苏缓和、中美关系"解冻"等事关美国冷战战略转型的重大事件的促动之下,次大陆在美国外交"棋局"中的优先性地位得以凸显出来。美国对巴基斯坦的安全承诺、中美接近、抑制苏印联手在次大陆的扩张以及尼克松和基辛格个人的心理偏好是促成尼克松政府形成南亚危机期间"偏袒"巴基斯坦政策的原因。

理查德·西森(Richard Sisson)与利奥·E. 罗斯(Leo E. Rose)在《战争与分裂：巴基斯坦、印度与孟加拉的诞生》(*War and Session: Pakistan, India, and the creation of Bangladesh*, Berkeley: University of California Press, 1990)一书中详尽分析了1971年南亚危机的起因与经过,并对美国在这次危机中的作用、影响做了浓墨重彩的论述。作者指出自1947年以来,美国南亚政策是服务于其亚洲战略,乃至全球战略的。在尼克松—基辛格的全球战略规划中,中国因素占据了极大份额,并直接影响了危机进程当中美巴、美印关系的发展,无形中促动南亚政治格局的重组。

理查德·C. 索顿(Richard C. Thornton)所著《尼克松—基辛格时代：重塑美国对外政策》(*The Nixon—Kissinger Yeats: Reshaping U. S. Foreign Policy*, New York: Paragon House, 1990)强调以美苏核均势为基点考察美国在1971年南亚危机中的决策行为。在尼克松—基辛格构建的全球均势"大棋局"中,南亚是否有如此之大的战略价值让美国甘愿冒与苏联核对抗的风险?索顿得出以下结论:美国的危机决策行为表明在苏联的强势推进面前,美国不应退缩。

施伟基·冈格利(Shivaji Ganguly)的《美国对南亚政策》(*U. S. Policy toward South Asia* Bolder: West view Press, Inc., 1990)对尼克松—基辛格在处理南亚危机中所运用的"地缘政治方法"持以批评态度。作者指出尼克松政府夸大了次大陆危机中区外大国的作用及影响,错误地认为印度将吞并整个巴基斯坦。这种地缘政治的考量无助于危机的解决,并不可避免地促成了第三次印巴战争的爆发。以"企业"号核动力航母为首的第 74 特遣舰队进驻孟加拉湾是尼克松—基辛格"偏袒"巴基斯坦政策的最高政治表现,亦是具有很高政治风险的"玩火"行为。美国行为的背后实则是向印度的支持者苏联提出警告和示威。当然,作者也承认,在美国的介入之下,印度和苏联在战争中所取得的胜利仅仅是"战术上的胜利",不会转变为全球冷战中苏联的"战略优势"。

韦恩·威尔克斯(Wayne Wilcox)在《孟加拉的诞生——重新修订后的美国南亚政策的问题与机遇》(*The Emergence of Bangladesh-Problems and Opportunities for a Redefined America Policy in South Asia*, Washington, D. C.: American Enterprise Institute for Public Policy Research, 1973)一书中认为尼克松政府在 1971 年南亚危机中的政策是失败的,这一政策失败源于尼克松主义并未契合南亚地区政治发展的实际状况。虽然尼克松主义的基本内涵表明在适当战略收缩的同时,美国将尽可能借助"代理人"的力量维持它的地区利益,但具体到次大陆地区,尼克松主义并未针对次大陆政治的独特属性,明确美国在该地区的具体政策取向、政策目标以及资源配置的合理分配。因此,美国不仅未能有效地阻止危机的恶化、战争的爆发,而且使得自身的利益诉求面临苏联的强势挑战。从这个意义上讲,尼克松主义作为美国战略收缩时期对外政策的指导思想更多的将注意力集中在美国的政策行为之上,却忽略了地区争端与冲突的"当地根源"。

美国《华盛顿邮报》的专栏作家杰克·安德森(Jack Anderson)曾依据美国国防部的一个海军文书军士泄漏的华盛顿特别行动小组 12 月 3 日、5 日、6 日和 8 日的会议记录撰写了《安德森文件》(Jack Anderson and George Clifford, *Anderson Papers*, New York: Ballantine Books, 1973)一书。书中对尼克松政府在第三次印巴战争期间的危机决策过程进行了较为细致考察。出于政见不合的原因,安德森极力贬斥白宫的危机政策,指出尼克松与基辛格缺乏理性的举动是在将"美国拖向一场新世界大战的边缘"。虽然在有关尼克松时期的美国外交文件未解密之前,很多学者都是依据《安德森文件》中刊载的文件进行相关研究,但是,就《安德森文件》的立论基础来看,作者并非是以学术研究的眼光来审视美国的危机政策,而更多的是在政治情绪和政治偏见的指引下,宣泄对尼克松政府的不满。因此,笔者认为《安德森文件》并非是一部严谨的学术著作。

《巴基斯坦的分裂》(The Breakup of Pakistan in Lvoyd I. Rudolph. ed. The Regional Imperative: the administration of U. S. foreign policy towards South Asian States under Presidents Johnson and Nixon, Naurang Rai: Concept Publishing Company, 1980) 的作者菲力浦·奥登博格（Philip Oldenburg）认为，从尼克松政府对南亚危机的政策应对和实施效果上看，美国是"有得有失"的。所谓"得"是指与苏联的缓和进程并未因为1971年南亚危机、第三次印巴战争的爆发而中断；中美在危机进程中对巴基斯坦的立场、态度相得益彰，这为中美进一步接近奠定了良好基础；最为重要的是美国通过这次危机深刻地领会到在确保与巴基斯坦关系紧密的同时，如何去巧妙地与苏联周旋，而不去破坏美苏缓和的国际政治氛围。所谓"失"是指巴基斯坦被一分为二，南亚板块的力量格局被重组，这不仅使南亚的政治前景变得更为扑朔迷离，而且使得美国重新调整其南亚政策。

除了通史类和专题研究类著作外，作为当时美国外交核心决策者的尼克松和基辛格分别在各自的回忆录中述及美国政府危机决策过程，具有一定的史料价值。

理查德·尼克松（Richard Nixon）在《尼克松回忆录》[The Memoirs of Richard Nixon, New York: Grosset & Dunlap, 1978, 中译本可参见《尼克松回忆录》（上），伍任译，北京：世界知识出版社，2001年中文版] 中着重描写了在危机发生前后，美国与印度、苏联以及中国进行外交斡旋以求最大可能地避免战争爆发。尼克松认为正是由于白宫通过发出外交信号，施加幕后压力，最终使西巴免遭迫在眉睫的侵略和统治，并又一次避免同苏联发生大规模的对抗。诚如尼克松所言，印巴战争所涉及的利害关系远远超出巴基斯坦的前途。它涉及一个基本原则，即能否允许苏联所支持的大国肢解它们邻近的较小国家。一旦这个原则得到肯定，世界将变得更不稳定和更不安全了。

时任尼克松政府总统国家安全事务助理的亨利·基辛格（Henry Kissinger）在他的回忆录《白宫岁月》[White House Years, Boston: Little Brown, 1979, 中译本可参见《白宫岁月》（三），杨静予等译，北京：世界知识出版社，2003年中文版] 第二十一章"偏袒：1971年印巴危机"中用大量的篇幅对第三次印巴战争的背景起源、战争过程及其后果作了翔实的叙述。作为第一流的外交家和战略家，作者本人亲历美国危机决策的全过程，对问题的分析洞察透彻，入木三分。基辛格认为1971年印巴战争或许是尼克松第一届任期内最错综复杂的问题。作为"苏联伙伴"的印度在苏联武器和苏联保证的支持下赤裸裸地诉诸武力威胁到国际秩序，而对巴基斯坦的进攻是苏联做法的一个极其危险的先例。如果美国政府不想引起动乱升级，就必须进行抵抗，若美国默认这种强权游戏，就会使莫斯科得到错误的信号，并使美国的盟国、中国以及世界上其他爆炸性地区主张克制的力量灰心丧气。正因为此，基辛格将美国在南亚危机中的政策称之为"偏袒"。

以尼克松政府在1971年南亚危机中的外交决策为研究对象进行研究的还有一系列学术论文①，其中，采用批判、反思式解读分析的有五篇。

时任尼克松政府助理国务卿帮办的克里斯托弗·范·霍伦（Christopher Van Hollen）作为负责处理南亚危机的华盛顿特别行动小组成员在《反思"偏袒"政策：尼克松—基辛格的地缘政治和南亚》（The Tilt Revisited: Nixon—Kissinger Geopolitics and South Asia, *Asian Survey*, Vol. XX, No. 4, April 1980, pp. 339 – 361）一文中阐述了自己对美国危机决策的看法。霍伦批评尼克松政府所采取的"偏袒"政策并没有很好地维护美国在南亚的利益。尼克松—基辛格"二人团队"运用地缘政治理论来看待南亚危机，实质上是冷战初期"多米诺骨牌"理念的"翻版"，无形之中拔高了南亚在美苏冷战对抗中的地位，加剧印巴对抗。就美巴关系而言，尼克松—基辛格对1959年美巴双边军事协定之于1971年危机的作用和意义存在不切实际的"幻想"，事实证明这一军事协定对印度和苏联并不具有威慑力。因此，霍伦认为"偏袒"政策是不成功的。并对美国造成了三大不良影响：美国民众对尼克松政府的批评、谴责声不绝于耳，支持率不断下跌；由于尼克松纵容巴军在东巴的血腥镇压，使美

---

① M. Walter: "The U. S. Naval Demonstration in the Bay of Bengal during the 1971 India-Pakistan War", *World Affairs*, Vol. 141, Spring, 1979, pp. 293 – 306; Philip Oldenburg: "'A Place Insufficiently Imagined': Language, Belief, and The Pakistan Crisis of 1971", *The Journal of Asian Studies*, Vol. 44, No. 4, August, 1985, pp. 711 – 733; Wesley W. Widmaier: "The Democratic Peace is What States Make of It: A Constructivist Analysis of The U. S. – Indian 'Near – Miss' in The 1971 South Asian Crisis", *European Journal of International Relations*, Vol. 11, No. 3, September, 2005, pp. 431 – 455; P. V. Rao: "The U. S. Congress and The 1971 Crisis in East Pakistan", *International Studies*, Vol. 43, No. 1, 2006, pp. 73 – 92.

国在国际社会中留下漠视人道主义,支持军人独裁的恶劣影响;破坏美国自身极力维护的南亚均势格局。

迈克尔·沃尔特(Michael Walter)在《美国在1971年印巴战争中的炮舰示威》(The U. S. Naval Demonstration in the Bay of Bengal during the 1971 India-Pakistan War, *World Affairs*, Vol. 141, Spring, 1979, pp. 293 – 306)一文中指出,作为拉瓦尔品第名义上盟友的尼克松政府在1971年印巴危机期间处于一种困难的境地:由于缺乏有效手段劝阻叶海亚·汗军政府的种族清洗行动,而执意推行"偏袒"政策,使得美印关系愈加僵硬、紧张,尼克松政府亦难以在印巴敌对状态下扮演"诚实的掮客"。第74海军特遣舰队在第三次印巴战争激战正酣之时驶入孟加拉湾是一种典型的"炮舰示威"手段,对战局发展并无实质影响。沃尔特最后认为尼克松政府在危机进程中若能够以更趋均衡,而非"偏袒"巴基斯坦的立场应对危机,则危机所造成的人道主义悲剧将有所缓解。

桑吉·本纳加(Sanjoy Banerjee)在《1971年孟加拉危机进程中美国"偏袒"政策释义》(Explaining the American "Tilt" in the 1971 Bangladesh Crisis: A Late Dependency Approach, *International Studies Quarterly*, No. 31. 1987, pp. 201 – 216)中指出冷战时期的美巴关系是一种典型的"代理人关系"(The Client Relationship)。在1971年危机中,美国要保证它在巴基斯坦和南亚的利益不受损害,就必须通过强化作为"代理人"的西巴军人集团政权统治去实现。故此,美国对叶海亚政权的外交支持、持续的军事援助以及在第三次印巴战争末期派遣"企业"号进驻孟加拉湾都是"偏袒"政策的集中表现。

杰弗里·沃纳(Geoffrey Warner)的《尼克松、基辛格与1971年巴基斯坦的解体》(Nixon Kissinger and The Breakup of Pakistan, 1971, *International Affairs*, Vol. 81, October, 2005, pp. 1097 – 1118)是一篇评论文章。该文结合2003、2005年出版的《美国对外关系文件,1969—1976》Vol. I、Vol. XI以及Vol. E7三卷对尼克松政府在1971年南亚危机中的反应和政策进行了细致分析。沃纳认为尼克松、基辛格在危机应对的过程中存在相当的经验主义误判的成分,夸大了印度在1971年印巴战争中的战略意图,无形之中加剧了危机的紧张对抗。不仅如此,基辛格从全球均势,而非地区力量均衡的角度看待南亚危机亦受到沃纳的质疑,因为无论是全球均势的维续，抑或中美缓和进程并非以美国在危机中"偏袒"叶海亚·汗军人政权作为前提。

莫哈摩德·胡柯（Mahmudul Huque）的博士论文《谋求稳定：美国在印巴冲突中的角色，1947—1971》（*Quest for Stability*：*The Role of the United States in the India—Pakistan Conflict*，1947 - 1971，Ph，. D. Paper，University of Houston，1988），指出尼克松政府之所以在1971年南亚危机中采取倾向巴基斯坦的政策，除了有依托巴基斯坦渠道，推动中美接近的战略意图之外，支持巴中央政府的统治、维护巴基斯坦的统一和领土完整，进而护持美国在巴的既得利益亦是不可忽略的重要因素。从历史思辨的角度出发，作者认为一个拥有无限制全球利益的超级大国在处理地区冲突时实难充当令冲突各方满意的、诚实的、公正的协调者角色。尽管在危机之后，尼克松政府的"偏袒"政策受到来自美国国会、新闻界、知识界的强烈批评，但从冷战缓和的潮流走势来看，"偏袒"之内蕴含美国外交政策调整的重要征兆。美国必须依据国际权势格局的总体变化及在南亚的具体安排来重新评估美国的南亚政策。因为，"外交政策是全球主义战略的'囚徒'"。从美国在1971年南亚危机实际所扮演的角色上看，美国并不能够持久地维持印巴之间脆弱的和平，也无法抑制战争的爆发。美国不得不受到其全球战略的支配进行政策选择，而这种选择常常是不得已的。在全球主义面前，谋求南亚次大陆的和平与稳定只得退而求其次。

（二）印、巴及其他国家的研究状况

由于美国在南亚具有举足轻重的影响，因此，印巴两国的学者对1971年南亚危机与美巴关系亦有较深入的研究。

巴基斯坦学者G. W. 乔杜里（G. W. Choudhury）的两本重要著作：《统一时代的巴基斯坦的最后时光》（*Last Days of United Pakistan*，Bloomington：Indiana University Press，1974）和《印度、巴基斯坦、孟加拉和诸大国——分裂的次大陆的政治》（*India*，*Pakistan*，*Bangladesh*，*and the Major Powers*：*politics of a divided subcontinent*，New York：The Free Press，1975）至今仍未过时，仍是研究者探究南亚危机史的必读之书。《统一时代的巴基斯坦的最后时光》一书的侧重点放在东巴、西巴的纷争对立、印巴之间的权势争斗。作者虽曾任巴基斯坦政府高官，但对叶海亚·汗军人政权血腥镇压东巴激进民族主义势力表示强烈反对，并认为正是巴军方这一轻率而后患无穷的行动决定了巴基斯坦终将走向分裂的命运。当然，叶海亚·汗的政策失误并不等于说印度干涉巴基斯坦内政就是正确的举措，乔哈里同样谴责印度利用巴基斯坦的内乱，加剧地区敌对，分裂巴基斯坦。在《印度、巴基斯坦、孟加拉和诸大国》一书中，乔杜里指出在1971年南亚危机中，尼克松政府的目标是避免次大陆战事再起。但尼克松的诸多努力在印度以"自卫"为借口展开对东巴的军事行动中化为泡影。面临地区两强的强力对抗，美国无法阻止战争的脚步。

拉提夫·艾哈麦德·沙瓦尼（Latif Ahmed Sherwani）在《巴基斯坦、中国和美国》（Pakistan, China and America, Karachi,: D. B. Y. Printers, 1980）一书中对巴基斯坦在中美和解中的作用、中国在南亚危机中的看法与反应、尼克松政府出于打通北京通道的目的而改善对巴基斯坦的关系，并在危机中支持叶海亚政权等内容进行了论述。作者指出正是由于巴基斯坦的背后有美国和中国，才使得印度的决策者在制订作战计划，实施作战行动时有所顾虑，放弃对西巴的军事企图。在大量档案资料解密的今天，沙瓦尼的上述观点是否正确还有待商榷。

巴基斯坦资深外交家萨迦德·海德（Sajjad Hyder）的著作"《巴基斯坦的外交政策——一位大使的回顾》（Foreign Policy of Pakistan——Reflection of An Ambassador, Lahore: Progressive Publishers, 1987）"则从反思巴基斯坦自1947年独立以来对外政策的成功与失败入手对冷战进程中的美巴关系作了全面客观的分析。萨迦德认为在1971年南亚危机中，尼克松把巴基斯坦视为打开中国大门和防止苏联向印度洋南下渗透的战略前哨。尼克松—基辛格之所以采取"偏袒"政策，是因为美国急于向中国抛出橄榄枝，而非真正关切巴基斯坦国内事务，阻止巴基斯坦的分裂。

曾在南亚危机期间担任东巴驻军司令的前巴基斯坦陆军中将A. A. K. 尼兹（A. A. K. Niazi）在事隔27年之后，出版了他的回忆录：《东巴的陷落》（The Betray of East Pakistan, New Delhi: Manohar Publishers, 1998）。作为事件的亲历者，尼兹将军着重从军事斗争方面对危机进程的发展进行全景式的描述，特别是对第三次印巴战争期间，巴基斯坦决策集团内部的矛盾斗争进行了较为翔实的叙述，这一点不仅是同类著作所没有涉及的内容，而且为研究者探寻巴方的危机决策过程，拓展史料分析的范围打开了一个重要窗口。但有一点值得注意,尼兹将军在其回忆录中略去了有关 1971 年 3 月 25 日"探路灯"镇压行动的相关内容,对危机进程中东巴的政治社会状况也避而不谈,这种对史实的"裁剪方式"影响了这本回忆录的历史价值和现实意义。

拉希德·阿赫桑·乔杜里(Rashid UI Ahsan Chowdhury)的博士论文《美国的南亚政策:孟加拉的解放斗争与 1971 年印巴战争》(*United States Foreign Policy in South Asia*: *The Liberation Struggle in Bangladesh and the Indo-Pakistan War of* 1971, Ph. D. Paper, University of Hawaii, 1989)指出,尼克松政府改变了自肯尼迪时代以来倚重印度,而忽略巴基斯坦的政策,从全球战略转型和大国关系视角审视 1971 年南亚危机的演变进程,并将整个危机划分为五个阶段依次进行分析论述。乔杜里认为从总体上来看,尼克松针对南亚危机采取的政策是"失败的",因为"美国没有发挥对巴基斯坦应有的影响力,而且对巴基斯坦的倾斜政策也使得美国对印度十分柔弱的影响力在危机的逐步升级中消散殆尽"。由于该论文成文时间较早,所引注的文献中缺乏美国解密外交档案的有力支撑,此为这篇颇具宏大历史视野的学术精品的一大缺憾。

在论文方面,巴基斯坦学者的研究侧重从巴方的安全政策、地缘政治地位入手考察美巴关系,强调巴基斯坦作为南亚的一个重要国家,它的外交政策对冷战缓和、南亚政治走势的重要作用。① 但是,这些论文在资料选择上也多以相关国家的报纸、声明和广播讲话为主,史论结合,有所见地的分析论文并不多。

---

① 具有代表性的论文包括 Hassan N. Gardezi: "Neo—Colonial Alliances and the Crisis of Pakistan", *Pakistan Forum*, Vol. 1., No. 2, December 1970, pp. 3 – 6; Feroz Ahmed: "Alliances and the Break-up of Pakistan", *Pakistan Forum*, Vol. 2, N0. 7/8, April 1972, pp. 10 – 13; Eqbal Ahmed: "Pakistan: Its Role in U. S. World Strategy", *Middle East Research and Information Project Reports*, No. 16, April 1973, pp. 12 – 17; Sultan Muhammed Khan: "Pakistan Geopolitics: The Diplomatic Perspective", *International Security*, Vol. 5, No. 1, Summer, 1980, pp. 26 – 36; Iftikhar H. Malik: "The Pakistan—U. S. Security Relationship: Testing Bilateralism", *Asian Survey*, Vol. 30, No. 3, March 1990, pp. 284 – 299; I. H. Bokhari: "Playing with A Weak Hand: Kissinger's Management of The 1971 Indo-Pakistan Crisis", *Journal of South Asian and Middle Eastern Studies*, Vol. 22, No. 1, Spring, 1998, pp. 1 – 23; Abdul Rashid Moten: "Nationalsim, Elite Politics and The Break-up of Pakistan", *The Muslim World*, Vol. 88, No. 1, January, 1998, pp. 93 – 101.

印度学者对 1971 年南亚危机和美巴关系的研究可谓成果丰硕①，其中，有四部著作在学术视野和分析问题的路径选择上具有独到之处。

B. Z. 哈斯茹（B. Z. Khasru）的著作《虚构与事实—孟加拉解放战争：印度、美国、中国和苏联是如何塑造战争结果的》（*Myths and Facts-Bangladesh Liberation War：How India, U. S., China, and the U. S. S. R. Shaped the Outcome*, New Delhi：Pupa Publications India Pvt. Ltd., 2010）代表了印度学者对 1971 年南亚危机研究的最新成果。本书的最大特点在于能够充分运用已解密的美国外交档案对身处地区危机漩涡中的各大国的应对政策、相互之间的讨价还价进行了细致梳理，节奏紧凑，语言流畅，并极富批判性思维，着力刻画了叶海亚·汗、穆吉布·拉赫曼、英迪拉·甘地、尼克松、基辛格等众多政治人物在危机事态步步趋向恶化、敌对情绪不断弥漫的情势之下的所言、所想、所思。在作者看来，"孟加拉的解放"绝非是一个单纯的民族冲突，而是在充斥着大国政治角力、战略谋划、权势争夺的复杂政治生态下的重大事件。它既改变了次大陆的政治架构，同时也塑造了缓和时代争夺与妥协并存的大国关系。本书的不足之处在于，虽然引用了大量已解密的档案文献，但通篇无一处注释。此为本书的一大败笔。

S. 阿扎德（S. Azad）在《印度在 1971 年孟加拉解放战争中的贡献》（*Contribution of India In the War of Liberation of Bangladesh*, New Delhi, 2006）一书中对英迪拉·甘地政府在 1971 年南亚危机期间对"孟加拉抵抗力量"的全面支持和以战争手段推动孟加拉立国的历史进程作了"全景式"的叙述和分析，并认为印度对"孟加拉抵抗力量"的政治、军事和经济支持是正义的、获利甚丰的行动。印度通过帮助孟加拉独立建国，改变了南亚的政治地图，确立了自身在次大陆的主导地位。

R. C. 古普特（R. C. Gupta）在《美国对印度和巴基斯坦的政策》（*U. S. Policy towards India and Pakistan*, New Delhi：B. R. Publishing Corpo-

---

① 具有代表性的论文包括 Nalini Kant Jha："Pakistan, India and The Creation of Bangladesh", *Ingernational Studies*, Vol. 29, No. 1, 1992, pp. 79 – 96; Subrata Mitra："War and Peace in South Asia：A Revisionist View of India-Pakistan Relations", *Comtemporary South Asia*, Vol. 10, No. 3, 2001, pp. 361 – 379; Ali Riaz："Beyond The 'Tilt'：U. S. Initiatives to Dissipate Bangladesh Movement in 1971", *History Compass*, Vol. 4, No. 1, January 2006, pp. 8 – 25; Zaglul Haider："A Revisit to The Indian Role in The Bangladesh Liberation War", *Journal of Asian and African Studies*, Vol 44, No. 5, 2009, pp. 537 – 551.

ration, 1977），一书具有强烈的问题意识。"为什么美国这样一个自诩为'民主灯塔'的国家会纵容西巴军队在东巴的大屠杀？"这是该书所要回答的一个主要问题。作者认为其原因不外乎三点：第一、1969年—1971年间国际政治格局的重要变动：中美关系的"解冻"；第二、尼克松希望避免南亚的动荡与冲突，但是一个新独立的孟加拉将会与印度、苏联更为接近，而非巴基斯坦和中国，这将为纠缠不清的南亚争端带来新的不稳定因素。所以，尼克松支持巴基斯坦的统一；第三、苏印条约的签订对美国意味着南亚均势的被打破，对美国不利，由此必须维护巴基斯坦的领土完整与统一。笔者认为在怀疑巴基斯坦、敌视巴基斯坦广泛存在的印度社会中，古普特能够排除社会意识的干扰，以严谨的学术研究态度探究南亚危机是难能可贵的。

里拉·雅特（Leela Yaday）的《美国对南亚政策——以巴基斯坦为个案的研究》（*U. S. policy in South Asia—A Case Study of Pakistan*, New Delhi：Harman Publishing House, 1989）考察了1962—1971年美巴关系复杂而又微妙的发展过程。作者指出尼克松政府之所以在1971年危机中支持叶海亚·汗政权，巩固其在巴的执政地位是基于美国自身的战略利益。一旦巴领导权发生变更则会危及美国在南亚的战略布局。同时作者着重考察了美国对巴援助在美巴关系中的重要地位，并认为即便美巴关系出现种种分歧、纠葛，但巴基斯坦对美国援助的依赖使得巴基斯坦难以脱离美国和西方世界。美国对巴的经援和军援在一定程度上造成了巴基斯坦社会财富分配的严重失衡，特别是西巴与东巴之间在经济发展、权益保障等问题上的巨大差距。从这个意义上讲，美国在巴基斯坦的国家分裂问题上应当负有一定责任。

S. R. 沙玛（S. R. Sharma）在《孟加拉危机与印度的外交政策》（*Bangladesh Crisis and Indian Foreign Policy*, New Delhi：Young Aisa Publications, 1978）一书中，不仅将印度是怎样一步一步介入南亚危机的过程进行了全景式的描绘，而且还专门分列三章对美、苏、中三大国的危机政策进行较为深入的分析。全篇内容丰富，绘就了一幅跌宕起伏、气势壮阔、多国纷争的危机斗争图谱。在第七章"美国与孟加拉"当中，沙玛指出尼克松政府奉行的是一种实用主义的危机政策，漠视道德而醉心于权力竞争。作为地区两强的印度和巴基斯坦，一个倾向苏联，一个与中国联系紧密，当次大陆局势愈加激化之时，美国必须作出选择。两相权衡，在中美敌对坚冰逐渐消融，而美苏缓和表象下，竞争依然激烈之际，美国对巴基斯坦政策倾斜将是有利可图之举，既可通过巴基斯坦接近中国，又可以平衡印度在次大陆的地位与作用，抑制苏联影响力的扩充。但美国不断加强同巴基斯坦的关系，使南亚的国际关系与印度的地位复杂化。印度担心美巴中结成战略伙伴反对自己，于是加紧了同苏联构筑军事同盟关系，应对美巴中的挑战。如此一来，南亚被卷入大国冲突之中，战争危险递增。

第三次印巴战争是1971年南亚危机对抗竞争的顶峰，印度最终获得战争的胜利。很多曾参与战事指挥的印度军方退役将领和参谋军官撰写了大量有关此次战争的战史著作与回忆文章①，在印巴档案资料相对匮乏的情况下，这些著述丰富了研究者的视野和思路。

前印度陆军少将萨可瓦特·辛格（Sukhwant Singh）在1971年第三次印巴战争期间担任印度陆军司令部作战厅副厅长，直接参与战争的准备和指挥。他所撰写的《孟加拉的解放》（*The Liberation of Bangladesh*, New Delhi: Vikas Publishing House PVT LTD, 1980）对研究南亚危机具有相当的价值。特别是印度如何巧妙利用国际上两个超级大国之间的矛盾；战前如何组织战略伪装；精心选择开战时间；战斗中抛弃传统的攻坚战的做法，广泛采取迂回包围战术等问题上，本书均有翔实而精彩的叙述。

孟加拉国学者米扎努尔·拉赫曼（Mizanur Rahman）所著《多极世界中一个新国家的诞生：孟加拉》（*Emergence of A New Nation in A Multi-polar World: Bangladesh*, Dacca: Dacca University Press, 1979）一书涌动着思想火花。米扎努尔教授将南亚危机的发展与1970年代初期国际格局的调整相联系，并尝试解决这样一个问题：为什么东巴的独立运动会取得成功？促成孟加拉国独立的地区因素与国际环境有何种独特性？他认为东巴独立运动之所以成功，除了印度的帮助、介入之外，国际格局的

---

① 有关印度军方人士撰写的第三次印巴战争的战史著作可参见 Lachhman Singh: *Indian Sword Strikes in East Paksitan*, New Delhi: Vikas Publishers, 1979; Sukhwant Singh: *The Liberation of Bangladesh*, New Delhi: Vikas Publishers, 1980; H. S. Sodhi: "Operation Windfall": *Emergence of Bangladesh*, New Delhi: Allied Publishers, 1980; N. Krishman: *No Way but Surrender: An Account of the Indo-Pakistan War in the Bay Bangladesh*, 1971, New Delhi: Vikas Publishers, 1980; Jagdev Singh: *Dismemberment of Paksitan: 1971 Indo-Paki War*, New Delhi: Lancer International, 1988; Ashok Kalyan Verma: *Bridge on The River Meghna*: *The Dash to Dhaka*: *Bangladesh Liberation War*, 1971, New Delhi: KW Publisher, 2009.

大调整（中苏敌对、中美接近）亦使得孟加拉能够利用大国战略调整的空隙脱颖而出。但是，该著作也有两点不足之处：第一、注重分析、阐释，而史实辨析偏少。全书立论的主要来源是报刊资料，基本没有使用一手档案材料，因此，很多闪现智慧曙光的观点由于缺乏史料支撑而显得苍白无力；第二、作者虽对南亚危机的地区根源与国际因素进行了一定程度的剖析，但没有能够将地区根源与国际因素进行整合，并探究地区冲突与全球冷战进程的内部关联。笔者认为这两点不足之处应当是后来研究者利用丰富的多边档案资料，以国际史的研究视阈进行深入细致研究的努力方向。

埃纳瓦尔斯·拉希姆与乔伊斯·拉希姆合著（Enayetur Rahim, Joyce L. Rahim）的《1971年孟加拉解放战争与尼克松的白宫》（*Bangladesh Liberation War and the Nixon White House*, 1971, Dhaka: Pustala, 2000）尝试以孟加拉学者的视角解读尼克松政府究竟是如何看待孟加拉民众的民族独立诉求和在血与火的考验实现独立建国的目标。在两位孟加拉学者的研究当中，孟加拉解放战争是"正义的战争"，而尼克松政府的政策却无视这一战争的"正义"性，以近乎"麻木"的态度支持拉瓦尔品第的军人政权，践踏了自美国立国以来的民主和人权传统，削弱了美国在第三世界国家中的影响力。

威廉·冯·申德尔（Willem Van Schendel）所著《孟加拉国史》（*A History of Bangladesh*, Cambridge: Cambridge University Press, 2009. 中译本参见《孟加拉国史》，李腾译，上海：东方出版中心，2011年中文版）第三卷"成为巴基斯坦"和第四卷"战争与孟加拉国的诞生"对孟加拉独立建国的民族、社会、经济、政治因素作了全面分析，从政治社会史的角度讲述了孟加拉民族是如何通过一场为自由而战的武装斗争，实现独立建国的目标。

1971年南亚危机的直接结果是孟加拉国独立。孟加拉民众将直接促成国家独立的这一重大历史事件称之为"孟加拉解放战争"（孟加拉语：Mukti Judhho，英语：Bangladesh Liberation War）或"孟加拉独立战争"。孟加拉国独立之后，众多亲历、参与此场战争的东巴民族抵抗运动成员和孟加拉国退役军官都撰写或口述大量的回忆录和战史著作，其中不少著述披露了大量有关1971年危机爆发的国内根源，"孟加拉民族解放军"（Mukti Bahini）组建以及在印度军方帮助下进行反抗西巴政府军的军事行动的史料。① 其中，具有代表性的著述有三本。分别是由前"孟加拉民族解放军"总司令默罕默德·阿图尔·加尼·奥斯曼尼（Mohammad Ataul Ghani Osmany）口述，孟加拉学者德万·默罕默德·塔沙瓦·拉贾（Dewan Mohammad Tasawwar Raja）撰写的《我的将军：默罕默德·阿图尔·加尼·奥斯曼尼——1971年孟加拉解放战争中的总司令官》（*My General*：*Bangabir General Mohammad Ataul Ghani Osmany*，*Commander-in-chief liberation war of Bangladesh*，1971，Dhaka：Osmany Memorial Trust，2010），前孟加拉国陆军退役中将阿布·萨拉哈·默罕默德·纳什姆（Abu Salah Mohammed Nasim）所著的战史回忆录《孟加拉为自由而战》（*Bangladesh Fights for Independence*，Dhaka：City Art Press，2002）以及前孟加拉民族解放军战区指挥官曲孜·诺茹孜曼（Quazi Nooruzzaman）撰写的战史回忆录《一个战区指挥官对1971年孟加拉解放战争的回忆》（*A Sector Commander Remembers Bangladesh Liberation War*，1971，Dhaka：Writers. Ink. 2010）。在上述三本著作中，《我的将军：默罕默德·阿图尔·加尼·奥斯曼尼——1971年孟加拉解放战争中的总司令官》和《孟加拉为自由而战》史实详尽，披露了大量有关孟加拉民族解放军在危机期间所进行的游击战、破袭战行动的丰富资料以及与军事斗争相关的东巴社会动荡、政治角逐等内容，具有重要的参考价值。

除了印巴孟三国学者的相关研究外，英国学者罗伯特·杰克逊（Robert Jackson）的《南亚危机：印度、巴基斯坦和孟加拉——对1971年印巴战争的政治与历史分析》（*South Asian Crisis*：*India*，*Pakistan and Bangladesh—A Political and Historical Analysis of the* 1971 *War*，New York：Praeger Publisher，1975）是一部立意隽永的著作。该书以1971年危机为

---

① 相关内容可参见 M. Rafigul Islam：*A Tale of Millions*：*Bangladesh Liberation War*，1971，Dhaka：Bangladesh Books International Press，1981；Munatasira Mamuna：*The Vanguished Generals and The Liberation War of Banglesh*，Dahaka：Somoy Prokashan，2000；Akhatara Ahameda：*Advance to Contact*：*A Soldoer's Account of Bangladesh Liberation War*，Dhaka：Dhaka University Press，2000；Md Anisur Rahman：*My Story of* 1971：*Through The Holocoust that Created Bangladesh*，Dhaka：Liberation War Museum. 2001；Imamuz Zaman：*Bangladesh War of Liberaiton*，Dhaka：Columbia Prokashani，2001；Habibul Alam：*Brave of Heart*：*The Urban Guerilla Warfare of Sector - 2 during The Liberation War of Bangladesh*，Dhaka：Academic Press and Publishers Library，2006；Oli Ahmad Bir Bikram：*Battles that I fought and Interviews of Liberation War Heroes*，Dhaka：Annesha Prokashon，2009；Enayeta Maola：*Birth of A Nation*：*Story of The Liberation War of Bangladesh*，Dhaka：Shahitya Prakash，2010.

多国进行权力博弈、权谋策变的舞台，尝试以多国资料为基础书写"南亚危机国际史"。南亚为什么会成为大国利益角逐的竞技场？作者强调克松政府对于世界秩序的追求、对全球战略均势的考虑，两者缺一不可地共同影响着美国的南亚政策。美国在危机中的政策虽并未实现美国的既定目标（政治解决东巴危机，防止战争爆发），但"醉翁之意不在酒"。美国在中美协调处理危机，增加相互信任，遏制苏联的南下扩张，构筑美、苏、中大三角等诸多战略"储备"上另有斩获。

爱丁堡大学的巴裔学者塞义德·侯赛因·沙希德·沙哈瓦德里（Syed Hussain Shaheed Soherwordi）在《美国对巴基斯坦外交政策的转变——以1965、1971年印巴战争为例》（US Foreign Policy Shift towards Pakistan between 1965&1971 Pak-India Wars, *A Research Journal of South Asian Studies*, Vol. 25, No. 1, January-June 2010, pp. 21–37）一文中采用历史比较的方法对美国在1965年和1971年两次印巴战争中对巴基斯坦的政策进行了分析。沙哈瓦德里认为美苏中三大国关系的发展走向、印巴两国在美国外交战略布局中的地位与价值、联盟战略在美国处理地区事务中的实际效用价值是影响美国在1965年、1971年两次印巴战争中对巴基斯坦政策的重要因素。具体到美国在1971年印巴战争中的政策，沙哈瓦德里强调美国的政策是不成功的，它既不能有效阻止叶海亚·汗对东巴民众的军事镇压，又不能阻止印度以军事手段肢解巴基斯坦。

牛津大学的巴裔学者伊夫提哈尔·H.马里克（Lftikhar H. Malik）所著《巴基斯坦史》（*The History of Pakistan*, NewYork：Greenwood Press, 2008. 中译本参见《巴基斯坦史》，张文涛译，北京：中国大百科全书出版社，2010年中文版）是一部通史著作。书中第八章"军事接管和东巴基斯坦的分离：1958—1971"从军人政权统治、西巴与东巴民族、宗教矛盾日趋激化的角度对1971年东巴脱离巴基斯坦，独立建国的历史过程进行了简要而细致的分析。

二、国内学术界的研究状况

冷战时期美国对南亚国家政策和南亚国际关系研究曾是国内冷战国际史研究的一个薄弱环节。2004年之前，我国对1971年南亚危机与美巴关系的研究尚为空白，仅仅是在一些有关美苏冷战史、南亚国际关系、中印关系以及南亚国家国别史的著作和论文中提及尼克松政府在1971年南亚危机中的外交政策，而对南亚危机的发展过程未有涉及。相关著作和论文包括：李德昌：《巴基斯坦的政治发展（1947—1987）》，成都：四川大学出版社，1989年版；谢福荟、林良光主编：《孟加拉国政治与经济》，北京：北京大学出版社，1994年版；黄正柏：《美苏冷战争霸史》，武汉：华中师范大学出版社，1997年版；孙士海主编《南亚的政治、国际关系及安全》，北京：中国社会科学出版社，1998年版；杨翠柏、李德昌：《当代巴基斯坦》，成都：四川人民出版社，1999年版；赵蔚文：《中印关系风云录》，北京：时事出版社，2000年版；孙士海主编：《印度的发展及其对外战略》，北京：中国社会科学出版社，2000年版；林良光、叶正佳、韩华：《当代中国与南亚国家关系》，北京：社会科学文献出版社，2001年版；唐昊、彭沛：《巴基斯坦 孟加拉：面对种族和宗教的冲突》，北京：四川人民出版社，2002年版；张忠祥：《尼赫鲁外交研究》，北京：中国社会科学出版社，2002年版；陈延琪：《印巴分立——克什米尔冲突的滥觞》，乌鲁木齐：新疆人民出版社，2003年版；刘金质：《冷战史》（3卷本），北京：世界知识出版社，2003年版；赵伯乐：《当代南亚国际关系》，北京：中国社会科学出版社，2003年版；张敏秋：《中印关系研究（1947—2003）》，北京：世界知识出版社，2004年版；汤广辉：《巴基斯坦外交政策的历史分析》，《南亚研究季刊》1991年第1期；赵日辰：《印巴关系与巴基斯坦的安全防务战略》，《南亚研究季刊》1995年第1期；邱永辉：《美国全球战略与早期印美关系》，《四川大学学报（哲学社会科学版）》2000年第2期；邱永辉：《美国的南亚政策试析》，《南亚研究季刊》2000年第2期；马加力：《浅析美、印、巴三角关系的变化》，《现代国际关系》2001年第11期；宋德星：《论巴基斯坦的安全战略—地缘政治方面的强制性因素》，《战略与管理》2001年第6期；王琛：《美国对1962年中印边界冲突的反应》，《史学月刊》2002年第1期；傅小强：《印巴冲突的历史与地缘考察》，《亚非纵横》2002年第2期；吴永年：《论印巴危机的根源、现状与发展趋势》，《复旦学报（社会科学版）》2002年第4期；张文木：《印度的大国战略与南亚地缘政治格局》，《战略与管理》2002年第4期；兰江、毛德金：《1954—1965年美国对巴基斯坦的军事援助及其影响》，《南亚研究季刊》2004年第2期。上述著作中以史实介绍居多，而过程分析匮乏。其中，参考价值最大的当属刘金质教授独撰的三卷本《冷战史》。

在该书的第二册中,作者从美苏缓和背景下强权争夺的角度分析了1971年印巴战争,并指出美国清楚地看到,苏联正利用同印度的关系进入南亚次大陆,增加自己的影响和势力,牵制美中接近和美巴中建立良好关系。美国积极同苏联进行"秘密外交",并调动舰队示威,在联合国提出停火建议,在与中国沟通与磋商方面也表现得相当积极。尽管明争暗斗并未终止,但是将印巴冲突控制在允许的范围内,不使事态的发展影响到两国的缓和进程是美苏两国在此问题上共同的内在默契。该书有关第三次印巴战争的分析亦有其不足之处——缺乏第一手资料作为史论分析的基石,这影响了它的学术含量和价值。

王琛博士的博士论文《美国的外交政策与南亚均势(1947—1963)》① 提出"大国南亚困境"是美国深陷南亚不能自拔的根源。这种结构性大国南亚困境是南亚次大陆印巴敌对和国际大国间矛盾综合作用的集中表现。这一困境的存在使任何大国都不可能在印巴敌对环境下与它们同时保持良好与持久的关系。鱼肉与熊掌不可兼得的现实对美国而言意味着企图与印巴同时亲善的结果往往是"竹篮打水一场空"。可以说,王琛博士提出的"大国南亚困境"对于我们深入研究南亚冷战具有一定的启示作用和指导意义。

2004年之后,随着尼克松时期美国外交档案文件的解密和冷战国际史研究议程的扩充、研究视野的拓展,冷战时期美国与南亚国家关系研究,尤其是美印、美巴关系研究逐步铺展开来,并取得了一系列的研究成果。胡志勇研究员的《冷战时期南亚国际关系》(北京:新华出版社,2009年版)是国内第一部全方位揭示冷战时期南亚国家关系以及南亚与世界主要国家关系的通史性著作。在层次性分析②的基础上,宏观把握与精炼分析相结合是该著作的最大特点,但对于1971年南亚危机这一关乎南亚国际关系格局演变的重大事件,该著作未作细致分析,着墨甚浅。

宋海啸博士在《印度对外政策决策——过程与模式》(北京:世界

---

① 王琛:《美国的外交政策与南亚均势(1947—1963)》,南京:[朱瀛泉教授指导]南京大学博士学位论文,1999。

② 《冷战时期南亚国际关系》一书从三个层次探究冷战时期南亚国际关系演变的过程:第一层次,冷战时期南亚国家的对外战略;第二层次,冷战时期南亚国家与地区外世界主要国家的国家关系;第三层次,冷战时期南亚地区内的国家关系。参见胡志勇:《冷战时期南亚国际关系》,北京:新华出版社2009年版,前言,第2页。

知识出版社，2011年版）一书中以"双螺旋"① 决策模式为立论基点，在第三章中对印度关于"解放孟加拉"政策的决策动因、决策过程以及决策特点进行了梳理和诘究。宋海啸博士认为"'东巴危机'以及印度'解放孟加拉'政策决策，几乎就是印度国家的总动员，印度国家各派政治力量无一例外地参加了这场轰轰烈烈的决策活动，为印度历史之罕见"。该著作的不足之处在于，缺少第一手解密档案文件来对理论分析模型进行验证，史论结合，论从史出未得到充分体现。从这一角度来看，推动冷战时期南亚国际关系研究的重点在于解密档案材料的获取和研判。

孙德刚博士是国内研究"准联盟"② 问题的开拓者。在《多元平衡与"准联盟"理论研究》（北京：时事出版社，2007年版）与《准联盟外交的理论与实践——基于大国与中东国家关系的实证分析》（北京：世界知识出版社，2012年版）两部著作中，孙德刚博士从"准联盟"外交理论架构的核心要旨出发指出围绕1971年南亚危机，美苏中印巴五国形成了两组泾渭分明、相互对抗的"准联盟"关系："美国—巴基斯坦—中国准联盟"和"苏联—印度准联盟"。这两大"准联盟"集团的斗争博弈既牵动美苏中三大国关系的纵横捭阖，又强有力地塑造着次大陆的权势格局。

如何从整体把握1971年南亚危机的发展变迁是王苏礼在《试论1971年南亚危机的演变过程》（《新远见》2008年第4期）一文中所要回答的问题。王苏礼认为1971年南亚危机可划分为三个阶段：东巴基斯坦危机、印巴危机、美中巴—苏印危机，尤其是在第三阶段中，危机冲突不断激化，并最终演变为第三次印巴战争，而战争的结果是印度确立对巴基斯坦的绝对优势，但在美中两国的干预下，"西巴基斯坦的生存得以维持，南亚脆弱的均势最终也得以维持"。

---

① 宋海啸博士认为印度在制订对外政策时，"二元政治结构"所形成的以总理为核心的内阁权力中心和国内社会政治力量是印度国家对外政策决策的主要行为体。这两股力量在对外政策的决策过程中逐步形成由分歧与相互制约走向认同与相互支持的"双螺旋"模式。参见宋海啸：《印度对外政策决策——过程与模式》，北京：世界知识出版社，2011年版，第246页。

② 孙德刚博士指出准联盟（Quasi-alliance）是两个或两个以上国际实体在非正式安全合作协定之上形成的针对外部敌人的安全合作关系，具有同正式联盟不同的鲜明特征。准联盟的载体多是非正式的协定、联合公报，不以正式的盟约为基础，准联盟成员之间没有履行盟约的义务，与联盟相比，准联盟内部相互抛弃的可能性大大增加，而且其关系发展中往往存在重大矛盾，安全威胁或发展利益多是交叉或互补的。参见孙德刚：《准联盟外交的理论与实践——基于大国与中东国家关系的实证分析》，北京：世界知识出版社，2012年版，第22页。

王琛、王苏礼在《1971年南亚危机与尼克松政府的对策》(《史学月刊》2009年第12期)一文中运用已解密的尼克松政府时期美国对外关系文件深入剖析了南亚危机期间,尼克松政府由最初的"中立"向"偏袒"巴基斯坦政策转变的前因后果。同时亦指出:"从国际冷战大势、尼克松的全球均势战略、'大国南亚困境'机制、尼克松的情感因素来看,'偏袒'政策不仅是美国保持其南亚利益的需要,更是服务于尼克松的国际战略安排的必然选择。"

刘磊在《基辛格与美国对1971年印巴危机和战争的反应》[华东师范大学国际冷战史研究中心:《冷战国际史研究》(第5辑),北京:世界知识出版社,2008年版]一文中认为"基辛格在美国应对1971年印巴危机与第三次印巴战争的过程中发挥了关键性的作用"。作为一名特立独行、思想深邃的国际关系学者,基辛格的"从现实利益而不是意识形态出发,最大限度地争取和利用友邦,孤立和打击敌人,维护西巴的存在,维持南亚地区均势,进而维持全球范围内的均势秩序的稳定"这一外交思想,支配着他自身在危机进程中的行为决断。

国内学界的研究成果认为同样发生在1971年的两件关乎全球冷战转型的重大事件:南亚危机和中美关系缓和之间存在内在的紧密联系。王成至博士的专著《跨越雷区的握手:1969—1972年中美缓和进程研究》(上海:上海三联书店,2010年版)对中美两国在1971年印巴危机中的沟通协调进行了相应的研究,并认为在危机期间,中美两国政府"开始在地区事务上进行初步合作","两国在联合国共同维护巴基斯坦领土完整的行为,是他们第一次在国际事务上协调行动,而这一切发生在尼克松访华以及《上海公报》出台之前,是值得注意的"。李丹慧教授的论文《打开中美关系进程中的周恩来—来自尼克松外交档案的新证据》[华东师范大学国际冷战史研究中心:《冷战国际史研究》(第6辑),北京:世界知识出版社,2008年版]聚焦1971年至1972年,中美之间相继举行的高层会晤与首脑峰会。论文依据新近解密的尼克松、基辛格与周恩来的会谈记录和其他相关档案文件,对中美缓和的历史进程作了详尽、细致的梳理,并指出"中美之间在印巴冲突危机的处理上,达成了维护巴基斯坦,反对印度及背后的苏联的共识及合作,迈出了联合抗衡苏联的第一步"。栗广在《论1971年南亚危机与中美关系缓和进程》(《武汉大学学报(人文科学版)》2013年第1期)中强调指出"南亚危机发生于中美关系缓和进程之中,是中美关系开启缓和之门以来双方所共同面临的首个重要的国际问题"。两国领导人抓住了事关国际大势整体走向的历史性机遇,在联手应对危机的过程中加快了两国关系改善的步伐。

在硕博论文方面,习罡华博士在其博士论文《地缘政治与1947—1974年的克什米尔冲突》① 中指出1971年孟加拉战争是印巴两国围绕克什米尔展开地缘政治争夺的延续。李晓妮博士的博士论文《美国对巴基斯坦政策研究(1941—1957)》② 聚焦从第二次世界大战到冷战初期美国对巴基斯坦政策走向。王苏礼的硕士论文《美国与1971年南亚危机》③ 和罗金平的硕士论文《试论尼克松时期美国政府对巴基斯坦的外交政策(1969—1972年)》④ 是近年来以1971年南亚危机与美巴关系为主题,综合运用尼克松政府解密外交档案文件和相关文献进行研究的两篇优秀硕士论文。与其他几篇同样以1971年南亚危机与美巴关系为主题的硕士论文⑤相比,这两篇硕士论文的一个共同点是能够在较好驾驭档案资料的基础上,从冷战与大国关系互动性变迁的角度审视危机进程中的美巴关系。华东师范大学严维娜的硕士学位论文《英国对1971年南亚危机的反应与政策》⑥ 另辟蹊径,运用英国外交部解密档案探究英国在应对危机的过程中所采取的应策以及策动英国危机政策变化的原因。

与上述研究成果关注冷战时期美国与南亚国家关系有所不同。张世

---

① 习罡华:《地缘政治与1947—1974年的克什米尔冲突》,北京:[王红生教授指导]北京大学博士学位论文,2008。
② 李晓妮:《美国对巴基斯坦政策研究(1941—1957)》,长春:[于群教授指导]东北师范大学博士学位论文,2009。
③ 王苏礼:《美国与1971年南亚危机》,郑州:[王琛教授指导]郑州大学硕士学位论文,2007。
④ 罗金平:《试论尼克松时期美国政府对巴基斯坦的外交政策(1969—1972年)》,金华:[周旭东教授指导]浙江师范大学硕士学位论文,2012。
⑤ 相关的硕士论文包括姚远梅:《印度与巴基斯坦的分裂》,郑州:[吴宏阳副教授指导]郑州大学硕士学位论文,2004;常县宾:《试论尼克松政府在1971年印巴危机中的外交政策》,武汉:[黄正柏教授指导]华中师范大学硕士学位论文,2004;刘妍妍:《尼克松政府对1971年南亚危机的政策》,长春:[于群教授指导]东北师范大学硕士学位论文,2006;李孟一:《第三次印巴战争及其对大国关系的影响》,郑州:[王琛教授指导]郑州大学硕士学位论文,2006;曲家明:《1971年美国应对南亚危机过程中的中国因素》,广州:[温强副教授指导]中山大学硕士学位论文,2010。
⑥ 严维娜:《英国对1971年南亚危机的反应与政策》,上海:[戴超武教授指导]华东师范大学硕士学位论文,2013。

均教授的论文《孟加拉人民联盟的民族主义运动及其作用》(《世界历史》2009年第5期)和赵辉兵博士的《1971年巴基斯坦内战成因考察》(《徐州师范大学学报(哲学社会科学版)》2012年第3期)把研究视角汇集在促动1971年南亚危机爆发的内部因素上。张世均教授认为"在孟加拉国的建立过程中,人民联盟的民族主义运动起到了启蒙、领导和实施者的作用"。赵辉兵博士则借鉴费尔南·布罗代尔的历史时段理论和S. N. 艾森斯塔德的现代化理论诘究1971年巴基斯坦内战的成因,并指出巴基斯坦内战"是其现代化进程中政局周期性震荡合乎逻辑的结果",同时,"也隐含着发展中国家现代化所面临的共同困境:传统与现代化、宗教与民族主义的冲突和不兼容"。

综合国内外学者对叶海亚·汗执政时期美巴关系的研究分析来看,我们可以归纳出以下几个特点:

第一,从研究视角上看,"美国中心"倾向十分突出。1/2以上有关美巴关系的论著,无论从问题的提出、结构的设置,到资料的搜集运用乃至论述的展开和结论的得出均表现出强烈的"美国中心主义"倾向。在这一大批著述中,美巴关系的演变发展是从属于美国的南亚政策,从属于美国全球冷战战略的需要。在研究视角的路径选择方面实际上是美国对外政策史在南亚的延伸和具体表现。这一研究视角的单线式表征无疑拔高了美国在南亚的地位、作用和影响,而忽略了美国与作为南亚国家的巴基斯坦在国际关系中"不对称"的交互影响,忽略了地区危机与冲突所具有的地域属性和"当地根源"对作为冷战超级大国的美国对外政策的"对冲"作用。虽然从冷战国际史的发展方向上看,这种"美国中心观"的局限性已愈来愈受到"冷战史新研究"学术浪潮的冲击而黯然失色,但在实证研究中,要想在广泛的历史证据的基础上进一步拓展研究范围,就必须以批判的眼光去审视和矫正美国在社会科学领域的"话语霸权",逐步克服对已有研究范式的心理依赖。现在看来,塑造历史主义的"冷战国际史观"对中国的研究者而言依然任重而道远。

第二,从研究方法上看,不同国家的研究者因民族身份、文化背景、价值观念的不同对同一事件的解读是迥然有异的。正如前文所述,美国学者多从美国冷战战略、大国的强权对抗角度对南亚危机与美巴关系进行"外扩式"的分析论述;而印巴学者则侧重于对巴基斯坦国内政治动荡、危机产生的根源以及危机对南亚力量格局造成的影响进行"内聚式"的研究。这两种不同的研究方法在逻辑预设、研究风格上的迥异实质上人为地割裂了全球冷战中地区冲突的两重定位：特定区域内一国国内问题"外溢"引发地区冲突；大国介入地区冲突并展开强权争夺的利益角逐。在当代国际社会中，国内动荡与国际危机、冲突并非孤立的存在，它们之间有着紧密的内在逻辑联系。

第三，缺乏对史料的精致解读。尽管2004年之后，随着尼克松时期美国外交解密档案逐步开放，学界对于1971年南亚危机与美巴关系的研究日趋深入，取得了一大批"发前人所未发"的优秀成果。但已有研究依然普遍存在重分析阐释、轻史实辨析的问题。一方面，研究者受条件限制，多将美国解密档案作为实证研究的"元点"；另一方面，虽能够通过各种渠道获取多国多边档案资料，但由于缺乏档案文献的互证和比对分析，因此很多富于创见的观点由于缺乏必要的史实印证，而显得苍白无力，在实证性与说服力上大打折扣。因此，以南亚危机与美巴关系作为个案研究必须把史料扎实、史论结合作为研究的基点。

第二节　研究目的与选题意义

从上述学术史回顾中，我们可以清楚地看到国内外学界对1971年南亚危机与美巴关系研究的已有成果、关注重点和不足之处。本项研究的目的旨在以1971年南亚危机为阐释冷战进程中地区危机与冲突内在特性的平台，展现大国的对外战略与地区角色政治行为的双向互动，进而分析巴基斯坦国内制度缺陷所引发的政治动荡是如何"外溢"到国际领域，又是如何引起包括美国在内的区外大国介入，激化冲突导致局部战争。

叶海亚·汗执政时期的巴基斯坦，内战与分裂是国家政治生活的两大关键词。这两者是巴基斯坦独立以来政治、经济、文化、地域矛盾衍变的、合乎逻辑的结果，也是巴基斯坦所有问题的总爆发。1968年10月—1969年3月的反阿尤布·汗运动导致第二次军法管制。叶海亚·汗上台之后，军队很快平息动乱，维持社会秩序，却无法使民众恢复团结并创立稳定的政治体制。国家将向何处去？是继续军事集团的统治？还是走宪政民主的道路？对当时风雨飘摇、动荡不安的巴基斯坦来说是一个急需解决的政治问题。但叶海亚·汗的迟疑不决、优柔寡断，军人统治集团的强硬立场,以及佐勒菲卡尔·阿里·布托(Zulifkar Ali Butto)和谢赫·穆吉布·拉赫曼(Sheikh Mujib Rahman)两大代表西巴和东巴各自利益的政治巨头的拒不退让和互不妥协使本可让局势出现根本转机的曙光再次被阴云所遮盖。政治分裂、社会动乱成为事件发展的唯一结果,随之而来的是军事镇压、街头暴力、城市叛乱、难民潮、恐怖主义和南亚的"政治地震"。在这种危急状况下,叶海亚政权能否有效地平息内部纷争?能否以各种方式避免大国的干涉?如若不能,介入,抑或不介入,哪个更符合大国的利益?以美国为例,若介入符合自身的利益,那么美国介入的动机和意图是什么?应该在何时介入?以怎样的方式介入?以上诸多疑问都是研究者在研究这一时期的美巴关系必须直面解决的问题。

在处理美巴关系、应对南亚危机的过程中,尼克松政府以现实主义为美国外交政策的至上政治哲学。但美国无法摆脱安全利益、地缘政治利益与反对专制、鼓吹自由、民主、人权的道德主义观念的选择困境。对叶海亚政权的"偏袒"实质上体现了尼克松政府南亚战略安排的结构性紧张:全球战略理念与地区主义考量的矛盾;现实政治选择与冷战道义目标的矛盾。因此,冷战时代大国竞争引入到地区危机的结果将导致冲突的升级、剑拔弩张的紧张对抗与局部战争。透过1971年南亚危机可见,国内动荡与国际紧张关系与冲突并不是孤立存在的问题,它们之间是互为因果的。基于上述分析,本书把全球层面的美苏中三大国权势斗争、区域层面的印巴争斗、巴基斯坦国内层面的西巴军人政权与东巴激进民族主义集团的殊死对抗这三大变量的多维互动作为新的研究框架,其中亦凸现出全球冷战的国际性与本土性——"双重逻辑"①的强大生命力。

综上所述,以1971年南亚危机与美巴关系作为研究对象有以下研究意义:

第一,1971年南亚危机具有地区冷战事件的"本土性"特点:即在以猜疑、不信任、仇恨与隔阂对立作为共同特点的国家政治、地区政治氛围中,西巴军人政权与孟加拉族裔民族主义的暴力冲突与印巴国家对抗构成双重联动效应,使得危机进程逐步滑向高度暴烈性的战争。这一

---

① 余伟民:《国际性与本土性:冷战的双重逻辑——读《冷战与革命》》,《冷战国际史研究》(II),北京:世界知识出版社2006年版,第212—221页。

重大的南亚冷战事件所表达的本土性逻辑可表述为：在地区安全机制未曾建立之下，西巴、印度、孟加拉分离主义势力三方的理念冲突、明争暗斗、血与火的搏杀决定了危机只能是通过战争暴力手段解决，霍布斯式权力角斗场的法则：一拼到底，强者胜出支配着这一斗争过程，即便是大国的调解也无法阻挡战争的爆发。

第二，通过对1971年南亚危机地区根源的考察，展现了美巴两国在利益诉求上的互补性。叶海亚·汗政权所代表的西巴军人统治集团需要通过与美国的结盟来达成两个目标：1. 在国家内部权力分配关系面临宪政民主与民族分离主义双重威胁，而政权自身难以有效应对的情况下，借助美国之力巩固起其政权统治；2. 借助美国平衡印度的扩张欲望以及苏印联合对巴构成的安全威胁。尼克松在上台之后，推行新亚洲政策，通过巴基斯坦接近中国，平衡印度在南亚次大陆的地位与作用。尼克松清楚地看到苏联正利用同印度的关系向次大陆渗透，扩展自己的势力范围，牵制中美接近和美巴中之间的友好关系。美国与巴基斯坦有传统的盟友关系，并且巴基斯坦亦是美国通往中国、加速中美接触的可靠帮手。在危机逐步扩散蔓延的过程中，尼克松深切地感受到在苏联支持下，印度将越来越倾向于使用武力解决次大陆政治僵局，而武力干涉巴内政将不可避免地诱发印巴战争，并破坏次大陆的力量均势，使美国的盟友产生不信任感，影响美国冷战战略的转型。为此，尽管知道西巴、东巴的矛盾是由叶海亚·汗军人政权的政策失误造成的，而且东巴的政治独立难以逆转，但是以美国对外战略中的总体战略目标与核心国家利益为基点构筑南亚危机的因应政策是尼克松政府应对危机的根本出发点，"偏袒"巴基斯坦的政策由此浮出水面。

第三，作为最高决策者的尼克松—基辛格"二人团队"在应对1971年南亚危机的过程中是以美国对外战略中的总体战略目标与核心国家利益为基点构筑南亚危机的因应政策。具体影响危机政策的因素包括：其一、以处理南亚危局为契机，力促中美接近；其二、支持巴基斯坦这个"旧时"盟友，彰显美国在战略收缩之时，对盟国安全承诺方面不打折扣。"偏袒"政策的原动力在于敲开尘封二十多年的中美关系大门，打通中美战略关系渠道，构筑美、苏、中战略大三角，联合中国反制共同敌人——苏联的扩张势头，推动全球均势。因此，在全球主义战略视野支配之下的"偏袒"政策是冷战转型时代美国对外战略的有机组成，是美国对华政策的"润滑剂"和"催化剂"。"偏袒"政策实施的另一个重要动力在于当昔日的盟友巴基斯坦内外交困之时，美国必须出手相助，既向中国表明面对苏联威胁，美国会反制苏联的强权，同时更向美国的盟友昭示即便美国实力呈现颓势之际，在苏联威胁面前，美国也不会放弃盟友，不会抛弃安全承诺与安全义务，只不过在表现形式和威胁程度上有所区分。以"偏袒"政策为个案分析可见，缓和时代，大国在地区危机与冲突中的政策、行为与大国之间的缓和进程是密切相关的。

第四，美国的危机政策与尼克松主义出台后，美国在南亚的利益存在与实现有着内在的必然联系。究其实质，尼克松主义是一种收缩美国海外态势，但又不收缩过度的政策。收缩是尼克松主义的主要方面，但在新的条件下继续维护美国的阵地，使收缩"不会削弱，反而加强美国"是它的另一面。这样一种内在特质反映在尼克松对南亚的战略安排上即表现为"退却但不脱身"。①"退却"即为减少美国对南亚两强之一的印度的政策投入，降低美国在南亚利用印度遏制共产主义中国的政治义务；"不脱身"表现为美国在南亚的利益仍在于维持印巴之间的力量平衡和南亚的脆弱和平。虽然1965年第二次印巴战争的爆发已经说明美国在南亚难以鱼肉和熊掌得兼，但在尼克松—基辛格看来全球均势规划是一个包含南亚在内的、复杂的系统工程。美国在政策上要向巴基斯坦倾斜，一方面，借巴基斯坦之"船"探知筑建美—中—苏战略平衡的可靠"航道"；同时反对南亚出现受区外大国支持的霸权国。从这个意义上看，"谁扰乱了均势，谁就是敌人"②。尽管美国对巴基斯坦采取"偏袒"政策，但是"偏袒"的程度除主要受制于全球战略层面因素的影响之外，还受制于美国对南亚的实际利益诉求，"偏袒"政策中实际作用于巴基斯坦的政策份额是较少的。故而，全球主义战略视角决定了美国在危机期间对巴基斯坦采取"偏袒"政策，但地区实际利益诉求却制约着"偏袒"政策的适用限度。

第五，发生在冷战缓和前夜的1971年南亚危机是检验美、苏、中战

---

① "退却但不脱身"由美国约翰·霍普金斯大学对外政策华盛顿研究中心主任奥斯古德·罗伯特（Osgood Robert）教授提出，笔者在分析过程中借鉴了这一提法。参见：Osgood Robert, "*How new will the American Foreign Policy be?*" In Gilbert John, .ed: *The New Era in American Foreign Policy*, New York: St. Martin Press, 1973, p.76.

② Hans Morgenthau and Kenneth W. Thompson: *Principles & Problems of International Politics* (*Selected Readings*), New York: Alfred A. Knopf, Inc. 1950, p.354.

略大三角之存在基础的第一个"实验场"。此次危机的特定意义在于它是与转型时代的冷战体系密切相关,不仅深受大国战略调整的影响,而且也在转型时代的全球冷战中留下自己的特殊印记。作为美国一方,尼克松—基辛格把处理南亚出现的问题看成是一个极为重要的地缘政治,特别是维护战略力量均势的重大问题。冷战时期的南亚并非像欧洲、远东、越南那样是大国争夺的至关重要地区。但正是这样一种非战略要地的地位使得强权争斗之中,各方的政策选择都有一定的回旋余地,凸现多重博弈、权谋策变的"弹性外交"禀质。通过对1971年南亚危机的研究可以进一步考察:巴基斯坦这枚"棋子"在缓和时代的冷战"棋局"中有怎样的作用?在地区冲突中,美苏的政治底线为何?自我克制和忍耐程度为何?两国在多大程度上能够达成妥协?中美在南亚问题上有多少利益交汇点?是否能够一致行动反制印度的纵深推进?这对中美的进一步接触又有何作用?

本书选题的创新之处是以全球冷战的"双重逻辑":国际性与本土性的对立统一为理论依据,把全球层面的美苏中权势斗争、区域层面的印巴争斗、巴基斯坦国内层面的西巴军人政权与东巴激进民族主义的殊死对抗这三大变量的多维互动作为新的研究框架对1971南亚危机进行个案研究与分析,在严格史实分析的基础上书写1971年南亚危机的国际史。在冷战时期的地区危机中,国内动荡与国际危机、冲突并非孤立的存在,它们之间有着紧密的内在逻辑联系。内部冲突的国际化与国际斗争的内部化是并行不悖的双向过程。

第三节 基本结构与主要内容

在整体构架上,以1971年南亚危机为主线对危机前、危机初期、危机升级阶段的局势发展和美巴关系的动态演进,以及第三次印巴战争进行深入探讨。本书将分为五个章节展开论述。

第一章为"1971年南亚危机的国际背景与地区根源",分为"冷战格局中的南亚与美国在南亚的利益诉求"、"美巴结盟与美巴关系的演变"、"冷战转型与美巴关系进入新阶段"和"南亚危机的地区根源"四节。全球冷战的大气候和南亚地区内部印巴之间的矛盾相互影响产生了冷战时代南亚战略格局的基本雏形。美苏的渗透、介入把东西方两大不同阵营的对立带到了次大陆。从总体上看，外部力量的渗透与地区内部冲突交织纠结造就了苏印与美巴对峙的格局。尼克松上台之前，在反对共产主义"圣战"与次大陆政治角逐的双重影响下，美巴关系呈现出由"朋友"转变为"紧密盟友"，又由"紧密盟友"滑落低谷，乃至貌合神离的繁复多变进程。但面对涌动勃勃生机的新世界，尼克松和他的对外政策顾问基辛格着手调整美国的对外战略，在新的战略规划中，南亚、巴基斯坦在美国全球战略棋局中的定位都将发生变化。尽管1960年代末期的世界正孕育着革新式的政治经济变动，南亚次大陆和巴基斯坦国内却在对峙和动荡中向暴力和战乱的深渊逐渐滑进。这一章通过对危机的国际背景与地区根源进行分析，为后面的展开研究奠定基础。

第二章为"危机前夜的巴基斯坦政治变局与美巴之间的彼此借重"，包括："叶海亚·汗军人政权确立与大选前的准备"，"'巴基斯坦渠道'的开掘"，"'一次例外'军售政策的出台"，"大选、宪政危机与美国的应策"四节。1969年初，尼克松与叶海亚·汗分别成为华盛顿与拉瓦尔品第新的掌权者，美巴关系开始新的里程。对于再次实行军法管制的巴基斯坦，国家将往何处去是一个急待解决的政治问题。叶海亚·汗许诺举行大选，为迅速恢复巴基斯坦宪政创造条件。在经历政治纷争与天灾人祸之后，巴基斯坦建国以来的首次大选如期举行。但大选的顺利举行仅仅只是巴基斯坦宪政民主的起步，随后的政治纷争表明军人政权、西巴与东巴之间的利益纷争、观念分歧难以趋同。相较风雨飘摇的巴基斯坦，美国正积极开掘"解冻"中美关系的外交渠道，扭转相对于苏联的战略颓势。而尼克松和基辛格最为倚重，并最终取得突破性成果的是"巴基斯坦渠道"。如何在推进"巴基斯坦渠道"有效运作的同时，适时关注并切实应对巴基斯坦的内政危机是尼克松政府必须审慎思量的重要问题。在尼克松的政治地图上，无论是出于传统的美巴同盟关系考虑，还是对"巴基斯坦渠道"这一重要"战略跳板"的推崇，抑或尼克松本人对巴基斯坦的好感，美国都会支持叶海亚政权巩固其执政基础。这种政策倾向实为危机过程中美国"偏袒"政策的出炉作好铺垫。

第三章为"危机初始阶段与美国对巴基斯坦的政策倾斜"，包括："叶海亚·汗对东巴政治的强力控制与美国的应策"，"难民问题与美国的难民救助政策"，"印度的秘密干涉与'孟加拉人民共和国临时政府'的成立"，"美国对巴基斯坦军售政策的'微调'四节。3月25日，西巴政府军实施"探路灯"行动，南亚危机正式爆发。从3月25日到6月是南亚危机的初始阶段。叶海亚·汗在初步稳定东巴形势，将东巴抵抗力量驱赶到偏远山区和印度境内之后，着手他的政治重建计划，力图抹去人联在东巴政治图景中的印记。但东巴民众的抵触情绪却丝毫未有缓解。与此同时，难民问题出现并有不断增强之势，东巴内乱"外溢"成为印巴之间的跨国危机，印度采取公开外交与秘密行动相结合的方针，公开造势申明支持和同情东巴的反抗斗争，而且默许建立"孟加拉临时政府"，组建孟加拉民族解放军，与叶海亚·汗军人政权对抗。危机爆发之后，尼克松政府的政策取向有一个从不介入向有限介入的转变过程。这种政策转变的背后反映了"二人团队"在多方政治力量均要求白宫改变政策的政治环境之下，必须在全球战略层面的考量与针对地区政治变动的应对之间进行协调折中。在确定将支持巴基斯坦政府作为政策底线的情况下，如何在有效缓解东巴危机的同时，推进全球战略调整而不受关键国家——巴基斯坦内部动荡的影响，是危机初期白宫最高决策者政策制定的基本出发点，考察这一时期的美国危机政策，我们还应当注意到政策最终的确立是各部门、各官僚机构相互权衡、斗争并进行政治妥协的结果，特别是尼克松—基辛格掌控下的国家安全委员会与国务院、中央情报局、甚至国会都存有巨大的分歧。该分歧所反映出的核心问题为1971年南亚危机究竟是与美国的冷战战略调整有着不可割舍关系的地区危机？还是仅局限于南亚次大陆的地区危机？可以说政策建议方面的分歧伴随着美国危机决策过程的始终。

第四章为"危机升级与美巴政策协调的加强"，包括："基辛格秘访中国与《苏印和平友好互助条约》的签订"，"难民问题的激化与美印的政策对立"，"东巴政治和解的失败"，"危机对抗的升级与美国的应策"，"美国停止对巴军售"以及"英迪拉·甘地访美与印巴边界军事冲突的爆发"六节。在"巴基斯坦渠道"圆满地完成了其历史使命的同时，中美"秘密外交"浮出水面转变为震惊世界的"冲击外交"。这一"冲击外交"是一场推动冷战转型的"外交革命"，它既开启了冷战的新时代，但它本身也是代价和风险都相当之大的外交举措，加速了苏印走向联盟的进程，并使南亚危机由于大国竞争的注入而斗争更趋激烈化。在"穆吉布问题"上态度坚决，毫无软化的同时，叶海亚·汗的政治重建计划归于破产，美国力促东巴、西巴政治和解的努力亦归于失败。东巴的持续动荡与内乱使大量平民持续涌入印度，沦为难民。大规模的难民潮不仅是东巴危机转变为跨国危机——印巴危机的主要诱因之一，同时也是使得南亚持续紧张敌对氛围难以消解的重要根源。在处理难民问题的过程中，美巴虽有不同考虑，但政策协调趋于一致，而印度与美巴在难民问题上的政策倾向却渐行渐远。归根究底，是否应该在难民问题上附加最终将促成东巴独立的政治条件是美巴与印度的根本分歧所在。正是这一分歧使难民问题成为调解危机所无法逾越的鸿沟。沉重的经济、社会负担和印度公众的强烈干涉意愿促使英迪拉·甘地政府逐渐地滑向直接军事干涉。在印巴对峙不断升级的同时，大国权势竞争亦加剧了印巴对峙的强度，南亚"火药桶"一触即发。面对战争威胁的日益临近，处于内外压力之下，尼克松政府最终作出停止对巴军售之决定。虽然极力避免战争，加大对战争挑起者的惩罚力度，并作好针对战争爆发的分析评估是尼克松政府在危机升级阶段的政策表现，但上述政策表现是在"偏袒"巴基斯坦方针既定的前提下提出的，在次大陆恩仇难泯之际，美国的政策难以阻止战争脚步的临近。

第五章为"第三次印巴战争与南亚国际关系新格局"。包括："战争第一周进程与白宫的'双轨'政策"，"战争第二周进程与美、苏、中三大国外交角力"以及"南亚国际关系新格局的形成"三节。第三次印巴战争是1971年南亚危机对抗竞争的顶峰。历时14天的战争呈现出战局发展、国内政治变动与大国外交博弈综合互动的特点。在战局发展的同时，美、苏、中三大国之间也围绕次大陆进行着激烈的权势角逐。在全球战略思维的支配之下，美国政府力排众议，支持巴基斯坦，联合中国反制苏印的扩张。从这一意义上讲，东巴虽"失"，却为中美接近之所"得"，更为美国冷战战略成功转型之所"得"。在时间发展跨度有所交叉的中美秘密接触与南亚危机同时进行的过程中，中美在南亚危机问题的立场趋于一致：支持巴基斯坦。当印巴战争无法避免地爆发之后，中美在安全威胁的认知观念上也达成一致：主要威胁来自苏联。为此，中美必须联合反制苏联，反对印度在苏联的幕后支持下对巴基斯坦的"侵略"。一言以蔽之，第三次印巴战争既是印度和巴基斯坦这两个夙敌的第三次较量，也是美、苏、中三大国围绕次大陆而展开的权势斗争和战略竞争。就1971年战争的国际影响来看，它促进了南亚国际关系新格局的出现。一方面，美、苏、中战略大三角是冷战转型时代国际格局中最重要的三角关系。它的形成发展对南亚的格局演变起着不可或缺的作用，直接地影响南亚的力量平衡，使南亚地区均势深入发展，巩固并强化了苏印与美巴的战略对立；另一方面，战争之后的南亚地区格局总体上呈现为印巴之间的不对称均势。印巴之间意识形态、国家理念、国家安全等领域的全方位直接对抗并未消除，但印巴愈发清楚地认识到通过战争手段既无法实现自身的对外战略目标，也无法解决克什米尔问题。两国不得不对战争进行反思，对诉诸战争的手段采取更加克制的态度，如何在核时代，通过战争之外的方式获取对对方的优势地位是印巴在1971年战争之后考量战略竞争的重要问题。

最后，有必要对本论文在写作过程中所运用的档案文献进行简要介绍。研究1971年南亚危机的首要档案文献当推美国LexisNexis公司辑选的微缩胶卷《理查德·尼克松时期国家安全文件，1969—1974：1971年印巴战争》(*The Richard M. Nixon National Security Files*, 1969 – 1974: *India-Pakistan War of* 1971)①，其中收录有大量国家安全委员会、国务院、中情局、参谋长联席会议对南亚危机的情报评估、国家安全研究备忘录以及其他文件，是深入挖掘美国危机决策背后决策动机的丰富资源。

《美国对外关系文件集》(Foreign Relations of The United States，简称 FRUS) 也是研究南亚危机的重要文献。包括：FRUS 1969 – 1976, Vol. XI: South Asia Crisis, 1971; FRUS 1969 – 1976, Vol. E – 7: Documents on South Aisa, 1969 – 1972。② 这两卷档案文献为全面、深入分析美国在南亚危机中的政策提供有利的史料保障。此外，尼克松时期美国外交文件的其余各卷也对本论文的写作具有重要作用，包括：FRUS 1969 – 1976, Vol. I: Founding of the Foreign Policy; FRUS 1969 – 1976; Vol. II: Organization and Management of U. S. Foreign Policy; FRUS 1969 – 1976, Vol. XIV: Soviet Union (1971. 10 – 1972. 5); FRUS 1969 – 1976, Vol. XVII: China (1969 – 1972)。

解密文件参考系统 (Declassified Documents Reference System，简称 DDRS) 是美国Gale公司开发的数据库。其中涉及叶海亚·汗时期美巴关系和1971年南亚危机的有两套较为系统的重要文献：《中央情报局每

---

① *The Richard M. Nixon National Security Files*, 1969 – 1974: *India-Pakistan War of* 1971, Microfilm Reels, LexisNexis, 2007.

② 该卷档案的网址为http://www.state.gov/documents/organization/

周情报摘要：巴基斯坦》（*CIA Weekly Summary: Pakistan*）和《中央情报局情报备忘录：巴基斯坦》（*CIA Intelligence Memorandum: Pakistan*）。①

美国乔治·华盛顿大学国家安全档案馆选编的第 79 号国家安全电子简装书《偏袒：美国与 1971 年南亚危机》（*The Tilt: The U. S. And the South Asian Crisis of* 1971）② 当中收录了 45 份原始文献，其中有相当一部分是《美国对外关系文件集》中未有收录的。这批文献较为集中地反映了尼克松—基辛格"二人团队"台前幕后的决策路径是怎样形成的。

此外，由巴基斯坦学者编辑的美巴关系文件集是本论文写作的重要参考资料。包括：F. S. 艾嘉祖迪（F. S. Aijazuddin）选编的《白宫与巴基斯坦：解密文件，1969—1974》（*White House & Pakistan: Selected Declassified Documents*, 1969 – 1974）③，波德特·汗（Roeded Khan）辑选的《美国文件：有关印度、巴基斯坦、孟加拉的解密档案，1969—1973》（*The American Papers: Secret and Confidential India—Pakistan—Bangladesh Documents*, 1969 – 1973）④。以上两位巴基斯坦学者依据美国《信息自由法案》（Freedom of Information Act，简称 FOIA），辑选的解密档案集系统地收录了大量解密的美国档案文献，但档案来源有所不同：F. S. 艾嘉祖迪所选取的文件以美国国家安全委员会文件为主，而波德特·汗选取的文件多来自于美国国务院。由于档案来源不同，文件字里行间所折射出文件制订者的政策取向亦有所差异，在使用时，应当结合其他来源的档案文献进行互证分析，厘清美国政府的政策制订过程。

巴基斯坦官方外交文件集《巴基斯坦：日出东方》（*Pakistan Horizon—Documentary and Chronological Appendices*）⑤，每年刊出 4 期，每一季度一期。涉及叶海亚时期美巴关系与南亚危机的为该文件集的第 24 卷。

在第三次印巴战争结束之后，印度外交部组织本国学者编辑出版了

---

① 该数据库的网址为 http://galenet.galegroup.com/servlet/DDRS? locID = ecnu.

② *National Security Archive Electronic Briefing Book No. 79: The Tilt: The U. S. And the South Asian Crisis of* 1971, available at http://www.gwu.edu/~nsarchiv/NSAEBB/NSAEBB79/

③ F. S. Aijazuddin: *White House & Pakistan: Selected Declassified Documents*, 1969 – 1974, New York: Oxford University Press, 2002.

④ Poeded Khan: *The American Papers: Secret and Confidential India—Pakistan—Bangladesh Documents*, 1969 – 1973, New York: Oxford University Press, 1999.

⑤ *Pakistan Horizon—Documentary and Chronological Appendices*, Karachi: Pakistan Institute of International Affairs, Vol. XXIV. 1971.

两卷本的《孟加拉文件》(Bangladesh Documents)。①其中收录并分类整理了大量有南亚危机有关的资料，对本书写作亦有一定帮助。

印度学者拉津德拉·库马尔·贾殷（Rajendra Kumar Jain）编纂了三卷本的《美国与南亚关系：1947—1982》(U. S.—South Asian Relations 1947–1982)②，其中第二卷为美巴关系卷；第三卷则对侧重于1971年南亚危机。但这两卷文件集以当时的报纸评论和有关国家的声明为主，要进行全面研究仍需要原始档案的配合。

近年来，孟加拉学者在有关孟加拉独立问题的档案搜集和选编上有重大进展。苏克玛·匹斯沃斯（Sukumar Biswas）辑选的《孟加拉解放战争：穆吉布纳嘎政府文件集，1971》(Bangladesh Liberation War: Mujibnagar Government Documents, 1971)③ 和 A.S.M. 沙姆斯·阿列芬（A. S. M. Shamsul Arefin）辑选的《孟加拉档案集，1971》(Bangladesh Documents 1971)④ 就是其中的代表。4卷本的《孟加拉档案集，1971》厚达4000余页，是迄今为止有关孟加拉独立问题的最新档案选集，辑选了大量来自巴基斯坦、印度、孟加拉国以及其他国家的官方文件、指令、备忘录等重要文献资料，堪称研究孟加拉独立问题的文献"宝藏"。《孟加拉解放战争：穆吉布纳嘎政府文件集，1971》则主要专注于新近解密的孟加拉档案的搜集整理，这对于我们深入研究孟加拉独立运动的内部发展脉络大有裨益。

除了以上档案资料之外，可供笔者使用的资料还包括当时美巴印各方领导人和决策者的回忆录以及口述史料。

---

① Bangladesh Documents, Vol. I, II. New Delhi: The B. N. K. Limited Press, 1972.
② Rajendra Kumar Jain: U. S.—South Asian Relations 1947–1982, Vol. II, III, New Delhi: Radiant Publishers, 1983.
③ Sukumar Biswas: Bangladesh Liberation War: Mujibnagar Government Documents, 1971, Dhaka: Mowla Brothers, 2005.
④ A. S. M. Shamsul Arefin: Bangladesh Documents 1971, Dhaka: Bangladesh Research & Publications, 2009.

第一章　1971年南亚危机的国际背景与地区根源

　　1971年南亚危机是冷战转型时代一次具有重要影响的地区危机。此次危机不仅造就了次大陆的新政治格局，而且也对美、苏、中三大国的对外战略以及战略导向影响下的大国关系调整产生深远影响。在论述这次多国参与的危机斗争史之前，对危机国际背景与地区根源的考察是十分必要的。依据本书的研究主题，笔者从冷战格局中的南亚与美国在南亚的利益诉求、美巴结盟与美巴关系的演变、冷战转型与美巴关系的新阶段以及南亚危机的地区根源四个方面进行综合分析。全球冷战的大气候和南亚地区内部印巴之间的矛盾相互影响产生了冷战时代南亚战略格局的基本雏形。美苏的渗透、介入把东西方两大阵营的对立带到了次大陆。从总体上看，外部力量的渗透与地区内部冲突交织纠结造就了苏印与美巴对峙的格局。纵观1947年到1968年的美巴关系，有两个重要因素影响着美巴关系的发展：其一为反共意识形态；其二为次大陆印巴并立的地缘政治现实。在反对共产主义的名义之下美巴结盟，但是两国结盟的利益基点却并不重合，这决定了美巴联盟的存在基础相对脆弱。为消解印巴纷争与美国的南亚冷战政策之间的抵触，美国争取印度而不放弃巴基斯坦。但是次大陆的政治斗争史充分说明，"大国南亚困境"是美国挥之不去的梦魇，"鱼肉"与"熊掌"不可得兼。因此，在反对共产主义"圣战"与次大陆政治角逐的双重影响下，美巴关系呈现出由"朋友"转变为"紧密盟友"，又由"紧密盟友"滑落低谷，乃至貌合神离的繁复多变进程。冷战的转型并非主观臆造，而是1960年代中后期世界发展的现实潮流，缓和战略与尼克松主义是尼克松时代美国全球战略富于创新精神和灵活思维的新发展。两者的最大意义在于面对全球冷战的新兴变化，美国没有通过激化已不合时宜的两极对抗来扼杀推动国际政治发展的积极力量，也没有用过于偏激的意识形态对抗思维来使"自由世界"与共产主义世界非红即黑、势不两立的"板块结构"持续僵化。在新的对外战略引领下，巴基斯坦在美国全球战略棋局中的定位将发生重大变化。在种族冲突、宗教冲突、国家对抗以及大国的竞争性介入与干涉等诸多因素的综合作用下，冷战时期的次大陆是名副其实的"南亚火药桶"。就1971年南亚危机的爆发诱因来看，印巴长期敌对和巴基斯坦立国之后西巴、东巴的矛盾纷争是两大诱因。尽管1960年代末期的世界正在孕育着革新式的政治经济变动，但南亚次大陆和巴基斯坦却在对峙和动荡中向暴力和战乱的深渊逐渐滑进。

第一节 冷战格局中的南亚与美国在南亚的利益诉求

从地缘政治角度讲，南亚次大陆是亚洲地区一个相对封闭的地域单位。它与亚洲其他地区之间被一条难以逾越的自然边界：喜马拉雅山脉和兴都库什山脉分隔。次大陆在地理上自成一体，与外部世界的联系主要通过海上，但在地区内部，陆路、水路交错纵横，交通便利。

自1950年代中期以来，美苏开始了争夺南亚的斗争。虽然次大陆并非美苏争夺的至关重要地区，但由于次大陆扼守印度洋，处于东西方交通和经济文化交流的要冲，战略地位十分险要，对于国际安全与世界发展具有重要影响。因此，为争夺优势，美苏争先恐后地在次大陆扩充势力范围，谋求在次大陆的战略支撑点。美苏冷战和印巴之间本土对抗的相互影响造就了冷战时代南亚地缘政治格局。美苏的介入把东西方两大不同阵营的对立带到了次大陆。"南亚国际关系的发展受到两个超级大国全球战略的影响和规制。"[1] 从总体上看，外部力量的渗透与地区内部冲突交织纠结造就了苏印与美巴对峙的格局。

一、印巴对外部力量的选择

次大陆具有一个十分显著的地缘政治特征，那就是除斯里兰卡和马尔代夫两个岛国外，其他国家都与印度交界，同时，在人口总量、国土面积、国民生产总值等各项指标上，印度均位列南亚国家之首。这样一

---

[1] Barry Buzan and Gowher Rizvi, eds.: *South Asian Insecurity and The Great Powers*, London: The Macmillan Press Ltd., 1986, p. 205.

种独特的地理构成造就了以印度为中心的区域地理特征。这种独特的地理环境不仅使印度在发展与邻国的双边关系上占有优势,而且也使印度历届领导人在制订对外战略时均把确立其在次大陆的支配和主导地位作为核心目标。但是,印度谋求地区支配者的行动却受到了次大陆内部另一个重要国家——巴基斯坦的强有力挑战。如果说,1947年的分治使印巴两国彼此成为最主要威胁和敌人,那么,印度对外战略的核心任务就是挫败作为自己最大安全威胁和区外力量干涉工具的巴基斯坦。

立国之后,印度采取的是"不结盟"对外政策。对尼赫鲁及其之后的印度领导人来说,不结盟并不意味着消极中立,缺少对世界事务的责任感,也不意味着实行孤立主义政策。尼赫鲁曾指出:"很显然,不结盟是指我们不与军事集团结盟。""如果发生一场大战,没有特别的理由使得我们要卷入其中。然而,在将来可能发生的世界大战中,中立有诸多困难……如若我们能够中立,我们将不加入到战争中去;但是,一旦需要作出抉择,我们将加入到对我们有利的一边。"①

究其实质,"不结盟"是带有浓厚实用主义色彩的中立主义。②从外交实践上看,"不结盟"政策服务于冷战时代印度外交的两个战略目标:印度的大国地位和印度的国家安全。③为实现上述两大目标,在以美苏为首的两大阵营对立的形势下,印度采取双方都不得罪的政策,以求一举两得,获得来自对立双方的援助。在1971年南亚危机之前,印度较为成功地同时发展了同美国和苏联的关系,在获得美国经济和军事援助的同时,也得到了苏联的援助。可以说,"不结盟"之所以能够使印度受益匪浅的基础是印度与美国、苏联由于彼此利益需求而形成的关系接近。但另一方面,"不结盟"政策与冷战两极格局之间存在难以消解的结构性矛盾。具体而言,由于国家利益、战略需求的差异,印美关系呈现忽冷忽热、跌宕起伏的特征;相比较而言,自1950年代中期开始,印苏关系则稳步发展。1971年8月,两国结为政治军事同盟,奠定了双方政治、经济、军事乃至安全领域的"特殊关系"的基础。由此,印度对外

---

① Ross Babbage and Sandy Gordon, eds.: *India's Strategic Future: Regional State or Global Power?* New York: St. Martin's Press, 1992, p. 126.
② 张忠祥:《尼赫鲁外交研究》,北京:中国社会科学文献出版社2002年版,第18页。
③ 戴超武:《冷战初期的印度外交政策与印美苏中之间的互动关系》,载徐天新、沈志华主编:《冷战前期的大国关系——美苏争霸与亚洲大国的外交取向(1945—1972)》,北京:世界知识出版社2011年版,第411页。

部力量的选择逐渐倾向于苏联。

独立后的国家安全问题一直是困扰巴基斯坦的最大难题。冷战开始后,巴基斯坦面对具有优势实力的印度安全忧患意识更显突出。具体而言,影响巴基斯坦对外政策制订的因素有以下两点:第一,地理位置的制约性影响。自1947年巴基斯坦立国到1971年第三次印巴战争结束之前,巴基斯坦是由西巴和东巴这两个相距1500公里的部分组成。西巴,即现在的巴基斯坦位于南亚西北部,东邻印度,东北部与中国接壤,西北部则与阿富汗交界,西南部与伊朗毗邻。东巴,即现在的孟加拉国是一块三面被印度环绕、一面濒临孟加拉湾的地域。东巴与西巴被1500公里的印度领土隔开。巴基斯坦这一独特的领土组成方式既是英国殖民统治的历史遗产,同时亦使得巴基斯坦领土组成呈现分散化的特点,不仅为维护巴基斯坦的国家安全造成了巨大障碍,而且,地理上的天然阻隔使得东巴、西巴的民众在国家认同与民族认同上隔阂颇多,难有共识。

第二,1947年印巴分治之后,两国力量对比的结构性失衡。从领土面积、人口规模和自然资源这三项重要的国家实力指标上看,分治之初,印度的国土面积为297.47万平方公里,人口总数为3.5689亿,均为巴基斯坦的4倍;工业实力上,印度是巴基斯坦的10倍。①在武装部队的分割问题上,印度更是大赢家。陆军:印度分得15个步兵团、12个装甲营、18.5个炮兵团和61个工兵营;巴基斯坦分得8个个步兵团、6个装甲营、8.5个炮兵团和34个工兵营。海军:印度分得所有的登陆舰和包括2艘护卫舰在内的32艘作战舰只;相比之下,巴基斯坦仅仅分得16艘小型舰船。在士兵人数上,印巴之间的分配比例分别是:陆军为7∶3;海军为6∶4;空军为8∶2。②此外,巴基斯坦与印度之间在许多悬而未决的问题——诸如克什米尔和其他有争议领土的归属、两国之间的河流与水资源的分配、大规模人口双向流动以及迁徙人员的财产归属等矛盾十分突出。印度所具备的压倒性实力优势和追求"有声有色大国梦"的强势政策必然使得包括巴基斯坦在内的南亚国家感到严峻的安全威胁和生存危机。对于巴基斯坦而言,仅凭自身实力是无法从根本上扭转地区力量分布的结构性失衡,要想摆脱印度的安全威胁,根本出路在于与区外大

---

① Aslam Siddiqi, *Pakistan Seeks Security*, Lahore: Longmans, Green & Co. Ltd., 1960, p.16.
② Govt. of India, Press Information Bureau to India Office, 12 July 1947, *TP*, XII, p.114. 转引自谌焕义:《英国工党与印巴分治》,北京:社会科学文献出版社2003年版,第337页。

国结盟，借助联盟的力量来消解地区力量的严重失衡状态。

面对毗邻的强敌，巴基斯坦政府强调以军事联盟和发展盟友的方式寻求外援。美苏冷战的爆发给巴基斯坦的外交折冲提供了一个难得的机遇，使得巴基斯坦可以充分利用自己在大国全球战略中的地缘政治价值，谋求与自由世界最强大的国家结盟。而在冷战开始后形成的国际格局中，南亚相对重要的战略地位亦引起了冷战大国的重视。可以说，在美苏冷战的国际背景与印巴敌对的地区紧张氛围的双重影响下，区外大国对次大陆的介入与次大陆国家的安全需要是一个问题的两个面：区外大国在自身利益诉求的积极"推动"（push）下向次大陆扩展势力；区内国家则基于自身安全利益积极"拉动"（pull）外部力量介入地区权势纷争。①

二、美国在南亚的利益诉求

1947年8月14日，英国驻印度的末任总督洛德·路易·蒙巴顿（Lord Louis Mountbatten）发布《印度独立命令》，分别对新自治领的国际安排和国内权利、财产和债务等事务进行了明确的规定②，印巴分治得以实现。对于南亚地区，1949年之前，几乎所有的美国战略评估、情报分析都视远离冷战主战场的南亚为非利益攸关，但又具有相对重要意义的地区。③

冷战兴起后，美国逐渐加大对南亚的政策投入。1949年10月和1950年5月，美国分别邀请印度总理贾瓦哈拉尔·尼赫鲁（Jawaharlal Nehru）和巴基斯坦总理里阿夸特·阿里·汗（Liaqat Ali Khan）访问华盛顿。④ 此时，美国在南亚的主要目标是把印度和巴基斯坦这两个新兴国家纳入到美国遏制战略防御体系，作为抗击苏联的坚固堡垒。⑤

---

① Anita Inder Singh："The Superpower Global Complex and South Asia", in Barry Buzan and Gowher Rizvi, eds.: *South Asian Insecurity and The Great Powers*, London: The Macmillan Press Ltd., 1986, p. 216.

② 谌焕义：《英国工党与印巴分治》，北京：社会科学文献出版社2003年版，第327页。

③ Robert J. Mcmahon: *The Cold War on the Periphery: The United States, India, and Pakistan*, New York: Columbia University Press, 1994, pp. 14–15.

④ 有关印巴两国领导人访美的详尽叙述可参见 S. M Burke: *Pakistan's Foreign Policy: An Historical Analysis*, London: Oxford University Press, 1973, pp. 119–127.

⑤ Leela Yaday: *U. S. Policy in South Asia—A Case Study of Pakistan*, New Delhi: Harman Publishing House, 1989, p. 2.

在冷战的汪洋大海中,美国是如何认识、践行自己在南亚的利益与政策规划?在冷战初期,笔者认为,美国在南亚的利益是其政策规划的基础。就美国在南亚的利益而言,包括以下两个方面:

首先,虽然南亚是冷战角力竞技的战场之一,但美国将南亚视为非战略要地,即冷战的边缘地带。尽管如此,由于南亚自身的战略地理位置和地区政治经济发展的普遍落后、动荡、冲突频繁,使得美国又不能完全放手,听任其他政治力量,尤其是苏联的介入。故而,对于地处边缘地带的南亚,美国谋求地区利益的不二法门便是花最小的气力与代价,取得最大的利益。

其次,美国在南亚追求一种"内外平衡"的战略建构:在南亚国家独立和安全得到保证的基础上,维持南亚次大陆的和平与稳定。一方面,防范苏联共产主义势力和其他区外大国对南亚的侵蚀和控制,使印、巴有足够的政治、经济和防务能力来抵御现实的或想象中的共产主义威胁;另一方面,力主在印巴之间建立平衡的双边关系,维护次大陆的权力均衡。

以上两点是冷战兴起后,美国对南亚的主要利益诉求。正是在利益基点明确之后,美国的南亚政策方才显露端倪,而美国对巴基斯坦和印度这两个南亚新国家的政策都是其南亚政策的重要组成部分。

第二节 美巴结盟与美巴关系的演变

冷战时期美巴关系的发展演变正是上述"推动(push)"和"拉动(pull)"作用交互影响的具体表现。如何在全球冷战的大棋局中认识和解读美巴关系的发展演变?对此,笔者认为从1947年到1968年的美巴关系可以划分为以下三个阶段。

一、第一阶段:1947—1954年

这一时期美国的南亚政策是以遏制苏联、防范共产主义渗透为主要目标,在印巴之间保持相对平衡,力图通过经济、技术援助与印巴两国均建立友好关系,同时极力希望两国加入美国主导的反苏反共的军事联盟。但印巴两国的不同立场和政策导向,使得美国寄希望于与两国同时建立良好关系的愿望落空,美国与巴基斯坦结成军事联盟,而美印关系

则在低谷徘徊。

伴随着亚洲冷战的烽烟四起，美国对南亚的政策走向有一个从推行所谓的"英联邦"政策①向直接介入政策的渐变过程。1949年12月23日，美国国家安全委员会出台的名为《美国关于亚洲的政策立场》的国家安全委员会第48/1（NSC48/1）号文件。文件指出："虽然印巴两国是从前宗主国英国手中，以和平方式实现权力移交并各自建国的，并且西方宪政思想是两国政治制度建构的核心，但是，一些不稳定因素威胁着次大陆的相对稳定，这包括：国家内部的民族争端、国家间的尖锐对抗，而最大的隐患是次大陆国家，尤其是印度不仅没有充分意识到共产主义对印度国家安全的潜在威胁，而且拒绝与任何权力集团结盟。""对我们而言，如果把南亚，尤其是印度视为抵御共产主义对亚洲控制和扩张的堡垒，并非明智之举。我们所能做的是让次大陆国家维续西方模式的发展道路，维持基本的国家安全。"② NSC48/1号文件说明美国对南亚政策的基点仍是避免过度卷入，继续"英联邦"政策，由英国而非美国担负起南亚安全责任。

1950年6月25日，朝鲜战争爆发。与印度形成鲜明对比的是，巴基斯坦始终坚决支持美国在朝鲜战争中的政策立场，尽管巴基斯坦委婉地拒绝了美国要求它派兵参加"联合国军"的要求，但它是1950年10月7日，授权"联合国军"越过北纬38度线决议的联合提案国之一。③ 所以，朝鲜战争爆发后，印巴两国对待美国亚洲冷战政策截然不同的态度、立场使得美国在南亚"权力天平"上向巴基斯坦的倾斜度不断加强。

1951年1月5日，在朝鲜战争爆发的大背景之下，杜鲁门总统批准国家安全委员会制订的名为《美国对南亚的政策立场》的国家安全委员会第98（NSC98）号文件。这一文件是在亚洲冷战对抗强度不断加大的

---

① 所谓"英联邦"政策是指在从二战之后到1940年代末期，美国仍将英国视为对次大陆最有影响力的大国，其对次大陆的政策规划往往受到英国政策的影响左右，而未形成美国自己的政策框架。参见 Robert J. Mcmahon：*The Cold War on the Periphery：The United States, India, and Pakistan*, pp. 17 – 18.

② "Appraisal by the National Security Council on the position of the U. S. with respect to Asia", December, 23, 1949, 解密文件参考系统（Declassified Documents Reference System, 以下简称 DDR), Document Number：CK3100454406, available at http：//galenet.galegroup.com/servlet/DDRS? locID = ecnu（以下引用 DDRS 数据库均来自该链接）

③ S. M Burke：*Pakistan's Foreign Policy：An Historical Analysis*, pp. 128 – 129.

形势下,国家安全委员会出台的第一份系统地考察、探究南亚政策的标志性文件,其意义和重要性不可忽视,首当其冲的是强调美国应根据自身的安全利益在次大陆采取行动,而不仅仅是依托英联邦,与英国协调。该文件称:"美国对次大陆国家政策的基点是维护并增强美国自身的安全利益。若印度成为共产主义阵营的囊中之物,将对美国的安全利益构成最严重的、最具威胁性的打击。虽然次大陆国家,尤其是印度并非关乎美国防务安全的至关重要地区,但若让苏联抢占先机将印度吸纳为卫星国,则将意味着共产主义对整个亚洲的全面掌控。"为此,美国政府必须予以更多、更快的物质投入和政策投入去实现亚洲冷战大势之下在南亚的战略目标。不仅如此,该文件亦对巴基斯坦在美国全球防务体系中的作用作出浓墨重彩的论述:"巴基斯坦与苏联和中国毗邻,这一地理位置上的便利条件可以增强我们在南亚的防务能力。如果我们在卡拉奇、拉瓦尔品第或拉合尔设立空军基地,那么,我们的空军力量距离苏联在中亚腹地的工业群将比设在东北亚或中东的任何基地都近。""巴基斯坦是南亚和中东防御的天然屏障,否则'自由世界'在南亚和中东的安全利益将受到威胁。"①

从 NSC48/1 到 NSC98,美国对次大陆国家的政策导向在不断地变化,这种政策辞令变动的背后实则反映了美国决策者战略思维的动态轨迹:冷战的触角已经深入到次大陆内部,美国必须有所作为,由"英联邦"政策向直接介入政策的转变是历史的必然。而直接介入的后果则表现在两个方面:其一,南亚成为亚洲冷战的竞技场,美苏之间的意识形态斗争和权势纷争势必会在次大陆掀起一轮又一轮的"暴风骤雨";其二,美国在向巴基斯坦有所倾斜的同时,势必深陷印巴敌对的泥潭,随着时间的推延,美国的南亚战车将背负过载的负荷,行路甚艰。

1953 年 1 月,德怀特·D. 艾森豪威尔(Dwight D. Eisenhower)入主白宫。时任国务卿的约翰·福斯特·杜勒斯(John Forster Dulles)在艾森豪威尔政府的外交决策中扮演了相当重要的角色,他将世界非红即黑地划分为亲共和反共两大部分。在他的努力下,美国加快了与巴基斯坦的结盟过程。1953 年 7 月 9 日,国家安全委员会制订的名为《美国对中东的政策与目标》的国家安全委员会第 155/1(NSC155/1)号文件提出

---

① "The Position of the United States with respect to South Asia", National Security Meeting, Janaury 5, 1951, DDRS, Document Number: CK3100394987.

"北进"战略,联合巴基斯坦、土耳其、伊朗、伊拉克、叙利亚组建中东防务联盟。①

在艾森豪威尔政府决心有所行动的同时,巴基斯坦亦展开对美外交攻势。1953年9月,巴基斯坦武装部队总参谋长穆罕默德·阿尤布·汗(Mohammed Ayub Khan)上将访美,与美国高层进行了一系列会谈。9月30日,阿尤布·汗在同杜勒斯的会晤中直截了当地说明他此行的目的是谋求美国的军事援助,加强巴基斯坦的军事实力。而杜勒斯则向阿尤布·汗保证,即便印度反对,美国也不会改变向巴基斯坦提供军援的决定。②

1954年2月25日,美国正式决定向巴基斯坦提供军事援助。值得注意的是,对巴军事援助政策的确定并未打破美国在南亚的平衡战略。在维持次大陆权力均衡分布的前提下,美国的政策取向由此前的不介入转向为以遏制共产主义在中东和南亚的"进攻"为目的的有条件介入,对巴基斯坦的政策倾斜绝不是以刻意消减印度的权势地位作为代价的。

1954年5月19日,美巴签订《共同防御援助协定》,这标志着美巴结盟时代的开始。9月19日,巴基斯坦成为东南亚条约组织的创始成员。1955年9月23日,巴基斯坦加入了由英国、土耳其、伊朗和伊拉克所组成的巴格达条约组织(又称中央条约组织,美国并非该组织的正式成员国,而以观察员的身份参加该组织召开的会议)。至此,巴基斯坦成为美国在南亚地区的主要盟友。当时,身为巴基斯坦总参谋长阿尤布·汗称巴基斯坦是美国"亚洲盟友中的盟友。"③

这一时期,美国和巴基斯坦在亚洲冷战与次大陆政治变动的交互影响作用下,由"朋友"转变为"盟友"。尽管两国在1954年结为军事联盟,但联盟的基础并不牢固。从结盟动机来看,美国之所以与巴基斯坦结盟,是因为过分夸大了苏联对中东的"威胁"。所谓"过分夸大",意指来自苏联的威胁经过意识形态的"镜像化"④渲染之后的威胁认知,并

---

① "A Report to the NSC by the Executive Secretary on U. S. objectives and policies with respect to The Near" East, July 14, 1953, DDRS, Document Number: CK310083997.

② S. M Burke: *Pakistan's Foreign Policy: An Historical Analysis*, p. 162.

③ Mohammed Ayub Khan: *Friends Not Masters*, London: Oxford University Press, 1976, p. 130.

④ 有关意识形态的"镜像化"的论述参见拙作:《意识形态的"镜像化":以"一边倒"对外决策为个案考察》,《社会主义研究》2008年第3期,第81—85页。

表现为"正义的自我意象（Moral Self-Image）"与"恶魔般的敌人意象（Diabolic Enemy-Image）"的对立统一。① 美国认为，只要共产主义存在一天，对中东的威胁就一天也不会停止。因此，为了缓解中东地区的安全威胁，巴基斯坦这个对美国友好的穆斯林国家是"自由世界"拱卫中东的最好人选。作为向巴基斯坦提供军援的"收益"，美国能够更加便捷地搜集对苏军事情报，以便更有效地遏制和抗衡苏联。

对巴基斯坦而言，与美国结盟的目的主要是抗衡印度，而非遏制共产主义。巴基斯坦希望通过结盟从美国获取军事援助和经济援助，壮大自身的实力，增加在克什米尔问题上同印度讨价还价的筹码。为此，两国虽有联盟的形式，但结盟的动机并不重合，实为"同床异梦"，但是双方基于自身的利益诉求又都需要这种联盟关系，并利用对方来实现各自的国家利益。

二、第二阶段：1954—1962 年

美国在跨出与巴基斯坦结盟的步伐之后，就开始了直接介入印巴纷争、谋求次大陆权势均衡的过程。但次大陆的国际关系十分复杂，除去印巴冲突之外，美国、苏联乃至中国都深深地介入次大陆的地区事务。因此，大国纠葛与矛盾的广泛存在使得美国在南亚的战略筹划难以获得预期目标。首先的表现即为美巴结盟导致苏印关系"升温"，为此，美国开始加大对印度经济援助的力度，试图抵消苏联的影响。这一举措虽然部分消解了由于美巴结盟对印度造成的消极影响，但对于美巴关系本身则是一股不断积聚，冲击涌动的暗流，使得联盟基础并不十分牢靠的美巴联盟面临巨大的挑战。肯尼迪上台后，美国的南亚政策有较大幅度的调整，认为印度是亚洲民主国家的典范，是"自由世界"与共产主义世界进行制度竞赛的样板、遏制中国的"桥头堡"，因而，对印度的经济援助、军事援助大幅提升，美印关系进一步改善。在印巴争端中，美国在与巴基斯坦有军事盟约的条件下，采取了对印度政策倾斜的立场，美巴关系逐渐恶化。

自1954年美巴缔结双边安全防务协定之后，美巴之间便围绕军事援

---

① C. R. Mitchell: *The Structure of International Conflict*, London: Macmillan, 1981, p. 92.

助的数量、种类及其使用权限争论不休。①与此同时，巴基斯坦政坛上的权力斗争导致政府更迭频繁②，社会动荡，经济低迷，难以有效地参与美国的中东防御体系。因此，美巴关系日趋淡漠，以至于艾森豪威尔声称美巴结盟是"一个错误的决定"。

在美巴关系发生微妙变化的同时，美印关系亦呈现出新的特点。斯大林去世后，莫斯科积极发展苏印关系。1952 年—1955 年，莫斯科与新德里的关系明显改善。对于美国而言，它不能无视苏联对印度的拉拢。1956 年 12 月尼赫鲁访美，这次成功的出访标志着美印关系的解冻升温。在与尼赫鲁会晤后不久，艾森豪威尔于 1957 年 1 月 10 日批准了名为《美国对南亚政策》的国家安全委员会第 5701（NSC5701）号文件，决定向印度提供大规模经济援助。该文件强调"南亚已经成为一个具有国际影响的重要地区"。"一个虚弱的印度可能成为共产主义进攻南亚和东南亚的突破口，而一个强大的印度将成为在亚洲范围内对抗共产主义的成功范例。通过对印度的经济援助将使得南亚和东南亚在反抗共产党中国时，强化对美国的安全保障。"对于巴基斯坦，文件指出"巴基斯坦是美国在亚洲的积极盟友"，但文件亦承认在巴基斯坦这样一个严重依赖外援，并将军事发展视为国家建设第一要务的落后国家，加大军费投入和保证经济发展难以两全其美。因此，美国政府必须有两手准备："其一，为维护美国在巴基斯坦的政治影响力，实现巴基斯坦在次大陆和中东区域联合防务中的作用，美国应继续向巴方提供军事援助；其二，为确保巴基斯坦经济稳定发展，减少印度对其增强军备的担忧，美国不应在已有基础上扩增对巴军援的数量规模。"③可以说，以 NSC5701 号文件为美国对印巴政策的新标杆，军事援助巴基斯坦和经济援助印度成为艾森豪威尔第二任期内对南亚政策的两条主线。如何在拉拢印度的同时，维持与巴基斯坦的联盟关系是美国不得不直面的两难选择。"鱼肉"和"熊掌"是否能够同时兼得？这个问题的答案将会在南亚冷战不断演进的过程中逐渐浮出水面。

---

① 有关美巴在军事援助问题上争执可参见王琛：《美国外交政策与南亚均势（1947—1963）》，南京大学博士学位论文，1999 年，第 72—79 页。

② 从 1954 年 4 月到 1958 月 10 月，巴基斯坦六易总理。

③ "U. S. Polcy toward South Asia", NSC Meeting, January, 10, 1957, DDRS, Document Number：CK3100395068.

尽管美国对印度的大规模援助对美巴关系造成一定程度的冲击，但美国并未将对印援助作为减少巴基斯坦战略地位重要性的依据，美巴军事联盟关系还在一颠一簸中向前行进。在阿尤布·汗通过军事政变上台后，1959年3月5日，巴基斯坦同美国签署《双边军事合作协定》。

1961年1月，约翰·肯尼迪（John F. Kennedy）就任美国总统之后，对印度的政策倾斜更加明显，力主向印度提供大规模的长期经济援助。①

但南亚紧张对抗的地缘政治现实并不利于美国发展与印度的友好关系。美巴联盟是横在美印关系面前的一座难以逾越的大山。巴基斯坦政府反对美国向印度提供经援，更反对向印度提供军援。1961年7月11日—13日，阿尤布·汗首次以巴基斯坦总统的身份访问美国。此次访美，阿尤布·汗意在加强美巴之间的沟通协调，搞清楚肯尼迪政府对印巴的具体政策导向。两国元首会晤的一个主要议题是美国对印度的军事援助。② 对于这一敏感的问题，肯尼迪表示，如果中印之间因边界问题发生武装冲突，并且新德里向华盛顿提出武器援助请求时，美国会认真予以考虑，若美国作出援助决定，将会在此之前与巴基斯坦政府协商。最后，作为对于美巴关系象征性的修补，肯尼迪答应向巴方提供12架F-104战斗机。③

在印巴持续对峙的紧张氛围中，肯尼迪与阿尤布·汗两人的秘密口头协定无异于一条"猛料"新闻。尽管美巴双方严格保密，但消息还是走漏出去，好事的印度媒体夸大其辞地报道说美国已向巴基斯坦提供百余架F-104战斗机和大量新型空对空导弹。④而新德里则"以牙还牙"，在9月21日与美国大使约翰·肯尼思·加尔布雷思（John Kenneth Galbraith）的会谈中，尼赫鲁表示不能容忍巴基斯坦军事实力的极度膨胀，

---

① 1960—1961年度，美国对印度的经援为6.678亿美元；1961—1962年度，这一数字上升为7.751亿美元。参见 S. M Burke: *Pakistan's Foreign Policy: An Historical Analysis*, p. 255.

② "President Ayub's Visit, Washington, July 11 – 13, 1961, Constitutional Strategic Concept in South Asia (discussion of US policy toward India and South Asia in general and US-Pakistan relations as affected by this policy)", Position Paper, July 11 – 13, 1961, DDRS, Document Number: CK3100368647.

③ "President Ayub's Visit, Washington, July 11 – 13, 1961, U. S. Military Assistance (discussion of the past and present status of US military aid to Pakistan and the strength of the Pakistani armed forces)" Position Paper, July 11 – 13, 1961, DDRS, Document Number: CK3100368664.

④ "Press reactions to U. S. visit of Pakistani President Ayub; Indian reactions to Ayub's visit", July 19. 1961, DDRS, Document Number: CK3100316013.

将立即与苏联政府就订购米格－21战斗机展开谈判。① 透过"F－104事件"不难看出美国南亚政策在争斗激烈且力量博弈关系繁复多变的次大陆政治现实面前，难以"鱼肉"和"熊掌"兼得。客观上讲，"美国难以协调军事援助巴基斯坦和经济援助印度两者之间的矛盾，并且也难以将两者融入到美国整体的冷战战略中去"②。

1962年10月，中印发生边界武装冲突。肯尼迪认为这次冲突是可资美国利用的绝好机会：促进美印友好，加剧中苏分裂，进一步遏制孤立中国，同时亦有可能力促印巴和解、整合南亚防务。但是美国并没有恪守先前对巴基斯坦作出的承诺，在未与巴方协商的情况下，向印度提供紧急军事和经济援助，巴基斯坦对此大失所望。

冲突爆发之后，印度政府立即向美国和其他国家发出求助。11月3日，美国开始向印度紧急空运军事物资。在向印度军事援助的同时，美国面临的另一个棘手问题便是如何协调与盟国巴基斯坦的关系。10月28日，肯尼迪亲自致信阿尤布·汗，告知他美国政府决定向印度提供军事援助，"我们保证援助的唯一目的是对付中国，决非针对巴基斯坦"③。

对于肯尼迪违背"事先协商"承诺，独自决定向印度提供军援一事，阿尤布·汗颇有被戏耍之感。在他看来，美国对印度提供军援不仅损害了巴基斯坦的利益，而且美国对中国战略意图的解读也是错误的。美国认为中国将会侵占印度的大片领土，对印度的侵略是共产主义要压倒自由世界行动步骤中的重要组成部分。而阿尤布·汗指出，中国的意图不是占领印度的领土。"假如中国人的目标更大，这场冲突会开始得更早。由于地区气候条件限制迄至12月就要终止军事行动，因为10月不是发动进攻的月份。"阿尤布·汗真正担心的是"美英匆匆运到印度的大量军事装备，最终将会用于对付巴基斯坦"④。

---

① "John Kenneth Galbraith summarizes conversation with Indian Prime Minister Nehru regarding arms to Pakistan, non-aggression, and Kashmir Situation", September 21, 1961, DDRS, Document Number：CK3100326675.

② 王昊：《冷战时期美国对印度援助政策研究（1947—1971）》，华东师范大学博士学位论文，2008年，第114页。

③ "President Kennedy discusses with President Ayub of Pakistan the China Communist attack India", October, 25, 1962, DDRS, Document Number：CK310013473.

④ ［巴］阿尔塔夫·高哈：《阿尤布·汗——巴基斯坦首位军人统治者》，邓俊秉译，北京：世界知识出版社2002年版，第143页。

1962年11月21日，中国政府宣布中国军队单方面停火，中印边界冲突结束。但美国并未因此而停止对印军援，从1962年11月到1965年第二次印巴战争前，美国总共向印度提供7600万美元的军援。① 鉴于美国的出尔反尔，在中方宣布停火的第二天，巴基斯坦召开国民议会特别会议，在议会大楼外，民众举行大规模的反美示威，要求巴基斯坦退出东南亚条约组织和中央条约组织。在议会上，阿尤布·汗指出："虽然印度被打败了，却没有被打倒和消灭。对于巴基斯坦来说，还不是前进的时候。"针对民众的强烈情绪，他接着说："即使与西方的条约不符合巴基斯坦的利益，巴基斯坦也不应该违背。但是如果我们发现这些条约违背了我们的利益，我们应该毫不犹豫地放弃这些条约。"②

从1954年美巴结盟到1962年中印边界冲突，南亚国际关系风云变幻，美巴关系也在全球冷战与地区角逐的双重作用下艰难前行。在艾森豪威尔的第二任期内，美国对南亚政策的主线由此前单一的倚重美巴军事联盟转变为军事援助巴基斯坦和经济援助印度这两条主线并行不悖。这种转变既反映了美国在南亚战略中心的位移：在维持印巴均势的前提下，由向巴基斯坦倾斜转为向印度倾斜；也反映了美国亚洲冷战政策的调整：对抗和遏制中国是其主要目标。而肯尼迪上台后，在力挺印度，敷衍巴基斯坦方面走得更远。美国希望改善与印度的关系，缓解印巴的深厚积怨，建立南亚对共产主义（尤其是中国）的集体防御，以便更好地服务于对共产主义世界的冷战。从战略目标的选择上，美国争取印度而不放弃巴基斯坦。但是，印巴之间的深刻矛盾以及南亚复杂的力量格局注定了以上两个目标是相互矛盾的，"鱼肉"和"熊掌"不可同时得兼。"大国南亚困境"在美国身上表现得尤为显著。③ 而对于巴基斯坦来说，与美国结盟的真正动机在于借遏制之名，行抗衡印度之实，这一点自巴基斯坦独立以来一直都是其不可撼动的国家大战略的首要目标，此动机决定了巴基斯坦不可能因为盟国的冷战利益诉求而牺牲自身的安全利益。从1958起，美国提供给巴基斯坦的军援有所下降，在1962年之后甚至于比印度还

---

① Shivaji Ganguly: *U. S. Policy Toward South Asia*, Bolder: West view Press, Inc., 1990, p. 97.
② ［巴］阿尔塔夫·高哈：《阿尤布·汗——巴基斯坦首位军人统治者》，邓俊秉译，北京：世界知识出版社2002年版，第144页。
③ 王琛：《美国外交政策与南亚均势（1947—1963）》，南京大学博士学位论文，1999年，第105页。

要少。在1962年中印边界冲突中，虽然巴基斯坦没有趁火打劫，进攻印度，但阿尤布·汗却失望地看到，巴基斯坦的主要盟友在积极支持其最大的敌人。因此，巴基斯坦必须得顺应时局变化适时调整自己的对外政策。美国和巴基斯坦在联盟的道路上渐行渐远。

三、第三阶段：1962—1968年

1962年中印边界冲突之后，美巴关系持续降温。随着美国深陷越南战争的泥潭，其对次大陆事务的兴趣有所消退。1965年第二次印巴战争爆发后，美国采取策略性的不介入立场，随即停止了对印巴两国的军事和经济援助。美国对南亚的政策进入一个减少介入、相对收缩的阶段。60年代巴基斯坦的对外政策处于转折的十字路口。中印关系恶化及边界武装冲突的爆发、美国对印度输送武器，一方面激起巴基斯坦的不安和愤懑，另一方面亦使巴基斯坦不得不认真反思自己的结盟政策。巴基斯坦著名外交官萨迦德·海德精准地指出了这种外交政策调整的必要性，"我们吹嘘的跟美国的联盟关系在威慑印度的时候已不会有任何价值"①。

1963年3月15日，中巴签署了关于边界问题的协议。8月29日，两国又签订航空协定和贸易协议。依据航空协定，两国开通了上海—广州—达卡—卡拉奇的空中航线，对于当时周边安全环境极其险恶的中国来说，这条航线的开通不仅具有商业价值，而且在突破西方冷战封锁方面具有非凡的政治意义。

在华盛顿看来，中巴航空协定被视为打破了"自由世界"团结一致遏制中国的"政治底线"。1963年9月3日，在与美国副国务卿乔治·鲍尔（John Ball）的会谈中，阿尤布·汗指出："那种认为中巴航空协定是向中国打通对外扩张渠道的想法是荒谬的。巴基斯坦之所以同中国解决边界问题是形势所趋，无非是想让自己从险恶局势中脱身。中印边境冲突发生后，中巴谈判达成共识只是一个时间上的巧合，对此无需过分追究。而且中巴航空协定'纯属商业往来'，巴基斯坦不明白为什么要把政治因素牵扯进来。"在谈到中国在国际社会中的地位时，阿尤布·汗强调："你们无法封锁七亿强大的人民；英国人和其他国家巴不得同中国签订航空协定。我们无意损害美国人的利益。相反，如果美国在某个阶

---

① Sajjad Hyder：*Foreign Policy of Pakistan—Reflection of An Ambassador*, Lahore：Progressive Publishers, 1987, p. 114.

段希望同中国和解的话,我们可助一臂之力。"两人会谈的氛围很是沉闷,双方各执一词。阿尤布·汗告诉鲍尔,巴基斯坦不能再履行超出自身能力的军事和政治承诺,巴基斯坦至多保证不做违反美国利益的事情,"作为其全球战略的一部分,美国政府宁愿加强印度的军事实力以便抵抗共产主义。对于巴基斯坦来说,这是直接的威胁"。此外,他直截了当地拒绝了美国提出的扩大在白沙瓦基地电子监听设施的建议。"在目前的政治氛围中,这绝对不行,人们绝对不会接受。"① 在美巴关系史上,乔治·鲍尔访巴是双边关系的一次重要转折。虽然巴基斯坦并未脱离西方世界,但它在东南亚条约组织和中央条约组织的存在仅仅只是一种政治象征,而无实质内涵。当初美国极力构建的美巴联盟只剩下徒有其表的躯壳,对共产主义"圣战式"的政治激情已经烟消云散。

1965年3月,印巴之间烽烟又起。两国在库奇兰恩地区(Rann of Kutch)②围绕领土争端发生军事冲突。为防止冲突扩散,继任总统林登·约翰逊(Lyndon Johnson)加强了对两国军援的监管控制。

在英国首相亚历克·道格拉斯·霍姆(Alex Douglas Home)的调停下,印巴两国在4月27日非正式停火。7月1日,停火正式生效。但没过多久,印占克什米尔地区动荡又起,自8月5日开始,大批巴基斯坦"自由战士"向印占克什米尔渗透,再次引发两国的军事冲突。9月6日,印度陆军开始以拉合尔为目标向巴基斯坦发动进攻。第二次印巴战争爆发。同日,阿尤布·汗紧急召见美国驻巴基斯坦大使沃尔特·马康卫(Walter Mcconaughy)。会谈中,阿尤布·汗要求美国履行1959年《双边军事合作协定》,立即采取行动"击退和粉碎印度的侵略"③。面对巴方的求援,约翰逊政府表示美国不会卷入战争,但美国支持联合国有关敦促两国停火的决议。9月8日,美国宣布立即停止对印巴两国所有的军事援助项目。

与华盛顿的政策有所差别的是,北京坚决支持伊斯兰堡。9月16日,中国政府向印度政府递交了一分措辞强硬的外交照会,严厉谴责印

---

① [巴]阿尔塔夫·高哈:《阿尤布·汗——巴基斯坦首位军人统治者》,邓俊秉译,北京:世界知识出版社2002年版,第165—166页。

② 库奇兰恩地区被称为"卡奇沼泽地",是位于巴基斯坦信德省和印度拉贾斯坦邦之间的盐碱沼泽地区。面积约为3500英里。

③ Roedad Khan ed.: *The American Papers*(*Secret and Confidential*)*India—Pakistan—Bangladesh Documents*, 1965 – 1973, New York: Oxford University Press, 1999, p. 226.

军在中印边界和中国—锡金边界违反停火协议修建大批工事，并且不断越境侵扰中国牧民，抢夺中国牧民的羊群和财物。中方要求印方在3天内拆除中印边界中国一侧和跨中锡边界线上的所有侵略工事，并立即停止在中印边界和中锡边界的一切入侵活动。在这份被称为"最后通牒"的照会中还强调指出："中国不介入印巴争端不等于不问是非，绝不等于中国可以同意克什米尔人民的自决权被剥夺，也绝不等于中国可以同意印度借口克什米尔问题侵略巴基斯坦。"①

在美苏的压力下，印巴分别于9月17日、9月22日接受联合国的停火协议。1966年1月10日，在苏联斡旋下，印巴两国签订《塔什干协定》（Tashkent Agreement）。

1965年第二次印巴战争是冷战时代南亚国际关系史上的一个重要事件。它"标志着美国为稳定地区平衡所施加的压力下逐步形成的信任危机已达到顶点。"②印巴两国，特别是巴基斯坦对美国在印巴战争中未履行联盟义务深感不满，有一种强烈的"被出卖"的感觉。事实上，在这次战争的沉重打击下，美国南亚政策的前提——与南亚的两个地缘政治对手同时保持友好关系，为遏制中国的战略目标服务——不攻自破。为此，在印巴战争之后，美国亦着手调整其南亚政策。在国务院制订的一份名为《1965年印巴战争后关于美国军事援助政策评估》的研究报告中指出："当前，共产党中国是严重影响南亚稳定与发展的头号威胁，同时也是美国在南亚地区所要对付的首要目标。基于上述考虑，在美国的南亚战略地图上，印度的战略重要性将超过巴基斯坦。"该文件亦指出，1965年战争后，美国在南亚的安全目标包括："第一，维护次大陆的和平与稳定；第二，抑制印巴两国之间的军备竞赛；第三，加强印度在防范共产党中国进攻方面的信心与防务能力；第四，美国必须防止以下局面的出现：在印巴关系未有根本和缓的情况下，美国再次成为对次大陆军备发展起重要作用的武器供应者。"③

---

① "Communist China issues New Threat against India", Office of Current Intelligence Memorandum, September 15, 1965, DDRS, Document Number：CK3100358964.

② ［美］塞利格·哈里逊：《扩大中的鸿沟：亚洲民族主义和美国政策》，金婉如、王宝玉等译，北京：中国社会科学文献出版社1984年版，第48页。

③ "U. S. Military Supply Policy for South Asia—Response to NSSM26, Annex：An Analysis of U. S. Military Supply Policy for India and Paksitan in Johnson Administration after 1965 War", September 16, 1966 DDRS, Document Number：CK3100556708.

1966年2月，约翰逊授权恢复对巴基斯坦的经济援助。1967年4月5日，美国政府宣布向印度和巴基斯坦实行新的军事供应政策。这一政策规定美国对印巴的军事供应不再使用无偿援助的形式，印巴两国可以用现金购买先前美国供应的军事装备的零部件，对于杀伤性武器，美国政府原则上同意两国可从其他装备美制武器的国家购买所需装备。①尽管这一有限军援政策部分满足了印巴两国的防务需求，但两国均不甚满意②，都积极寻求新的武器供应国。

　　1962年—1969年，南亚冷战呈现出危机四伏、权势斗争与意识形态竞争相互缠绕纠结的局面。虽然美国对次大陆的政策完全服务于遏制战略和在亚洲遏制中国的目标，并为之付出巨大努力，但事与愿违的是，美巴原有的联盟关系仅存留一个象征性的称谓；在苏联与印度关系日渐密切之时，拉拢印度的愿望亦难见成效。不仅如此，美国在南亚的影响力也在日渐衰退，它始终无法摆脱地缘政治方面的"大国南亚困境"，约翰逊政府甚至认为，在遏制中国对南亚"扩张"方面，美国与其全球争斗的主要对手苏联的利益重叠。这既说明美国深陷冷战与地缘政治相互纠缠的迷宫而深受迷思困扰，难以自拔，也说明美国的南亚政策最终遭到南亚地缘政治的嘲讽，难以成功实行。而作为超级大国弱小盟国的巴基斯坦通过联盟在一定程度上巩固了其在南亚对抗中的地位，但却卷入更凶险的冷战对抗之中，这显然并非巴基斯坦的利益所在。1965年印巴战争打破巴基斯坦对美国所抱的幻想，开始重新估量自己的外交政策，自1966年开始，巴基斯坦外交进入"双向主义"（Bilateralism）时代。③

　　纵观1947年到1968年的美巴关系，有两个重要因素影响着美巴关系的发展：其一为反共意识形态；其二为印巴并立的地缘政治现实。在反对共产主义的名义之下美巴结盟，但是两国结盟的利益基点却并不重

---

①　"Instruction on information to be presented to India and Pakistan regarding the U. S. Military Supply Policy for each country, Cable", Department of State, April 5, 1967, DDRS, Document Number: CK3100493576.

②　"Allan Evans provides India and Pakistan's reactions to a new U. S. Policy toward arm aid and sales to that subcontinent, Memo", Department of State, April 13, 1967, DDRS, Document Number: CK3100516091.

③　所谓"双向主义"是指在大国之间保持平衡，同时审慎地与大国发展双边关系。其具体表现有以下三点：一、积极同中国发展友好关系，不以反华谋求美国的军援；二、谨慎地发展与苏联的关系；三、同美国保持"非盟即友"的关系。参见S. M Burke: *Pakistan's Foreign Policy: An Historical Analysis*, p. 360.

合，这决定了美巴联盟的存在基础相对脆弱。为消解印巴纷争与美国的南亚冷战政策之间的抵触，美国争取印度而不放弃巴基斯坦。但是，次大陆的政治斗争史充分说明，"大国南亚困境"是美国挥之不去的梦魇，"鱼肉"与"熊掌"不可得兼。因此，在反对共产主义"圣战"与次大陆政治角逐的双重影响下，美巴关系呈现出由"朋友"转变为"紧密盟友"，又由"紧密盟友"滑落低谷，貌合神离的繁复多变进程。

第三节 冷战转型与美巴关系进入新阶段

一、冷战转型与美国对外战略的调整

20世纪60年代末期的世界风云际会，国际政治环境发生了重大变化。理查德·尼克松（Richard Nixon）在1969年1月总统就职演说中不无感慨地说："一个崭新的时代已经开始了。"①"世界政治格局的变动急剧而又极富戏剧性，我们所应当做的就是要厘清这些变化；依据这些变化制订下一阶段美国对外战略的目标；并找到合适的政策路径去有效地实现这些目标。"②既然这是一个"新的时代"、"急剧变化的时代"，那么，它究竟"新"在哪里？"变化"又体现在何处？从当时国际政治走向的总体趋势来看，20世纪60年代的世界涌动着与过去不同的变化因素。

首先，美国已经深陷越战泥潭难以自拔。

在这场战争中，美国使用了工业社会最顶尖、最先进的常规武器装备，但直到1960年代末期仍无法取得对越南共产主义者的胜利。不仅如此，在尼克松上台时，已经有3.5万名美军士兵在战争中丧生。③除了大量人员伤亡外，巨大的战争消耗使得美国财政经济状况不断恶化，赤字逐年扩大，通货膨胀加剧。同时，在美国国内，一场严重的社会危机正在形成，民众对越战的态度几近民怨沸腾，全国性的"反战运动"兴

---

① Richard M. Nixon: *U. S. Foreign Policy for the 1970's: A New Strategy for Peace*, Washington D. C.: Government Printing Office, 1970, p. 2.

② Richard M. Nixon: *U. S. Foreign Policy for the 1970's: A New Strategy for Peace*, p. 62.

③ Richard A. Melanson: *American Foreign Policy Since The Vietnam War*, London: M. E. Sharpe, 1996, pp. 65–66.

起。就上述状况而言,美国在越南发动的战争是大国傲慢和自欺、滥用并挥霍财富与权力的范例,害人又害己。同时,越南战争也给美国外交政策提出了一个尖锐的问题:那就是面对一个有限的外部挑战时,美国国家安全的边界到底在哪里?是仅限于美洲大陆?还是整个世界?是追求绝对安全?还是力保相对安全?可以说,越战的现实给美国外交政策敲响了美国立国以来少有的警钟,面对危局,尼克松政府不得不作出顺应时事的政治选择。美国冷战战略的调整势在必行。

其次,苏联的挑战来势凶猛。在美国深陷越战泥潭、无暇他顾之时,60年代苏联的军事实力迅速增长,全球扩张的步伐日渐加快。

冷战中的世界是美苏争斗不休的世界,国际事务中丝毫的风吹草动在美苏眼中都是冷战对抗,相互攻伐的体现。在美国深陷越战困境之际,苏联集中精力发展自己的国家实力,尤其是军事实力。自60年代中期以来,苏联全面协调地发展各个军种,意图打造一支能打各种战争的全能化军队。其与美国的军事实力差距逐步缩小,先是在数量上,继而在质量上追赶美国。为追求军事优势,勃列日涅夫上台后大力扩充军队,1967年重建陆军总司令部,除了边防军和内务部队,苏联军事人员从1964年的368万增至1969年的419万。1960年—1969年,苏联的军费开支总额达到6219亿美元,超过了美国的6056亿美元。① 从1968年起,苏联建立了地中海和印度洋分舰队,开始进行全球性的远洋军事演习,苏联海上力量从"黄水海军"跃升为"蓝水海军"。

最能体现这一时期苏联军事实力突飞猛进的是作为国家威慑力量的战略核武器。1962年的古巴导弹危机充分暴露了苏联在战略核力量方面与美国相比所处的劣势地位。其后,苏联奋起直追,竭力谋求与美国在战略核力量方面的均势地位。从1965年到1971年,苏联完成了第三代陆基洲际导弹(SS-9、SS-11、SS-13)的部署计划,1965年和1968年,苏联在海空战略核武器的研制领域取得突破,图-22M"逆火式"战略轰炸机和Y级战略核潜艇列装部队。到1969年,苏联的海陆空战略核力量总和几近与美国持平。

到1960年代末,苏联核力量的迅猛发展以及在全球军事卷入能力的大为增强使华盛顿深感美国的安全利益已经受到苏联军事实力和扩张的

---

① 左凤荣:《致命的错误——苏联对外战略的演变与影响》,北京:世界知识出版社2001年版,第230页。

日益威胁。特别严峻的是，正当美国意图通过战略调整摆脱内外交困的局面之时，却正好是苏联在战略核力量方面迎头赶上，取得同美国的大体均势之际。苏联一跃成为能与美国平起平坐的，"真正意义上的超级大国"。对于尼克松政府而言，如何有效协调美国所面临内外交困的窘境与抗衡苏联之间的内在矛盾是其不可回避的时代难题。进一步来讲，美国冷战战略是否需要调整？怎样调整？苏联实力上升的趋势能否得到有效遏制？如果可行，采取怎样的方式去遏制？

第三，中苏关系由论战分歧转为公开对抗，共产主义世界发生分裂。1966年1月，苏联和蒙古签订为期20年的《友好合作互助条约》。因为中蒙边界地区地势基本平缓，苏联在中亚和西伯利亚地区部署的重兵实际上从北、西、东三个方向对中国的北部边陲构成安全威胁。与此同时，中苏边界冲突也逐渐升级，次数、范围、形式和规模都发生了变化。1964年10月至1969年3月，由苏联挑起的边境冲突多达4189起，比1960年到1964期间增加一倍半。① 此外，苏联亦加大了对中国的外交攻势和军事压力。在1969年6月7日召开的莫斯科75国共产党和工人党国际会议上，勃列日涅夫措辞强硬地指出：中共领导人"已由和平共处的批评转为策划武装冲突，采取破坏和平事业的政策"，"想用武器作为语言来同苏联谈话的企图必将受到坚决反击，事件的进程正在把建立亚洲安全体系的任务提到议事日程上来"。② 珍宝岛事件后，苏联进一步加大在西伯利亚、中亚地区的兵力部署，到1971年初，苏联已在中苏边境部署了33个步兵师，而在1969年，这一数字为21个。③

中苏决裂是1960年代东西方冷战进程中的一件大事，它不仅从根本上改变了前期冷战以单纯的意识形态划线区分敌我的大国关系，而且也使美国转变了关于共产主义世界"铁板一块"旧观念。如何在共产主义世界呈现两派政治分裂的情况下，维护美国的国家利益和推进冷战战略的进一步发展？这和有效应对苏联挑战一样，是白宫决策者不可回避的又一时代难题。推演开来，在苏联的强权膨胀如日中天之际，意识形态

---

① 《中国政府关于中苏边界问题的声明》，《人民日报》1969年5月25日。
② L. I. Brezhnev：*For A Greater Unity of Communists, For A Fresh Upsurge of The Anti-Imperialist Strtuggle*, Moscow, 1969, p. 53. 转引自 Robert H. Donaldson："India：The Soviet Stake in Stability", *Asian Survey*, Vol. 12, No. 6. June, 1972, p. 479.
③ ［日］杉田一次：《从兵要地志看中苏战争》，军事科学院外国军事研究部译，北京：战士出版社1983年版，第137页。

抗争之形式会否因为中苏的决裂而有所转变？在美国冷战战略思维的优先性考虑上，权力政治与意识形态"圣战"孰先孰后？苏联和中国这两个国家谁是美国的头号敌人？

第四，区域经济中心逐渐兴起，世界经济格局发生重要变化。在美国内忧外困之际，西欧、日本的经济实力已迅速恢复和发展起来，成为美国强有力的竞争者。"自由世界"经济三强鼎立之势初步形成。1960年代后期，美国从日本和欧洲进口量的不断增加使原本对美国有利的贸易平衡被迅速打破。贸易赤字、美元危机以及布雷顿森林体系的瓦解是美国国际经济霸主地位被削弱的集中体现。"从国际全局看，所得到的最重要的结果是美国的经济相对外部力量来说显得越来越脆弱。"①

在这样一个骤变的世界中，国家间关系不再单纯地受到意识形态的支配，权力关系、政治行为、经济联系的内涵和作用均在新的历史条件下呈现出新的特点。② 可以说，以上四个因素共同作用催生一个新的冷战体系，冲突的界限已不再像20世纪50、60年代冷战高峰时期那样泾渭分明。全球冷战中多个新的行为主体的出现改变了先前美苏在两大对立阵营内"一手遮天"的独大地位。事实上，美国和苏联都在自己占统治地位的势力范围内成为挑战对象：美国在"自由世界"内受到西欧、日本经济实力增长的强有力挑战；而苏联则受到中国对其政治权威的质疑和挑战。集团内部凝聚力一定程度的丧失使得两极对峙的冷战格局不得不在更加复杂多变、更加动荡和难以预测的国际大势中经历大变动，冷战转型（The Transformation of The Cold War）③呼之欲出。

从全球冷战的结构变化来看，1960年代末期，冷战格局由此前以美

---

① ［英］理查德·克罗卡特：《50年战争》，王振西主译，北京：新华出版社2003年版，第299页。

② "Memorandum From the President's Assistant for National Security Affairs (Kissinger) to President Nixon/1/Washington, 20 October, 1969", *Foreign Relations of the United States*（以下简称 *FRUS*），Vol. I.：Founding of Foreign Policy, available at http://www.state.gov/r/pa/ho/frus/nixon/i/20702.htm/.

③ 对于"冷战转型"的内涵，目前国际学界有多种不同观点。陈兼教授认为："冷战转型的一个重要特点就是传统的意识形态对抗因素在东西方之间大为弱化。随着中苏分裂以及中美缓和的发生，'挑战者'阵营发生分裂。"而"中美关系解冻——尤其是中美之间'心照不宣的同盟关系'的形成——模糊了社会主义和资本主义作为世界现代化进程的两种不同选择之间的根本差异，使得冷战本身的涵义发生微妙变化。"参见陈兼：《对"冷战"在战略层面的再界定——1960年代末、1970年代初美国对华及东亚政策的转变及其涵义》，《国际政治研究》2008年第3期，第76—95页。

苏为首，自由世界与共产主义世界的政治、军事、经济全面对抗转变为冷战主旨不变，但多元主义发展趋势并行不悖的复合结构：军事上美苏分庭抗礼，势均力敌；政治—经济上，全球范围区域中心兴起，多元化潮流难以阻挡。其中，政治领域内的中苏决裂是改变冷战两极格局力量均衡，开启冷战转型之门的主要因素．那么，作为冷战转型重要节点的中苏边界冲突与美国冷战战略乃至对华政策之间又有着何种内在联系呢？

中苏边界冲突为美国提供了一个绝好的机会，尼克松总统的国家安全事务助理亨利·基辛格一针见血地指出："华盛顿需要北京规制莫斯科的扩张行为。"① 面对愈演愈烈的中苏边界冲突，美国决策层最终形成联华抑苏的政策方针。1969 年 8 月 12 日，名为《苏联与中国》的国家情报评估 11/13/69 号文件（NIE11/13/69）中指出："中苏关系几乎没有改善的迹象，世界共产主义运动的分化亦没有弥合之可能。"中国已经将苏联当作"最主要的敌人"，"它不得不面对来自苏联最为强烈的挑战"。②

美国迫于全球战略需要，越来越清楚地认识到相对于中国，"苏联是美国的头号敌人，是更具侵略性的国家"③。而且中国在美苏对峙中具有重要的战略价值。对此，基辛格作了精辟的阐述，他认为："如果莫斯科得逞，使北京屈服而陷于无能为力的地步，苏联的全部军事压力就要转向西方。在那种情况下，苏联冷酷无情，而美国软弱无力（或者漠不关心——其结果都是一样），那就会促使西欧去迁就苏联的其他要求，至于苏联周围的许多小国那就不用说了。很明显，三角外交要求灵活机动。我们不必用多大力气，而是像日本的柔道一样，利用对手的重量顺势把他推倒我们希望的方向去。"④对华盛顿来说，冷战转型背景之下，与北京冰释前嫌具有更深远的战略意义：利用中苏关系的裂痕，打通中美沟通的渠道，建构北京—华盛顿—莫斯科大三角关系，充分利用其他两点

---

① "Editorial Note", *FRUS* 1969 – 1976, Vol. I: Founding of Foreign Policy, available at http://www.state.gov/pa/ho/frus-nixon/i/20706.htm.

② NIE11/13/69 "USSR and China", National Intelligence Council, *Tracking the Dragon: National Intelligence Estimate on China During the Era of Mao, 1948 – 1976*, Washington, D. C.: Government Printing Office, 2004, pp. 544 – 545.

③ *FRUS* 1969 –1976, Vol. XVII: China, 1969 –1972, p. 68.

④ ［美］亨利·基辛格：《白宫岁月》（三），杨静予等译，北京：世界知识出版社 2003 年版，第 982 页。

的力量博弈和相互牵制,左右逢源,占据主动。

就转型时期的冷战而言,意识形态在规制斗争导向上的作用在不断弱化。"二人团队"认为,意识形态很大程度上是一种普世主义教条的浮言虚辞,它导致了美国前任领导人"对于国际环境的不切实际的幻想和奢望",美国付出的代价实在太大,得不偿失。越南战争即为有利的佐证。因此,全球范围内政治—经济区域中心的兴起本身即是对共产主义与反共产主义之间二元对立的强有力挑战。尽管冷战之于意识形态的理念性依附作用依然强大,但国际关系的新近发展则说明意识形态并非无所不能,遵循现实主义的思维逻辑,在地缘政治利益得到彼此承认基础之上建立新的全球均势是美国的选择。

实力地位决定了美苏争霸战略地位的变化。面对处于转型进程中的全球冷战,尼克松和基辛格首当其冲要解决的是冷战转型时代,制约美国对外战略有效施行的"瓶颈":在美国实力相对滑落之际,"如何协调美苏两国在军事上分庭抗礼与全球范围内政治、经济多元中心兴起的结构性紧张"①。要想破除制约美国外交战略的"瓶颈",就必须推陈出新:在战略思维导向上,"要摆脱此前以追求绝对安全为宗旨的'无差别的全球主义倾向'(Undifferentiated Globalism)代之以追求相对安全为目的'有差别的全球主义倾向'(Differentiated Globalism)"②;在国家战略规划上必须将以下两大目标进行有效整合:一、遏制苏联实力的膨胀、二、以越战为契机,减少美国的海外军事卷入,实行美国全球防务的紧缩。因此,"尼克松—基辛格外交"敏锐地抓住了新变化,顺应了国际关系的时代特征,美国对外战略进入了一个整合全球力量的新时期。

针对美苏两国在军事上的分庭抗礼与全球范围内政治、经济多元中心兴起的结构性紧张,"尼克松政府采取了两手政策:缓和战略与尼克松主义"③。

尼克松认为,缓和是利益各异的国家之间的协议,它并不意味着"美苏在所有问题上都达成了协议,而是意味着虽然两国在大多数问题上

---

① Robert S. Litwak: *Détente and The Nixon Doctrine: American Foreign Policy and the Pursuit of Stability*, 1969 – 1976, Cambridge: Cambridge Uiversity Press, 1984, p. 3.
② Robert S. Litwak: *Détente and The Nixon Doctrine: American Foreign Policy and the Pursuit of Stability*, 1969 – 1976, pp. 78 – 79.
③ Robert S. Litwak: *Détente and The Nixon Doctrine: American Foreign Policy and the Pursuit of Stability*, 1969 – 1976, p. 4.

存在分歧，但美苏想就一些问题达成协议，不想为任何问题而打仗"①。从缓和发生的时空条件来看，它不是冷战的替代物，只是美苏两大国之间核战争的替代物；缓和亦不是"遏制"的替代物，而是"对遏制的补充"②。

这里需要指出的是，对苏缓和的根本目的是在美苏核均势和冷战转型时代，保持美国霸主地位，遏制苏联的势力扩张。而实现这一目的必要条件是构筑美、苏、中战略大三角，利用中苏之间的分裂对峙，形成中美之间共同对抗苏联扩张的默契，用中美关系在"解冻"之后的不断改善来配合美苏缓和。使美国在中苏之间左右逢源，在大三角关系中处于最主动、最有利的位置。

与缓和战略相辅相成，共同组成尼克松政府对外战略的是尼克松主义。

1960年代后期，施行战略收缩，摆脱全球干涉战线过长、超出自身力量所及的困境是美国扭转颓势的唯一出路。尼克松主义正是上述思想的体现。

缓和战略与尼克松主义是尼克松时代美国全球战略富于创新精神和变通思维的新发展。两者的最大意义在面对全球冷战的新兴变化，美国没有用意识形态对抗思维来使"自由世界"与共产主义世界非红即黑、势不两立的"板块结构"持续僵化。尼克松主义所追求的"战略性调整和全球力量的收缩，都需要一个稳定的美苏之间的战略环境"。"没有稳定的美苏战略力量竞争框架以及缓和的美苏关系，美国常规力量的收缩以及对地区安全义务的调整就不可能顺利实现。"③而冷战边缘地带的稳定反过来也可促进"中央均势"的完善和推进缓和进程。因此，尼克松—基辛格"二人团队"的新全球战略布局是"整合"国际政治格局的一次成功尝试。

二、尼克松主义与美巴关系的新阶段

1969年7月25日，尼克松在关岛海军陆战队军官俱乐部会见随行记

---

① [美]理查德·尼克松：《1999不战而胜》，王观声译，北京：世界知识出版社1989年版，第193页。

② [美]理查德·尼克松：《真正的战争》，常铮译，北京：新华出版社1980年版，第348页。

③ 朱锋：《弹道导弹防御计划与国际安全》，上海：上海人民出版社2001年版，第38页。

者时指出："必须避免采取由于亚洲国家对我们的过分依赖，而使我们被拖进正在越南碰到的那样一种冲突中去。"美国在同亚洲所有友邦的关系方面，应当着重强调以下两点："第一、我们将恪守我们的条约义务；第二、就国内安全和军事防务问题而言，除非存在某个核大国的威胁并涉及核武器，美国将鼓励并有权期望逐渐由亚洲国家自己来负责和处理。"①"关岛讲话"是尼克松上台后首次将其基本对外政策公之于世，奠定了此后美国亚洲政策乃至对外战略调整的基调。

1970年2月18日，在尼克松向国会提交的首个对外政策年度报告中，将上述思想进一步延伸充实为尼克松主义，并确立为美国在新时期全球冷战中的主导思想。

究其实质，战略收缩是尼克松主义的核心要旨，但在收缩的同时，保持并稳步推进美国的战略地位则是它的根本。联系到美国对南亚的政策调整，这样一种内在特质反映在尼克松对南亚的战略安排上即表现为"退却但不脱身"②。"退却"即为减少美国对印度的政策投入，降低美国在南亚利用印度遏制中国的政治义务；"不脱身"表现为美国在南亚的利益仍在于维持印巴之间的力量平衡和南亚的脆弱和平。

尼克松主义的主旨并非美国海外力量毫无原则的全面收缩，而是在冷战转型时期，在其全球战略调整的同时，借助有着共同目标的地区盟友的力量和地缘便利条件来实现防务责任和义务的分担。因而，尼克松主义是美国遏制战略在新的历史条件下的新发展，亦是大国心态在实力相对滑落时期变被动为主动的集中反映。可以说，尼克松主义是以美苏间的大国权势均衡为立论基点，强调大国的政治行为、政策对国际事务的影响。

基于上述分析，笔者认为尼克松主义对1969年之后美巴关系的发展具有以下三个方面的影响：

第一，南亚作为冷战意识形态对抗、制度竞赛重要"阵地"的意义被大为削弱。尼克松上台之前，在美国的冷战战略中，南亚被赋予了极

---

① Richard M. Nixon: *Public Papers of the Presidents of the United States, Richard Nixon, Containing the Public Messages, Speeches, Statements of the President 1969*, Washington D. C.: Government Printing Press, 1971, p. 549.

② Osgood Robert: "How new will the American Foreign Policy be?" In Gilbert John ed. *The New Era in American Foreign Policy*, New York: St. Martin Press, 1973, p. 76.

为浓郁的意识形态对抗、制度竞赛色彩。特别是肯尼迪总统执政时期，美国有意培植印度成为"亚洲民主橱窗"，将其作为"自由世界"与共产主义世界进行制度竞赛的"样板"和遏制中国的"桥头堡"。但在尼克松上台之后，弱化意识形态对抗，遵循现实主义的思维逻辑，以地缘政治利益为主导，维持南亚均势是美国的选择。正是在这样一种战略转型的时期，作为"亚洲民主橱窗"的印度在美国南亚大棋局中的作用和地位将有所改变，而一度受到意识形态因素的羁绊而停止不前的美巴关系将获得新的发展。

第二，美国南亚政策的核心任务仍是维持印巴均势。在两极格局的对抗达成大致均势，意识形态对抗因素被弱化的情况下，印巴之间力量的不平衡分布对地区稳定的影响就更加突出。以全面抗衡莫斯科作为国际战略的基点，华盛顿认为深度介入印巴冲突不符合美国的利益。尼克松主义非常强调在战略次重要地区以最小的代价取得最大的安全收益。维持南亚次大陆的均势是美国实现其对外战略的重要手段，但在苏联加紧对南亚的争夺，苏印关系日益密切的形势下，印巴之间的非均衡对抗是美国南亚政策的现实威胁。为此，加大对巴基斯坦的政策投入可以纠正印巴之间的力量失衡。

第三，南亚并非美国全球战略的枢纽，美国在这一地区的力量注入呈现出"收缩"之势。不管是在冷战初期，抑或冷战转型时期，美国全球战略的重点始终是在欧洲和亚太地区，南亚则位居次要位置。尼克松主义的核心内涵就是要从非战略要地收缩力量，让盟国和朋友分担更大的防务责任。因此，即便美巴关系在现实利益导向之下有所发展，但发展的限度是不会超越既定战略的政策底线。

第四节　南亚危机的地区根源

在种族冲突、宗教冲突、国家对抗以及大国的竞争性介入与干涉等诸多因素的综合作用下，冷战时期的次大陆是名副其实的"南亚火药桶"。就1971年南亚危机的爆发诱因来看，可从印巴长期敌对和巴基斯坦立国之后东巴、西巴间的矛盾纷争这两个层面进行考察。

一、印巴敌对

印巴之间的敌对是南亚国际关系的核心。

历史上，南亚各国曾遭到葡萄牙和荷兰的殖民侵略与掠夺。18世纪中叶起又先后沦为英国的殖民地和附属国。政治上遭奴役，经济上被剥削，文化上受贬抑。这是南亚诸国在长达数百年的殖民主义统治时期的共同历史命运。1947年8月印巴分治后，南亚次大陆形成了新的格局和国家间关系，也带来了新的矛盾和问题。而印巴敌对是次大陆局势动荡的主要源头。

自英国殖民主义者退出次大陆之际，印巴关系实为印度教徒与穆斯林对立关系在政治表现形式上的转变，即"由前英属殖民地内部纷争仇杀转变为国家间的对抗"①。1947年印巴分治使原本属于同一个国家的印度和巴基斯坦彼此之间互视对方为自己的最主要威胁，怀疑、互不信任、纷争与冲突是两国关系的四大关键词。两国之间敌对冲突的持久性是次大陆国家内部政治变动和南亚国际关系发展走向的重要制约因素，而且内部矛盾的外化亦为区外大国介入两国纷争提供了机遇，使两国之间本以纠缠不清的纠葛在国际因素的注入之下更显迷途难料。从印巴矛盾斗争的焦点来讲，主要表现在以下三个方面：

第一，宗教差异与对抗。古代印度是拥有悠久历史和灿烂文化的文明古国，也是一个饱受外敌入侵、战乱不断的国家，民族矛盾、宗教矛盾错综复杂。其中，近代以来最突出的是印度教与伊斯兰教难以调和的教派对立。"两大宗教在宗教信仰上的巨大分歧成为南亚历次战争的主要根源之一。"②1857年印度民族大起义之后，为削弱和打击莫卧儿王朝的统治，英国人竭力网罗印度教徒，同时对穆斯林大加贬抑。随后，英国人开始推行西方教育模式和文官考试制度。穆斯林教徒在很长一段时间内很少接受西方教育，这使他们在地方行政、司法、教育机构中所占份额微不足道。到19世纪末，穆斯林在社会政治、经济、教育等方面已经远远落后于印度教徒。因此，巴基斯坦是一个建立在宗教民族主义之上的特殊国家③，宗教差异与政治、经济利益交织在一起造成了印度教徒和穆斯林之间时断时续的冲突。

---

① Mizanur Rahman: *Emergence of A New Nation in A Multi-polar World: Bangladesh*, Dacca: Dacca University Press, 1979, p. 52.

② Sumit Ganguly: *The Origins in South Asian: Indo—Pakistani Conflict Since 1947*, New Delhi: Westview Press, 1994. p. 22.

③ [孟]威廉·冯·申德尔:《孟加拉国史》，李腾译，上海：东方出版中心2011年版，第109页。

第二,关于"两个民族"理论的论战。英国人按照宗教因素实行的分治并未能解决次大陆的宗教矛盾和冲突,相反,随着两个新主权国家的诞生,分治加剧了国家间的政治对立。其集中表现即为印度的国大党和巴基斯坦的穆斯林联盟在关于"两个民族"理论上的分歧与对立。"两个民族"理论是巴基斯坦立国的理论基石,萌发于19世纪末期,正式形成于20世纪40年代初期。它的主要含义是指印度次大陆的印度教徒组成印度民族,而穆斯林则组成穆斯林民族,两个民族均有单独建国的权利。1930年穆罕默德·伊克巴(Mohammad Yekbar)在穆斯林联盟年会上提出建立"穆斯林国家"的设想。1940年在拉合尔召开的穆盟第27届年会上,通过了建立"独立的穆斯林国家"的决议,这两大事件标志着"两个民族"理论的最终形成。①在1940年穆盟年会上,穆斯林的政治领袖和精神导师穆罕默德·阿里·真纳(Mohammad Ali. Jinnah)致辞指出:"穆斯林不是少数派,不管从哪种意义上讲,穆斯林都是一个民族","假如英国政府确实是真诚地希望次大陆人民得到平安和幸福,那么,对我们大家来说,都能接受的惟一出路是,通过把印度分成自治的民族国家,给予其主要民族以单独建国的权利。把从人数上来说一个是多数,另一个是少数的两个民族(印度教徒和穆斯林)束缚在一个单一的国家中,一定会导致日益增长的不满和为治理这样一个国家所可能建成的任何机构的最后毁灭"②。

1947年年初,国大党与穆斯林联盟因政见不和,特别是在巴基斯坦建国问题上分歧难以弥合而彻底决裂,教派冲突和仇杀接连发生。迫于压力,英国当局在1947年6月3日抛出《蒙巴顿方案》。该方案规定英国在印度的政权将移交给印度继承的自治领。如果穆斯林占多数地区的代表希望单独建国,可以建立一个单独的自治领。8月14日和15日,巴基斯坦和印度先后宣布独立。对于巴基斯坦的立国,印度领导人坚决反对。尼赫鲁在《印度的发现》一书中曾指出:"如果民族以宗教为根据的话,那么印度就有很多的民族。""从真纳先生的'两个民族'的理论发展出了巴基斯坦的概念,也就是割裂印度的概念。"③在尼赫鲁眼中,

---

① 张忠祥:《尼赫鲁外交研究》,北京:中国社会科学文献出版社2002年版,第89页。
② 张忠祥:《尼赫鲁外交研究》,北京:中国社会科学文献出版社2002年版,第90页。
③ [印]贾瓦哈拉尔·尼赫鲁:《印度的发现》,齐文译,北京:世界知识出版社1956年版,第519页。

按照"两个民族"理论建立起来的巴基斯坦是割裂历史、臆造的结果。因而，在有关巴基斯坦的建立是否具有政治合法性、"两个民族"理论是否正确的争论在两个主权国家建立后上升为国家意识形态的对立：巴基斯坦将"两个民族"理论视为其立国的精要，以此证明巴基斯坦的建立是有理可依的；而印度则竭力反对"两个民族"理论，否定巴基斯坦的存在意义。缺乏民族统一性是印度对于巴基斯坦发生的任何重大政治事件几近同一"口径"的说辞。对巴基斯坦内部要求区域自治和民族独立的政治运动，印度均持以同情和支持态度。这一点在独立以来的印巴关系流变中可以得到强有力的证明。

第三，克什米尔①争端。印巴两国在克什米尔的归属问题上存在难以调解的严重分歧。印巴克什米尔之争既是领土之争，也是"两个民族"理论论战在国家权势斗争中的继续。它直接关系到印巴两国的领土主权、意识形态、宗教信仰和安全战略等根本性问题。一方面，若克什米尔归属巴基斯坦是证明"两个民族"理论正确性的最有利证据，同时也是对印度"世俗主义"建国原则的否定；如若巴基斯坦听任印度夺取克什米尔将是对"两个民族"理论的自我否定。另一方面，克什米尔所具有的重要地缘战略价值使得印巴两国都对克什米尔志在必得。② 就印度一方来看，如果失去对克什米尔的控制，将会在印度国内引发政治上的连锁反应，打开国家裂变的"潘多拉之盒"。更为重要的是，若印度控制克什米尔地区，将切断巴基斯坦与中国、苏联等区外大国的陆上联系，并使西巴连接拉合尔—伊斯兰堡—白沙瓦—卡拉奇的交通干线面临印度直接的安全威胁。对于缺乏战略纵深的巴基斯坦，克什米尔是抵御印度入侵的一道天然屏障，同时据守这一地区也可对印度东北部的军事部署和调动情况洞若观火。所以，在克什米尔的归属问题上毫不退让，是印巴两国历届政府的一贯政策，为此不惜发动战争。1947 年 11 月爆发的第一次印巴战争和 1965 年战火重燃的第二次印巴战争的起因均为克什米尔争端。在这两次战争中双方互有胜负，不仅没有解决任何实质性问

---

① 克什米尔全称为查谟·克什米尔（Azmed Kashmir），位于南亚次大陆最北端，地处印度、巴基斯坦、阿富汗和中国之间，总面积约为 19 万平方公里。
② 张忠祥博士认为印巴克什米尔之争表面上是领土之争，本质上是"两个民族"问题争论的继续。参见张忠祥：《尼赫鲁外交研究》，北京：中国社会科学文献出版社 2002 年版，第 92 页。

题，而且由于克什米尔归属问题的悬而未决，使得两国积怨更深，两国关系上任何擦枪走火行为都有可能带来新的战争。

二、西巴与东巴之间的民族矛盾

独立以来，西巴与东巴之间的民族矛盾是1971年南亚危机爆发的导火索。

巴基斯坦内部西巴与东巴间的关系与印巴关系在外部表现形式上有两个共同点：怀疑和冲突并存。[①]1947年分治后的巴基斯坦由相距1500公里的西巴和东巴共同组成。巴基斯坦是一个多民族国家，旁遮普族是西巴的第一大民族，亦是巴基斯坦的第二大民族，在1951年占全国人口的23%。孟加拉族占东巴人口的98%，是巴基斯坦的第一大民族，占全国人口的54.4%。[②]西巴、东巴之间在历史、语言文化、生活习俗、价值观念等方面都存在相当大的差异。由于地理位置相距甚远，民族融合很难解决，"除了共同的伊斯兰教信仰和对印度的极大恐惧之外，西巴、东巴民众之间没有多少联系纽带"[③]。

1956年6月，巴基斯坦独立后第一部宪法颁布实施。宪法规定巴基斯坦是伊斯兰教国家，实行联邦制，由西巴省和东巴省组成，并对联邦、省的权力作出详细规定。虽然宪法得以颁布，但巴基斯坦政局动荡不定，政府更迭频繁，宪法精神并未得到贯彻实施。主要由西巴旁遮普族控制的巴基斯坦中央政府未能平等对待西巴和东巴的政治、经济权益，常把西巴的局部利益视做整个国家的利益，完全忽视东巴民众的正当要求，联邦制有名无实，东巴与西巴在民族建设和国家整合问题上的矛盾分歧日渐显著。就其表现形态来看，可从以下三个方面加以分析。

第一、东巴"语言文化运动"的兴起。

"语言文化运动"即指东巴民众在巴基斯坦立国之后为争取本民族语言——孟加拉语获得法律地位，成为当时巴基斯坦国语之一而开展的

---

① Sucheta Ghosh：*The Role of India in The Emergence of Bangladesh*, Calcutta：Minerva Associates Pvt. Ltd., 1983, p.6.
② Rounaq Jahan：*Pakistan：Failure in National Integration*, New York：Columbia University Press, 1972, p.11.
③ Gowher Rizvi：*Pakistan：The Domestic Dimensions of Security*, in Barry Buzan and Gowher Rizvi, eds., *South Asian Insecurity and The Great Powers*, p.63.

群众性政治运动。①巴基斯坦成立后,东西两翼的各种矛盾便日渐暴露出来。西巴中央政府力图以伊斯兰教思想体系领国家的政治文化,建立国家意识形态。而东巴民众发现自己在政治、经济、文化教育领域处于弱势地位,开始争取平等权利的斗争。东巴语言文化运动就是在这种背景之下产生发展的。

巴基斯坦是一个多民族、多语言的国家。除上层社会通行英语外,主要的语种包括:孟加拉语、乌尔都语、旁遮普语等。当时西巴的政治领袖认为:"乌尔都语是正统的伊斯兰语言,是穆斯林和巴基斯坦历史的象征,以它为唯一的国语可以促进伊斯兰教思想的传播,巩固国家的统一和团结。""巴基斯坦因生活在这片次大陆上的1亿穆斯林而建立,这1亿穆斯林使用的就是乌尔都语。一个国家只有一种语言是十分必要的,这种语言就是乌尔都语而不是其他语言。"②相比之下,其他语言则无法发挥这一作用,尤其是孟加拉语,被认为同印度教思想文化存在紧密联系,与巴基斯坦国家体制不符,并有碍于伊斯兰教思想在国家政治生活中的正统地位。③

但巴基斯坦的国家现实与西巴不无优越感的观念存在相当大的反差。据1951年巴基斯坦人口普查数据显示,东巴讲孟加拉语的人占东巴总人口的98%,占全巴基斯坦总人口的54.4%,而讲乌尔都语的仅占占全巴基斯坦总人口的7.2%,其他语言集团在总人口所占比例更少。④

1950年巴基斯坦制宪议会通过的一项决议,将乌尔都语作为巴基斯坦的唯一国语。⑤为此,民众反应强烈,东巴全省在10月—11月相继举

---

① 有关1947年印巴分治之后,东巴"语言文化运动"的相关研究可参见 Philip Oldenburg: "'A Place Insufficiently Imagined': Langguage, Belief and the Pakistan Crisir of 1971", *The Journal of Asian Studies*, Vol. 44, No. 4, August 1985, pp. 711 – 733; Mussarat Jabeen: "Amir Ali Chandio, Zarina Qasim, Language Controversy: Impacts on National Politics and Secession of East Pakistan", *A Research Journal of South Asian Studies*, Vol. 25, No. 1, January-June 2010, pp. 99 – 124.

② Hasan Zaheer: *The Separation of East Pakistan: The Rise and Realization of Bengali Muslim Nationalism*, Karachi: Oxford University Press, 1994, p. 21.

③ Jyoti Sen Gupta: *History of Freedom Movement in Bangladesh 1947 – 1973*, Calcutta: Naya Prokash Press, 1974, p. 135.

④ Rounaq Jahan: *Pakistan: Failure in National Integration*, New York: Columbia University Press, 1972, p. 12.

⑤ Moudid Ahmad: *Bangladesh: Constitutional Quest for Autonomy, 1950 – 1971*, Wiesbaden: Steiner, 1978, pp. 21 – 23.

行大规模的罢课、罢工和游行集会以示抗议。1952年1月26日，巴政府宣布乌尔都语为巴基斯坦的唯一国语。①东巴再次掀起一场新的争取民族平等权利的群众运动。2月4日，东巴政治领袖阿卜杜勒·哈米德·汗·巴沙尼（Abdul Hamid Khan Bhashani）和其他政党的领导人在公众集会上强烈要求将孟加拉语定为巴基斯坦的国语。他们宣布2月21日为"国语日"，若要求未被接受，全省将在这一天举行总罢工。在剑拔弩张的紧张形势下，1952年2月21日，东巴民众发起反对以乌尔都语作为国语的示威游行。游行过程中，民众与警察发生冲突，造成19人死亡，80多人受伤。这一惨案深深刺伤东巴民众的感情，他们把这一天确定为"烈士日"，以纪念在惨案中死难的同胞。迫于压力，1956年宪法中承认孟加拉语同乌尔都语并列为巴基斯坦的国语。但东巴、西巴之间的民族裂痕已经难以弥合。更为重要的是，1952年东巴语言文化运动的兴起具有鲜明的"政治象征意义"，成为"一种反抗和文化骄傲的标志"。②并使东巴的政治局势发生了急剧变化，东巴处于朦胧状态的民族主义情绪被激活，语言运动逐渐与摆脱西巴控制、争取自治权利为要旨的政治运动紧密地结合起来，并成为它的有机组成部分。从这个意义上讲，"1952年达卡民众争取语言权利，以及保护民族文化独特品质的自发运动是1971年孟加拉国独立的元点"③。

第二、西巴垄断国家政治权力。

独立之后，东巴、西巴在国家权力分配中地位不对等，西巴几近垄断国家的最高政治权力，而东巴则处于一种"半殖民化"的政治地位。④ 1947年—1958年，东巴、西巴在总督、政府总理、部长、副部长、国务部长及制宪议会和国民议会议员的任职人数上基本持平⑤，但即便东巴人身居高位，却未掌握实权。例如，东巴政治领袖克瓦贾·纳泽姆丁（Khwaja Nazimuddin）和哈桑·萨赫德·苏赫拉瓦迪（Huseyn Shaheed

---

① Moudid Ahmad: *Bangladesh: Constitutional Quest for Autonomy*, 1950-1971, p.25.
② [孟]威廉·冯·申德尔:《孟加拉国史》，李腾译，上海：东方出版中心2011年版，第115页。
③ Jyoti Sen Gupta: *History of Freedom Movement in Bangladesh* 1947-1973, p.199.
④ "Possibility of separation between East and West Pakistan discussed, Central Intelligence Agency, Intelligence Memorandum", March 1, 1971, DDRS, Document Number: CK3100330984.
⑤ Muhammed A. Quddus: *Pakistan: A Case Study of A Plural Society*, Calcutta: Sage Publications, 1980, p.111.

Suhrawardy）担任总理时，实权分别被穆罕默德·古拉姆（Mohammad Gaulmu）总督和伊斯坎德尔·米尔扎总统（Iskander Mirza）把持。自苏赫拉瓦迪之后，再无东巴人担任总理或总统。

1958年10月7日，巴基斯坦实行军法管制，阿尤布·汗担任军法管制首席执行官，开始长达10年的军人政权统治时期。军方的高级军官直接干预和左右国家事务。西巴人（特别是旁遮普高级将领）在军队中的绝对优势地位使之更少倾听和考虑东巴的民声和政治要求。在军队中，东巴校级军官人数在巴军军官总数中所占的比例极少，其中，陆军占5%；空军占16%；海军占10%。到1970年，仅有两名孟加拉人被授予将军军衔，最高军衔者为克瓦贾·瓦斯杜丁（Khawaja Wasiuddin）中将。①

在高级文官中，东巴人同样处于少数地位。巴基斯坦独立后的10年间，93%的高级文官是西巴人。②尽管之后文官规模不断扩大，但占据国家强力部门和关键部门的文官仍然是西巴人（尤以旁遮普人为主要构成）。③西巴基斯坦人控制着巴基斯坦中央行政机构（占据着93%的高级职务）乃至东巴基斯坦的省行政机构。④

表1-1 1968—1969年度巴基斯坦中央政府秘书处高级文官结构表⑤

秘书级别	西巴所占的比例	东巴所占的比例
秘书（Secretary）	86%	14%
联合秘书（Joint Secretary）	80%	20%
副秘书（Deputy Secretary）	94%	6%
其他官员（Other Officers）	82%	18%

独立后的巴基斯坦继承了英国殖民统治时期的官僚和军事机构。不管是在作为"人民的监护人"的文官机构中，还是在作为"法律和秩序

---

① "Possibility of separation between East and West Pakistan discussed, Central Intelligence Agency, Intelligence Memorandum", March 1, 1971, DDRS, Document Number: CK3100330984.

② Muhammed A. Quddus: *Pakistan: A Case Study of A Plural Society*, p. 113.

③ Khalid B. Sayeed: *The Politic of Pakistan*, New York: Prager, 1980, p. 72.

④ [孟] 威廉·冯·申德尔：《孟加拉国史》，李腾译，上海：东方出版中心2011年版，第121页。

⑤ Sukumar Biswas, ed.: *Bangladesh Liberation War-Mujibnagar Government Documents*1971, Dhaka: Mowla Brothers, 2005, p. 173.

的保护者"的军队中，西巴人的地位凌驾于东巴人之上，"巴基斯坦东西两翼不能平起平坐的政治现实引发了东巴民众的极端嫉恨"。①随着历史车轮的不断推进，这种嫉恨进一步加深为巴基斯坦的内部裂痕。

第三、巴基斯坦东西两翼在经济发展方面的极端不平衡。

巴基斯坦独立以来，东巴与西巴的经济差距不断拉大，形成"令人难以忍受的区域间不平等经济结构"。不仅国民生产总值和人均国民生产总值的差距不断增大，在工业、农业发展以及教育投入的差距日趋明显。而且在财政金融政策上也明显向西巴倾斜。

表1-2　各年度西巴、东巴国民生产总值与人均国民收入一览表②

年度	国民生产总值（货币单位：百万卢比）		人均国民收入（货币单位：卢比）	
	西巴	东巴	西巴	东巴
1949—1950	12106	12360	338	287
1959—1960	17253	14489	366	278
1967—1968	28652	20235	530	302

表1-3　1968—1969年度巴基斯坦四大经济结构对西巴、东巴投资额度③

经济机构名称	投资金额（货币单位：百万卢比）	
	西巴	东巴
巴基斯坦工业发展银行（Industrial Development Bank of Pakistan）	962	661
巴基斯坦工业信贷与投资公司（PakistanIndustrial Credit&InvestmentCorporatio）	1474	739
房屋建筑信贷公司（House Building Finance Corporation）	285	189
巴基斯坦农业发展银行（Agricultural Development Bank of Pakistan）	705	300

---

① Sumit Ganguly：*The Origins in South Asian：Indo—Pakistani Conflict Since* 1947，p. 87.
② Sukumar Biswas, ed.：*Bangladesh Liberation War-Mujibnagar Government Documents* 1971，p. 163.
③ Sukumar Biswas, ed.：*Bangladesh Liberation War-Mujibnagar Government Documents* 1971，p. 182.

表 1-4　1965—1966 年度西巴、东巴各级学校数量列表①

学校类别	西巴的学校数量	东巴的学校数量
中等职业学校（理工、商业）	34	17
教师培训学校	87	59
各类学院：		
工程	7	1
医药	9	7
法律	8	5
商业	5	2
农业	4	4

表 1-5　1968—1969 年度西巴、东巴各类指标数据一览表②

指标类别	西巴	东巴
人口总量	7500 万	5500 万
创汇比值	40%	60%
预算支出	67%	33%
外国援助与贷款金额的分配	80%	20%

　　独立以来，巴基斯坦东西两翼的经济发展极端不平衡，西巴对于东巴经济发展采取强制控制③和巧取豪夺的不合理方式，有学者将巴基斯坦这种畸形的经济发展模式称为"一国内部经济发展的帝国主义运作形式"④。

　　东西巴之间的矛盾由来已久，但在阿尤布·汗统治时期矛盾进一步升级，东巴要求区域自治的呼声愈发高涨，国家出现了分裂迹象。1966

---

①　Sukumar Biswas, ed.：*Bangladesh Liberation War-Mujibnagar Government Documents* 1971, p. 205.

②　Sukumar Biswas, ed.：*Bangladesh Liberation War-Mujibnagar Government Documents* 1971, p. 151.

③　20 世纪 60 年代后期，2/3 的巴基斯坦外汇是由东巴基斯坦获得的——大部分通过黄麻出口——但大多数都转移到了西巴基斯坦。通过这种方式，西巴基斯坦从东巴基斯坦那里获得了相当可观的资源，为其自身发展提供了经济支持。参见［孟］威廉·冯·申德尔：《孟加拉国史》，李腾译，上海：东方出版中心 2011 年版，第 138 页。

④　K. P. Misra："Intra-State Imperialism：The Case of Pakistan, *Journal of Peace research*, Vol. 9, No. 1, 1972, p. 27.

年3月23日，东巴人民联盟（The East Paksitan Awami League）① 主席谢赫·穆吉布·拉赫曼提出著名的"六点纲领"（The Six Points）②。

"六点纲领"一经出现便在东巴民众中引起强烈反响。阿尤布·汗以破坏国家统一为由，于1966年4月18日下令逮捕穆吉布·拉赫曼，其后迫于东巴民众和政要的强大压力，不久便将穆吉布·拉赫曼释放。1968年东巴和西巴由于"阿加尔塔拉阴谋案（Agartala Conspiracy）"③再度关系激化。

客观上讲，巴基斯坦建国后20年的不均衡、不对称发展使原本仅以共同的伊斯兰教信仰为共同精神纽带的西巴与东巴民众的政治关联度日渐降低，东巴民众对巴基斯坦的国家认同感在西巴统治者的高压和盘剥

---

① 人民联盟成立于1949年6月23日。原名称为"巴基斯坦穆斯林人民联盟，1955年更名为"东巴基斯坦人民联盟"。该党的首任主席是哈桑·萨赫德·苏赫拉瓦迪。

② 主要内容包括：1. 建立以成年人普遍直接选举权为基础的代议制联邦政府，联邦立法机构和联邦组成单位的立法机构席位组成应按人口多少分配；2. 联邦政府只负责国防、外交事务和在承认东巴具有单独发行货币与金融管理职能的前提下，负责货币管理；3. 东巴和西巴可发行单独的、自由流通的货币，或者由全国发行统一的货币，但必须在宪法中明文规定制止东巴资本流向西巴，同时东巴应建立单独的地区储备银行，实行单独的货币和金融政策；4. 由各联邦单位掌握财政政策和税收权力，联邦政府无税收权。各联邦单位应根据宪法规定的程序以一定的方式和比例向联邦政府提供财政收入；5. 由各联邦单位控制自己的外汇收入；联邦政府的外汇需要应当由各联邦单位按照宪法规定的程序和比例予以满足，各联邦单位有权处理对外贸易和外国政府提供的援助；6. 宪法应授权各联邦单位建立民兵或准军事组织，以便有效地促进国家安全。参见 *Bangladesh Documents*, Vol. I, . New Delhi：The B. N. K. Limited Press, 1972, pp. 23–33.

③ "阿加尔塔拉阴谋案"是印巴关系史上的一宗悬案，至今学术界难对其有令人信服的史实论证。1968年1月6日，阿尤布·汗突然宣布在东巴发现一个由印度人支持的，企图分裂巴基斯坦的阴谋集团，并先后以从事反对巴基斯坦为由逮捕包括文官和军官在内的35人。并宣称穆吉布·拉赫曼与这一阴谋有牵连。巴基斯坦政府称这一阴谋是在印度的阿加尔塔拉策划的，所以史称"阿加尔塔拉阴谋案"。1968年6月19日，巴政府在达卡设立特别法庭对穆吉布·拉赫曼进行审讯，但1969年2月22日突然宣布撤消对这一案件的调查，全部释放有关人员。东巴认为这一"阴谋案"为莫须有之罪名，目的是为干扰东巴人民争取合法权利的斗争。参见：Jyoti Sen Gupta：*History of Freedom Movement in Bangladesh* 1947–1973, pp. 212–215. 来自美国国务院的档案也持有相同观点，参见 Roedad Khan ed.：*The American Papers*（*Secret and Confidential*）*India—Pakistan—Bangladesh Documents*, 1965–1973, pp. 248–249. 但前印度国外情报局官员阿索卡·拉伊纳则在其著作中指出早在1962年10月印度国外情报局研究分析处巴基斯坦科的特工人员就与人民联盟成员在阿加尔塔拉有过一次秘密接触，在1967年12月双方再次在阿加尔塔拉举行秘密会议，商讨印度对人民联盟资助对抗阿尤布·汗政权的问题。参见 Asoka Raina：*Inside RAW*：*The Story of India's Secret Service*, New Dehli：Vikas Publishing House, 1981, pp. 49–50. 由于缺乏其他史料来源，笔者现在还很难确切地说明印度是否与人民联盟在阿加尔塔拉有过秘密交易，对这一问题的探讨还有待于史料的进一步公开。

之下几近烟消云散。如果说巴基斯坦独立之时，出于对印度的极端恐惧是使东巴、西巴共同走向建国道路的政治心理动因的话，那么在20年后，对印度的极端恐惧，穆斯林与印度教徒纷争的不可调和性则在东巴、西巴矛盾斗争日益尖锐化的过程中逐渐淡出东巴民众的视野。而西巴穆斯林与孟加拉穆斯林的斗争成为关系到巴基斯坦国家存在和国家统一问题的主要隐患。因此，在1960年代中后期，一股新的民族主义思潮在东巴逐渐兴起，它的出现标志着旧有的以印度教与伊斯兰教对抗为特质的巴基斯坦国家民族主义在东巴逐渐衰退，取而代之的是体现孟加拉人自主独立意识为思想内核的新民族主义思潮。其与"两个民族"理论有着不同的思维路径，体现的是非教派对立的理念。这一新的民族主义思潮的矛头并非指向印度，而是指向西巴统治者对东巴的绝对控制。

综上所述，1971年南亚危机的发端有两方面因素。既有地区层面的因素：印巴的长期敌对；也有巴基斯坦内部的因素：东巴、西巴的矛盾斗争日趋尖锐化。印度竭力反对"两个民族"理论，否定巴基斯坦的存在意义。缺乏民族统一性是印度对于巴基斯坦发生的任何重大政治事件几近同一"口径"的说辞。因此，对巴基斯坦内部要求区域自治和民族独立的政治运动，印度均伺机而动，意欲干涉，不会放过任何削弱巴基斯坦的机会。另一方面，在风雨飘摇的阿尤布·汗时代末期，内战和国家分裂的种子已经生根发芽。因此，尽管1960年代末期的世界正在孕育着革新式的政治经济变动，但南亚次大陆和巴基斯坦国内却在对峙和动荡中向暴力和战乱的深渊逐渐滑进。

小　结

通过对1971年南亚危机国际背景和地区根源的考察，我们可以得出以下三点结论：第一、国际背景的变化给南亚地区的发展带来新的干预因素。冷战的转型是20世纪世界发展的一个重要"分水岭"，它不仅影响着大国对外战略的调整、革新，而且也促动了大国对南亚政策的调整。第二、地区内部的矛盾、冲突导致危机的发生。在印巴长期敌对和东巴、西巴纷争冲突的双重影响下，次大陆再次成为"南亚火药桶"。第三、新的国际因素将使危机的进程与结果呈现新的特点。在尼克松上台之后，弱化意识形态对抗，遵循现实主义的思维逻辑，以地缘政治利益为主导，维持南亚均势是美国的选择。正是在这样一种战略转型的时期，作为"亚洲民主橱窗"的印度在美国南亚大棋局中的作用和地位将有所改变，而一度受到意识形态因素的羁绊而停止不前的美巴关系将获得新的发展。美印、美巴关系发展的不同趋向都将在1971年南亚危机中有所反映。

第二章　危机前夜的巴基斯坦政治变局与美巴之间的彼此借重

　　1969年年初，尼克松与叶海亚·汗分别成为华盛顿与拉瓦尔品第新的掌权者，美巴关系开始新的里程。对于再次实行军法管制的巴基斯坦，国家将往何处去是一个急待解决的政治问题。叶海亚·汗许诺举行大选，为迅速恢复巴基斯坦宪政创造条件。在经历政治纷争与天灾人祸之后，巴基斯坦建国以来的首次大选如期举行。但大选的顺利举行仅仅是巴基斯坦宪政民主的起步，就大选后的政治格局来看呈现出"三雄鼎立"之势：叶海亚·汗是军人政权的最高代表，穆吉布·拉赫曼是东巴民族主义的领军人物，阿里·布托是西巴政坛中的头号政治领袖。但"三巨头"在大选之后的政治角逐中政见分歧难以弥合，出于对穆吉布·拉赫曼和人民联盟共同的不信任感、对国家能否保持统一的担忧以及害怕一旦人民联盟掌权对西巴既得利益构成损害，使得叶海亚·汗与阿里·布托联手组成西巴政治同盟一致对付穆吉布·拉赫曼。相较风雨飘摇的巴基斯坦，美国正积极开掘"解冻"中美关系的外交渠道，试图扭转相对于苏联的战略颓势。而尼克松和基辛格最为倚重并最终取得突破性成果的是"巴基斯坦渠道"。"巴基斯坦渠道"的关键作用在于通过构筑华盛顿——伊斯兰堡——北京的"秘密外交"联系使得美国"解冻"中美关系的政策选择成为可能。如何在推进"巴基斯坦渠道"有效运作的同时，适时关注并切实应对巴基斯坦的内政危机是尼克松政府必须审慎思量的重要问题。在危机前夜，尽管尼克松政府确立不卷入政策，但是以全球视阈，而非地区主义的视角审视东巴宪政危机的思维路径初见端倪，并成为此后尼克松和基辛格解读危机、应对危机的主要思维方式贯穿于南亚危机的始终。

第一节　叶海亚·汗军人政权确立与大选前的准备

1969年3月25日，在巴基斯坦陆、海、空三军高级将领的支持下，陆军司令叶海亚·汗上将接替阿尤布·汗担任军法管制首席执行官，巴基斯坦再次施行军法管制。此次巴基斯坦国家最高权力的更迭并非在1962年宪法的宪政框架内进行，而是军人政权内部权力归属的重新配置。1962年巴基斯坦宪法规定，当总统请辞之时，巴基斯坦国民议会议长代理总统职务并行使总统职权，直到全国大选选出新的总统为止。①在1968年11月到1969年3月的第二次反阿尤布·汗运动中，巴基斯坦的民主政治浪潮和东巴谋求自治的呼声愈发高涨，政治精英和普通民众都希望军人政权下台，走宪政民主的道路。但第二次军法管制的施行是人们所未料及的结果。"如果说叶海亚·汗在事关巴基斯坦国家前途和命运的转折时期具有某种政治动机的话，那就是军人集团希望以巴基斯坦不断萎缩的民主政治为代价换取军人集团统治的长期化。"② 因此，3月25日的"政变"是巴基斯坦军人统治集团为防止局势失控、未雨绸缪而进行的集团内部权力关系调整。

叶海亚·汗上台时，国家已接近崩溃的边缘。3月26日，叶海亚·汗向全国发表广播演讲："在国家面临混乱的时候，军队不能成为无所事事的旁观者，为使国家免于灾难，我采取了军事管制的必要措施。""我实行军事管制的唯一目的是保障人民的生命、自由和财产安全，并使政府的运作恢复正常……我坚信，正常的和廉洁的政府是健全的、有积极意义的国家政治生活的前提条件，是顺利地将政府移交给在普选基础上自由、公平、公开、公正选出人民代表的先决条件。"③为使国家的政治、经济秩序快速恢复稳定，叶海亚·汗相继采取了一系列的措施：3月30日，叶海亚·汗就任总统。4月3日，任命陆军参谋长阿布杜勒·哈米德·汗（Abdul Hamid Khan）上将、海军总司令S. M. 哈桑（S. M. Ahsan）

---

① Veena kukreia：*Military Intervention in Politics*：*A Case Study of Pakistan*，New Delhi：Nbo Publisher's Distributors，1985，p. 96.

② Lawrence Ziring："Militarism in Pakistan：The Yahya Khan Interregnum"，*Asian Affairs*，Vol. 1，No. 6，1974，p. 404.

③ *Bangladesh Documents*，Vol. I，p. 38. ；Khalid Bin Sayeed：*Politics in Pakistan*：*The Nature and Direction of Change*，New York：Praeger，1980，pp. 75 – 76.

中将以及空军总司令努尔·汗（Nur Khan）中将为副军法管制执行官，并由他和上述三人组成军法管制委员会，负责处理国家的日常政务。4月8日，他又任命哈桑中将和努尔·汗中将分别为东巴、西巴省督。

恢复经济、稳定民心是叶海亚·汗政权施政的第一要务。哈桑和努尔·汗走马上任后不久便相继与东巴和西巴的工会领袖、学生运动的代表举行会谈，倾听民声民意。同时，采取强力措施打击投机倒把、囤积居奇行为，严厉惩治贪污腐化的政府官员，对危害社会治安的违法行为以严苛的军法管制条例论处。通过强力措施，社会生活在较短时间内趋于稳定和正常。①

在社会经济秩序有所恢复后，叶海亚·汗即着手准备大选。7月28日，叶海亚·汗向全国发表第二次广播讲话，宣布将于8月5日组建由包括他本人在内的9人部长会议（来自西巴的有5人，来自东巴的有4人）代理行使内阁职权，并承诺将在18个月内举行全国大选。②

为使大选能够顺利举行，叶海亚·汗进行以下两个方面的政策调整：首先，撤销西巴省，恢复原有的西巴四省建制。

1955年12月，乔杜里·穆罕默德·阿里（Choudhury Mohammed Ali）政府通过《统一法案》，将旁遮普省、信德省、西北边境省和俾路支省合并为西巴省。除旁遮普省外，其余三省均反对四省合并。长期以来，旁遮普人把持西巴政治、经济和军事权力，"大旁遮普主义"盛行，引起其他民族的诸多不满。在阿尤布·汗时代末期，信德、西北边境和俾路支三省曾组织"边境省联合阵线"一致对抗旁遮普省。③东巴人民联盟的穆吉布·拉赫曼也反对四省合一的建制形式。他认为单一西巴省存在的主要目的是保持旁遮普独大地位，削弱人口占多数的东巴在国民议会议席分配中的优势。"不取消单一的西巴省建制，制宪民主和东巴的区域自治便无从谈起。"④1969年11月28日，叶海亚·汗宣布全国大选将

---

① "Weekly Summary: Pakistan Government Acts to Win Popular Support", Central Intelligence Agency, April 18, 1969, DDRS, Document Number: CK3100330939.

② "Pakistan after Six Months after Martial law", Central Intelligence Agency Intelligence Memorandum, October 7, 1969, DDRS, Document Number: CK3100330948.

③ Herbert Feldman: *The End And The Beginning: Pakistan 1969 – 1971*, London: Oxford University Press, 1975, p. 52.

④ Badruddin Umar: *The Emergence of Bangladesh*, Vol. 2, *Rise of Bengal Nationalism* (1958 – 1971), Karachi: Oxford University Press, 2006, p. 201.

在1970年10月5日进行,同时宣布撤销西巴省。1970年3月28日,叶海亚·汗颁布总统令,西巴省于1970年7月1日零时起正式停止存在,恢复原来的四省建制。①就恢复西巴四省建制的现实意义而言,它对于缓解西巴内部矛盾有一定的积极作用,但在满足除旁遮普之外其他三省政治诉求的同时,西巴政治地图的分散化趋势也日渐凸现出来,难以用一个声音说话的西巴政界精英在接下来的大选之中又会有什么样的举措?这将随着大选的日趋临近而见分晓。

其次、颁布立法体制令(Legal Framework Order),制订全国大选的基本原则。

1970年3月28日,叶海亚·汗政府出台立法体制令,其主要内容包括:1. 确定国民议会议席总数为313席。其中,东巴162席,旁遮普省82席,信德省27席,俾路支省4席,西北边境省18席;2. 国民议会议员由各选区的成人选民直接选举产生,经过选举产生的国民议会应在120天之内召开会议并制定新宪法,由总统签署生效。如果国民议会未能在120天内召开会议,或总统拒绝签署议会通过的宪法草案,则宪法不能生效,国民议会将被解散并重新选举;3. 各省享有区域自治权限,但中央政府在保卫国家领土完整与主权独立以及关系到国计民生的重大问题上享有充分权力。②立法体制令的颁布是巴基斯坦的政治发展史上一个重要的阶段性标志,它为处于历史"风陵渡口"的巴基斯坦提供了新的政治建构框架。尽管如此,立法体制令的缺陷和漏洞亦是显而易见的:它未明文规定在有多少议员到场出席的情况下,国民议会的召开具有法律效力;同时,亦未明文规定国民议会在制宪过程中将采取何种具体的表决程序,是采取"简单多数"的原则,还是采取"相对多数"的原则更为重要的是,立法体制令强化了叶海亚·汗作为国家权力最高仲裁者的地位。一如第8款之规定,若各派政治力量你争我夺,形成政治僵局之时,叶海亚·汗在事关巴基斯坦未来政治走向的两个重要问题上握有最终决定权:其一为国民议会必须在选举结束后的120天内制宪;其二为即便一个政党在议会中占据绝对多数,并在其政治意志驱使下制定的新宪法,只要叶海亚·汗认为此宪法触动了立法体制令中所规定的政治

---

① P. Singhal:*Pakistan*,New York:Praeger,1972,p.187.
② Herbert Feldman:*The End And The Beginning*:*Pakistan 1969 – 1971*,London:Oxford University Press,1975,pp.66 – 67.

原则，他就可以毫不犹豫的加以否决，并立即解散国民议会。

在做了上述准备工作后，叶海亚·汗在 1970 年 7 月 13 日颁布选举法令，确定将于同年 10 月 5 日举行全国大选。

以上两大举措是叶海亚·汗顺应时局变化所作的政策调整。既着眼于缓和东巴、西巴矛盾和西巴内部各省纷争，也有在维护军人集团统治的同时，渐进施行民主政治改造的考量。特别是立法体制令颁布实施表明叶海亚·汗军人政权无意建立一个将军人集团排斥在国家权力核心圈之外的宪政民主政体。军人集团作为"法律和秩序保护者"的地位不可撼动。

对于叶海亚·汗政权新政策的出台，巴基斯坦各界反应不一，既有褒奖，也有批评。西巴民众普遍支持，认为新政策是维护国家统一和伊斯兰教宗旨精神的保障。而东巴的反应则显得较为复杂。①对于立法体制令，包括人民联盟、民族人民党（National Awami Party）②、巴基斯坦人民党（Pakistan People Party）在内的各政党普遍认为立法体制令意在维护军人集团在国家政治生活中的统治地位，为巴基斯坦的宪政民主道路制造麻烦。1970 年 3 月 31 日—4 月 1 日，人民联盟在达卡召开中央执行委员会会议。穆吉布·拉赫曼在会议上指出："人民联盟认为立法体制令为东巴民众政治意愿的合理表达制造障碍，人民联盟要求叶海亚·汗总统依据民主原则对立法体制令作出适当修改。"③

4 月 1 日，东巴民族人民党主席哈米德·汗·巴沙尼发表声明，批评立法体制令的虚伪本质。④

尽管各政党纷纷批评立法体制令与民主原则相违背，但各党均对未来的大选充满期待，并未发起针对立法体制令的大规模游行示威活动，敦促叶海亚·汗军人政权交权。各政党仅是对立法体制令本身提出质疑

---

① Roedad Khan ed. : *The American Papers*（*Secret and Confidential*）*India—Pakistan—Bangladesh Documents*, 1965 – 1973, p. 359.

② 民族人民党是活跃于东巴的一个民族民主主义政党。于 1957 年 7 月成立于达卡。哈米德·汗·巴沙尼是该党的主要创始人。1967 年 12 月由于在政治立场，特别是在对待中苏分歧和大论战问题上观点迥异，该党分裂为两派：民族人民党（巴沙尼派），又称亲华派；民族人民党（穆兹法尔派），又称亲苏派，该派别的在东巴的领导人为穆兹法尔·艾哈迈德（Muzaffar Ahmed），在西巴的领导人是瓦里·汗（Wali Khan）。

③ *Bangladesh Freedom War Documents*, Vol. II., p. 520. 转引自 Badruddin Umar: *The Emergence of Bangladesh*, Vol. 2, *Rise of Bengal Nationalism*（1958 – 1971）, p. 223.

④ *Bangladesh Freedom War Documents*, Vol. II, . p. 521 转引自 Badruddin Umar: *The Emergence of Bangladesh*, Vol. 2, *Rise of Bengal Nationalism*（1958 – 1971）, p. 223.

和批评，但并未反对和抵制即将到来的大选。这一政治现象说明在关于巴基斯坦国家宪政道路究竟该怎么走的历史节点上，力量博弈各方的政治心理是如此的微妙而多变。

对于巴基斯坦军人政权内部的权力调整和叶海亚·汗的上台，美国采取了默许的态度。①尼克松政府认为既然阿尤布·汗已无法掌控巴基斯坦的动荡局势，由对美国一向友好的，并得到军方高层全力支持的叶海亚·汗接管政权以稳定局势，对美国而言是可以接受的选择。

在叶海亚·汗的各项政策调整相继颁布实施之时，美国国务院较为准确地对巴基斯坦政治变化的动因、矛盾焦点、力量分合和总体走向进行了跟踪分析与适时评估。国务院认为应当从总体上把握巴基斯坦政局变化的几个主要趋势。首先，"巴基斯坦政治前景不容乐观"。不仅"大旁遮普主义"与孟加拉民族主义者之间的反感、厌恶在不断加深，东巴内部和西巴各省的党派斗争亦愈演愈烈；而且军人政权与民主力量间的角逐亦在进行之中。"特别是东巴各政党狂热支持者之间的暴力冲突和流血械斗打消了我们此前对东巴政局的乐观估计。"②其次，对于立法体制令，西巴和东巴的态度迥然相异。而迥异态度的背后实则反映了东巴民众心中的担忧：叶海亚·汗是否会信守承诺，如期举行大选？叶海亚·汗是否会真心实意地与东巴达成一个满足东巴区域自治以及自我支配经济发展愿望的政治解决方案呢？进一步来讲，即便大选能够如期举行，但这并不等于说国民议会的制宪亦将是一帆风顺的，能够制订出令东巴、西巴都感到满意的宪法。"除非东巴、西巴真正达成和解，否则即便东巴政治力量主导的新政府上台组阁，巴基斯坦的内部裂痕也难以弥合，执政时间难以长久。"同时，就巴基斯坦的政治走向而言，军方的立场和态度是至关重要的，"在巴基斯坦左右摇摆的权力天平上，军方将会是举足轻重的砝码"③。巴基斯坦政治最终会导向何处，将会在军方和多种政治力量的多重政治斗争中找到答案。

---

① "Weekly Summary: Military Regime of General Yahya Khan continues to Consolidate Power", Central Intelligence Agency, April 14, 1969 DDRS, Document Number: CK3100330925.

② Roedad Khan ed. : *The American Papers (Secret and Confidential) India—Pakistan—Bangladesh Documents*, 1965-1973, pp. 327-328.

③ Roedad Khan ed. : *The American Papers (Secret and Confidential) India—Pakistan—Bangladesh Documents*, 1965-1973, pp. 361-362.

第二节 "巴基斯坦渠道"的开掘

在尼克松的全球战略棋局中，推动中美关系的"解冻"是其全球战略调整的重要环节。怎样才能在中美20多年冷战对峙的"坚冰"上开凿出双方传递改善关系的意愿和信息，并进行真切对话与信息沟通的渠道？由于长期的敌视与隔绝，美国不得不借助其他与中美均有较为密切关系的国家建立沟通渠道。其中以中美华沙大使级会谈为核心的华沙渠道在中美两国探索改善关系的初级阶段曾发挥了比较重要的作用。但朗诺政变的发生，中断了中美通过"华沙渠道"的接触。[①]为设法恢复与中国的联系沟通，尼克松—基辛格通过非常规的"秘密外交"决策机制启动多条秘密渠道。[②]而尼克松和基辛格最为倚重并最终取得突破性成果的是"巴基斯坦渠道"。

一、开掘"巴基斯坦渠道"的具体过程

1969年8月1日，尼克松对巴基斯坦进行国事访问。随行美国媒体被告之美国政府将在当年年底出台对南亚军售的新政策。[③]事实上，此次尼克松出访的主要目的是通过巴基斯坦总统叶海亚·汗向中国领导人传递美国政府希望改善中美关系的信息。拉合尔时间8月1日下午2时30分到3时30分，尼克松与叶海亚·汗进行了小范围的秘密会谈。在谈话中尼克松向叶海亚·汗提出希望他充当中美沟通对话的桥梁，并由他向中国领导人（特别是周恩来）传递美国这一"友善"的信息。叶海亚·汗认为："要维护亚洲的安全与稳定，就必须减少对中国的敌意，并与之进行政治对话。中国应该得到国际社会的承认，并恢复在联合国中的合法席位。"此外，叶海亚·汗也对沟通方式、时机及保密性问题提出了自

---

① 相关内容可参见王成至：《跨越雷区的握手：1969—1972年中美缓和进程研究》，上海：上海三联书店，2010年版，第二章。

② 有关中美在1969—1972年间秘密接触，探索交流沟通渠道的研究可参见杨贤：《特殊机构——美国驻华联络处揭密》，北京：重庆出版社，2008年版，第5—41页。

③ Dennis Kux：*The United States and Pakistan，1947–2000：Disenchanted Allies*，Washington D. C.：Woodrow Wilson Center Press，2001，p. 181.

己的想法。①

此次尼克松与叶海亚·汗的会谈是严格保密的。8 月 19 日,基辛格秘密致电美国驻巴基斯坦大使馆临时代办詹姆斯·斯宾(James Spain),要求按照尼克松总统指示,在驻巴大使馆的存档文件中销毁尼克松与叶海亚·汗的会谈记录,同时要求斯宾对美国国务院和国务卿威廉·罗杰斯(Willam Rogers)严把口风,若国务院问及此事,则矢口否认。②

8 月 28 日,为确保"巴基斯坦渠道"的有效运作,美国国家安全委员会官员哈罗德·H. 桑德斯(Harold H. Saunders)会见了巴基斯坦驻美国大使阿迦·希拉里(Agha Hilaly)。针对 8 月 1 日叶海亚·汗在会谈中所提及的沟通方式与时机的问题,桑德斯指出,美方希望叶海亚·汗总统能够在一个氛围轻松、自然的环境下向中国领导人直接传递来自美国方面的口信。同时,为保证美、巴、中之间信息互传的时效性与严格的保密性,桑德斯建议在希拉里与基辛格之间建立一个稳定的单向联系渠道。③

10 月 15 日,阿迦·希拉里直接致信叶海亚·汗,汇报 10 月 10 日基辛格与到访的巴基斯坦情报与国务部长谢尔·阿里·汗(Sher Ali Khan)会谈④的相关情况。信中写道:"我不知道您是否已与中国人晤谈,告诉他们尼克松总统希望培养美中关系的这一根'稻草',不知道此事是否有进展?我没有就此写信给外交部,因为尼克松总统要求您同意不要通过外交部来处理此事。……阿里·汗将军此间告诉我,实际上您还没有和中国大使就此事接触,您希望将此事保持在最高级别上,那就是除非您去中国,或是周恩来总理到访巴基斯坦。阿里·汗将军还告诉我,在您与中国人接触之前,您将从美国方面弄清楚他们的明确观点,明了他

---

① "Memorandum of Conversation, Lahore, August 1, 1969, 2:30P. M. – 3:30P. M.", *FRUS*, 1969 – 1976, E – 7: Documents on South Asia Crisis, 1969 – 1972, available at http://www.state.gov/documents/organization/47719.pdf.

② F. S. Aijazuddin ed: *White House & Pakistan: Secret Declassified Documents*, 1969 – 1974, New York: Oxford University Press, 2002, pp. 63 – 64.

③ F. S. Aijazuddin ed.: *White House & Pakistan: Secret Declassified Documents*, 1969 – 1974, p. 67.

④ 基辛格与阿里·汗的谈话记录可参见 F. S. Aijazuddin ed.: *White House & Pakistan: Secret Declassified Documents*, 1969 – 1974, p. 73.

们究竟要你做什么。"①

叶海亚·汗总统在对伊朗进行国事访问后于 11 月 5 日回国,并随即召见阿里·汗,详细询问了美方的具体观点和举措。11 月 7 日,叶海亚·汗在拉瓦尔品第召见中国驻巴基斯坦大使张彤。叶海亚·汗开门见山地指出,尼克松在 8 月 1 日访巴期间,与他就中美关系问题举行秘密会谈。尼克松本来要求他直接转告周恩来总理,保持最高级别联系。但鉴于周恩来总理很忙,今年恐怕不一定能来巴基斯坦访问,建议通过大使转达。叶海亚·汗继续讲道,"10 月 15 日驻美大使阿迦·希拉里直接给他来信称,尼克松渴望了解进展情况,并要求转达这一则消息:美国将从台湾海峡撤出两艘驱逐舰以表示友好。"叶海亚·汗认为巴基斯坦十分珍视同中国的友谊,他要求张彤向中国政府报告两点:"1. 他只是转达信息,别无他意;2. 请中国政府在知晓相关信息后告诉他是否还要继续在中美之间传递信息。"叶海亚·汗最后强调,此事极为机密,没有通过美国国务院和巴基斯坦外交部。中国政府如有什么答复,请张彤大使直接找他。②

张彤拜会叶海亚·汗的过程中还有一个小插曲。在叶海亚·汗传递完美方的信息之后,张彤立即表示,在美国改变其一贯采取敌视中国的态度之前,互递这种信息是不可能的。在回到大使馆后,张彤立即向外交部汇报:按照一贯的对美政策"口径",他已经当面向叶海亚·汗表示回绝。中国外交部在得到周恩来总理的两次重要指示后,亦两次复电张彤,批评他此事做得有欠思量,要求张彤再次拜会叶海亚·汗总统,并向叶海亚·汗表示中国政府对叶海亚·汗总统捎来的口信是感兴趣的。③

12 月 3 日,希拉里收到北京方面转交拉瓦尔品第的答复,中国感谢巴基斯坦在传递信息中所起的重要作用。作为对美国从台湾海峡撤出两艘驱逐舰的回应,中国将释放两名在押的美国人。12 月 19 日,希拉里将以上信息告诉基辛格。同时,希拉里询问美国是否有什么更具体的行

---

① 钱江:《中美建交〈巴基斯坦渠道〉是怎样开掘的》,《党史文苑》2003 年第 3 期,第 39 页。

② 钱江:《中美建交〈巴基斯坦渠道〉是怎样开掘的》,《党史文苑》2003 年第 3 期,第 39 页。

③ 钱江:《中美建交〈巴基斯坦渠道〉是怎样开掘的》,《党史文苑》2003 年第 3 期,第 40 页。

动信息需要传递。巴基斯坦还没有确定周恩来访巴的具体日期。中国人一直在努力劝说叶海亚·汗总统先访问中国,但叶海亚·汗总统告诉他们说这次该轮到他们访问巴基斯坦。希拉里猜测中国方面可能会有些困难,因为这可能是中国"文化大革命"开始后周恩来第一次出国访问,而且还可能涉及其他的行程。针对希拉里大使提出的问题,基辛格回答:"现在可以告诉中方,华盛顿真诚地希望与他们对话。如果中国方面希望有比华沙会谈更安全、更有效的晤谈渠道,那么尼克松总统将会'十分乐意地'开辟新的渠道。"会谈结束之前,希拉里问基辛格:"是否打算继续利用巴基斯坦的这个渠道?"基辛格答道:"我们通过巴基斯坦来作为沟通渠道是没有任何问题的,但对中国人可能提出的其他建议,我们会采取开放的态度。"最后,基辛格与希拉里一致同意他们两人之间会继续保持这一渠道的畅通。①

1970年2月23日,在与希拉里会晤时,基辛格提出请伊斯兰堡向北京转达口信:"如果北京同意,尼克松总统准备在华盛顿和北京之间建立一条直接沟通渠道。对此,白宫将严守秘密。"②当天晚些时候,希拉里致电叶海亚·汗,汇报了与基辛格会谈的相关情况。三天后,叶海亚·汗紧急召见张彤大使,并向他宣读美国方面有关在白宫与北京之间建立一条直接、秘密通道的口信。口信于3月21日送到周恩来总理的案头。周恩来当即在报告上批复:"尼克松想采取对巴黎谈判方法,由基辛格秘密接触。"③

1970年3月,柬埔寨局势骤然紧张,朗诺在美国的支持下发动了推翻西哈努克政权的军事政变,而中国政府强烈谴责美国再度扩大战火。为此,曾经一度活跃的"巴基斯坦渠道"由于中美两国关系的紧张而暂时沉寂下来。

尽管朗诺政变使中国不得不对尼克松的战略企图有所怀疑,也使得

---

① F. S. Aijazuddin ed.: *White House & Pakistan: Secret Declassified Documents*, 1969–1974, pp. 77–78.
② *FRUS 1969–1976*, Vol. XVII, China: 1969–1972, p. 186.
③ 钱江:《中美建交〈巴基斯坦渠道〉是怎样开掘的》,《党史文苑》2003年第3期,第40—41页。

中美接触本身遭遇严重阻力，但是中美接触的脚步并未因此而终止。①
1970年秋，尼克松再次通过"巴基斯坦渠道"向中国捎递口信。

1970年10月25日，尼克松在白宫会见了来美国参加联合国成立25周年庆典活动的叶海亚·汗。当得知叶海亚·汗即将访问中国时，尼克松立即提出请叶海亚·汗传话给中国领导人："1. 美国不会参加任何针对中国的国际或地区组织；2. 美国已经决定实现对华关系正常化，并乐意派遣特使秘密访问北京。"叶海亚·汗欣然同意，但表示："我们一定会全力以赴，不过阁下也清楚通往北京的道路将是充满困难险阻的。"当叶海亚·汗询问这种秘密联系是否与华盛顿与莫斯科的热线相类似时，尼克松表示"是比华沙会谈更为隐蔽的一种沟通方式"②。

11月10日，叶海亚·汗对中国进行国事访问。12日晚上，叶海亚·汗单独会见周恩来。叶海亚·汗向周恩来转达了美国政府希望举行更高级别会晤的愿望，并说："尼克松总统认为有必要就中美双方高级别会晤进行讨论。"而讨论的主要议题可以包括缓解亚太地区的紧张局势、促进文化交流在内双方共同关心的问题，不应仅仅局限于美国在台湾的军事存在。在听完叶海亚·汗转达的美方信息后，周恩来并未直接表态，而是语气平和地告诉叶海亚·汗，此事意义重大，需要报告毛泽东主席，然后再给总统答复。③

11月13日，毛泽东亲自会见叶海亚·汗。会谈中毛泽东仅就对巴经济援助问题作出令叶海亚·汗喜出望外的承诺，但没有对中美关系发

---

① 1970年6月15日，基辛格通过他的助手亚历山大·黑格（Alexander M. Haig）准将致信给美国驻法国使馆武官弗农·沃尔特斯（Vernon A. Walters）少将，要求他找到中国驻法使馆武官范文，向中国政府传递以下信息：如果中国政府表示愿意，尼克松总统准备建立一个由他本人创建的高层秘密渠道，就双方共同关心的问题交换意见。同时，黑格还要求沃尔特斯以口头宣读的方式向范文传递口信。其后，沃尔特斯多次在公开场合遇到范文，但范文只是表示会转达他的口信，但未有中国方面回馈的信息。参见 F. S. Aijazuddin: ed. *White House & Pakistan*: *Secret Declassified Documents*, 1969 - 1974, p. 87. 沃尔特斯将军在其回忆录《秘密使命》中的记载与美国档案内容有所出入。沃尔特斯指出他将基辛格信件的内容告诉给范文的时间是1970年4月27日，而6月16日，他又接到基辛格发出的内容相同的另一封信件。信中要求他在6月19日将尼克松总统期望建立中美秘密沟通渠道的信息直接传递给中国驻巴黎大使黄镇。参见［法］弗农·沃尔特斯：《秘密使命》，尤勰、朱州、胡晓译，北京：世界知识出版社1980年版，第181页。

② F. S. Aijazuddin ed.: *White House & Pakistan*: *Secret Declassified Documents*, 1969 - 1974, pp. 106 - 107.

③ F. S. Aijazuddin ed.: *White House & Pakistan*: *Secret Declassified Documents*, 1969 - 1974, pp. 117 - 118.

表任何评论。①

正当叶海亚·汗准备带着疑惑与不解回国之时，北京时间11月14日中午12时15分，周恩来紧急约见叶海亚·汗，对尼克松的口信作出答复。周恩来告诉叶海亚·汗："我已经就此事请示毛泽东主席，毛主席让我转告您：'我们过去曾经接收过由别的国家传递来的信息，但这是第一次由一个国家的元首，通过另一个国家的元首把信息传递过来。我们原则上同意美国的建议。'"不仅如此，周恩来还指出，因为尼克松是通过阁下转告的口信，我们也应该通过阁下口头回答尼克松："阁下清楚，台湾是中国不可分割的领土，解放台湾是中国的内政，不容许外人干涉。美国军队占领台湾和盘踞台湾海峡是导致中美关系紧张的关键问题。如果尼克松总统真的有解决上述关键问题的愿望和办法，中国政府欢迎美国特使来北京商谈，访问的时机可以通过阁下商定。""虽然我们原则上同意美国的建议，但还有许多细节需要解决，比如说，谁来北京？是公开地来，还是秘密地来？通过什么形式来？是直接从华盛顿来，还是间接地从其他国家来？等等，这些问题都是需要商议的。请阁下把这些问题转告尼克松总统。"②

11月23日，在叶海亚·汗回国后的第9天，中国大使张彤拜会叶海亚·汗总统，正式呈递来自中国的口信。该口信由张彤口述，叶海亚·汗亲笔记录，后由苏尔坦·汗誊写，形成一份无署名的手抄备忘录发给驻美国大使希拉里，并由希拉里当面交给基辛格。苏尔坦·汗在口信后还附加了一段给希拉里的指示："你可以强调此信的意义，周恩来从来没有就他同意与否这样一个提议那么快地作出决定，他在回答之前还就此请示了毛泽东和林彪。总统由此认为，某种趋势可能变成现实。""你要向基辛格口头报告前述内容。你应该怀着极大的兴趣向他准确地朗读此信，然后将原件销毁。在办公室内也不应该留下抄件或复印件。"③

基辛格在与尼克松反复磋商后，于12月16日将一封没有署衔和签

---

① 钱江：《中美建交〈巴基斯坦渠道〉是怎样开掘的》，《党史文苑》2003年第3期，第42页。
② 钱江：《中美建交〈巴基斯坦渠道〉是怎样开掘的》，《党史文苑》2003年第3期，第42页。
③ 钱江：《中美建交〈巴基斯坦渠道〉是怎样开掘的》，《党史文苑》2003年第3期，第42页。

名的打印信函交给希拉里大使。在这份信函中，尼克松表示：美国政府接受邀请。如果总统特使前往北京，会谈的主题不应限于台湾问题，而应涵盖存在于中美之间影响两国关系正常发展的诸多问题。为方便总统特使赴北京举行高层次晤谈，尼克松提议双方可选择一个彼此都认为可靠的地点进行预备会谈，其内容应包括美国特使随行团队的人员构成、规模；高层会谈的时间、议程以及美国代表团在中华人民共和国逗留期间的接待等。① 1971 年 1 月 5 日，上述信息经由"巴基斯坦渠道"传递给周恩来。

至此，即将开启冷战时代一场重要"外交革命"② 的"巴基斯坦渠道"在美、中、巴三国领导人的共同开掘下得以开通，并呈现出越来越重要的作用。"巴基斯坦渠道"的关键作用在于通过构筑华盛顿—伊斯兰堡—北京的"秘密外交"联系使得美国"解冻"中美关系的政策选择成为可能。具有讽刺意味的是，在肯尼迪和约翰逊时期，巴基斯坦与中国的亲密友好在美国决策者眼中是"巴基斯坦不可宽恕的过失"，但在尼克松时代，伊斯兰堡与北京的友谊却被华盛顿视作"最为倚重的战略价值"③。

二、尼克松政府开启"巴基斯坦渠道"的因素分析

"解冻"中美关系是尼克松构建新全球战略的重要一环。尼克松—基辛格"二人团队"启动多条公开或秘密渠道试图打破隔绝中美二十余年的深厚"坚冰"。在多条渠道之中，巴基斯坦的作用独特而显著。首当其冲的原因便是中巴关系密切而稳定，是冷战时代不同社会制度国家间关系友好的典范。此外，中巴之间在共同维护两国周边安全方面有着广泛和长期的共同利益。自 1960 年代中后期以来，中国四面树敌，周边安全环境急剧恶化。而巴基斯坦是中国破除外部敌对势力合围的重要突破口，更何况巴基斯坦与中国在南亚次大陆还有一个共同

---

① F. S. Aijazuddin ed. ：*White House & Pakistan*：*Secret Declassified Documents*，1969 – 1974，pp. 116 – 117.

② "外交革命"（*Diplomatic Revolution*）是国际关系史研究领域的专有名词，它源自 17 世纪奥地利继承战争时期，欧洲强国之间关系的分化组合，尤指国家关系从敌对纷争向友好合作的重要转化。此后，国际关系史研究中用"外交革命"指特定国际背景之下，原先对立的两国关系的变革性调整。

③ Dennis Kux：*The United States and Pakistan*，1947 – 2000：*Disenchanted Allies*，p. 182.

的对手：印度。①从巴基斯坦在美国全球战略"大棋局"上的地位和作用来看，其与中国密切而稳定的双边关系是能够使美国较为便捷地实现新战略构架——联华制苏的外交资源。因此，冷战的转型带动美国对外战略的转型，而战略转型又为"巴基斯坦渠道"的开启、中美战略关系的改善开辟了广阔的战略空间。就这层意思而言，"巴基斯坦渠道"开启的主要动力来源于冷战转型时代美国对外战略的调整。

"巴基斯坦渠道"的开启充分显示了美国冷战战略思维由顽固的、"偏执狂式的"意识形态对抗向现实主义的复归。在对共产主义中国狂热敌视和对抗时代，中巴关系密切则美巴关系疏远，中美关系的紧张对峙使中巴关系与美巴关系呈现此消彼长的负向联动关系。而当地缘政治考量和权力的精确计算成为战略谋划的元点时，北京—华盛顿的关系缓和对美国全球（或地区）安全利益实现方面的作用便凸现出来，同时也了带动中巴关系与美巴关系呈现正向联动关系。故而，冷战转型时期大国战略的调整不仅会带来大国权势关系的调整，同时也是撬动地区权势格局的"支点"，由此世界政治的风云将会更加变幻莫测。

除了显示美国冷战战略思维的变革之外，"巴基斯坦渠道"的开启亦具有高度的隐秘性和严格的保密性②，从运作形式上看是 19 世纪欧洲

---

① 有关中巴两国在冷战时期的安全合作问题可参见：Yaacov Y. I. Vertzberger：*China's Southwestern Strategy: Encirclement and Counter-encirclement*, New York：Praeger Publishers, 1985.

② 已有研究认为"巴基斯坦渠道"是一个高度保密的渠道。巴基斯坦方面仅有叶海亚·汗总统、外交国务秘书苏尔坦·汗、驻美大使希拉里以及叶海亚·汗的军事秘书艾哈迈德·阿兹（Ahmed Aziz）四人参与其中。美国一方也仅限于尼克松总统、总统国家安全事务助理基辛格、他的副手黑格以及国家安全委员会的少数几位高级官员。参见郑华：《中美关系解冻过程中的巴基斯坦渠道》，《史学集刊》2008 年第 2 期。但笔者在查阅档案的过程中发现一件档案，其中讲到 1970 年 12 月 12 日叶海亚·汗在与法兰德的一次谈话中透露了 11 月 14 日其与周恩来单独会谈的中的一些重要细节。参见 F. S. Aijazuddin ed.：*White House & Pakistan: Secret Declassified Documents*, 1969–1974, p. 117. 而且在 1971 年 5 月 7 日，基辛格与法兰德在棕榈泉（Palm Springs）的秘密会谈中，基辛格只是和法兰德一起"回顾（outline）"美方与中国通过巴基斯坦渠道传递的来往信息，但并未指明法兰德在此之前是否参与或知晓有关巴基斯坦渠道的相关事宜。参见 "Kissinger to Nixon, 'Meeting with Ambassador Farland, May 7, 1971' 15 May 1971", *National Security Archive Electronic Briefing Book No. 66: The Beijing-Washington Back-Channel and Henry Kissinger's Secret Trip to China*, September 1970-July 1971, available at http://www.gwu.edu/~nsarchiv/NSAEBB/ NSAEBB66/ ch – 22. pdf. 笔者认为已有史料不能证明法兰德在巴基斯坦渠道开通初期不知晓此事，档案记录中法兰德并未参与中美信息传递，但并不代表他不知晓此事。

"秘密外交"的再现——手写记录、口述信息。略去官僚机构之间的相互盘算和反复纠缠,在不受国会监督的情况下,以最隐蔽、最少外界干扰、最具效率的方式推进美国的战略利益是尼克松、基辛格施用"秘密外交"的基本考虑。但这种"秘密外交"形式的背后实则反映了尼克松时代美国外交决策独特机制的独特内涵。

尼克松时代美国国家安全与对外决策是以尼克松—基辛格"二人团队"为决策核心,权力高度集中的决策机制。

1969年1月20日,尼克松就任美国总统当天连续签发了《第1号国家安全决策备忘录》(National Security Decision Memorandum 1,简称 NSDM1)和《第2号国家安全决策备忘录》(NSDM2)这2份有关调整外交决策机制的文件。其中,NSDM1 正式建立国家安全决策备忘录和国家安全研究备忘录(National Security Study Memorandum,简称 NSSM)以取代肯尼迪时期设立的国家安全行动备忘录(National Security Action Memorandum,简称 NSAM)。[1] NSDM2 将国家安全委员会在国家安全与外交决策事务中的地位大为提升,使其成为"向总统提供情报分析和政策倡议的首要机构",总统国家安全顾问这一头衔更名为总统国家安全事务助理,出任这一职务的基辛格能够发挥"国家安全决策的重要作用"[2]。

NSDM2 出台后,不仅基辛格领导的国家委员会规模和影响力空前扩张,已不再是协调各行政官僚机构意见的"信息交汇平台",成为独立于国务院、国防部之外可自行制定外交政策的机构,而且基辛格本人作为尼克松的政策执行者,积极参与国家安全、对外政策的实际运作,推崇"秘密外交",甚至控制了白宫向驻外使馆签发电报的权力,并对国家安全委员会进行了大刀阔斧地改革:首先,取消由副国务卿领衔,体现国务院外交政策议题审议权的高级部际小组(Senior Interdepartmental Group),组建副部长会员会(Under Secretaries Committee),主要处理不需要总统决策的非重要性议题;其次,组建包括高级审查组(Senior Review Group)、华盛顿特别行动小组(the Washington Special Actions Group)、第40委员会(the 40 Committee)、越南特别研究小组(Vietnam

---

[1] FRUS 1969-1976, Vol. II: Organization and Management of U. S. Foreign Policy, 1969-1972, pp. 29-30.

[2] FRUS 1969-1976, Vol. II: Organization and Management of U. S. Foreign Policy, 1969-1972, p. 31.

Special Studies Group）等在内的多个国家安全委员会下属机构，推行外交决策新机制。其中，由基辛格担任组长的高级审查小组充当国家安全委员会与下属各委员会的联系纽带，并凸显出基辛格本人的重大权力——由他决定针对"何种议题"所提出的"何种建议"或"何种对策"在"何时"呈报总统。

在外交决策机制的具体运作上，通过发布《国家安全研究备忘录》，基辛格可以直接指示国务院或其他情报机构起草关于特定议题的研究报告，待各机构政策建议完成后，基辛格主持召开由各机构官员代表参加的联席会议，研究政策选择，并作出提交尼克松总统的政策建议。最后，尼克松总统在与基辛格磋商后，形成某项政策决定，并由基辛格本人及其下属撰写高度机密的《国家安全决策备忘录》说明总统的决定，通过由国务院代表主持的副部长级委员会来贯彻执行这一政策决定。[1] 因此，尼克松时代的国家安全委员会取代国务院成为美国外交与战略决策的核心机构，这一政治现象形象地描述为：一个强有力的总统国家安全事务助理领导着一个专家智囊团，实际上担负着一个"小国务院"的使命，总统国家安全事务助理开始替代国务卿，成为总统的新闻发言人，并实际参与美国对外政策与危机管理的运作。[2]

国家安全与外交事务政策建议与政策选择权限高度集中于基辛格一人之手，使得国务院、国防部及中央情报局等机构在政策制定方面的权力大为削弱。特别是国务卿罗杰斯和国务院几近被排斥在主要对外决策活动之外。中美通过第三方的信息沟通，特别是"巴基斯坦渠道"的开启便是撇开罗杰斯和国务院，实施"秘密外交"的结果。由于美国外交与战略决策机制在决策话语权、政策建议权及政策实施权的权力分配问题上呈现"实权"与"虚权"的结构性紧张，加之各个官僚机构的利益、认知理念、思维方式不尽相同，针对某一重大战略或地区问题所作出决策本身就带有深切的官僚政治争斗与妥协的痕迹。在相当程度上，尼克松时期国家安全委员会与国务院的纷争和基辛格的专断风格，能够

---

[1] 有关尼克松时期美国国家安全和对外决策运作流程的精炼分析可参见 Jean A. Garrison: *Games Advisors Play: Foreign Policy in The Nixon and Carter Administrations*, New York: Texas A & M University Press, 1999.

[2] 北京太平洋国际战略研究所：《应对危机——美国国家安全决策机制》，北京：时事出版社 2001 年版，第 66 页。

解释"巴基斯坦渠道"开启的方式与运作形式,也可以解释国家安全委员会与国务院采用何种视角看待随后发生的南亚危机。因此,"实权"(国家安全委员会)与"虚权"(国务院)的纷争是尼克松时代"垄断寡头型"外交决策机制的基本特点。

俗话说,"一个巴掌拍不响"。"巴基斯坦渠道"的开掘不仅反映了美国战略思维、外交与战略决策机制的革新,而且中国对美政策的调整亦是不可忽略的方面。在"世界革命"理想仍然充斥于中国最高领导人脑海的同时,中国"解冻"中美关系之路是一个谨慎、警惕与犹豫相互掺杂的漫长过程,对外部战略环境的估计和判断,对国家利益和国家安全的认知构成了推动中美关系"解冻"向前发展重要动力。①在这一过程中,毛泽东通过接见埃德加·斯诺(Edgar Snow)与"乒乓外交"这两大显示他独特政治风格和政治魅力的举动回应了来自美国的和解信号,中美之间的"外交小步舞"将在巴基斯坦"圆舞曲"的协奏下继续令世人惊异的舞姿。

巴基斯坦是撬动中美关系"解冻"的支点。与"华沙渠道"、"法国渠道"以及"罗马尼亚渠道"相比,其在中美关系"解冻"的初期发挥了不可替代的重要作用。

一方面,巴基斯坦与中国依山伴水,往来密切,能为中美高层秘密接触提供时间与地点的最大便利,这是地缘政治赋予巴基斯坦最得天独厚的优势。另一方面,"巴基斯坦渠道"是当代"秘密外交"成功的范例,隐秘性和保密性极强。巴基斯坦之所以用一种隐秘的手法在中美之间传递信息,是为了满足华盛顿和北京这两个尚处于敌对状态的对手的共同要求,尤其是白宫极力希望"秘密外交"在未取得积极成果之前,不被世人知晓。

更为重要的是,巴基斯坦在传递重要信息的同时,直接参与中美和解进程。

相比巴基斯坦渠道,罗马尼亚渠道开启时间要早,但几乎都是从美国向中国单向传话,很少从中国传来回应。而巴基斯坦不但将美方信息传递给中国,而且还及时将中方的回馈转达给美国。1970年10月底到11月中旬,叶海亚·汗总统先后访问美中两国,以国家元首的身份在中

---

① 有关这一时期中国"联美制苏"战略形成的精彩论述可参见杨奎松:《中美和解过程中的中方变奏——"三个世界'理论提出的背景探析》,《冷战国际史研究》(第4辑),北京:世界知识出版社2007年版。

美之间牵线搭桥。在此过程中,诸如率先传递中方欢迎美方高层秘密访华的关键信息能够在第一时间顺畅传递,巴基斯坦功不可没。随着沟通渠道的愈加畅通,巴基斯坦更多地直接参与中美和解进程,并最终促成了1971年7月基辛格秘密访华的成功。

第三节 "一次例外"军售政策的出台

相比中美这两个冷战的敌对大国而言,巴基斯坦只能算是一个小国。但它却能够在错综复杂的亚洲冷战中周旋于相互敌对的大国之间,抓住历史契机,为中美关系"解冻"——这一世界政治的革命性变革作出了超乎寻常的积极贡献。因此,小国①外交策略的有效运用在推动大国战略关系调整上是有相当作为的。由于国力有限,小国的外交行为表现得谨慎而敏感。如何在有限的力量下,更大限度地发掘外交资源,以较小的代价获得较大的收益是小国发展的关键问题。因此,小国的外交应表现出相当的弹性和灵活性,以积极的姿态,求得一己之利。如何有效利用自身对大国的战略价值来为自己的国家利益服务就变得十分重要。从这个意义上说,处于冷战转型时期的巴基斯坦就是以自身的"弱小"和"战略意义"来作为与大国讨价还价的资本。简言之,巴基斯坦利用自身对于中美关系"解冻"所具有的战略价值来换取美国对巴基斯坦军售政策的调整。

1954年—1965年,美国从其全球战略利益出发,给巴基斯坦提供了大量的军事援助,巴基斯坦总计接受了超过6.3亿美元的美国直接军事援助和超过6.7亿美元的低价武器销售。② 1956—1958年,美国向巴基斯坦提供120架F-86"佩刀"(Sabre)式战斗机和500枚"响尾蛇"(Sidewinder)红外制导空对空导弹,使巴基斯坦成为当时世界上少有的

---

① 学术界对小国(Small Power)之"小"界定为综合国力(主要指标包括:军事实力、经济实力和政治影响力)弱小,而非国土面积和疆域规模、人口数量。对"小国"的定义及在国际政治中行为特点的分析可参见 Robert L. Rothstein: *Alliances and Small States*, New York: Columbia University Press, 1968, pp. 28 – 30; Miriam Fendius Elman: "The Foreign Policies of Small States: Challenging Neorealism in its own backyard", *British Journal of Political Science*, Vol. 25, No. 2, Apr. 1995, pp. 175 – 176; Brock F. Tessman, Steve Chan: "Power Cycles, Risk Propensity amd Great-Power Deterrence", *The Journal of Conflict Resolution*, Vol. 48, No. 2, Apr. 2004, pp. 146 – 147.

② Stephen P. Cohen: "U. S. Weapons and South Asia: A Policy Analysis", *Pacific Affairs*, Vol. 49. No. 1, Spring, 1976, p. 47.

装备两倍音速的超音速战斗机的国家。此外，巴空军还接受了 24 架 B - 57 "堪培拉"（Canberra）式轰炸机以及 6 架 RT - 33A 型战术侦察机。到 1961 年，美国的空军军援全部到位。① 1962 年，巴空军还获得了当时十分先进的 12 架 F - 104 "星战士"（Starfighter）式战斗机。②

自 1955 年起，巴基斯坦海军开始接受美国军援。10 年间，巴基斯坦从美国购入 10 艘扫雷艇、15 艘海岸巡逻艇、1 艘潜艇和 1 艘驱逐舰。③到第二次印巴战争时，巴基斯坦的海军实力虽然不如印度，但也有一定的发展。

巴基斯坦陆军是巴武装力量的中坚。与空军一样，巴陆军从美国购进大量装备。包括 400 辆 M - 47 和 M - 48 "巴顿"（Patton）中型坦克；300 辆 M - 4 "谢尔曼"（Sherman）中型坦克；150 辆 M - 24 "霞飞"（Chaffee）轻型坦克；50 辆 M - 41 "斗牛犬"（Bulldog）轻型坦克以及 300 辆 M - 113 重型装甲战车。④

1965 年 9 月第二次印巴战争爆发，美国停止对印巴两国的军事供应。在经过近一年多的考虑后，1967 年 4 月 12 日，约翰逊政府宣布对印巴实施所谓新的军售政策。这一政策规定继续禁止向印巴两国提供杀伤性武器，允许两国购买 1965 年之前美国所供应军事装备的零部件，但必须是个案处理。这一妥协的方案并未让印巴两国感到满意。为此，两国都不得不积极寻求新的武器进口来源。

1965 年战争结束后，印度把目光投向苏联，不断加大与苏联的军事合作。1967 年 1 月，苏联在印度本土装配成功第一批米格 - 21 战斗机。其后，印度航空工业集团开始进行米格 - 21 系列战斗机的特许仿制，到 1971 年，印度空军装备了本国特许仿制的 120 架米格 - 21 战斗机。与此同时，印度还从苏联购进包括 450 辆 T - 54、T - 55 中型坦克、130 毫米口径自行火炮 490 门、150 架苏—7B 型战斗轰炸机、32 架伊尔 - 16 运输机、2 艘 F 级攻击型常规潜艇、1 艘 "别佳"（Birga）级导弹驱逐舰和 20

---

① Rajendra K. Jain ed.: *U. S. – South Asian Relations*, 1947 – 1982, Vol. II, New Delhi: Radiant Publishers, 1983, pp. 623 – 624.
② Rajendra K. Jain ed.: *U. S. – South Asian Relations*, 1947 – 1982, Vol. II, pp. 623 – 624.
③ Rajendra K. Jain ed.: *U. S. – South Asian Relations*, 1947 – 1982, Vol. II pp. 625 – 626.
④ Rajendra K. Jain ed.: *U. S. – South Asian Relations*, 1947 – 1982, Vol. II, p. 627.

艘"大黄蜂"（Wasp）级导弹艇在内的先进武器装备。①

相比印度，巴基斯坦亦在1965年战争后实行武器来源多元化政策。中国成为巴基斯坦最主要的军火供应者。1966年4月，中巴签订首个军事援助协定，中国向巴基斯坦提供总价值为1.2亿美元的军事援助。到1970年，中国向巴基斯坦提供了215辆59式中型坦克、115架歼-6战斗机、12架轰-5轻型轰炸机及其他武器装备。②

尽管如此，巴基斯坦自身面临不同国家装备协调指挥困难、制式不统一和原有美式装备损耗严重而无法得到有效补给的问题。在对美式装备的依赖性上，巴基斯坦远超过印度。基于提高自身防务能力、应对印度飞速扩充军备所造成的安全挤压，叶海亚·汗政权迫切希望美国能够解禁1967年军售政策中关于杀伤性武器的禁运条款。在为中美沟通充当"信使"和"中间人"的同时，叶海亚·汗时刻没有忘记借中美接近的"东风"争取美国在安全防务领域对巴基斯坦给予相应的支持。1969年8月1日，在叶海亚·汗与尼克松小范围秘密会谈结束后，基辛格又与巴空军司令努尔·汗中将就中国问题进行了简短晤谈。席间，努尔·汗中将表示巴基斯坦并不指望从苏联那里获得更多的军援，尤其是在苏印军事合作如火如荼之时，巴基斯坦更不会对苏联抱有更多"奢望"和"幻想"。努尔·汗以带有提示性的口气告诉基辛格："巴基斯坦空军飞行员对苏制米格系列战斗机并不感冒，但对美制飞机优良的飞行性能一直表现出浓厚的兴趣。"③努尔·汗在会谈中虽未直接提及希望获得美国的空军装备，但言语间流露的期盼却十分明显。

1969年12月19日，希拉里在与基辛格商讨"巴基斯坦渠道"秘密运作的同时，不忘提及伊斯兰堡十分关心的军售问题。希拉里表示巴军装备急待更新，特别是很多美制装备由于缺少必要的零配件供应而无法发挥作用。为此，他迫切希望白宫能推动解除对伊斯兰堡的军

---

① Bimal Prasad: *Indo-Soviet Relations*, 1947-1982: *A Documentary Study*, Bombay: Allied Publishers, 1973, pp. 331-332.

② G. S. Bhargava: "*Crush India*"—*Gen. Yahya Khan or Pakistan's death wish*, Delhi: Kamla Nagar, 1972, Appendix IV: Arms Transfer to Pakistan, p. 193.

③ "Memorandum of Conversation, Lahore, August 1, 1969", *FRUS* 1969-1976, E-7: Documents of the South Asia Crisis, 1969-1972, available at http://www.state.gov/documents/organization/47725.pdf.

售禁令。①

巴基斯坦从自身安全利益出发竭力要求美国解除对巴基斯坦的军售禁令。但对尼克松来说，对巴军援政策调整不仅事关巴基斯坦的国家安全、美巴关系的"升温"，更为重要的是将会涉及美国对南亚政策的核心宗旨是否改变、美国对印度军售政策的是否变动、怎样变动等一系列的问题。所以，在"巴基斯坦渠道"日渐发挥作用的同时，美国对巴基斯坦军售政策的"微调"也在审慎地进行中。

1969年11月22日，国务院近东与南亚事务局起草一份关于美国对南亚军售政策的研究报告。该报告指出："当前南亚局势发展存在诸多变数，不甚明朗，美国的政策导向应该避免走两个极端：1. 完全撒手不管，超然于南亚之外；2. 加大对次大陆的政策投入，完全将其纳入美国的严密控制之下。"关于美国对南亚军售问题，该报告提出4种政策选择：1. 继续1967年4月12日的军售政策；2. 采取更为严苛的政策，禁止第三国向印巴输入美式装备；3. 在1967年4月12日军售政策的基础上，做稍许有利于巴基斯坦的局部变动，即'一次例外（A One-time Exception）'政策；4. 在不提供最先进技术装备和不允许将用于经济发展的援助款项购买军事装备的前提下，解除禁止向印巴出售杀伤性武器的禁令。"②

11月25日，基辛格召开国家安全委员会审查组会议③，讨论国务院关于美国对南亚军售政策的研究报告。基辛格指出，国务院的研究报告分析很到位。但是8月1日尼克松总统访问巴基斯坦时，曾对叶海亚·汗总统作出改善美巴关系的承诺，基于这一点，美国对南亚军售政策的调整必须将其考虑在内。在对巴军售问题上，基辛格认为美国首先要回答两个问题：1. 美国在次大陆的战略重心在哪里？2. 美国是否要将对巴军援恢复到1965年印巴战争之前的水平和规模？针对南亚的政治现

---

① F. S. Aijazuddin ed. : *White House & Pakistan: Secret Declassified Documents*, 1969 – 1974, pp. 77 – 78.

② "Anaytical Summary prepared for the National Security Council Review Group, Washington, November 22, 1969", *FRUS 1969 – 1976*, E – 7: Documents of the South Asia Crisis, 1969 – 1972, available at http://www.state.gov/documents/organization/47750.pdf.

③ 根据1969年1月20日发布了《第2号国家安全决策备忘录》，国家安全委员会考查组成立。该小组由基辛格主持，其成员有副国务卿、国防部副部长、中央情报局局长、参谋长联席会议主席或视情况由他们的副手出席。它被赋予政策规划职权，所有涉及美国国家安全的问题，均经由该小组审议。*FRUS 1969 – 1976*, Vol. II: Organization and Management of U. S. Foreign Policy, 1969 – 1972, p. 31.

状，基辛格认为如果尼克松总统决定调整对巴军售政策，通过第三国向巴基斯坦输入美式装备和"一次例外"政策是可行的。①

通过第三国向巴基斯坦输入美式装备是当时美国决策层内部在怎样调整对巴军售政策问题上纷争的焦点。1969年10月土耳其政府告知白宫，愿意在1967年12月约翰逊与阿尤布·汗两人有关通过第三国向巴提供坦克的协议基础上，向巴基斯坦提供100辆M-47坦克。但前提是美国在对土军援计划中，同意向土耳其提供100辆M-48坦克以填补向巴基斯坦装备输出的空缺。②对于这一问题，尼克松坚决支持③，而国务卿罗杰斯则坚决反对，认为此举会被印度政府视为"向巴基斯坦倾斜"的行动，将会给美印关系带来不可估量的消极影响。④

1970年4月13日，基辛格就调整对巴军售政策问题与尼克松进行单独谈话。基辛格说："毫无疑问，美国在巴基斯坦的利益诉求是无论采取何种方式，在巴基斯坦维持一个亲西方的、与美国关系良好的、不受外部大国支配的政权。也就是说，维持与巴基斯坦的政治联系符合美国的利益；而且，在一定程度上，美国亦可以在促进巴基斯坦经济发展、政治稳定方面发挥一定的影响力。但是就美巴关系整体状态来看，美国在推动巴基斯坦军备发展方面不应投入太多注意力。"基辛格表示他能够理解尼克松总统在南亚军售问题上的两点基本考量：第一，对巴基斯坦军售政策要立场鲜明，不可含糊；第二，为应付国会和美国媒体，政策本身不应带有过多政治上的挑衅性。为此，在1967年4月军售政策主要内

---

① "Minutes of meeting of the National Secuirty Council Review Group, Washington, November 25, 1969", *FRUS 1969–1976*, E-7: Documents of the South Asia Crisis, 1969–1972, available at http://www.state.gov/documents/organization/47745.pdf.

② Roedad Khan ed.: *The American Papers (Secret and Confidential) India—Pakistan—Bangladesh Documents*, 1965–1973, p.324.

③ 1970年1月19日，叶海亚·汗致信尼克松期望美国就对巴军售政策尽快作出决定，尼克松在文件下方的空白处写下两条批语：1. 美国会以近可能快的速度向巴方提供所需装备的零部件；2. 除非国会的反对声音强烈，他将支持土耳其向巴基斯坦提供坦克。"我不会顾及印度的反应。"参见 "Memorandum from the President Assistant for National Security Affairs (Kissinger) to Presideng Nixon, Washington, January 31, 1970", *FRUS 1969–1976*, E-7: Documents of the South Asia Crisis, 1969–1972, available at http://www.state.gov/documents/organization/47747.pdf.

④ "Memorandum from the President Assistant for National Security Affairs (Kissinger) to Presideng Nixon, Washington, December 21, 1969", *FRUS 1969–1976*, E-7: Documents of the South Asia Crisis, 1969–1972, available at http://www.state.gov/documents/organization/47746.pdf.

容保持不变的前提下，适当向巴基斯坦有所倾斜的"一次例外"政策是最佳选择。一方面，尽管印度会有所不悦，但"一次例外"政策不会从根本上改变印巴两国军力对比；另一方面，"一次例外"政策能显示出美国对巴基斯坦的友好，是一个积极的"政治信号"，当然，这一"信号"本身是着眼于政治利益，而非军事利益。对于基辛格的政策导向，尼克松表示赞成，而通过第三国向巴基斯坦输入美式装备的路径选择被排除。①

经过较长时间的论争，罗杰斯基本同意了对巴基斯坦的"一次例外"政策，但对"一次例外"的装备清单提出了不同的意见。罗杰斯认为 M-48 坦克和 B-57 中程轰炸机属于杀伤力极强的进攻性武器，若将这两种装备列入"一次例外"的装备清单中将会引发印度的不满和新一轮的军备扩张，甚至美国国会的非议。②6 月 12 日，负责近东与南亚事务的助理国务卿约瑟夫·西斯科（Joseph Sisco）在与基辛格的会谈中表达了与罗杰斯相同的观点。③最后，通过相互妥协，对巴基斯坦"一次例外"军售的装备清单被确定为：12 架 F-104 战斗机；7 架 B-57 中程轰炸机；300 辆 M-113 装甲战车；4 套反潜侦察设备。④

1970 年 6 月 17 日，基辛格召见希拉里，告知美国对巴"一次例外"军售决定。基辛格表示对尼克松总统来说，"一次例外"是一个困难的决定。鉴于国会的反对，对巴基斯坦的军事禁运尚无法完全取消。当希拉里问及何时可以兑现这一决定时，基辛格连忙接话道："现在还很难说在何时白宫可以着手实施，当民众压力和国会反对声音有所缓和之际，

---

① "Memorandum from the President Assistant for National Security Affairs (Kissinger) to President Nixon, Washington, April 13, 1970", FRUS 1969-1976, E-7: Documents of the South Asia Crisis, 1969-1972, available at http://www.state.gov/documents/organization/47762.pdf.

② "Memorandum from the President Assistant for National Security Affairs (Kissinger) to President Nixon, Washington, June 11, 1970" FRUS 1969-1976, E-7: Documents of the South Asia Crisis, 1969-1972, available at http://www.state.gov/documents/organization/47827.pdf.

③ "Transcript of telephone conversation between the President Assistant for National Security Affairs (Kissinger) and the Assistant Secretary of State for Near Eastern and South Asian Affairs (Sisco), Washington, June 12, 1970, 11:30P. M.", FRUS 1969-1976, E-7: Documents of the South Asia Crisis, 1969-1972, available at http://www.state.gov/documents/organization/47768.pdf.

④ "Telegram 96236 from the Department of State to the Embassy in Pakistan, June 18, 1970, 2220Z", FRUS 1969-1976, E-7: Documents of the South Asia Crisis, 1969-1972, available at http://www.state.gov/documents/organization/47783.pdf.

白宫将立即实施。"①

1971年10月8日,在叶海亚·汗赴美参加联合国成立25周年庆典活动的前夕,美国正式宣布对巴基斯坦实施"一次例外"政策。②

"一次例外"政策的出炉反映了尼克松在南亚政策制订上的基本标尺:一方面,为取得中美关系的突破性进展,美国必须破除困扰美巴关系的意识形态"紧箍咒",对巴基斯坦必须有政策倾斜;另一方面,在实施战略收缩的同时,维持南亚的战略平衡,不让印巴任何一方取得压倒性优势地位亦是美国南亚政策的不变原则。因此,尽管"巴基斯坦渠道"的战略价值很大,但在小国与大国多重博弈的政治游戏中,巴基斯坦"机会主义式"的战略地位决定了其在军售问题上的讨价还价不会超出大国战略设计的政策边界。

第四节 大选、宪政危机与美国的应策

大国战略的变革性调整为巴基斯坦提供广阔的外交空间和战略机遇,亦从地缘政治角度为巴基斯坦争得与强敌印度抗衡的资本。但关键问题是巴基斯坦能否在充分利用外部资源的同时,理顺整合内部政治纷争、建立宪政制度。这对包括叶海亚·汗军人政权在内的巴基斯坦各方政治力量来说是一个机遇、希望与挑战、风险并存的历史节点。

一、1970年12月巴基斯坦大选前后

自巴基斯坦立国以来,政党政治不断发展。在巴国历史上第一次全民大选即将到来的前夜,几乎所有政党都表现出强烈的参政欲望,积极准备选战。

总共有多达25个政党参与12月7日举行的全国大选(原定于1970年10月5日,后因飓风和洪灾推迟到12月7日)。除妇女保留席位之外,截止1970年7月,在西巴,有23个政党的901位候选人争夺国民

---

① "Memorandum of conversation, Washington, June 17, 1970", *FRUS* 1969 – 1976, E – 7: Documents of the South Asia Crisis, 1969 – 1972, available at http://www.state.gov/documents/organization/47770.pdf.

② "Telegram 7805 from the Embassy in Pakistan to the Department of State, October 5 1970, 1110Z", *FRUS* 1969 – 1976, E – 7: Documents of the South Asia Crisis, 1969 – 1972, available at http://www.state.gov/documents/organization/47829.pdf.

议会中的 138 个席位；在东巴，则有 20 个政党的 769 位候选人争夺国民议会的 162 个席位。

表 2-1　东西巴各主要政党提名人数①

政党名称	在东巴的提名候选人数	在西巴的提名候选人数
人民联盟（Awami League）	162	7
伊斯兰神学者协会（Jama'at-i-Islami）	69	79
穆斯林联盟（大会派）（Muslim League Convention）	93	31
巴基斯坦人民党（Pakistan People's Party）		119
穆斯林联盟（理事会派）（Council Muslim League）	50	69
穆斯林联盟（加乔姆派）（Muslim League）（Qayum）	65	67
巴基斯坦民主党（Pakistan Democratic Party）	81	27
民族人民党（巴沙尼派）（National Awami Party）（Bhashani）	15	5
民族人民党（瓦里·汗派）（National Awami Party）（Wali Khan）	36	25
巴基斯坦伊斯兰神学者协会（Jamaat-i-Ulema-i-Pakistan）	13	90

从表 2-1 可窥见巴基斯坦政党政治的两个特点：第一、没有一个政党在西巴、东巴均具有强大的政治影响力，作为政坛新兴力量的人民联盟和巴基斯坦人民党均是地域性政党；第二、除人民联盟和巴基斯坦人民党外，代表伊斯兰教保守主义的 4 个政党：伊斯兰神学者学会、穆斯林联盟（大会派）、穆斯林联盟（理事会派）和穆斯林联盟（加乔姆派）在东西巴的提名人数较为均衡。但面临以人民联盟和巴基斯坦人民党为代表的新生代政治力量的挑战，伊斯兰教保守主义政党的政治感召力和影响力急剧下滑。②

就巴基斯坦各主要政党的政治主张和政治倾向性来看，呈现出左翼

---

① Muhammed A. Quddus：Pakistan：A Case Study of A Plural Society, p. 160；Herbert Feldman：The End And The Beginning：Pakistan 1969-1971, pp. 76-77.

② "Weekly Summary：Pre-election Politics in Pakistan", Central Intelligengce Agency, August 14, 1970, DDRS, Document Number：CK3100330965.

与右翼竞争共处的局面。

表 2-2　巴基斯坦各主要政党的政治倾向①

政党名称	政治倾向	主要政治影响区域
人民联盟（Awami League）	左翼温和派	东巴
伊斯兰神学者协会（Jama'at-i-Islami）	右翼保守派	旁遮普、信德
穆斯林联盟（大会派）（Muslim League Convention）	右翼保守派	旁遮普
巴基斯坦人民党（Pakistan People's Party）	左翼温和派	旁遮普、信德
政党名称	政治倾向	主要政治影响区域
穆斯林联盟（理事会派）（Council Muslim League）	右翼保守派	旁遮普
穆斯林联盟（加乔姆派）（Muslim League）（Qaiyum）	右翼温和派	西北边境省
巴基斯坦民主党（Pakistan Democratic Party）	右翼温和派	东巴
民族人民党（巴沙尼派）（National Awami Party）（Bhashani）	左翼激进派	东巴
民族人民党（瓦里·汗派）（National Awami Party）（Wali Khan）	左翼温和派	俾路支省
巴基斯坦伊斯兰神学者协会（Jama'at-i-Ulema-i-Pakistan）	右翼保守派	旁遮普、信德

西巴政党政治的发展特点表现为以阿里·布托领导的巴基斯坦人民党与伊斯兰教保守主义政党之间的纷争论战。1967 年 11 月 30 日，阿里·布托创立巴基斯坦人民党。该党成立后在西巴，特别是旁遮普省和信德省的知识分子、青年学生、律师和政府中低级雇员中有较大影响。该党打出"伊斯兰社会主义（Islamic Socialism）"的旗号，并在党纲中宣称："我们的信仰是伊斯兰；我们的政体是民主；我们的经济是社会主义；一切权力属于人民。"②此外，布托谋求大企业国有化，消灭西巴

---

① 本表是笔者综合相关著述中内容绘制的。参见 G. W. Choudhury：*Last Days of United Pakistan*，Bloomington：Indiana University Press，1974，p. 115.；Herbert Feldman：*The End And The Beginning：Pakistan 1969 - 1971*，pp. 78 - 79.

② Rafi Raza：*Zulfkar Ali Bhutto and Pakistan*（1967 - 1977），Karachi：Oxford University Press，1998，p. 6.

"二十二个家族"的财政垄断,并承诺实行土改。① 对于"伊斯兰社会主义"的提法,伊斯兰教保守主义者视之为对伊斯兰教教旨的亵渎。1970年3月,西巴113名伊斯兰教神学者(Ulema)联名撰文攻击阿里·布托的政治主张,并提出:"社会主义是异端邪说,让穆斯林们团结起来反对伊斯兰社会主义。"② 在大选之前,伊斯兰神学者协会和巴基斯坦伊斯兰神学者协会的支持者多次捣乱巴基斯坦人民党的群众集会,两派政党支持者之间流血械斗频繁发生。③

为有效回击伊斯兰教保守主义政党的政治攻击,赢得大选,阿里·布托采取迎合社会不同阶层的选举战略并获得较好的成效。他既强调"伊斯兰社会主义"的宗旨,同时又说明其与伊斯兰的"平等"同义,以此消除伊斯兰教徒的恐惧;他利用民族人民党分裂之际,用"社会主义革命"的口号,与民族人民党(瓦里·汗派)在西巴争夺民众的政治支持。④ 在经济主张上,阿里·布托强调他主张的"社会主义"是"类似斯堪的那维亚半岛所实行的社会民主主义",他不追求全部工业企业的国有化,而是"部分企业的国有化"⑤。在政治制度上,阿里·布托推崇建立一个"凯末尔式"的强大中央集权政府,主张中央政府除了要在外交、国防、经济事务中掌握主导权外,还应当在国家政治生活中行使决定性权力,维护国家主权完整。在对外政策上,他主张与美、苏、中等交好,而在处理印巴关系上,布托则强调对印度采取强硬路线,抹去《塔什干协议》对巴基斯坦造成的屈辱。⑥

相对于西巴,东巴的政党政治呈现出政治"碎片化"特点:党派斗争错综复杂、政党内派系林立,相互掣肘。

在东巴民族主义情绪不断高涨、发展的过程中,被认为是西巴权力合法性来源的伊斯兰教正统思想在东巴民众心目中的地位不断下降,而

---

① [英]伊夫提哈尔·H. 马里克:《巴基斯坦史》,张文涛译,北京:中国大百科全书出版社,2010年版,第167页。

② Herbert Feldman: *The End And The Beginning*:*Pakistan 1969 – 1971*, p. 82.

③ Roedad Khan ed.: *The American Papers(Secret and Confidential)India—Pakistan—Bangladesh Documents*, 1965 – 1973, p. 332.

④ Rafi Raza: *Zulfkar Ali Bhutto and Pakistan*(1967 – 1977), pp. 27 – 28.

⑤ Herbert Feldman: *The End And The Beginning*:*Pakistan 1969 – 1971*, p. 90.

⑥ Rafi Raza: *Zulfkar Ali Bhutto and Pakistan*(1967 – 1977), p. 26.; Roedad Khan ed.: *The American Papers(Secret and Confidential)India—Pakistan—Bangladesh Documents*, 1965 – 1973, p. 432.

代表民族主义、社会主义、民主、平等理念的左翼政党则走到推动历史发展的前台。人民联盟和民族人民党就是其中的代表。可以说，左翼政治力量之间的纷争博弈决定了东巴大选的结果以及大选之后东巴的政治导向去往何处。

大选之前的东巴政治发展主要由人民联盟和民族人民党引领。穆吉布·拉赫曼领导的人民联盟能够比较好地协调党内各个派别的纷争，在大选来临之际，团结一致力争大选获胜。而反观哈米德·汗·巴沙尼领导的民族人民党在事关东巴命运的历史节点上则表现为派别斗争频繁、严重分裂。

这里需要对民族人民党的内部政治状况作一个史实说明。自 1958 年阿尤布·汗上台后取缔巴基斯坦共产党为始，到叶海亚·汗军人政权上台，并宣布举行全国大选，巴基斯坦共产党一直被政府列为非法政党。作为巴基斯坦共产党分支的东巴共产党（East Pakistan Communist Party）一直处于秘密活动状态。为便于政治活动，1965 年 10 月，东巴共产党中央委员会决定该党党员以个人身份加入巴沙尼领导的民族人民党。东巴的共产主义者与巴沙尼为首的民族民主主义者实现融合。1967 年 12 月民族人民党发生分裂，党内的亲苏派在艾哈迈德·穆兹法尔等人的率领下于 1967 年 12 月 16 日在达卡成立民族人民党（穆兹法尔派）。瓦里·汗领导的西巴民族人民党成员于 1968 年 3 月宣布加入穆兹法尔派。①与此同时，并入民族人民党的东巴共产主义者亦发生分裂。以莫尼·辛格（Moni Singh）领导的东巴共产党（亲苏派）（其基本政治观点为强调走议会道路实现社会主义）加入民族人民党（穆兹法尔派），而以穆罕默德·托哈（Mohammed Toaha）为代表的激进革命派则另立东巴共产党［马克思列宁主义者，简称（马列）］［East Pakistan Communist Party, (Marxist-Leninist)］并入民族人民党（巴沙尼派）。②党内有党的局面让民族人民党（巴沙尼派）在党的宗旨理念贯彻实施与组织关系上存在诸多弊端。

经过短暂的沉寂之后，民族人民党（巴沙尼派）内部由于在是否参加大选问题上难有共识而引发新的矛盾与分裂。

---

① M. Rashiduzzaman：" The National Awami Party of Pakistan：Leftist Politics in Crisis"，*Pacific Affairs*，Vol. 43，No. 3（Autumn，1970），p. 399.；Talukar Maniruzzaman：*Radical Politics and The Emergence of Bangladesh*，Dhaka：Bangladesh Books International Limited，1975，p. 159.

② Talukar Maniruzzaman：*Radical Politics and The Emergence of Bangladesh*，p. 159.

作为东巴民族民主主义运动的先驱，巴沙尼长期致力于工农运动，对议会民主并不热衷。1970 年 2 月 3 日，在东巴锡尔赫特（Sylhet）召开的东巴采茶业工人联合大会上，巴沙尼提出民族人民党（巴沙尼派）参加大选的三个前提条件：1. 在 1940 年拉合尔决议的基础上实现东巴的区域自治；2. 在未来的国民议会中应为工人、农民保留一定的席位；3. 政府应该承认并保障工人、农民的基本权利。①但从当时人民民族党党内的政治倾向来看，在是否参加大选问题上出现严重分裂。

从当时人民民族党的内部政治状况来看，在如何对待大选问题分为两大派：其一为"支持派"；其二为"反对派"。②两派在是否参加大选问题上展开激烈论战。

以穆罕默德·托哈为首的"反对派"反对参与大选，将议会民主斥为军人—官僚政治的附庸，并认为真正的"人民民主只能是通过革命武装斗争来实现"③。东巴共产党（马列）对革命武装斗争的热衷实际上是深受印度共产党（马列）发起的"那萨尔巴里（Naxalbari）"④农民武装斗争的影响。1970 年 2 月 8 日，东巴共产党（马列）创办《人民力量周刊》（*People's Power Weekly*），更加鲜明地宣扬自己的政治主张。

1970 年 4 月 5 日，《人民力量周刊》刊登评论员文章《巴沙尼当前的政治立场》，集中批评了巴沙尼的伊斯兰社会主义思想。4 月 12 日，东巴共产党（马列）中央委员那泽鲁尔·伊斯兰（Nazrul Islam）在《人民力量周刊》上发表《东巴当前的工会运动》一文。他指出："当前我们应该抛弃议会道路的和平方式，发动革命的阶级采取革命斗争的方式

---

① M. Rashiduzzaman："The National Awami Party of Pakistan: Leftist Politics in Crisis", p. 405.

② "支持派"包括"德本·斯卡达—马丁·阿卜杜丁派（The Deben Sikdar—Matin Alauddin Factions）"和"扎法尔·莫龙派（Zafar Menon）"。"反对派"包括穆罕默德·托哈领导的共产主义者集团和以塞尔吉·斯科特尔（Siraj Siker）为代表的暴力革命派。参见 M. Rashiduzzaman："The National Awami Party of Pakistan: Leftist Politics in Crisis", p. 406.

③ M. Rashiduzzaman："The National Awami Party of Pakistan: Leftist Politics in Crisis", p. 406.

④ 1967 年印度共产党革命派全国协调委员会在西孟加拉邦北部的那萨尔巴里发动农民武装斗争，力图运用毛泽东的游击战理论在印度东北部地区燃起农民革命武装斗争的星星之火。1969 年 4 月 22 日印度共产党（马克思列宁主义者）成立，其将农民武装斗争扩散到喀拉拉、安得拉、比哈尔等地区。

实现人民民主。"① 由于托哈与巴沙尼的分歧难以弥合,托哈决定与民族人民党(巴沙尼派)分道扬镳。1970年5月31日,《人民力量周刊》刊登了托哈致民族人民党(巴沙尼派)中央委员会的信件全文。信中指出:"基于长期的政治斗争经验,民族人民党(巴沙尼派)已不可能执行一条正确的、将贫苦大众从剥削者手中彻底解放的革命路线。"他决定辞去民族人民党(巴沙尼派)总书记的职务,并与民族人民党(巴沙尼派)脱离组织关系。②随后,民族人民党(巴沙尼派)内的东巴共产主义者纷纷退党,秘密恢复东巴共产党(马列)独立的组织机构。与此同时,原先与巴沙尼派有紧密联系的群众组织,包括东巴农民协会(East Pakistan Peasant Association)、东巴工人联盟(East Pakistan Workers' Federation)亦纷纷断绝与其的政治联系。③由于大选前夕东巴共产党(马列)与巴沙尼派决裂,巴沙尼派的实力被削弱。

1970年6月25日,民族人民党(巴沙尼派)32名中央委员在党主席巴沙尼因病缺席的情况下,于拉合尔召开会议决定参加大选。事后,面对党内的强大压力,仍有所犹豫的巴沙尼在7月1日同意接受拉合尔会议的决议,参加大选。④

作为东巴民族民主主义运动的先驱,巴沙尼积极倾听下层贫苦民众的呼声并投身工农运动。但他并不是一名出色的政治组织者和领导者,在将"伊斯兰社会主义"思想推动贯彻并上升为全党的政治意志这一根本问题上,他缺乏一位高明政治家的巧妙手腕和政治强制力,未能阻止党的分裂。相比之下,作为巴沙尼最强硬竞争对手的穆吉布·拉赫曼却在凝聚力量,为大选做充分的准备。

在大选面前,人民联盟旗帜鲜明,坚持以体现区域自治思想的"六点纲领"作为该党不可动摇的竞选原则。穆吉布·拉赫曼把人民联盟的宗旨概括为"民主、社会主义、民族主义、非教派主义",提出的

---

① Badruddin Umar: *The Emergence of Bangladesh*, Vol. 2, *Rise of Bengal Nationalism* (1958–1971), Karachi: Oxford University Press, 2006, p. 240.

② Badruddin Umar: *The Emergence of Bangladesh*, Vol. 2, *Rise of Bengal Nationalism* (1958–1971), p. 241.; Roedad Khan ed.: *The American Papers* (*Secret and Confidential*) *India—Pakistan—Bangladesh Documents*, 1965–1973, p. 388.

③ Badruddin Umar: *The Emergence of Bangladesh*, Vol. 2, *Rise of Bengal Nationalism* (1958–1971), p. 242.

④ Badruddin Umar: *The Emergence of Bangladesh*, Vol. 2, *Rise of Bengal Nationalism* (1958–1971), p. 244.

口号是"胜利属于孟加拉"。①1970年6月7日,人民联盟在达卡召开全党大会确立人民联盟的竞选纲领。在强调伊斯兰教信仰不可变更的基础上,竞选纲领对人民联盟在国家政体、代议制度、选举制度以及经济、税收、对外贸易、国防、外交等诸多问题的政策立场进行了精要阐述。与主张对印度采取不妥协、强硬路线的阿里·布托不同,穆吉布·拉赫曼强调应缓和两国的长期对立,发展双边关系。涉及较为敏感的"六点纲领是否会损害巴基斯坦的国家统一"问题时,穆吉布·拉赫曼则表示"六点纲领要实现,巴基斯坦的统一要保持"。②

针对人民联盟的"六点纲领",巴基斯坦民主党、伊斯兰神学者协会则提出巴基斯坦国家统一不可撼动、伊斯兰教信仰至高无上以及恢复1958年议会民主体制等主张。1970年5月31日,伊斯兰神学者协会领导人高兰·阿扎姆(Golam Azam)在达卡举行的记者会上指责"六点纲领"是孟加拉民族主义膨胀的表现,将对巴基斯坦的国家主权和统一造成重大威胁。③

在关乎东巴历史命运的关头,左翼和右翼的政治作为表现出两种不同趋势:在是否参加大选问题上,左翼力量内部发生裂变,特别是东巴共产党(马列)与民族人民党(巴沙尼派)决裂,削弱了巴沙尼与穆吉布·拉赫曼争夺中下层民众的政治能力。因此,左翼的政治变动实际是为人民联盟扩大政治影响力,增加竞选的政治资本开辟道路;在右翼保守派看来,人民联盟的"六点纲领"暗含可导致国家分裂的种子,故而对"六点纲领"大加指责。但是在民众不断觉醒的政治意识和民族情绪不断上升的情势下,保守派对"六点纲领"责难难显政治效力。这无形之中助长了东巴民众追求东巴自治的强烈愿望,为"六点纲领"在民众中的政治认同添分加彩。

从1970年7月中下旬开始,东巴普降暴雨。到8月上旬,博格拉(Bogra)、巴萨尔(Barisal)、杰索尔(Jessore)、吉大港(Chittagong)等

---

① Muhammed A. Quddus: *Pakistan: A Case Study of A Plural Society*, p. 74.
② Roedad Khan ed.: *The American Papers (Secret and Confidential) India—Pakistan—Bangladesh Documents*, 1965 – 1973, p. 384.
③ Badruddin Umar: *The Emergence of Bangladesh*, Vol. 2, *Rise of Bengal Nationalism* (1958 – 1971), p. 232.

地区受灾严重，公路和铁路交通干线损坏、通讯线路完全被毁、人员损失惨重。8月15日，叶海亚·汗亲赴东巴视察灾情并在达卡召开记者会。在会上叶海亚·汗宣布，鉴于东巴遭受前所未有的洪涝灾害，巴基斯坦政府在经过慎重斟酌后决定将国民议会大选日期由原定的10月15日推迟到12月7日，省议会选举则将在12月17日举行。①

8月20日，穆吉布·拉赫曼在托吉（Tongi）举行的人民联盟会议上回应了叶海亚·汗推迟大选的决定。穆吉布·拉赫曼指出："大选日期变动不会影响人民联盟在即将到来的大选中的地位。那些想利用日期变更来阴谋威胁、损害人民联盟地位的一小撮人是'痴人说梦'，人民联盟已作好准备应对任何阴谋捣乱、破坏大选的行为。"②

8月27日，阿里·布托在卡拉奇发表讲话："推迟日期是缺少合理理由的。因为东巴的天气状况已有所好转，到10月份可恢复正常。"③

为消除各政党对推迟大选日期的顾虑，叶海亚·汗政府向各参选政党安排了一系列电视、广播竞选演说活动，使选民能更清晰地了解各个政党的竞选纲领及执政政策规划。1970年10月28日，穆吉布·拉赫曼率先通过电视直播和实况广播两种方式陈述了人民联盟的竞选纲领。在30分钟的现场演说中，穆吉布·拉赫曼着重对"六点纲领"进行阐释："要想解决广泛存在于巴基斯坦国内的地区不平等现象，唯一可行途径就是以'六点纲领'为基础，重新订立宪法，使各个联邦单位被赋予充分的自治权限。而自治权真正实现的前提是联邦单位拥有包括货币发行、财政独立和对外贸易在内的经济自主权。"④

11月5日，巴沙尼通过广播做竞选演说。在竞选演说中，巴沙尼批评穆吉布·拉赫曼的"六点纲领"只讲区域自治，而不讲反对帝国主义、封建主义；实质是为满足东巴中产阶级获得政治权力的宣言书，却忽略了广大贫苦农民和工人的利益。但通观巴沙尼的竞选演说辞，除了对"六点纲领"的批判，却无对大选和大选后政治走势的细致分析和展望。通篇只讲提高劳动人民的生活水平，要以人民利益为重制订民主宪

---

① Badruddin Umar: *The Emergence of Bangladesh*, Vol. 2, *Rise of Bengal Nationalism* (1958 – 1971), p. 254.
② *Bangladesh Documents*, Vol. I, p. 93.
③ *Bangladesh Documents*, Vol. I, p. 94.
④ *Bangladesh Freedom War Documents*, Vol. II. pp. 553 – 556. 转引自 Badruddin Umar: *The Emergence of Bangladesh*, Vol. 2, *Rise of Bengal Nationalism* (1958 – 1971), p. 256.

法，但缺少相关的可行性建议和政策方案的具体规划，①尽管巴沙尼决定参加大选，但行事匆忙，未作周密规划。竞选演说大而化之，难以真正吸引选民。

在洪灾的破坏性影响还未消散之际，1970 年 11 月 12 日，东巴南部地区遭受 20 世纪以来最严重的飓风袭击。时速高达 150 英里/小时的飓风自 12 日夜间接连肆虐了 11 个小时，吉大港（Chittagong）、诺克哈里（Noakhali）、巴萨尔（Barisal）、帕图克哈里（Patuakhali）、库图巴迪亚（Kutubdia）等地区受灾最重，灾区人员伤亡巨大，有大约 50 万人死亡。②飓风过后，灾区出现严重的食物、饮用水、药品和御寒衣被短缺。而叶海亚·汗政权在救援问题上行动迟缓、营救不力，在灾后的 2 周内，中央政府的营救队伍和救援物资还未抵达灾区。在飓风袭击的同时，11 月 10 日—14 日，叶海亚·汗对中国进行国事访问。回国途中，叶海亚·汗曾短暂停留达卡机场，但他并未向东巴民众期盼的那样，深入灾区，视察灾情，仅仅是在与东巴省政府官员短暂会晤后便匆忙返回拉瓦尔品第。叶海亚·汗这一冷漠的举动让东巴民众和政要，特别是激进青年学生的不满、愤懑之情绪油然而生。③

东巴的灾情雪上加霜，已被推迟的大选是否会被再度推迟？

人民联盟坚决反对再次推迟大选。11 月 23 日，穆吉布·拉赫曼和其他 10 个政党的领袖联名致电叶海亚·汗要求不再推迟大选日期。迫于东巴的社会压力，叶海亚·汗于 11 月 26 日晚连夜赶到达卡与东巴省官员商讨赈灾事宜。27 日上午 9 点，叶海亚·汗在达卡市政大楼的议事大厅向各国媒体记者透露："大选将在 12 月 7 日如期举行。"④

12 月 3 日晚上 7 时，叶海亚·汗面向全国发表广播讲话。为保证巴基斯坦立国以来的首次大选顺利进行，他强调指出，政府将采取必要措施保证大选在军法管制的监督之下公平、公正地进行；宪法的地位至高

---

① *Bangladesh Freedom War Documents*, Vol. II. pp. 557 – 561. 转引自 Badruddin Umar: *The Emergence of Bangladesh*, Vol. 2, *Rise of Bengal Nationalism*（1958 – 1971）, pp. 262 – 263.
② Badruddin Umar: *The Emergence of Bangladesh*, Vol. 2, *Rise of Bengal Nationalism*（1958 – 1971）, p. 265.
③ Badruddin Umar: *The Emergence of Bangladesh*, Vol. 2, *Rise of Bengal Nationalism*（1958 – 1971）, p. 267.
④ Badruddin Umar: *The Emergence of Bangladesh*, Vol. 2, *Rise of Bengal Nationalism*（1958 – 1971）, p. 267.

无上，但宪法的制订应当在立法体制令所规定的范围内进行；如果未在立法体制令中所规定的 120 天内制订出宪法，他将解散国民议会，继续军法管制。①

12 月 4 日，巴沙尼在达卡近郊的帕尔坦（Paltan）主持由民族人民党发起的群众集会。在集会上，巴沙尼正式宣布民族人民党（巴沙尼派）将抵制大选，同时还号召民众联合起来进行反抗西巴专制、捍卫自由、谋求民族解放的斗争。②至此，民族人民党（巴沙尼派）完全退出大选的争夺，为穆吉布·拉赫曼赢得大选胜利铺平了道路。

12 月 7 日，大选如期举行。12 月 11 日，大选结果揭晓。穆吉布·拉赫曼领导的人民联盟在国民议会 300 个一般席位中获得 160 席，占总席位数的 53.3%，是议会中的第一大党，其获选席位均在东巴省，但在西巴未获一席；阿里·布托的巴基斯坦人民党在国民议会 300 个一般席位中获得 81 席，占总席位数的 27%，是议会中的第二大党。③

国民议会选举后的 10 天，即 12 月 17 日各省的议会选举进行。人民联盟在东巴省议会 300 个一般席位中得到 288 席，巴基斯坦人民党在旁遮普省议会 180 个议席中获得 113 个席位。④

1970 年 12 月大选是巴基斯坦政治发展的一个重要标志。它是巴基斯坦立国以来首次以成人普选权为基础的全民直接选举。就国民议会和省议会选举的结果来看，反映出大选后巴基斯坦政局发展的三大政治现象：一，代表伊斯兰教正统、保守思想的政党在大选中落败，而代表新生代政治力量，以民主、社会主义、民族主义为旗帜的左翼政党在巴基斯坦政坛迅猛发展，在选举中大有斩获；二，巴基斯坦政党政治的"极化"现象越发明显。不管是国民议会的第一大党人民联盟，还是第二大党巴基斯坦人民党均不是具有全国性政治影响力的政党，而只是在某一或某两个区域具有相当的政治影响。大选结束后，在政党"极化"现象的促动下，各个政党的关注点将由大选前竞选政纲的谋划转变为现实政治权力的争夺，区域间的政治角逐将充斥异常刺鼻的火药味。三，就大选后

---

① Herbert Feldman: *The End And The Beginning: Pakistan 1969–1971*, p. 93.
② Badruddin Umar: *The Emergence of Bangladesh*, Vol. 2, *Rise of Bengal Nationalism (1958–1971)*, p. 269.
③ Muhammed A. Quddus: *Pakistan: A Case Study of A Plural Society*, p. 66.
④ Muhammed A. Quddus: *Pakistan: A Case Study of A Plural Society*, p. 67.

的政治格局来看呈现出"三雄鼎立"之势：叶海亚·汗是军人政权的最高代表，是宪政的"仲裁人"和政治规范的"制定者"，必要时以军事力量卷入国家政务是叶海亚·汗维护国家统一的"杀手锏"。穆吉布·拉赫曼是东巴民族主义的领军人物，强调以"六点纲领"推动东巴自治，"弱势中央，强势地方"是其终极目标，但东巴自治的政治诉求是否会触及国家统一的政治底线？是否会将东巴引向分裂独立的道路？是穆吉布·拉赫曼所必须直面的棘手问题。阿里·布托是西巴政坛的风云人物，对权力的渴望、对中央集权制度的推崇、对穆吉布·拉赫曼强劲势头的疑虑支配着阿里·布托在大选之后将采取何种应对举措。在"三雄鼎立"的政治博弈中，首要问题是穆吉布·拉赫曼和阿里·布托能否静下心来协商谈判制宪事宜，达成政治合作，而不是浪费宪政民主的宝贵机会。

对于巴基斯坦大选，美国情报部门予以相当关注。在大选前夕，中央情报局的每周情报简介指出："区域政治—经济利益、民众思想理念和文化传统的不同与差异将在大选当中有所充分反映，而且以上因素对巴基斯坦政治走势的影响程度将超过伊斯兰教信仰和对印度的厌恶与恐慌。""人民联盟是最有希望胜出的政党。"① 大选结束后，对巴基斯坦政治发展中存在的问题与隐患，分析报告亦是入木三分地指出"大选将叶海亚·汗军人政权引入一个政治迷局中，叶海亚·汗原本打算由一个温和的政党在大选中获胜，那么他就可以在一个被军法管制所接受的宪法框架之下，将权力移交给'被军官团认为是值得信赖的政党'组阁。"就大选结果看，军官团将面临艰难地选择：要么将权力移交给一个并不被军方所信任的政党，如此一来，军方对巴基斯坦政治的掌控能力将会大打折扣；要么冒极有可能激化东巴对立情绪，点燃分裂导火索的危险，公开地用武力干预巴基斯坦的制宪进程。②

与中央情报局对巴基斯坦政治走向忧心忡忡相比，国务院的评估报告在认为巴基斯坦的政治前途将是颠簸起伏的同时，更加一针见血地指

---

① "Weekly Summary: Preview of 12/7/70 Election for 300 seats in the National Assembly", Central Intelligence Agency, November 27, 1970, DDRS, Document Number: CK3100330979.
② "Weekly Summary: Results of 12/7/70 Election Analysed", Central Intelligence Agency, December 11, 1970, DDRS, Document Number: CK3100330982.

出:"有关东巴自治问题能否妥善解决的'关键先生'是叶海亚·汗总统。"①就大选后巴基斯坦的政治状况而言,国务院和中央情报局对巴政局的"把脉"是较为准确的。

二、"三巨头"的政治角力与宪政危机

叶海亚·汗原有的政策设计和行动规划是在"群雄并起"的巴基斯坦政党格局中推动一个多党联合政府组阁。这一组阁方式一方面可以在多党之间形成制衡,冲淡政党在制宪和政策制定方面的极端化要求,另一方面,军方则可以"调解人"和"仲裁者"的身份坐收"鹬蚌相争"之利,维护所拥有的、令人嫉妒的强权地位。在西巴军官团内部,以三军总参谋长阿布杜勒·哈米德·汗上将、总统办公厅主任穆罕默德·匹尔扎达中将(Mohammad Peerzada)为首的强硬派对权力移交是持保留甚至反对态度的。不仅如此,军官团对穆吉布·拉赫曼的"六点纲领"中的第一条和第六条心存芥蒂。②因此,大选之后,叶海亚·汗并不急于推动议会召开和制宪,而是在密切观察政治动态的同时,力促穆吉布·拉赫曼与阿里·布托在召开议会之前就有关问题达成政治合作。

但是与叶海亚·汗的"如意算盘"差距甚远的是东巴、西巴政治力量相互之间的猜疑和顾虑在不断加深,各方政治诉求的话语表述亦趋向强硬。

穆吉布·拉赫曼首先打响大选后与阿里·布托论战的第一枪。1970年12月10日,他在达卡市政大楼门前大声激呼:"'六点纲领'是东巴谋求自治的根本原则。"他同时呼吁人民联盟所有当选议员"齐心协力将东巴人民从西巴既得利益者的剥削重压之下解放出来",并表示愿意与"除巴基斯坦人民党之外的政党一道实现宪政希望"。③

---

① "Intelligence Brief: INRB – 217 from the Director of Intelligence and Research (Cline) to Secretary of State (Rogers), Washington, December 8, 1970", *FRUS* 1969 – 1976, E – 7: Documents of the South Asia Crisis, 1969 – 1972, available at http://www.state.gov/documents/organization/47873.pdf.

② S. P. Varma and Virendra Narain eds.: *Paksitan Political System in Crisis: Emergence of Bangladesh*, Jaipur: Rajasthan University Press, 1972, p. 113.

③ Ramendu Majumdar ed.: *Sheikh Mujibur Rahman – Bangladesh, My Bangladesh: Selected Speeches and Statements, October 28, 1970 to March 26, 1971*, New Delhi: Orient Longman, 1972, pp. 21 – 22.

12月20日,阿里·布托在拉合尔的旁遮普省议会大楼前的广场向在场民众大声呼吁:"没有巴基斯坦人民党的参与,将不可能制订宪法,更没有可能组建体现全体巴基斯坦民众意愿的政府。人民党不会甘为议会中的反对党地位,它必须在国家政治权力的配置中享有一席之地。"①

阿里·布托的讲话很快遭到人民联盟二号人物塔菊丁·艾哈迈德(Tajuddin Ahmad)措辞强硬的回击:"旁遮普和信德已不再是国家权力的中心,真正民主政体的建立应以人民的福祉为第一要务,立法机关的组建原则应该严格遵循'一人一票'的普选制度,人民联盟是大选中的第一大党,将在'人民公意'的基础上,受人民的委托制订宪法,组建政府。有无其他政党的参与,这一过程的发展都将体现人民联盟的政治意志。"②

1971年1月3日,穆吉布·拉赫曼在达卡赛马场举行的大型集会上再次重申宪法的制订将毫不动摇地以"六点纲领"为基础,决不退让。"人民联盟是大选后唯一的主导政党,不存在所谓'两个主导政党'一说。"③

由于西巴、东巴两大政党领袖在还未就制宪进行协商之前已在权力归属与分配问题上你争我夺、相互指摘,叶海亚·汗不得不在1971年1月12日亲赴达卡与穆吉布·拉赫曼直接晤谈,试图调停其与阿里·布托的矛盾。在12日的会谈中,叶海亚·汗表示他从未质疑"六点纲领",只是建议穆吉布·拉赫曼应就"六点纲领"在宪法制订中的地位、施用方式与西巴政治领袖进行开诚布公地协商,弥合分歧。而穆吉布·拉赫曼则口气强硬地说:"任何与制宪有关的政治问题都应该拿到议会上去解决,议会必须立即召开。"④

1月14日晚,叶海亚·汗在总统官邸召集陪同出访的总统办公厅主

---

① Badruddin Umar: *The Emergence of Bangladesh*, Vol. 2, *Rise of Bengal Nationalism* (1958 – 1971), p. 271.

② Badruddin Umar: *The Emergence of Bangladesh*, Vol. 2, *Rise of Bengal Nationalism* (1958 – 1971), pp. 271 – 272.

③ Ramendu Majumdar ed.: *Sheikh Mujibur Rahman-Bangladesh*, *My Bangladesh*: *Selected Speeches and Statements*, *October 28*, *1970 to March 26*, *1971*, pp. 29 – 30.

④ Richard Sisson and Leo E. Rose: *War and Secession-Pakistan*, *India*, *and The Creation of Bangladesh*, Berkeley: University of California Press, 1990, pp. 63 – 64.

任穆罕默德·匹尔扎达等人举行小范围秘密会谈。随行幕僚纷纷表示穆吉布·拉赫曼所说承诺难以兑现,并提出两点疑惑:1. 权力移交之后,军队势必淡出政坛,那么军队在国家政治生活中的地位、作用、影响将会发生何种变化?2. 交权之后,总统的权力、地位、作用又将会有怎样的改变?①

返回西巴后,叶海亚·汗又马不停蹄地在1月17日赶往阿里·布托在信得省拉卡那(Larkana)市郊的寓所。

在阿里·布托的寓所,两人进行了长时间的密谈。会谈中,阿里·布托认为:"穆吉布是个狡猾的家伙。他的目的是急于召开议会,胁迫西巴将'六点纲领'上升为国家意志,订立宪法。"他建议,在国民议会召开之前,应由东巴、西巴主要政党领袖就制宪问题协商。如果协议达成,穆吉布·拉赫曼的强劲势头将会有所收敛,而巴基斯坦人民党必将会令人信服地维护军方和西巴民众的利益。会谈临近结束之时,阿里·布托又向叶海亚·汗建议,推迟议会召开是检验穆吉布·拉赫曼是否对国家忠诚的"试金石"。若拉赫曼反应强烈并敌对情绪浓厚,则说明他的心中除去国家统一和人民福祉之外,另有所图。叶海亚·汗在思考片刻之后,默许了阿里·布托的想法。②此次叶海亚·汗与阿里·布托的会谈对巴基斯坦政治的后续发展起着十分重要的作用。在此之前,两人政治观点差异甚大,但在维护巴基斯坦国家统一、反对分裂以及推崇中央集权政府上有着共同的理念。恰恰正是这两点使得两人在反对穆吉布·拉赫曼削弱中央权力和质疑"六点纲领"是否暗含破坏一统、图谋分裂的"因子"上走到一起,初步建立了针对东巴的"攻守同盟"。这种以对政治资源的排他性获取为纽带的政治联合,随着阿里·布托与穆吉布·拉赫曼分歧的进一步加大愈发深切地影响着巴基斯坦政局的裂变性发展。

1971年1月27日—30日,阿里·布托赴达卡与穆吉布·拉赫曼会谈。与穆吉布·拉赫曼更多地关注制宪以及何时召开议会相比,阿里·布托似乎更关切政治权力的分配。他毫无隐讳地对穆吉布·拉赫曼说,

---

① Richard Sisson and Leo E. Rose: *War and Secession-Pakistan, India, and The Creation of Bangladesh*, p. 66.

② Richard Sisson and Leo E. Rose: *War and Secession- Pakistan, India, and The Creation of Bangladesh*, p. 67.

他和他的政党将在未来的政府中占有一席之地。起码在政府内阁的 10 个部长席位中，人民党应该占据 4 席，而副总理和外交部长非他自己莫属。对于"六点纲领"，布托表示除了对有关外贸由地方政府控制之条款有保留意见外，他原则上同意"六点纲领"的基本宗旨。针对阿里·布托的公开要权，穆吉布·拉赫曼直言："你不会出现在内阁人选的名单上，更不用说副总理！"①为此，会谈不欢而散。

如果说阿里·布托与叶海亚·汗在 1 月 17 日的会谈使西巴第一大政党与军人政权初步达成政治合作意向的话，那么其与穆吉布·拉赫曼的谈话则加深了西巴、东巴主导政党之间的猜疑、不信任和对立感。为反制穆吉布·拉赫曼的强劲势头，阿里·布托在与叶海亚·汗加强协调的同时，采取了统一人民党党内思想、提高人民党在西巴民众心目中的政治威望与联合西巴其他政党抵制"六点纲领"并试图推迟大选的"并行"战略。2 月 10 日，阿里·布托接见所有获选国民议会和省议会议员资格的人民党党员，要求全党统一思想。2 月 12 日，在阿里·布托的倡议下，包括穆斯林联盟三个派别、巴基斯坦伊斯兰神学者协会和民族人民党（瓦里·汗派）等在内的西巴各政党在白沙瓦召开会议就议会召开和制宪问题协商。但会议结果并未令阿里·布托满意，各党未对制宪规划达成一致，对"六点纲领"的反应也各不相同。除穆斯林联盟（加乔姆派）外，其他小党均希望尽快召开议会。②尽管所期望的目标未完全实现，但阿里·布托在利用西巴民众对印度的敌视心理，提升自己的政治威信上却有所进展。

1971 年 1 月 30 日，2 名"自由克什米尔"成员劫持了一架飞往印占克什米尔地区的印度民航客机，并迫降在拉合尔机场。③对此次事件，阿里·布托与穆吉布·拉赫曼发表了截然不同的观点。2 月 1 日，阿里·布托称"这两名克什米尔自由战士的行为是反抗印度政府侵略政策的最好阐释。巴基斯坦人民支持自由战士的英勇行为"。而穆吉布·拉赫曼则认为这一劫机事件是破坏巴基斯坦权力移交的一个政治阴谋。"在事关国

---

① Richard Sisson and Leo E. Rose: *War and Secession-Pakistan, India, and The Creation of Bangladesh*, pp. 70 – 71.
② A. S. M. Shamsul Arefin: *Bangladesh Documents 1971*, Vol. I, Dhaka: Bangladesh Research & Pulications, 2009, p. 367.
③ 有关此次劫机事件的叙述参见 Herbert Feldman: *The End And The Beginning: Pakistan 1969 – 1971*, pp. 158 – 160.

家命运的关键时刻,这一具有恶劣影响事件的发生实际上是'反民主'的阴谋家蓄意破坏的结果。"穆吉布·拉赫曼要求叶海亚·汗政府立即着手调查这一事件并采取积极措施防止策动此次事件的"幕后集团"进一步破坏巴基斯坦的政治稳定。①

两人不同的观点在西巴和东巴均获得当地民众的支持。虽然阿里·布托此举意在利用西巴民众对印度的敌视心理为自己提升政治威信,而东巴民众却认为这一事件是包括阿里·布托在内的西巴既得利益集团精心策划的阴谋,其目的是消解东巴在大选中的政治优势。对同一事件东西巴政党领袖及民众的反应竟有如此大的差异足见东西巴之间的政治心理裂痕已愈发明显。

阿里·布托联合西巴政党抵制议会召开、劫机事件的发生乃至西巴对"六点纲领"的深刻怀疑,让穆吉布·拉赫曼多少有些不好的预感。2月5日在人民联盟高层会议上,穆吉布·拉赫曼流露出他的忧虑,认为阿里·布托很有可能与军官团串通一气,联手对付东巴。②穆吉布·拉赫曼的忧虑并非空谷来风。尽管人民联盟内部亦存在派系斗争③,但在穆吉布·拉赫曼灵活的政治手腕之下,各派系仍能在东巴民族主义的旗帜之下较好地聚合起来。只要东巴民族主义的核心问题——东巴自治还未实现,人民联盟内部的派系矛盾就退居次席。但实现东巴自治的潜台词是将西巴"剥削者"、"食利者"驱逐出东巴,扭转东巴与西巴不对等的地位,实现"孟加拉人的东巴"这一目标。可是这一政治诉求在西巴垄断政治话语权和权力行使权的情况下势必对西巴当权者的权势地位造成冲击,在隔阂、不信任、猜疑并存的心理氛围中这种冲击将会不断激

---

① *Bangladesh Freedom War Documents*, Vol. II. p. 625. 转引自 Badruddin Umar: *The Emergence of Bangladesh*, Vol. 2, *Rise of Bengal Nationalism* (1958 – 1971), p. 281.

② Richard Sisson and Leo E. Rose: *War and Secession-Pakistan, India, and The Creation of Bangladesh*, p. 71.

③ 人民联盟内部就政治倾向而言分为左、中、右三个派系。左派以激进的青年学生和产业工人为代表,其中,东巴学生联盟(East Paksitan Student League)是人民联盟的外围组织,也是激进左派的大本营。他们在东巴的政治地位问题上态度激进,甚至要求发动武装斗争谋求东巴独立;右派的主体是教师、科研人员、律师和中小企业主,政治观点较为温和,主张实行东巴区域自治。穆吉布·拉赫曼和人联高层则为中间派,调和左派与右派的分歧,在东巴的政治地位问题上不能不顾及青年学生的激进主张,强调以"六点纲领"为基本原则,谋求东巴最大限度的自治。参见 Roedad Khan ed. : *The American Papers* (*Secret and Confidential*) *India—Pakistan—Bangladesh Documents*, 1965 – 1973, pp. 457 – 465.

荡巴基斯坦脆弱的政治一统。

2月12日，叶海亚·汗再次与阿里·布托举行单独会谈。两人商定由叶海亚·汗在2月13日对外界宣称国民议会将于3月3日举行。可是在2月15日，阿里·布托却在白沙瓦的一次记者会上指责穆吉布·拉赫曼在"六点纲领"上缺乏灵活态度，并宣布巴基斯坦人民党将不参加3月3日召开的国民议会，并要求推迟国民议会召开日期。如果不推迟，他将号召西巴民众发起一个从"从开伯尔对卡拉奇"的抵制运动。①

为何仅仅相隔三天，叶海亚·汗与阿里·布托对议会召开表现出完全不同的态度？已有研究对这一细小的历史瞬间几乎都是一笔带过。笔者认为两人观点迥异实则是1月17日叶海亚·汗与阿里·布托达成"攻守同盟"以及2月12日再次密谈政治逻辑的继续：叶海亚·汗"唱白脸"，阿里·布托"唱红脸"，以探穆吉布·拉赫曼有何应策。当然这里需要说明的是，叶海亚·汗与阿里·布托达成"攻守同盟"，并不是说西巴已经对东巴和人民联盟彻底丧失政治合作的信心，准备采取强硬手段结束政治僵局。

2月18日，阿里·布托拜会叶海亚·汗。阿里·布托情绪激动地对叶海亚·汗说："若将巴基斯坦人民党排除在制宪之外，就如同上演一部没有丹麦王子的《哈姆雷特》。"②此时，叶海亚·汗最感担忧的是一旦议会召开，人民联盟将会如日中天，军方对国家政治生活的掌控力将大为削弱。

2月20日和22日，叶海亚·汗在拉瓦尔品第接连召开三军高级将领联席会议和军法管制政府高层会议商讨目前政治局势。与会者一致认为在当前条件下召开议会是不现实的，并出台四种行动预案：1. 在穆吉布·拉赫曼尚未组建联合政府之前，采取强力手段取缔人民联盟；2. 军方可以在议会召开并制订宪法后再介入。在此情况下，如果西巴政要认为新宪法难以接受并且西巴、东巴矛盾难以调和，叶海亚·汗可以维护秩序稳定和国家统一为名继续军法管制；3. 若穆吉布·拉赫曼执意要以

---

① *The Richard M. Nixon National Security Files*, 1969 – 1974: *India-Pakistan War of* 1971, Microfilms: MF102020042471281666708, LexisNexis, 2007.

② Richard Sisson and Leo E. Rose: *War and Secession- Pakistan, India, and The Creation of Bangladesh*, p. 80.

"六点纲领"为基础制订宪法,叶海亚·汗可以违背立法体制令为由拒绝批准并解散议会;4. 下下之策为让穆吉布·拉赫曼执掌政权,军方淡出国家政治生活。①

在2月22日军法管制政府高层会议结束后,叶海亚·汗又留下哈米德·汗、匹尔扎达以及时任东巴省省督的穆罕默德·哈桑海军中将等人进行小范围密谈。与会者中除哈桑省督认为推迟议会召开会在东巴民众中间掀起新的政治风浪外,其他人均认为在必要时应对东巴采取强力措施。会议上叶海亚·汗进一步要求军方在事关巴基斯坦政治前途的历史关头要保持"清醒的头脑"、"果敢的意志"和"快捷的行动",强调推迟议会召开是当前的唯一选择。②

2月25日,穆罕默德·哈桑海军中将和东巴省省督民事顾问让·法曼·阿里·汗少将(Ramo Forman Ali Khan)在卡拉奇会见阿里·布托并告之军法管制当局有关推迟议会召开的决定。阿里·布托表示同意并支持这一决定。③

3月1日下午1时零5分,叶海亚·汗向全国发表广播讲话,宣布推迟议会召开。他说:"西巴、东巴政党领袖之间对立局面的出现令人遗憾,这为巴基斯坦政治发展投下一层阴影。""当前,最为重要的是为各方领导人提供更多的时间以便就制宪及其他政治问题谈判协商,达成卓有成效的共识。"④

3月1日叶海亚·汗宣布推迟议会召开是巴基斯坦进一步滑向危机与动荡深渊的"导火索"。对于议会召开时间的推迟,东巴民众反应强烈。⑤当日下午5时,人民联盟议会党团成员在乌尔班饭店(Urban Hotel)门前集会。在集会上有关"东巴独立"、"东巴自由"甚至"孟加拉国独

---

① Richard Sisson and Leo E. Rose: *War and Secession-Pakistan, India, and The Creation of Bangladesh*, p. 81.

② Richard Sisson and Leo E. Rose: *War and Secession-Pakistan, India, and The Creation of Bangladesh*, p. 84.

③ Richard Sisson and Leo E. Rose: *War and Secession- Pakistan, India, and The Creation of Bangladesh*, p. 85.

④ Badruddin Umar, *The Emergence of Bangladesh*, Vol. 2, *Rise of Bengal Nationalism* (1958 – 1971), p. 284; 3月1日叶海亚·汗广播讲话全文可参见 A. S. M. Shamsul Arefin: *Bangladesh Documents* 1971, Vol. I, Dhaka: Bangladesh Research&Peblications, 2009, pp. 315 – 316.

⑤ 3月1日叶海亚·汗发表推迟议会召开的广播讲话之后,东巴民众纷纷走上街头,游行示威,以表强烈抗议。参见 A. S. M. Shamsul Arefin: *Bangladesh Documents* 1971, Vol. I, p. 231.

立"的标语随处可见。在集会上穆吉布·拉赫曼情绪激动地说:"推迟议会召开是西巴当权者针对人民联盟和东巴人民的一次'政治阴谋'","为了东巴 7000 万人民的解放",他愿意付出任何代价。①

3 月 2 日上午 9 时,穆吉布·拉赫曼参加达卡市青年学生集会。在会上穆吉布·拉赫曼宣布将在东巴全境广泛开展"非暴力不合作运动"(Non-violent and Non-cooperation movement)。同日,东巴局势进一步恶化。在当日上午的达卡市大罢工示威活动中,示威民众与执行治安任务的东巴驻军发生冲突,军方开枪打死 2 名示威民众,打伤 25 人。当晚,穆吉布·拉赫曼发表措辞激烈的讲话严厉谴责枪击事件并重申"人民联盟领导的民众运动将一直持续到东巴人民的政治意愿被接受和被满足,以及东巴人民意识到自我的解放已经实现为止"。在前日讲话的基础上,他进一步明确人民联盟领导的"非暴力不合作运动"的相关安排: 1. 从 1971 年 3 月 3 日到 3 月 6 日,在每天的上午 6 时到下午 2 时开展全省大罢工; 2. 将 3 月 3 日定为"民族哀悼日"以纪念 3 月 2 日冲突中死难的 2 名示威民众; 3. 3 月 7 日下午 2 时,人民联盟将在达卡市拉姆那赛马场再次举行大型民众集会; 4. 强调抵制斗争的非暴力性、有组织性。②

3 月 2 日,阿里·布托针对东巴的强烈反应,在卡拉奇发表讲话,指出他和人民党并不反对"六点纲领",只是试图努力弥合东西巴之间的政治差距。"推迟议会召开旨在为西巴、东巴的主要政党提供时间和机会协商和解,如果人民联盟拒绝与西巴政治代表协商谈判,那么一切后果和责任均在人民联盟而非人民党。"③ 此时阿里·布托的举措延续了大选以来其政治策略的内在逻辑:与叶海亚·汗军人政权结成"攻守同盟",协调相互之间的行动,力图迫使穆吉布·拉赫曼在制宪以及国家权力的分配上有所让步。但阿里·布托的政略仅仅只是站在西巴的政治立场上进行单方面的考量,并未顾及东巴的激进政治情绪。可以说,阿里·布托的所言所行加深了叶海亚·汗军人政权乃至西巴民众对人民联盟是

---

① Ramendu Majumdar ed.: *Sheikh Mujibur Rahman-Bangladesh*, *My Bangladesh*: *Selected Speeches and Statements*, *October 28*, *1970 to March 26*, *1971*, pp. 76–77.

② A. S. M. Shamsul Arefin: *Bangladesh Documents* 1971, Vol. I, p. 316.

③ Richard Sisson and Leo E. Rose: *War and Secession-Pakistan*, *India*, *and The Creation of Bangladesh*, p. 94.

否会恪守一个巴基斯坦原则的疑虑，亦将穆吉布·拉赫曼和人民联盟一步步推向事实上的极端地位。

对于东巴政局的骤变，美国予以密切关注。3 月 1 日，国家安全委员会官员哈罗德·桑德斯和赛缪尔·霍斯克森（Samuel Hoskinson）在致基辛格的备忘录中写道："现今巴基斯坦政坛利益纷争复杂多变，在紧张、猜疑、互不信任笼罩的政治氛围中，各方均能接受的政治妥协很难达成。就叶海亚·汗的政治作为，有两点可以肯定，第一，叶海亚·汗不会冒极大的政治风险去撇开军方利益而向穆吉布·拉赫曼妥协；第二，从叶海亚·汗的执政基础来看，他代表的是西巴军人—官僚集团的利益，为了维护这一利益他将极有可能开启内战的'潘多拉之盒'。"①

3 月 2 日，国务院的一份分析报告指出："尽管西巴、东巴下一步会采取何种行动还不得而知，但它们的政策回旋余地很小。"报告认为在叶海亚·汗宣布推迟议会召开的决定之后，穆吉布·拉赫曼面临三种政策选项：1. 若穆吉布·拉赫曼言行谨慎，则其领袖地位势必受到党内激进派的冲击、挑战，人民联盟内部将出现新的权势变动；2. 若穆吉布·拉赫曼公然宣布东巴独立，则会受到党内激进派和民众的支持，但这一局面的出现又势必遭到军方的强力镇压，宪政希望归于破灭；3. 穆吉布·拉赫曼可采取折中方案，避免公开使用分裂的言辞，但通过发起大规模的民众抵制运动，使东巴军法管制政府的政令实施陷入瘫痪。此举既可部分地满足党内激进派的要求，又可为东巴政局的进一步发展变化预留时间。②

美国方面的分析评估可谓切中要害。在宣布议会召开的决定作出之前，叶海亚·汗本想通过这一显现其"政治仲裁者"权威的决定来迫使人民联盟作出妥协，重开东巴、西巴的谈判之门。但很显然叶海亚·汗和西巴军官团对于东巴民众蕴藏的政治能量未作充分的思想准备，亦未料及东巴对议会推迟召开之决定会表现出如此敏感而强烈的反应。在 3 月 2 日达卡枪击事件发生的当晚，叶海亚·汗决定在 3 月 2 日晚上 8 时到 3 月 3 日早上 7 时以及 3 月 3 日晚上 7 时到 3 月 4 日早上 7 时实施宵禁

---

① *FRUS* 1969 - 1976, Vol. XI: South Asia Crisis, 1971, p. 4.

② Roedad Khan ed.: *The American Papers (Secret and Confidential) India—Pakistan—Bangladesh Documents*, 1965 - 1973, p. 497.

戒严。①

3月5日，法曼·阿里·汗前往拉瓦尔品第会见叶海亚·汗，汇报了3月4日其与穆吉布·拉赫曼以及塔菊丁·艾哈迈德会谈的情况。穆吉布·拉赫曼急切地要求废除军法管制并召开议会移交国家权力。而塔菊丁·艾哈迈德的态度则更为强硬，他认为解决当前危局的唯一出路是在国民议会之下分设两个制宪会议，由东巴、西巴分别制订宪法草案，但前提是人民联盟不与人民党直接对话。②叶海亚·汗听后对塔菊丁·艾哈迈德所谓"两个制宪会议"的提法感到十分吃惊，同时表示将会尽快与穆吉布·拉赫曼举行直接会谈，力图解决危局。

在穆吉布·拉赫曼宣布在东巴全境举行大罢工后，东巴的骚乱和暴动接连不断。在达卡、吉大港、库尔纳等大中城市民众与军队、警察的流血冲突不断发生。

鉴于东巴局势不断恶化，3月5日，叶海亚·汗紧急召开军政高层联席会议，作出撤销推迟议会召开的决定。3月6日，叶海亚·汗发表广播演讲，宣布国民议会将于3月25日召开。③但在宣布议会重开的同时，为维护社会秩序，加强社会治安，叶海亚·汗任命巴军方强硬派的代表蒂卡·汗（Tikka Khan）中将为东巴军法管制执行官、省督并兼任东巴驻军司令。④

对于总统的新决定，东巴并未就此偃旗息鼓。3月7日，在达卡市拉姆那赛马场举行的大型民众集会上，穆吉布·拉赫曼发表了激情澎湃的演说，提出了包括东巴铁路和内河船运工人总罢工、所有东巴学校停课、东巴金融机构停止与西巴业务往来在内的10点纲领，以及人民联盟参加国民议会的7项条件：第一，军法管制政府必须立即将权力无条件地移交给经由大选选出的民选代表；第二，立即撤销军事管制法；第三，军队撤回到他们的营房驻地；第四，立即着手调查3月2日"对东巴群众的屠杀"事件；第五，由东巴警察、东巴步枪队维持社会治安，若形势需要，人民联盟的志愿者可以组织起来帮助维护社会秩序；

---

① A. S. M. Shamsul Arefin: *Bangladesh Documents* 1971, Vol. I, p. 235.

② Richard Sisson and Leo E. Rose: *War and Secession- Pakistan, India, and The Creation of Bangladesh*, p. 98.

③ A. S. M. Shamsul Arefin: *Bangladesh Documents* 1971, Vol. I, p. 324; Badruddin Umar: *The Emergence of Bangladesh*, Vol. 2, *Rise of Bengal Nationalism* (1958–1971), pp. 293–294.

④ A. S. M. Shamsul Arefin: *Bangladesh Documents* 1971, Vol. I, p. 325.

第六，西巴军方立即停止向东巴增派军队和重型武器装备的行动；第七，东巴驻军不应干涉东巴的政务。①上述7项条件的提出说明穆吉布·拉赫曼为了自己的政治目标，在议会召开问题上亦提出自己的政治附加要求，国民议会在你争我夺的权势角逐中已经蜕化为仅具象征性的政治符号。

3月7日穆吉布·拉赫曼的演讲是自3月1日叶海亚·汗宣布推迟议会召开之后，东巴政治危局进一步滑向国家裂变深渊的重要标志。虽然在这次演讲中穆吉布·拉赫曼并未明确提出"东巴独立"的口号，但言辞之中实则透露出人民联盟内部激进派和东巴下层民众的政治诉求：不再愿意看到在西巴军人—官僚集团的统治和压迫之下，东巴权益的被践踏与被侵害。在穆吉布·拉赫曼提出的"7项条件"中的第一条要求将国家权力移交给民选代表。在当时的政治环境中，不管是叶海亚·汗抑或阿里·布托都难以完全同意此项条件。如此一来，"7项条件"一出，东巴政治困境更显迷途难料，原定于3月25日召开的国民议会能否如期开幕难以确知。

尽管"7项条件"的提出使东巴局势更显复杂化，但穆吉布·拉赫曼并没有向叶海亚·汗和西巴军官团最后摊牌：宣布东巴独立。究竟此时的穆吉布·拉赫曼扮演了何种政治角色？他心中真实的想法又会是怎样的呢？时任军法管制政府宪法顾问的巴基斯坦学者乔杜里在《统一时代的巴基斯坦的最后时光》一书中写到，在3月7日出席民众集会之前，穆吉布·拉赫曼曾与叶海亚·汗进行长时间的电话交谈。在交谈中，穆吉布·拉赫曼希望叶海亚·汗亲赴达卡体验一下东巴群情激昂的政治氛围，而叶海亚·汗则提醒穆吉布·拉赫曼不要"一失足成千古恨"。②当穆吉布·拉赫曼演讲完毕步入后台的时候，东巴学生联盟的几名学生领

---

① 在笔者搜集的文献资料中对3月7日穆吉布·拉赫曼提出终止军法统制和将权力移交给民选代表的具体条件方面有不同的记载。孟加拉学者S. A.卡里姆（S. A. Karim）、拉门杜·马宗达（Ramendu Majumdar）在其著作和辑选的档案集中分别提出"4项条件"、"7项条件"两种观点。参见S. A. Karim：*Sheikh Mujib*：*Triumph and Tragedy*，Dhaka：The University Press Limited，2005，p. 187；Ramendu Majumdar ed.：*Sheikh Mujibur Rahman-Bangladesh*，*My Bangladesh*：*Selected Speeches and Statements*，*October 28*，*1970 to March 26*，*1971*，p. 102. 笔者在综合比较、参照比对已有研究成果引文出处的基础上，采用了Ramendu Majumdar在其著作中提出的"7项条件"。

② G. W. Choudhury：*Last Days of United Pakistan*，Bloomington：Indiana University Press，1974，p. 158.

袖立即簇拥在他周围,强烈要求穆吉布·拉赫曼登上演讲台宣布东巴独立,却遭到穆吉布·拉赫曼的拒绝。①实际上,2月28日在与法兰德的谈话中,穆吉布·拉赫曼明确表示他不会支持东巴独立,但同时又强调"东巴人民应当被给予应有的尊重和权利,东巴应当摆脱'被奴役、被压迫的地位'"。②而此时站在历史风口浪尖的穆吉布·拉赫曼心态十分矛盾:一方面,人民联盟不能不顾及激进青年学生和民众的政治要求,要实现东巴自治的目标必须要充分调动和利用民众的政治热情和强烈愿望;另一方面,军官团兵权在握和叶海亚·汗的"忠告"使穆吉布·拉赫曼又不得不适时抑制民众爆发的政治动能,使其不转化为针对叶海亚·汗政权的武装反抗。因此,两相妥协,"非暴力不合作运动"成为斗争形式的首选。

在穆吉布·拉赫曼心态矛盾的同时,东巴左翼力量的独立呼声此起彼伏。3月7日当天,民族人民党(穆兹法尔派)提出"17条制宪建议",呼吁实现民族自决权,与西巴相脱离。③

3月9日,达卡街头出现了一份署名为"毛拉·巴沙尼"的传单。传单中写道:"东巴革命斗争的目标是实现完全独立。东巴人民反对任何以东巴独立为代价,与叶海亚·汗军人政权的妥协投降行为。"④

已与民族人民党(巴沙尼派)分道扬镳的东巴共产党(马列)在3月9日也以散发传单的形式宣传该党的政治立场:号召民众拿起武器在东巴的城市与乡村广泛地开展游击战,打击西巴侵略者。"为实现东巴的彻底解放,广大的农村应当成为革命游击战争的中心。"⑤

到3月中旬,东巴的政治走势表明,政见不同的政党在关乎东巴前途命运的重要关头立场趋向一致:巴基斯坦的国家统一已难以维持,东巴必须实现独立。

---

① Badruddin Umar: *The Emergence of Bangladesh*, Vol. 2, *Rise of Bengal Nationalism* (1958 – 1971), p. 298.

② B. Z. Khasru: *Myths and Facts: Bangladesh Liberation War – How India, U. S., China, and the U. S. S. R. shaped the Outcome*, New Delhi: Rupa Publiacations India Pvt. Ltd., 2010, p. 41.

③ Badruddin Umar: *The Emergence of Bangladesh*, Vol. 2, *Rise of Bengal Nationalism* (1958 – 1971), p. 305.

④ Badruddin Umar: *The Emergence of Bangladesh*, Vol. 2, *Rise of Bengal Nationalism* (1958 – 1971), pp. 306 – 307.

⑤ Badruddin Umar: *The Emergence of Bangladesh*, Vol. 2, *Rise of Bengal Nationalism* (1958 – 1971), p. 307.

3月14日，阿里·布托在卡拉奇的尼斯塔公园（Nishtar Park）发表讲话，提出所谓"巴基斯坦两大执政党"一说："巴基斯坦人民党和人民联盟分别是经过大选选出的西巴、东巴的两大主要政党。"若要实现权力移交，应将权力分别移交给巴基斯坦人民党和人民联盟。①

3月15日，穆吉布·拉赫曼宣布了非暴力反抗行动的35条指令。②穆吉布·拉赫曼的指令，言出法随，令行禁止。同一天，东巴首席大法官根据其指令，拒绝主持蒂卡·汗就任东巴省督的仪式。东巴各地罢工息工和示威游行不断发生，东巴省各级行政机构几近瘫痪。35条指令的出台对东巴危局的影响极大。法兰德大使在致国务院的电文中指出："35条指令的提出是人民联盟精心策划、谨慎思量的结果。穆吉布·拉赫曼以此来抗拒西巴权势集团，但他又分外小心，避免使用扎眼的'独立'辞令，而是强调人民联盟所采取的一切行动都是依据1970年12月大选所体现的'人民公意'。"③

3月15日中午，仍对政治和解抱有一丝希望的叶海亚·汗抵达达卡。当叶海亚·汗到达下榻官邸之后不久，蒂卡·汗即率领东巴军政主要官员前往拜会。在会谈中，气氛十分凝重，赞成和不赞成采取强力行动的观点皆有之。叶海亚·汗表示他此行的目的是为挽救巴基斯坦的统一做最后的努力，他不会放弃政治协商，而政治解决的途径应在保持他自己作为总统和首席军法管制执行官的权威之下施行。④

3月16日，叶海亚·汗与穆吉布·拉赫曼会晤。两人相继亮出自己的"底牌"。穆吉布·拉赫曼首先摆明他的三个观点：1. 重申3月7日他所提出的"7项条件"；2. 有关政治协商及后继政策的出台应由总统和他两人决定，不包括阿里·布托；3. 分设两个宪法起草委员会，由东巴、西巴分别起草宪法草案，再送交议会审核。而叶海亚·汗亦强调三点：1. 强调他有责任维护巴基斯坦的政治统一；2. 在宪法颁布之前仍

---

① *Bangladesh Documents*, Vol. I, pp. 234–235.
② 有关非暴力反抗行动35条指令的具体内容可参见 A. S. M. Shamsul Arefin：*Bangladesh Documents 1971*, Vol. I, pp. 330–337；*Bangladesh Documents*, Vol. I, pp. 247–249.
③ Roedad Khan ed.：*The American Papers (Secret and Confidential) India—Pakistan—Bangladesh Documents*, 1965–1973, p. 522.
④ Richard Sisson and Leo E. Rose：*War and Secession- Pakistan, India, and The Creation of Bangladesh*, p. 111.

应实行军法管制；3. 建议穆吉布·拉赫曼与阿里·布托摈弃前嫌，进行政治谈判。①

3月17日，双方举行全体会议，各代表团的主要成员悉数参加，西巴代表团的成员包括：总统办公厅主任穆罕默德·匹尔扎达中将、巴基斯坦最高法院首席大法官 A. R. 克耐尔努斯（A. R. Cornelius）、总统法律顾问穆罕默德·哈桑少将（Mohammed Hasan）以及三军情报局首脑阿克巴中将（Akbar）。人民联盟方面的主要领导人塞义德·纳斯努尔·伊斯兰姆（Syed Nazrul Islam）、塔菊丁·艾哈迈德、穆萨·阿里（Mansur Ali）、孔达卡·穆斯塔克（Khondakar Mushtaque）也都全部到会。会谈中，叶海亚·汗表示他原则上同意权力移交、废止军法管制和施行宪政，但废止军法管制应当在议会召开之后，而最重要的则是应该由包括巴基斯坦人民党在内的各政党协商议定制宪问题，不能将阿里·布托与人民党排除在外。而穆吉布·拉赫曼则坚持自己的观点，坚决不与阿里·布托合作。②

3月20日双方再次举行会谈。较之前次会谈，双方在何时废止军法管制以及分设两个宪法起草委员会这两大问题上的意见分歧暴露出来。穆吉布·拉赫曼认为撤销军法管制刻不容缓，并要求叶海亚·汗在议会召开之前就授予国民议会立法权限；而叶海亚·汗则强调在宪法出台之前，保持军法管制的重要性，若在新的政治秩序尚未建立之前就贸然废止军法管制，那么国家将陷于一片混乱。在分设两个宪法起草委员会，分别起草宪法草案问题上，叶海亚·汗持有保留态度。他认为鉴于东巴、西巴的政治主张难以调和，若分立两个委员会则会使宪法草案的制订难上加难，因此，稳妥的方法是在宪法制订前，各方政治力量进行行之有效的协商，达成妥协。尽管双方在上述问题上存在分歧，但会议结束前，双方同意共同起草一份有关制宪谈判的声明。③

就在双方19日会谈的同时，摩擦事件又起。19日下午隶属于巴基

---

① G. W. Choudhury：*Last Days of United Pakistan*，p. 166.

② G. W. Choudhury：*Last Days of United Pakistan*，p. 166.；Ahmad Salin：*Ten days that dismembered Pakistan-March 15 – March 25，1971 – The Real Story of Yahya-Mujib-Bhutto Talks*，Islamabad：WorldMate，2001，pp. 86 – 87.

③ Herbert Feldman：*The End And The Beginning*：Pakistan 1969 – 1971，pp. 123 – 124.

斯坦陆军第 14 师的第 2 俾路支营试图以"换防"名义要求驻扎在达卡市以东 25 公里处杰德普尔（Jayderpur）的东孟加拉团第 2 营交出手中的武器，但遭到东孟加拉团的拒绝，两支部队产生摩擦，东巴军法当局随即在 3 月 19 日晚上 8 时起对杰德普尔实施宵禁。①此事件遭到东巴民众的强烈抗议并质疑西巴军队挑衅的真实意图。

3 月 21 日下午 4 时，阿里·布托与 15 名随从乘机抵达达卡，在军警的护送下来到下榻的达卡洲际饭店。②阿里·布托此行的目的是在叶海亚·汗的再三劝说下前往达卡，与叶海亚·汗、穆吉布·拉赫曼举行三方会谈。③当日深夜，人民联盟的两位头面人物穆吉布·拉赫曼、塔菊丁·艾哈迈德突然造访叶海亚·汗。穆吉布·拉赫曼说："就当前局势，人民联盟认为设立一个单一的内阁很难奏效，而若设立两个总理职位，由东巴、西巴组建两个隶属中央政府的权力机构可以有效地化解当前的政治纷争。"④穆吉布·拉赫曼此番言论令叶海亚·汗惊诧不已。在叶海亚·汗看来，穆吉布·拉赫曼要求设立两个总理职位，实际上是分割国家权力。穆吉布·拉赫曼此举是否是试图冲破巴基斯坦政治一统的"政治底线"？巴基斯坦军方是否应该有所行动？答案将在 72 小时之内揭晓。

3 月 22 日，叶海亚·汗、阿里·布托、穆吉布·拉赫曼进行了长达 75 分钟的三方会谈。大选之后三个月以来，各方政治力量相互猜忌、笔诛口伐、论战不断。试图以"毕其功于一役"的方式，谋求在三方会谈中解决一切分歧确实勉为其难。会谈刚开始，阿里·布托与穆吉布·拉赫曼二人就因政见不和而大声争执并离开会场。后在叶海亚·汗的劝说之下，两人才再次回到谈判桌前。当穆吉布·拉赫曼讲到分别在东巴和西巴设立两个区域性的国民议会，并根据人联"六点纲领"在东巴推行自治时，阿里·布托即刻恼怒起来，大声讲他和巴基斯坦人民党决不会

---

① *Bangladesh Documents*, Vol. I, p. 251.
② Ahmad Salin: *Ten days that dismembered Pakistan-March 15 – March 25, 1971 – The Real Story of Yahya-Mujib-Bhutto Talks*, p. 185.
③ G. W. Choudhury: *Last Days of United Pakistan*, p. 169.
④ G. W. Choudhury: *Last Days of United Pakistan*, pp. 169 – 170.

充当试图分裂巴基斯坦阴谋的"马前卒"。①三方会谈无果而终。

会谈刚一结束，匹尔扎达即告知守候在会场门外的媒体记者："鉴于目前需要各方就更广泛的政治问题达成一致，因此叶海亚·汗总统宣布原定于3月25日召开的国民议会将再度推迟。"②

3月23日是巴基斯坦"独立日"，但这一天的达卡并未呈现往昔庆祝国家独立的欢庆场景，取而代之的则是四处迎风飘扬的孟加拉民族象征——以草绿色为底色，红色圆圈中间镶嵌金色东巴版图的长方形旗帜。东巴激进民族主义者将这一天称为"抵抗日"。③ 东巴民众在全省各大中城市自发举行集会，谴责叶海亚·汗未信守承诺，意图继续控制东巴。

3月24日，巴中央政府与人联代表团就制宪问题举行最后一次会谈。在东巴民众不断高涨的政治情绪推动之下，人民联盟代表团的观点亦趋向激进。最让西巴感到不可接受的则是人民联盟对巴基斯坦现行国家政治体制的突破：要求将国家体制由联邦变更为邦联，国名变更为"巴基斯坦邦联"（Confederation of Pakistan）。④就政治学意义来看，邦联意指"国家的联合"，而联邦则是"联合的国家"。在措辞上关乎国体的细微差别立即遭到中央政府代表的严词拒绝和驳斥，双方最后一次会谈随即终止。尽管穆吉布·拉赫曼自大选以来并未在任何公开场合公开提出"东巴独立"的口号，但邦联政体的提出，在西巴军官团的政治理念中具有与东巴独立相等同的意义，那就是国家的分裂。至此，原本存留的最后一丁点儿实现西巴、东巴政治和解的愿望归于破灭。

通观大选以来的巴基斯坦政局，除去政治动能势微的各个小党，叶

---

① Rafi Raza: *Zulfkar Ali Bhutto and Pakistan* (1967 – 1977), Karachi: Oxford University Press, 1998, pp. 76 – 77. 有关3月22日三方会谈的具体情况，来自孟加拉国的资料与巴基斯坦学者的观点有很大出入。据人联领导人卡玛尔·哈桑（Kamal Hossain）回忆，22日会谈间隙，穆吉布·拉赫曼曾亲口对他讲，阿里·布托是迷恋权力的政客，并不能代表西巴民众的政治意愿。基于这种考虑，穆吉布本人反对由人民党一党独大，单独在西巴组建政府。参见 Ahmad Salin: *Ten days that dismembered Pakistan-March 15 – March 25, 1971 – The Real Story of Yahya-Mujib-Bhutto Talks*, p. 97.

② *Bangladesh Documents*, Vol. I, p. 258.

③ "Chronology of the India-Pakistan Situation, 12/70 – 12/71, the birth of Bangladesh, Central Intelligence Agency, Directorate of Intellignece, December 23, 1971", DDRS, Document Number: CK3100331073.

④ Richard Sisson and Leo E. Rose: *War and Secession- Pakistan, India, and The Creation of Bangladesh*, pp. 124 – 127. ; Ahmad Salin: *Ten days that dismembered Pakistan-March 15 – March 25, 1971 – The Real Story of Yahya-Mujib-Bhutto Talks*, p. 101.

海亚·汗、阿里·布托、穆吉布·拉赫曼是左右政局发展的"三巨头"。但军方、东巴与西巴政治力量的分化组合，使得东巴、西巴步步滑向不可弥合的决裂深渊，并促成巴基斯坦政局发展的最终结局。

就"三巨头"各自的政治角色来看，叶海亚·汗是国家政治生活的"仲裁者"。若要实行权力移交和制宪，前提是确保军人集团作为"法律和秩序的保护者"的地位和利益诉求不被削弱和损害，确保国家的主权完整与政治一统。穆吉布·拉赫曼是东巴民族主义的政治代表。以"六点纲领"实现东巴自治，追求东巴与西巴的平等地位以及谋求建立一个非中央集权的宪政秩序是人民联盟的政治目标，但它在激进派独立要求的不断浸透下也常常游走在"自治"与"独立"的边缘。阿里·布托作为西巴新兴的政治权贵，意在谋求分享国家政治权力而不甘于被忽略、被边缘化的地位，甚至为谋取权力不惜采取任何手段。

在这场三方政治角力中，叶海亚·汗具有举足轻重的作用。一方面，在 3 月 24 日之前，他一直努力寻求一个令各方满意的政治妥协方案；另一方面，他又是西巴军官团这一特殊政治利益集团的代表，武力解决东巴政治问题的强大呼声使得他难以超脱所属利益集团的行为选择。因此，自 2 月 20 日三军高级将领联席会议之后，政治对话与军事准备的两手政策便以明、暗两条途径运作起来。这里的有一个关键问题：叶海亚·汗是在什么时候认为政治解决无望，人民联盟独立意图已经显现，进而着手武力镇压？

其实早在 3 月初，巴基斯坦三军总参谋部就已经着手制订有关采取军事行动剿灭东巴分裂分子的行动计划，经修改后于 3 月 20 日由拉瓦尔品第最高统帅部正式下达，此即为日后实施的"探路灯"行动（Operation Searchlight）。①叶海亚·汗最终下定决心武力镇压是在 3 月 23 日。当晚在达卡市政大楼六楼会议室，叶海亚·汗会同西巴六位高级将领②决

---

① Richard Sisson and Leo E. Rose: *War and Secession- Pakistan, India, and The Creation of Bangladesh*, p. 132.

② 这六位巴军将领包括：三军总参谋长阿布杜勒·哈米德·汗上将、总统办公厅主任穆罕默德·匹尔扎达中将、巴基斯坦国家安全会议主席古尔·哈桑中将、东巴军法管制执行官蒂卡·汗（Tikka Khan）中将、三军副总参谋长阿克巴·汗（Akbar Khan）中将以及巴基斯坦国家安全会议执行秘书古兰·阿摩尔·汗（Ghulam Umer Khan）少将。

定于3月26日凌晨实施"探路灯"行动。①

三、美国在宪政危机的应对过程

从1970年12月7日巴基斯坦大选到叶海亚·汗决心对东巴采取武力清剿行动。尼克松政府对巴基斯坦宪政危机采取的是静观其变的不介入政策。

在巴基斯坦议会选举后的次日,法兰德就对议会选举结果可能造成的影响进行了细致的评估。法兰德认为,穆吉布·拉赫曼在本次大选中会有"令人吃惊的胜利",并将会乘势在制宪过程中实现人民联盟的政治目标。但是,西巴却不太可能完全满足东巴的政治要求。因此,"大选后的巴基斯坦政局将更加扑朔迷离"。②

由于政治纷争日趋激烈化,叶海亚·汗迫切希望了解美国政府的立场、态度并力争美国的支持。1971年2月1日,叶海亚·汗会见法兰德。会谈一开始,叶海亚·汗便开门见山地指出:"巴三军情报局得到情报,美国驻达卡总领事馆与人民联盟来往密切,美国领事馆的某些官员意图支持东巴独立。"法兰德当即否认这一传言。为了进一步试探美国对巴政治危局的具体态度,叶海亚·汗告诉法兰德,穆吉布·拉赫曼提出的"六点纲领"很可能会点燃东巴民族主义难以抑制的"独立之火",如果

---

① Badruddin Umar: *The Emergence of Bangladesh*, Vol. 2, *Rise of Bengal Nationalism* (1958 – 1971), p. 319. 很多孟加拉国、印度甚至巴基斯坦的学者普遍认为3月15日叶海亚·汗亲赴达卡与穆吉布·拉赫曼协商的真实目的并非是要维系巴基斯坦脆弱的统一,谋求政治解决途径,而是为西巴向东巴增兵争取时间。代表著作可参见:Jyoti Sen Gupta: *History of Freedom Movement in Bangladesh*, 1947 – 1973, Calcutta: Naya Prokash, 1974; Herbert Feldman: *The End And The Beginning: Pakistan 1969 – 1971*, London: Oxford University Press, 1975; S. R. Sharma: *Bangladesh Crisis and Indian Foreign Policy*, New Delhi: Young Asia Publications, 1978. 笔者认为上述观点失之偏颇。实际上,在宪政危机期间,叶海亚·汗面临两难局面,捉襟见肘,并无多少政策回旋余地。若与穆吉布·拉赫曼达成共识,结束军法统制,移交国家权力,另建邦联政体,虽可在一定程度上平息东巴如同烈火般的激进民族主义情绪,却会令千疮百孔的巴基斯坦裂痕加深,国家统一难以为续,同时也会大为削弱军官团在巴基斯坦国家权力体制中的地位,甚至于动摇军官团在西巴的执政根基。而另一方面,在关系国家命运的关键时刻,若采取武力,清剿东巴激进民族主义,虽会点燃内战之火,但可保全国家统一和强化军官团在国家政治生活中的主导地位。两相权衡,军人出身的叶海亚·汗选择了后者。

② Intelligence Brief: INRB – 217 from the Director of Intelligence and Research (Cline) to Secretary of State (Rogers), Washington, December 8, 1970", *FRUS 1969 – 1976*, E – 7: Documents of the South Asia Crisis, 1969 – 1972, available at http://www.state.gov/documents/organization/47873.pdf.

议会制订的宪法包含可能威胁巴基斯坦国家统一的条款，他将"坚决"地予以否决。对叶海亚·汗所言，法兰德表示赞同，并指明美国政府的立场："维护巴基斯坦统一与主权完整符合美国利益。"①

在与叶海亚·汗会谈后的第二天，法兰德向国务院拍发长篇电报汇报了前日与叶海亚·汗晤谈的基本情况，并针对巴政局发展，美国应采取怎样的应策提出了自己的建议。法兰德认为："一个统一的巴基斯坦符合美国的利益。""就今后一段时期，巴基斯坦政局走向的趋势来看，维持国家的政治统一将会困难重重，而且美国作为一个区外大国亦很难施加有效的影响力来防止其内部裂痕逐渐蔓延。但是，以暴力手段谋求东巴与西巴的快速分离是与美国维护南亚和平、稳定的意愿和目标相违背的。"②"美国政府应该向东巴、西巴的政治领导人明确表示：美国支持巴基斯坦的统一与完整。"③ 在同东巴民族主义者打交道的过程中，法兰德建议美国官员应采取克制态度。特别是在当前关键而敏感的时期，应当极力避免外界产生这种印象：美国对东巴关注的程度超过西巴。对于最为棘手并难以回避的东巴独立问题，法兰德重申美国政府要十分慎重地对待，当前不能明确表态支持东巴独立，"等待一个明确的裁定"、静观其变是美国政策选项的首选。④

鉴于巴基斯坦政局的不断恶化，2月16日，国家安全委员会下发了《第118号国家安全研究备忘录》（NSSM118），要求各职能部门就东巴可能独立的情况制定应急预案。⑤

2月22日，将巴基斯坦视为美国全球战略中一枚重要"棋子"的基辛格在致尼克松的备忘录提出了与法兰德相近的观点。基辛格认为："从一开始，穆吉布·拉赫曼与阿里·布托就难以在宪政问题上达成一致。

---

① "Telegram 944 from the Embassy in Pakistan to the Department of State, February 1, 1971, 1235Z", *FRUS 1969 – 1976*, E – 7: Documents of the South Asia Crisis, 1969 – 1972, available at http://www.state.gov/documents/organization/48014.pdf.

② Roedad Khan ed.: *The American Papers (Secret and Confidential) India—Pakistan—Bangladesh Documents*, 1965 – 1973, p. 473.

③ Roedad Khan ed.: *The American Papers (Secret and Confidential) India—Pakistan—Bangladesh Documents*, 1965 – 1973, p. 477.

④ Roedad Khan ed.: *The American Papers (Secret and Confidential) India—Pakistan—Bangladesh Documents*, 1965 – 1973, p. 479.

⑤ Roedad Khan ed.: *The American Papers (Secret and Confidential) India—Pakistan—Bangladesh Documents*, 1965 – 1973, p. 489.

在叶海亚·汗规定的120天制宪期限内，似乎很难出台一部令三方均感满意的宪法。穆吉布·拉赫曼是不会在东巴自治和'六点纲领'的原则上有半点后退的，而且，东巴激进的民族主义情绪也制约着穆吉布·拉赫曼的行为选择。"东巴的政治动荡、充满变数的发展趋向令美国不得不面临十分艰难的情境。"在这样一个关键时刻，我们所应该做的就是怎样去维护我们在南亚的利益。"基辛格的立场十分明确，要想维护在南亚的现有利益，美国政府就应当支持巴基斯坦的统一，并"采取坚决果断的措施回击那些指摘美国纵容东巴分裂的不实之词"。但另一方面，基辛格又指出："从现实主义视角看待当前的东巴危局，我们是无法回避东巴独立的政治诉求。"如此一来，又涉及另一个问题，那就是："我们是否应当对穆吉布·拉赫曼个人采取更为中立化的态度，而非一味地敌对？"在基辛格看来，穆吉布·拉赫曼对美国是较为友好的，如果将来有一天美国政府不得不直面东巴独立之时，穆吉布·拉赫曼将是美国周旋游弋于各方力量之间，进行讨价还价的有效工具。对于基辛格的上述建议，尼克松在备忘录左下角写下一行批语："坚决反对巴基斯坦分裂。"①

巴基斯坦作为南亚的重要国家，它的统一与完整和整个次大陆的和平与稳定有着不可割舍的紧密关联，而次大陆的和平与稳定正是尼克松政府南亚政策的基本出发点。因此，坚决反对巴基斯坦分裂是这一政策题中应有之义。但是，除了维护次大陆的和平与稳定之外，尼克松—基辛格的战略地图中是否还有其他层面的考虑呢？笔者认为在巴基斯坦宪政危机发生的同时，肩负中美关系"解冻"重任的"巴基斯坦渠道"亦在有条不紊地秘密进行着。如果美国在巴基斯坦内政危局问题上处理不当，则极有可能断送中美关系"解冻"的良机，从而使美国冷战战略转型化为泡影。故而，基于全球战略的考虑和叶海亚·汗军人政权在美国战略棋局中的显著地位，尼克松在巴基斯坦宪政危机上的政策立场必须与美国战略的大方向保持一致：支持叶海亚·汗和巴基斯坦国家统一与完整不容侵犯，以鲜明的政治立场换取"秘密外交"的持续运作，确保战略的成功转型。尽管在已解密档案文献中，笔者还未发现这一时段直接的史料支持，但其后美国决策层内部的政策衍变从一个侧面间接说明了"二人团队"在战略层面的考量是影响美国政府危机政策的重要

---

① F. S. Aijazuddin ed.：*White House & Pakistan*：*Secret Declassified Documents*，1969 – 1974，pp. 231 – 232.

因素。

2月下旬以来，巴基斯坦政治危局的不断激化进一步引起美国政府的关注。东巴、西巴之间的矛盾纷争难以弥合，政治一统的希望愈加渺茫。已被东巴民众激进而狂热的民族情绪推向独立边缘的穆吉布·拉赫曼亦难以单凭一人之力左右民众的意愿和东巴政局的走向。为此，面对繁复微妙的巴基斯坦政局，美国加强与东巴、西巴的协调，利用法兰德的"穿梭外交"试图在西巴、东巴之间保持平衡：在向叶海亚·汗表明美国支持巴基斯坦维护统一立场的同时，也希望穆吉布·拉赫曼能够与西巴达成妥协，不要贸然宣布东巴独立，以免形势激化。

在与叶海亚·汗商议之后，2月28日，法兰德亲赴达卡与穆吉布·拉赫曼会谈。为了摸清美国政府的态度，穆吉布·拉赫曼首先指明他不像阿里·布托有强烈的亲华倾向，他谋求与美国的友好关系。当法兰德询问穆吉布·拉赫曼是否会支持东巴独立时，他表示："将更倾向于采取邦联政体，而非巴基斯坦的分裂。"但他同时强调"他的人民强烈地希望他们的权益被尊重，不会再接受屈辱的殖民统治。"当然，穆吉布·拉赫曼也预感到西巴中央政府有可能会采用武力先发制人，遏阻人民联盟当政。为此，他向法兰德提出："如果西巴对人民联盟采取武力强制，美国会采取怎样的应策？"根据国务院的指示，驻巴大使馆应避免给人民联盟留下华盛顿支持东巴独立的任何印象。所以，法兰德回答："次大陆保持稳定符合美国的利益。"①尽管未正面答复，但支持统一，不纵容分裂的寓意是明确的。

3月5日，法兰德向国务院拍发电报，电文中指出西巴军方介入东巴宪政危机的几率要比原先预想的大得多，一旦军方认为国家统一难以延续，将会动用武力。尽管在东巴的驻军兵力不足，但有迹象表明西巴正在运用各种手段向东巴增派军队，有备无患。②

---

① "Telegram 540 from the Consulate General in Dacca to the Department of State, February 28, 1971, 0824Z", *FRUS* 1969–1976, E-7: Documents of the South Asia Crisis, 1969–1972, available at http://www.state.gov/documents/organization/48043.pdf.

② Roedad Khan ed., *The American Papers* (*Secret and Confidential*) *India—Pakistan—Bangladesh Documents*, 1965–1973, pp. 498–499.

3月6日，基辛格主持召开国家安全委员会高级审查组会议①。在基辛格的动议下，会议决定达卡总领事馆不应向人联代表公开表示支持东巴独立。基辛格强调："尼克松总统不会同意采取可能被叶海亚·汗视为有意冒犯的行动。"② 虽然"二人团队"希望以政治途径而非武力镇压维持巴基斯坦统一，但处于保护"巴基斯坦渠道"的战略考虑，又不希望因为美国不必要的干预而令叶海亚·汗心生不满，影响"秘密外交"的进行。所以，即便东巴独立的苗头显露，尼克松亦不愿意因小失大而打算承认东巴独立。这样一种以全球战略而非地区主义的视角审视东巴宪政危机的思维路径不仅是尼克松和基辛格解读危机、应对危机的主要思维方式，同时，也在后继危机发展中支配着尼克松政府的危机决策。

就现有档案文献分析，这一时期，尽管国务院及其他职能部门并不知晓尼克松和基辛格策划的"秘密外交"，但基于避免过多介入南亚国家内部争端的共同认识，白宫和国务院在基本政策取向是一致的：静观其变。但是已解密的档案文献中均未收录3月15日到3月25日之间美国方面关于东巴问题的任何文件记录。笔者认为这是研究1971年南亚危机的一个重要的史实"缺环"。想要完整地勾勒出危机全面爆发之前，美国政府的应策走向还需要档案文献的进一步公开。

小 结

本章主要分析了危机前夜的巴基斯坦政治变局与美巴关系的新发展。通过分析，我们可以归纳出三个内容要点。首先，1971年南亚危机的发展具有"内发性"特征。巴基斯坦内部的制度缺陷与政治动荡构成了本次地区危机的逻辑起点，进而"外溢"到次大陆，引发印巴之间的跨国危机。其次，美国战略转型与巴基斯坦政局发展的时间重合。相较风雨飘摇的巴基斯坦，美国正积极开掘"解冻"中美关系的外交渠道，试图扭转相对于苏联的战略颓势。而尼克松和基辛格最为倚重并最终取得突破性成果的是"巴基斯坦渠道"。如何在推进"巴基斯坦渠道"有效运

---

① 1970年9月14日，高级考察组在原有的国家安全委员会考察组会议的基础上组建，参与人员与基本权限未变。参见 FRUS, 1969–1976, Vol. II: Organization and Management of U. S. Foreign Policy 1969–1972, pp. 264–265.

② FRUS 1969–1976, Vol. XI: South Asia Crisis, 1971, pp. 14–15.

作的同时，适时关注并切实应对巴基斯坦的内政危机是尼克松政府必须审慎思量的重要问题。第三，美国立场的两重性考量。面对巴基斯坦政治变局，尼克松政府的因应策略具有两重性：第一，积极因素。巴基斯坦是"解冻"中美关系的"关键国家"，其内政纷争不应阻碍华盛顿—伊斯兰堡—北京的"秘密外交"进程，美国的立场必须服从，并服务于对外战略的核心目标；第二，消极因素。以全球视阈而非地区主义的视角审视东巴宪政危机的思维路径虽可以积极推动三方"秘密外交"，但却难以弥合东巴与西巴的巨大鸿沟，难以有效消解危机的"内发性"根源。实际上，美国立场的两重性考量折射出巴基斯坦在美国全球战略中的作用，以及其内政变化对美国全球战略的影响。

第三章　危机初始阶段与美国对巴基斯坦的政策倾斜

3月25日，西巴政府军实施"探路灯"行动，南亚危机正式爆发。从3月25日到6月是南亚危机的初始阶段。叶海亚·汗在初步稳定东巴形势，将东巴抵抗力量驱赶到偏远山区和印度境内之后，着手他的政治重建计划，力图抹去人联在东巴政治图景中的印记。但东巴民众的抵触情绪却丝毫未有缓解。与此同时，难民问题出现并有不断增强之势，东巴内乱"外溢"成为印巴之间的跨国危机，印度采取公开外交与秘密行动相结合的方针，公开造势申明支持和同情东巴的反抗斗争，而且默许建立"孟加拉临时政府"，组建孟加拉民族解放军，与叶海亚·汗军人政权对抗。危机爆发之后，尼克松政府的政策取向有一个从不介入向有限介入的转变过程。这种政策转变的背后反映了"二人团队"在多方政治力量均要求白宫改变政策的政治环境之下，必须在全球战略层面的考量与针对地区政治变动的应对之间进行协调折中。在支持巴基斯坦政府被确定为美国的政策底线之后，如何在有效缓解东巴危机的同时，推进全球战略调整而不受关键国家——巴基斯坦内部动荡的影响，是危机初期白宫最高决策者必须审慎思量的重要问题，特别是打通中美关系"解冻"的"秘密外交"渠道正在危机发展的同时紧锣密鼓地积极运作，并进入筹备中美高层秘密会谈的攻坚阶段。一招不慎而满盘皆输是尼克松和基辛格在危机决策过程中极力避免的状况。通观尼克松政府的南亚危机政策，有两大目标：第一，缓解印巴之间的紧张对峙关系，以免次大陆两强因为东巴内战而烽烟再起；第二，力促西巴、东巴政治和解，化解危局并使难民返回家园。为实现上述两大目标，尼克松从三个层面看待1971年南亚危机：第一，人道主义；第二，印巴关系；第三，巴基斯坦的国内政治变局。针对上述三个层面存在的问题，尼克松的危机政策表现为三个方面：第一，争取国际人道主义援助，缓解难民危机的破坏性影响；第二，对印巴进行双向规制，要求双方保持克制，避免由于难民问题使两国冲突升级；第三，谋求西巴、东巴之间的政治和解。当然，在支持巴基斯坦政府被"二人团队"确定为政策底线的情况下，尼克松政府的危机政策表现出鲜明的对巴政策倾斜。但是，当这种以对巴政策倾斜为关键词的危机政策遭遇地区敌对的强势碰撞之后，非但没有缓解危机，反而将危机推向矛盾更加激化的境地。

第一节　叶海亚·汗对东巴政治的强力控制与美国的应策

一、"探路灯"行动

　　叶海亚·汗在西巴军官团强硬派的强大压力下，以东巴的秩序和军法管制失去控制、人民联盟图谋分裂国家为由，下令采取"探路灯"行动，1971 年南亚危机由此全面爆发。此次行动有三大根本意图：第一，先发制人，扑灭人民联盟的叛乱图谋；第二，粉碎东巴激进的民族主义；第三，打击支持东巴独立的社会力量。军方策划者的四大行动目标分别为：首先，逮捕穆吉布·拉赫曼和人民联盟的高层领导人；其次，肃清主要由孟加拉人组成并与人联联系紧密的东孟加拉团（East Bangladesh Regiment）、东巴基斯坦步枪队（East Pakistan Rifles）[1] 以及警察部队；第三，肃清以下几类威胁国家安全的人群：左派知识分子、青年学生、倾向于支持东巴分裂的政府雇员以及印度教徒，其中达卡大学是重点攻击目标；第四，接管此前由东巴分离主义者控制的媒体传播机构。[2]

　　为了加强对东巴局势的控制，自 3 月上旬开始，西巴军方将原驻扎在奎达（Quetta）的巴基斯坦陆军第 16 师作战人员及随身携带的轻型武器通过不间断空运的方式运往东巴，而重型装备则通过海路运输。至少有 13 架 C－130 军用运输机和 30 架巴基斯坦国际航空公司的波音客机用

---

[1] 东巴步枪队是于 1948 年组建的准军事部队，主要负责边境巡逻、社会治安及反走私任务。截止 1971 年 3 月，其总兵力为 1.5 万人，除中高级军官外，70% 的低级军官和士兵是孟加拉族。

[2] 有关"探路灯"行动的指令文本可参见 A. S. M. Shamsul Arefin：*Bangladesh Documents 1971*, Vol. I, pp. 339 – 358；Siddiq Salik：*Witness to Surrender*, Karachi：Oxford University Press, 1977, Appendix 3.

于军队运输。①截止3月25日，蒂卡·汗手中的兵力共有包括驻守东巴的第14步兵师及增援的第16师的一部，总计20个步兵营、7个炮兵营、1个装甲团及其他技术保障分队。蒂卡·汗将这些部队以营或连为单位布防，扼守重要城镇和交通要道，并派出机动部队协助守卫部队作战。就行动地域的划分来看，达卡市及周边地区、包括吉大港和锡尔赫特在内的梅格纳河以东地区、杰索尔地区为行动的重点地区。②

在行动准备工作就绪后，3月25日傍晚，叶海亚·汗乘坐总统专机返回拉瓦尔品第。在头一天即24日晚上，叶海亚·汗打电话给蒂卡·汗，指示3月26日凌晨开始行动。③

1971年3月25日，达卡的紧张气氛令人窒息。晚上10时左右达卡市各处就传来零星的枪炮声。凌晨时分，行动正式开始。首批攻击目标为达卡大学、位于达卡近郊匹尔科纳（Pilkhana）的东巴基斯坦步枪队总部和纳加尔巴格（Rajarbagh）的东巴警察总局，以及团部设在吉大港的东孟加拉团。④

据事发当晚亲眼目睹清剿镇压行动的英国《每日电讯》（*The Daily Telegraph*）记者斯默·德林（Simon Dring）回忆："西巴军队动用了包括1个机械化步兵营、1个炮兵营和1个装甲营在内的部队进攻达卡大学。午夜过后不久，大规模进攻开始。在M-24坦克的引领下，军队冲破达卡大学校门，在占领了校园内的英国议会图书馆（The British Council Library）后，将其作为制高点向校园内的其他设施开火。"⑤政府军攻击的重点在艾库博会堂（Iqbal Hall）和加嘎纳会堂（Jagannath Hall）。前者是东巴学生联合会的总部所在地（被西巴军官团认为是好战的反政府学

---

① FRUS 1969 – 1976, Vol. XI: South Asia Crisis, 1971, p. 32. 1971年4月17日，塔菊丁·艾哈迈德曾向美国记者透露，从3月1日开始，直到25日，西巴政府军不断向东巴境内各主要城市集结重兵，甚至还包括一支执行城市特种作战任务的突击队。参见 Ahmad Salin: *Ten days that dismembered Pakistan-March 15 – March 25, 1971 – The Real Story of Yahya-Mujib-Bhutto Talks*, p. 6.

② Siddiq Salik: *Witness to Surrender*, pp. 218 – 220. 曾参与东巴民族抵抗运动的孟加拉退役中将阿布·萨拉哈·默罕默德·纳什姆（Abu Salah Mohammed Nasim）在其撰写的战史著作《孟加拉为自由而战》中详细说明了西巴政府军在"探照灯"行动开始之前的军事调动和布防情况。参见 Abu Salah Mohammed Nasim: *Bangladesh Fights for Independence*, Dhaka: City Art Press, 2002, pp. 30 – 31.

③ G. W. Choudhury: *Last Days of United Pakistan*, p. 184.

④ Abu Salah Mohammed Nasim: *Bangladesh Fights for Independence*, pp. 33 – 34.

⑤ G. W. Choudhury: *Last Days of United Pakistan*, p. 185.

生组织总部）；后者是达卡大学信仰印度教的青年学生集会的主要场所。在措手不及之中，大约有 360 余名青年学生命丧枪炮之下。①

除了肃清激进学生的活动总部之外，军方也依据事先拟定好的名单对达卡大学同情支持东巴民族主义运动的教师展开大规模搜捕和枪杀。②

在政府军攻打达卡大学的同时，位于达卡近郊匹尔科纳的东巴基斯坦步枪队总部和纳加尔巴格的东巴警察总局亦是西巴军队重点拔除的目标。在坦克、大炮的火力掩护之下，政府军对以上两处目标展开突然进攻。由于遭到顽强抵抗，直到 3 月 26 日清晨，政府军才艰难地攻占这两处目标。大约有 800 名东巴步枪队士兵和 1000 名东巴警察在交战中丧生。③但在东巴境内其他地区，东巴步枪队的抵抗则一直持续到 4 月中旬。④

3 月 26 日，叶海亚·汗发表广播讲话，强调"确保一个完整、牢固和安全的巴基斯坦是巴基斯坦武装力量的责任，我已经下令让他们去履行责任，并恢复政府的权威"。"我呼吁我的国民充分意识到这一局势的严重性，应将所有的职责都指向那些巴基斯坦反对者和分裂主义者"。⑤

---

① Jyoti Sen Gupta: *History of Freedom Movement in Bangladesh*, 1947-1973, Calcutta: Naya Prokash, 1974, pp. 282-283.

② 孟加拉国民间研究机构——孟加拉大屠杀档案馆（Bangladesh Genocide Archive）的网站上援引曾参与指挥枪杀孟加拉知识分子行动的前巴基斯坦政府军军官、其他当事人的口述和相关研究资料列举了"探路灯"行动开始后遭杀害的达卡大学、杰拉沙希大学教师，以及新闻记者、医生、艺术家在内的详细名单。参见 http://www.genocidebangladesh.org/? page_id =32。孟加拉国学者森·古普塔（Sen Gupta）根据有关当事人的采访后列出 3 月 25 日当晚被杀害的达卡大学教师的名录，包括：达卡大学心理学系主任 G. G. 德武（G. G. Dev）教授、统计系主任莫尼茹斯曼（Moniruzzaman）教授、英语系杰提莫尼·古哈塔库塔（Jyotirmoy Guhathakurta）教授、历史系穆林·阿里（Munim Ali）教授等在内的 12 人。参见 Jyoti Sen Gupta, *History of Freedom Movement in Bangladesh*, 1947-1973, p. 286. 此外，美国记者诺曼·卡曾斯（Norman Cousins）在 1971 年 5 月 21 日出版的《周六评论》（*Saturday Review*）上发表题为"东巴的大屠杀"（*Genocide in East Pakistan*）的署名文章，对 3 月 25 日晚—4 月初，西巴政府军对东巴知识界人士的血腥镇压有十分详尽的叙述。参见 A. M. A. Muhith: *Americian Response to Bangladesh Liberation War*, Dhaka: The Uiversity Press Limited, 1996, pp. 81-82.

③ Jyoti Sen Gupta: *History of Freedom Movement in Bangladesh*, 1947-1973, p. 284.

④ 有关东巴步枪队的布防和"探照灯"行动开始后，东巴步枪队对西巴政府军进行的抵抗行动可参见 Abu Salah Mohammed Nasim: *Bangladesh Fights for Independence*, pp. 54-60.

⑤ "Political Activities Banned: Awami League is Outlawed—Defiance of Law Act of Treason—A. L. Insulted National Flag and Quaid—Transfer of Power Pledge Reiterated—President's Address to Nation", *Pakistan Times*, 27 March 1971. 转引自 [孟] 威廉·冯·申德尔：《孟加拉国史》，李腾译，上海：东方出版社中心 2011 年版，第 164 页。

军事镇压行动之时，阿里·布托尚在其下榻的达卡洲际饭店。3月26日早上7时，在两名身材高大的巴基斯坦军官的"护送"下，阿里·布托被塞进一辆军用吉普车，前往达卡军用机场，乘坐飞机返回西巴。与阿里·布托同行的还有同住在达卡洲际饭店的46名外国记者。他们在被粗暴地强行收走随身携带的摄影机、照相机、笔记本之后，亦被强制离开达卡。但在这46名外国记者中有3位趁其不备，溜了出来，留在达卡。他们分别是斯默·德林、阿诺德·查特林（Arnold Zeitlin）、米歇尔·诺论特（Michel Laurent）。①他们亲历了军事镇压行动的整个过程，通过实况报道使外界能够在危机行进过程中了解事件真相。

除了达卡之外，吉大港作为东孟加拉团团部所在地，亦是此次军事行动的重要目标。3月25日晚，驻扎在库米拉（Comilla）的巴基斯坦第53步兵旅联手驻防吉大港的巴基斯坦第20俾路支营对东孟加拉团团部发起进攻。当时驻守总部的是东孟加拉团第8营和由新兵组成的第9营，经过顽强抵抗，第9营的一部在26日清晨突围。东孟加拉团第8营在副营长齐亚·拉赫曼（Ziaur Rahman）少校的率领下占领了吉大港电台，发出了反对军事独裁政权、成立孟加拉人民共和国的第一声呐喊。②在政府军的强大攻势下，齐亚·拉赫曼的抵抗部队被迫于3月31日撤出吉大港市，向印度与东巴的边境地区转移。③

在吉大港兵变的同时，驻扎在东巴各地的其余5个东孟加拉步兵营纷纷揭竿而起，反击政府军。④但在政府军有组织的进攻之下，缺乏全面协调和武器弹药供应的东巴各支部队且战且退，在4月下旬全部撤退到印度境内，而西巴政府军则基本控制了东巴各主要城市。⑤

"探路灯"行动的实施对本已千疮百孔的巴基斯坦而言是一场大浩劫，内战与分裂的"潘多拉"魔盒终于打开。当权的西巴军官团将枪口对准的不是自己的敌人，而是自己的东巴同胞。行笔至此，一个非常重

---

① G. W. Choudhury: *Last Days of United Pakistan*, p. 185.
② Abu Salah Mohammed Nasim: *Bangladesh Fights for Independence*, p. 44.
③ Abu Salah Mohammed Nasim: *Bangladesh Fights for Independence*, pp. 35–36.
④ 这5个营分别是驻扎在杰索尔、坦噶尔、迈门辛格、婆罗门巴里亚和门达尔帕拉的第1营、地2营、第3营、第4营和第10营。有关这5个营抵抗西巴政府军军事进攻的详细过程可参见 Abu Salah Mohammed Nasim: *Bangladesh Fights for Independence*, pp. 44–54.
⑤ Sukhwant Singh: *The Liberation of Bangladesh*, New Delhi: Vikas Publishing House, 1980, pp. 9–12; Abu Salah Mohammed Nasim: *Bangladesh Fights for Independence*, pp. 36–37.

要的史实需要明辨,就是在"探路灯"行动的实施过程中是否发生了针对东巴平民的"大屠杀"。

对此问题学界有两种截然不同的观点。第一种观点认为自1971年3月25日晚上军事镇压行动开始,直到第三次印巴战争结束,西巴军队大肆屠戮东巴平民,奸淫掳掠。①很多镇压行动的目击亲历者事后纷纷撰写回忆著作和文章将这段尘封的腥风血雨呈现与世人面前。②不仅大多数研究南亚问题的学者认为大屠杀伴随着1971年南亚危机始终,而且西方主流媒体亦强烈批驳叶海亚·汗军人政权的"反人道主义罪行"。据《纽

---

① 持此种观点多为印度、孟加拉国以及西方学者。代表性著作包括:G. W. Choudhury: *Last Days of United Pakistan*, Bloomington: Indiana University Press, 1974; Mitra Das: *From Nation to Nation: A Case Study of Bengali Independence*, Calcutta: Minerva Associate, 1981; Abdul Wadud Baujyan: *Emergence of Bangladesh and Role of Awami League*, New Delhi: Vikas, 1982; Kaji Samasujjamana: *History of The 1971 Bangladesh Freedom Struggle*, Dhaka: Nargisa Jamava, 1985. 有关"探路灯"行动开始后,西巴政府军在东巴屠杀孟加拉族平民以及印度教徒的最新研究可参见 Mofidul Hoque ed.: *Bangladesh Genocide 1971 and the Quest for Justice—Papers presented in the Second International Conference on Genocide, Truth and Justice on 30 - 31 July*, 2009, Dhaka: Kamala Printers, 2009; Noah Berlatsky ed.: *Genocide & Persecution—East Pakistan*, Maine: Greenhaven Press, 2013; Wardatul Akman: "Atrocities against Humanity during the Liberation War in Bangladesh: A Case of Genocide", *Journal of Genocide Research*, Vol. 4, No. 4, 2002, pp. 543 - 559; Sayeeda Yasmin: "Beyond the Archive of Silence: Narratives of Violence of the 1971 Liberation War of Bangladesh", *History Workshop Journal*, Issue 58, Autumn 2004, pp. 274 - 286; Nayanika Mookherjee: "'Remembering to Forget': Public Secrecy and Memory of Sexual Violence in the Banladesh War of 1971", *The Journal of the Royal Anthropological Institute*, Vol. 12, No. 2, June 2006, pp. 433 - 450; Suzannah Linton: "Bangladesh and the Prosecution of International Crimes from the 1971 War of Independence from Pakistan", *Criminal Law Forum*, Vol. 21, 2010, pp. 187 - 190; Suzannah Linton: "Completing the Crime: Accountability for the Crimes of the 1971 Bangladesh War of Liberation", *Criminal Law Forum*, Vol. 21, 2010, pp. 191 -311; Jalal Alamgir, Bina D. Costa: "The 1971 Genocide: War Crimes and Political Crimes", *Economic & Political Weekly*, March 26, 2011.

② 孟加拉大屠杀档案馆的网站上刊载有大量有关大屠杀事件亲历者的口述访谈、回忆文章,以及图片和影像资料。其中包括达卡大学教授拉菲克·伊斯兰(Rafiqul Islam)、美国记者阿诺德·查特林,以及前巴基斯坦海军军官马扎赫·赛义德(Mazer Saeed)的口述和回忆。参见 http://www.genocidebangladesh.org/? page_id = 22。美国学者诺亚·布拉特斯基(Noah Berlatsky)主编的论文集《屠杀与迫害—东巴》的第三章刊载了来自巴、印、孟3国的5名大屠杀事件的亲历者和当事人的回忆文章。参见 Noah Berlatsky ed.: *Genocide & Persecution—East Pakistan*, pp. 145 - 178. 曾任《政治家报》(*The Statesman*)驻达卡的记者阿布杜勒·瓦哈比(Abdul Wahab)亲眼目睹了西巴军队对达卡大学以及达卡市印度教徒聚居区的突然袭击。1998年他将当年所亲历目睹的事件结集成书,参见 Abdul Wahab: *One Man's Agony*, Dhaka: Dhaka University Press, 1998. 曾担任世界银行东巴经济发展考察团成员的亨德里克·范·黑登在1971年5 - 6月对东巴进行考察,其后他将所见所闻登载在1971年7月14日的《泰晤士报》(*The Times of London*)上。参见 *The Times of London*, July 14, 1971.

约时报》1971年3月28日、29日以及4月1日的连续报道，仅在达卡市因为军事镇压行动而殒命的民众人数就分别达到7000人、10000人、35000人。①随着军事镇压和清剿行动向东巴腹地的扩散，屠戮行为仍在不断发生。孟加拉学者根据西方报刊所载的消息，将危机发展的不同时段，被杀害的东巴民众人数进行了如下统计（见表3-1）。

表3-1 西方国家主要报刊报道的1971年南亚危机期间被屠杀的东巴民众人数统计表②

报刊名称	报道时间	被屠杀的东巴民众人数（单位：百万）
The Baltimore Sun（巴的摩尔太阳报）	1971年5月14日	0.5
Washington Daily News（华盛顿时报）	1971年6月13日	0.5~1.0
New York Times（纽约时报）	1971年7月14日	0.2~0.25
Wall Street Journal（华尔街周刊）	1971年7月23日	0.2~1.0
The Christian Science Monitor（基督教科学箴言报）	1971年7月31日	0.25~1.0
Newsweek（新闻周刊）	1971年8月2日	0.25

第二种观点则认为"探路灯"行动是西巴军方有限定目标的针对性军事行动，而非毫无节制的屠戮。③巴基斯坦学者赫伯特·弗尔德曼（Herbert Feldman）引证一位曾参与"探路灯"行动的前巴基斯坦特种部队军官的话指出，3月25日当晚，西巴军队使用坦克、装甲车推平路障并摧毁了反叛者控制的达卡市电视广播大楼，同时还使用了轻重武器对既定目标进行攻击，并未针对无辜平民随意开火。据此弗尔德曼认为："如果西巴军队从3月25日当晚就开始大屠杀，那么数量有限的西巴政府军是否还有精力去扑灭四处蜂起的东巴叛乱？"④

上述两种观点实际上反映了两个问题：第一，究竟在1971年危机期

---

① *New York Times*, March 28, March 29, April 1, 1971.

② http://www.virtualbangladesh.com/history/holocaust.html.

③ 持此种观点的多为巴基斯坦学者。代表性著作包括：Herbert Feldman: *The End And The Beginning: Pakistan 1969-1971*, London: Oxford University Press, 1975; Matiur Rahman ed.: *Second Thoughts on Bangladesh*, London: Oxford University Press, 1979; Latif Ahmed Sherwani: *Pakistan, China and America*, Karachi: Arambagh Printers, 1981. 笔者注意到随着有关1971年南亚危机期间，针对东巴民众的种族屠杀史料的逐步开放，持有此种观点的学者日趋减少。

④ Herbert Feldman: *The End And The Beginning: Pakistan 1969-1971*, p.133.

间有多少东巴平民死于军事镇压？对此问题缺乏精确的数据统计。① 第二，上述两种观点在怎样判定死难的人究竟是无辜平民，还是所谓的"叛乱分子"缺乏统一界定标准。但至少可以肯定一点，"探路灯"行动是西巴军方一次计划周详并有明确指定目标的有限军事行动，但在猜忌、不信任乃至漠然、仇视这样一种东巴、西巴之间严重的裂变心理支配下，具体行动的实施过程中确实有如众多亲历者所说的大量乱杀无辜现象的存在，而这一行为反过来更加激起东巴民众的反抗怒火，星火燎原之势不可抵挡。②

"探路灯"行动计划中有一项重要任务：抓捕穆吉布·拉赫曼和人民联盟的其他高层领导人。亲自参与抓捕穆吉布·拉赫曼行动的前巴基斯坦特种部队军官扎法尔·艾哈迈德·汗（Zafar Ahmad Khan）准将回忆了抓捕行动的相关细节。3月23日，正驻防在库米拉的扎法尔·艾哈迈德·汗接到上级命令，令其火速搭乘一架C-130军用运输机赶往达卡接受特别任务。下飞机后，根据指示他先后拜见蒂卡·汗中将和哈米德·汗上将，并正式接受抓捕穆吉布·拉赫曼和人民联盟的其他高层领导人的命令。哈米德·汗再三叮嘱"要活捉穆吉布·拉赫曼"。3月26日凌晨1时，在三路人马的合围之下，穆吉布·拉赫曼在其寓所中被逮捕。③

在已有研究中，对于穆吉布·拉赫曼的被捕多是一笔带过，未作分析。但身处当时复杂多变的环境，穆吉布·拉赫曼是否对军方采取强力行动一事毫不知情？这里有两个史实需要进行比较辨析。据人联高层领导人纳斯努尔·伊斯兰姆（Nazrul Islam）回忆，在穆吉布·拉赫曼被捕

---

① 孟加拉国官方宣称，自1971年3月25日起到12月16日，总共有300万孟加拉人被屠杀。而巴基斯坦官方则认为在东巴内战期间，有2.6万孟加拉平民死亡。另据《印度时报》2008年6月20日刊载的报道指出，在整个孟加拉国独立战争中死亡的孟加拉平民的人数为26.9万人。参见 http://www.genocidebangladesh.org/。

② 在军事镇压行动开始之后，被任命为东巴驻军司令的前巴陆军中将尼兹在回忆录中披露时任东巴军法管制执行官的蒂卡·汗中将并未认真执行有限定目标的军事行动计划，而是从一开始就采取了"焦土"政策，造成大量民众伤亡。正因为此，1971年4月2日，对蒂卡·汗不满的叶海亚·汗任命尼兹为东巴驻军司令，而此前蒂卡·汗兼东巴军法管制执行官和东巴驻军司令二职。参见 A. A. K. Niazi: *The Betray of East Pakistan*, New Delhi: Manohar Publishers, 1998, p. 46.

③ 具体内容可参见 Badruddin Umar: *The Emergence of Bangladesh*, Vol. 2, *Rise of Bengal Nationalism* (1958-1971), pp. 336-340.

之前，两人最后一次会面的时间是 3 月 25 日晚上 10 时。在他的寓所中，穆吉布·拉赫曼告诉伊斯兰说："我听到消息，在叶海亚·汗离开达卡后不久西巴军队将会采取行动，向我们进攻。"在场的其他领导人立即建议包括穆吉布·拉赫曼在内的人联高层集体转移到达卡旧城区一栋两层小楼里。但穆吉布·拉赫曼表示拒绝离开寓所，并面带沮丧之情地说："我无处可藏，若我离开这栋房子，西巴军队会大肆搜捕，到时候将有很多无辜市民因我而死在西巴军队的枪口之下。"①

前印度国外情报局官员阿索卡·拉伊纳则在他的著作中讲到，印度国外情报局研究分析处安插在达卡的"鼹鼠"在 1971 年 3 月 3 日巴陆军第 16 师的部队秘密抵达吉大港时，就通过内线获悉这一情报。当天，特工人员就将这一消息秘密发送给新德里，并指出一场大规模的镇压即将来临。新德里接到这份电报后立即指示情报人员与人联高层领导接触，希望他们及时撤离达卡，转移到印度开展抵抗斗争。在军事镇压开始的几个小时前，穆吉布·拉赫曼表示同意让人联的其他高层领导转移到印度，而他自己却倔强地拒绝离开。②

以上两条史料尽管来源并不相同，但都说明在西巴军方开始强力行动之前，穆吉布·拉赫曼是知道军方将要采取行动的。那么，为什么在知晓军方铁定采取行动的时候，穆吉布·拉赫曼却拒绝离开寓所？是否真如穆吉布·拉赫曼所言是为了避免更多的血腥屠戮？

回顾自 1970 年 12 月大选以来的多方政治角逐，处于东巴民族主义风口浪尖的穆吉布·拉赫曼实际上面临着一个政治选择上的两难困境：一方面，人联内部的激进派毫无妥协地要求完全独立；另一方面，党内的温和派则倾向于东巴最大限度的自治。若"独立牌"一出，势必遭到西巴军官团的强力镇压。正是由于身陷两难处境，在 3 月 7 日在拉姆那赛马场的演讲当中，穆吉布·拉赫曼并未公开提出"东巴独立"的口号。但不管是"非暴力不合作运动"的实施，抑或"35 条指令"的提出，都是穆吉布·拉赫曼左右为难、顾虑重重、游走在"自治"与"独立"之间的最好注脚。笔者认为穆吉布·拉赫曼之所以不离开寓所，是因为仍处于矛盾中的他不知道下一步将采取何种行动：是与西巴彻底决

---

① Badruddin Umar, *The Emergence of Bangladesh*, Vol. 2, *Rise of Bengal Nationalism* (1958 – 1971), p. 344.

② Asoka Raina, *Inside RAW: The Story of India's Secret Service*, p. 54.

裂，打出"东巴独立"的大旗？还是向叶海亚·汗军人政权妥协？在东巴激昂的民众情绪之下，与西巴和解是不可能的，但穆吉布·拉赫曼又迟迟难下揭竿而起的决心。所以，曾经叱咤一时的穆吉布·拉赫曼在最后关头没有勇气、更谈不上周详的计划去应对西巴军方的强力镇压，只能是以一种茫然、悲观甚至绝望的态度面对接下来发生的一切。血与火的事实说明正是在穆吉布·拉赫曼的犹豫不决、幻想未除之际，叶海亚·汗和西巴军官团抓住时机实施了"探路灯"行动。

穆吉布·拉赫曼是否如 3 月 26 日叶海亚·汗演讲时所说的那样是巴基斯坦的"敌人"、妄图分裂国家的"叛徒"？为此，我们可以对相关史实作进一步的梳理。

3 月 10 日，穆吉布·拉赫曼派出代表阿拉曼格·拉赫曼（Alamgir Rahman）与美国驻达卡总领事馆官员会谈，通报穆吉布·拉赫曼对当前东巴政治局势的看法，并希望美国方面提醒叶海亚·汗应以政治途径而非武力强制解决危机，最好是在邦联的框架内由东巴、西巴达成协议，在东巴、西巴分别订立宪法，但保持一支统一的军队和统一的外交政策。①

3 月上旬，穆斯林联盟（理事会派）领导人蒙塔兹·达乌特纳（Mumtaz Daultana）曾亲赴达卡，与穆吉布·拉赫曼举行会谈，并询问他"是否希望保持一个巴基斯坦"。穆吉布·拉赫曼说，尽管他面临东巴民众以及人联内部要求独立的强大呼声，但他"仍希望看到巴基斯坦保持统一"。蒙塔兹·达乌特纳认为，穆吉布·拉赫曼的心态十分矛盾，既希望保持名义上的统一，但又对西巴军方和阿里·布托缺乏信任。因此，邦联体制被认为是化解纷争的最好方式。②

综观 3 月 25 日之前穆吉布·拉赫曼的政治主张，邦联政体是他所认为的最佳方案：可化解人联内部矛盾，兼顾"自治"与"独立"的政治诉求；在他看来，也是能令西巴满意的化解危局之途径。但是恰恰在后一点上，穆吉布·拉赫曼的"邦联"梦想在 24 日的会谈中遭西巴代表团

---

① "Telegram 697 from the Consulate General in Dacca to the Department of State, March 10. 1971, 1205Z", *FRUS* 1969–1976, E-7: Documents of the South Asia Crisis, 1969–1972, available at http://www.state.gov/documents/organization/48047.pdf.

② Roedad Khan ed.: *The American Papers (Secret and Confidential) India—Pakistan—Bangladesh Documents*, 1965–1973, pp. 525–526.

痛斥，最后一点和解希望终归破灭。

"探路灯"行动虽然对支持人联的社会力量予以重击，并逮捕了人联的主席穆吉布·拉赫曼，但其行动目标并未全部实现。包括纳斯努尔·伊斯兰、塔菊丁·艾哈迈德在内的人联高层领导人均通过各种途径越过边界逃往印度。① 人们不禁会问，为什么在东巴经营多年，具有深厚民众政治基础的人民联盟在西巴军事镇压面前不选择在东巴坚持斗争，而将党的总部搬到印度去？在缺乏其他史料支撑的情况下，阿索卡·拉伊纳书中所披露鲜为人知的细节或许能给我们进一步探究印度与人民联盟的秘密关系打开思维困惑的一个缺口。笔者就此提出的问题还需要尘封史料的佐证。但不可否认的是，在"探路灯"行动开始之后，人联的活动重心由东巴转向印度境内，这种转变在东巴内战之火点燃的同时，又将次大陆的另一个大国——印度卷入 1971 年南亚的政治旋涡之中。

二、危机爆发后尼克松政府的政策

3 月 26 日下午 3 时，基辛格紧急召开华盛顿特别行动小组会议。② 在尼克松的指示下，会议决定在当前局势下，美国政府应继续不介入的政策，以免被叶海亚·汗政权和外界认为美国是在鼓励东巴独立。③

美国首次对东巴危机作出公开的官方反应是在 4 月 5 日。白宫新闻发言人查尔斯·布瑞（Charles Bray）表示："美国政府对由于东巴动荡局势造成的人员伤亡、财产损失予以关切，并希望局势能尽快得到有效缓解。"④

美国驻印度大使肯尼斯·基廷（Kenneth Keating）对待危机的态度与"二人团队"有所不同。基廷认为叶海亚·汗采取的军事镇压政策不可能从根本上解决西巴、东巴之间的积怨。美国政府应当公开谴责"造成人道主义灾难"的军事镇压行动。而且，基廷还表示赞成国务院内部盛行的有关对东巴独立予以正式外交承认的想法。他指出："美国应当在

---

① Asoka Raina: *Inside RAW: The Story of India's Secret Service*, p. 54.
② 华盛顿特别行动小组是美国国家安全委员会处理危机的高级机构。1969 年年初北朝鲜击落美国一架 EC－121 侦察机造成两国关系紧张之后，1969 年 5 月正式成立该小组。参见 *FRUS*, 1969－1976, Vol. II: *Organization and Management of U. S. Foreign Policy, 1969－1972*, pp. 102－103.
③ *FRUS* 1969－1976, Vol. XI: *South Asia Crisis, 1971*, p. 24.
④ *Pakistan Horizon—Documentary and Chronological Appendices*, Vol. XXIV. No. 2, p. 146.

次大陆利益天平上衡量它的砝码投放，没有必要受到'不触怒叶海亚·汗政权'想法的束缚，而应当及时考虑与东巴建交以及美印关系的友好。"①

在基廷向国务院致电阐明自己对于东巴危机的观点看法的同时，4月13日，法兰德也向国务院递交了一份名为《美国对巴基斯坦的政策立场》的分析报告。在这份长篇幅的报告中，法兰德指出与西巴、东巴均保持长期、稳定、友好的关系是美国的政策目标。鉴于东巴独立难以避免，为了更好地维护美国在巴基斯坦的利益，美国政府可有三个政策选项：第一，不受东巴危机的影响，采取"一切照旧"的政策。对巴基斯坦的经济援助以及"一次例外"军售照常进行，同时支持联合国的决定向东巴提供人道主义救助；第二，对巴基斯坦采取严厉的制裁措施，迫使其停止在东巴的军事镇压行动；第三，在东巴、西巴之间灵活应对，留有政策选择的空间余地。② 在这三个选项中，法兰德认为第一和第二均不可取：第一选项将为日后美国处理与孟加拉国关系遗留极为恶劣的影响，同时在世界舆论纷纷谴责叶海亚·汗使用暴力、血腥镇压的舆情氛围中，会让外界认为是"美国支持叶海亚·汗打内战"。第二选项则会使得略有回升的美巴关系坠入最低谷。若美国基于人道主义考量因素而制裁巴基斯坦，表面上看起来会与苏联、印度及世界舆论"口径一致"，但这样一来，美国将在现实利益计算的"棋局"中先失一招。第三选项被法兰德认为是最符合当前美国利益的政策选择。在处理美国与西巴的关系上，可以采取明、暗两条路径并行前进的方式。在公开场合，美国措辞可以适度强硬，表示对"冲突中人员伤亡"、"美制武器装备在军事行动中的使用"等问题的关切；但在私下场合，则不要使用胁迫、斥责的言辞。在处理非常敏感的"一次例外"军售问题上，美国政府可以"技术检验"为由，暂停向巴基斯坦运送大威力的杀伤性武器。③

不管是"二人团队"的全局考量，还是基廷、法兰德基于不同出发

---

① Roedad Khan ed.: *The American Papers* (*Secret and Confidential*) *India—Pakistan—Bangladesh Documents*, 1965-1973, pp. 528-529.

② Roedad Khan ed.: *The American Papers* (*Secret and Confidential*) *India—Pakistan—Bangladesh Documents*, 1965-1973, p. 533.

③ Roedad Khan ed. *The American Papers* (*Secret and Confidential*) *India—Pakistan—Bangladesh Documents*, 1965-1973, p. 535.

点的观点、立场，都说明对待同一场东巴危机，美国外交决策领域实难"用一个声音说话"。"若说政府决策是在官僚机构之间形成产生的，是指决策的最终形成是在政治—经济利益各异、政治理念各不相同的官员们之间相互争斗、相互妥协的结果。而若说政府决策是权力政治的果实，则指的是决策行为的作出是在各官僚机构的代表之间，通过制度化的'游戏规则'彼此讨价还价的产物。故而，每一个决策的形成、发端以及具体内涵都附有官僚政治纷争的烙印。"[1] "二人团队"利用"巴基斯坦渠道"打破中美"坚冰"的战略考量是他们思考东巴危机，采取应对之策的重要潜台词。对此，基廷并不知情，法兰德也可能仅是略知一二；而同为美国驻外大使的基廷和法兰德则在认知美国与南亚国家关系上由于审视视角的迥异而呈现出观点的分野。因此，尼克松和基辛格认为东巴危机一经爆发便与美国的冷战战略调整有着重要的政治关联；而国务院则将因策路径定位于次大陆内部的政治变动。全球战略考量与地区主义视野的碰撞、地区主义视野内部不同利益计算的差异都从不同决策部门、决策者对东巴危机的不同观点中得到反映。随着危机的不断深化，这种观点的碰撞和纷争将会越发显著地反映在尼克松政府对南亚危机决策的后继过程之中。

三、西斯科的政策建议与美国各界对尼克松政府的批评

4月15日，助理国务卿约瑟夫·西斯科（Joseph Sisco）向代理国务卿约翰·欧文二世（John Irwin N. II）递交了一份名为《巴基斯坦和美国的关系：重新评估》的政策建议。这份文件可以说是东巴危机全面爆发以来，国务院对待此次危机立场和应策的最全面分析评估。该文件指出当前叶海亚·汗政权面临三大难题：第一，东巴的抵抗斗争并未因军方的强力镇压而销声匿迹，反而此起彼伏、接连不断；第二，东巴民众的国家认同感在不断下降，政治一统的理念难以延续；第三，东巴经济停滞，陷入瘫痪。为此，美国应当有在较长时间内应对危机的心理准备。从美国在南亚的利益诉求来看，虽不具有至关重要的利益，但有着以下5个方面的重要利益：1. 次大陆的和平与稳定；2. 防止区外大国（苏联、中国）成为次大陆的主导力量；3. 防止左翼激进派政权的出现，并

---

[1] Graham T. Allison: *Essence of Decision*, Boston: Little Brown, 1971, p. 162.

与美国为敌;4. 有效地使用经济援助促进次大陆国家的经济发展;5. 保护美国在次大陆国家公民的人身安全和美国企业的资产不受侵犯,保障投资环境。但3月25日西巴军方实施武力镇压行动后,美国的上述利益均受到不同程度的影响和损害。在东巴内战硝烟不断的危急状况下,美国政府应当重新审视美国对巴基斯坦的政策。① 为此,文件认为,若东巴、西巴组成一个松散的邦联,既可以满足东巴的政治意愿,又可以保有一个形式上统一的政体。这种方案符合美国的利益诉求。而相比之下,如果巴基斯坦仍要维持已有联邦政体,西巴军方的操控不会削弱,这样一来,不仅局势难以扭转,而且会为激进的左派政治培植土壤。假若巴基斯坦最终分裂为两个主权独立的国家,特别是东巴独立后由温和派主政,对美国而言亦是一种可以接受的方式。②

东巴政局呈现出两种趋向并存:一方面,巴基斯坦的统一难以延续;但是另一方面,西巴军方对东巴的强力控制将会持续几个月,甚至几年。在东巴局势的最终政治走向和结果尚不明朗的情势下,美国的政策选择将遭遇一个非常棘手的问题,那就是"在短时段内美国的应策如何与东巴政治变局的最终结果相关联"。针对这个现实难题,西斯科强调美国在此次危机处理的过程中应明确以下4个目标:1. 防止东巴内战升级为跨国冲突和国际危机;2. 创造有利于政治和解、经济恢复的政治环境;3. 在巴基斯坦是保持统一,还是走向分裂仍难以确定的情况下,应当与西东巴均保持(公开或秘密的)联系;4. 防止其他区外大国以东巴内乱为契机谋取次大陆的主导权。基于上述分析,文件最后指出,3月25日以来白宫一直要求坚持不介入的政策,但现实的繁复多变使得美国利益难以有效护持,故而,"在危机面前有所作为是美国不可回避的必然选择"③。

西斯科的这份政策建议书涌动着国务院希望尼克松和白宫进行政策调整的冀望。不仅如此,美国国会、驻外使领馆以及美国国内舆论都对白宫在西巴军事镇压东巴民族主义问题上的沉默态度表示强烈不满。

---

① Roedad Khan ed.: *The American Papers (Secret and Confidential) India—Pakistan—Bangladesh Documents*, 1965–1973, p. 542.

② Roedad Khan ed.: *The American Papers (Secret and Confidential) India—Pakistan—Bangladesh Documents*, 1965–1973, p. 543.

③ Roedad Khan ed.: *The American Papers (Secret and Confidential) India—Pakistan—Bangladesh Documents*, 1965–1973, pp. 547–548.

3月29日，基廷在东巴危机全面爆发之后不久便致电国务院，对西巴军队在镇压行动中使用美制装备表示"失望"、"忧虑"和"关注"，同时他亦要求美国政府"迅速地"、"公开地"、"观点鲜明地"严厉批评西巴的军事镇压行动。①

美国驻达卡总领事阿切尔·布兰德（Archer Blood）坚决反对尼克松的不介入、不干涉政策。自3月30日起，布兰德接连在3月30日、31日、4月6日向国务院发送4封加急电报，表示对美国政府漠视无言态度的强烈不满。特别是4月6日，布兰德与总领事馆的其他9名使馆官员联名致电国务院，名曰质疑，实为批评白宫的缄默："白宫正在竭尽全力地试图抹平西巴军队的屠杀行为对国际社会造成的震撼性影响，当这场浩劫发生后，白宫高层的道德良心又何在？"②

4月7日，西斯科以国务院的名义起草电文回复布兰德的质疑。西斯科指出当前美国政府保持克制态度，未发表措辞激烈的评论是基于以下考虑：1. 保护美国在东巴公民的人身和财产安全，使其免受对美国敌视的恐怖分子的袭击，同时美国政府非常重视与巴基斯坦政府协调，以便妥善处理在东巴的美国公民撤离事宜；2. 与其他国家一样，美国政府认为东巴危机属于巴基斯坦内政，不宜介入；3. 有关东巴发生"大屠杀"事件的消息是否真实可靠，美国政府现在还难下定论，需待进一步观察。③

但是，西斯科的说辞并未让达卡总领事馆感到信服。4月10日，布兰德第5次向国务院致电。电文指出："我们并不认为孟加拉发生的人道主义灾难仅仅是一个遥远国度的内部事务。对我们来说，一个独立的'孟加拉国'终将建立，孟加拉人民的反抗斗争实质是'反殖民主义的力量'对抗'殖民主义者'的斗争，属于非殖民化浪潮中反殖民主义战

---

① "U. S. Embassy (New Delhi) Cable, Selective Genocide, March 29, 1971", *National Security Archive Electronic Briefing Book No. 79*: "*The Tilt: The U. S. and the South Asian Crisis of 1971*", available at http://www.gwu.edu/~nsarchiv/NSAEBB/NSAEBB79/BEBB3.pdf.

② "U. S. Consulate (Dacca) Cable, Dissent from U. S. Policy toward East Pakistan, April 6, 1971", *National Security Archive Electronic Briefing Book No. 79*: "*The Tilt: The U. S. and the South Asian Crisis of 1971*", available at http://www.gwu.edu/~nsarchiv/NSAEBB/NSAEBB79/BEBB8.pdf.

③ "Telegram 58039 from the Department of State to the Consulate General in Dacca, Washington, April 7, 1971, 0014Z", *FRUS 1969 - 1976, E - 7: Documents of the South Asia Crisis, 1969 - 1972*, available at http://www.state.gov/documents/organization/48053.pdf.

争的范畴。"①值得注意的是在布兰德发出电文中,为了与白宫的观点相区别,通篇使用的"孟加拉",而非"东巴基斯坦"。

4月9日,哈佛大学的三位顶尖经济学家爱德华 S. 马森(Edward S. Mason)、罗伯特·多弗曼(Robert Dorfman)和斯特普森·马格林(Stepthen Margolin)在接受《印度时报》(Times of India)记者采访时呼吁尼克松政府在西巴占领军停止镇压行动并撤出东巴之前应当停止对西巴的一切援助,同时他们表示"孟加拉的独立符合美国的利益"②。美国国会参众两院均强烈要求白宫停止对巴基斯坦的经济援助和军事供应,以此来迫使叶海亚·汗政权终止对东巴的军事镇压。③参议院司法委员会下属难民事务分委员会主席爱德华·肯尼迪(Edward Kennedy)和参议院对外关系委员会主席威廉·富布莱特(William Fullbright)是国会中抗议尼克松对东巴政策的"急先锋"。4月1日,肯尼迪在美国国家新闻俱乐部发表演讲,抨击白宫支持西巴"反民主政权"武力颠覆1970年12月大选所表现的民众公意,助纣为虐。④ 其后,肯尼迪又多次在公众场合猛烈抨击白宫的次大陆危机政策。⑤富布莱特认为尼克松的东巴政策是一个"外交失败",若继续这一失败政策将导致南亚再次成为"战争之源"。⑥

总之,美国国会、国务院乃至国内舆论的观点与白宫大相径庭,着实让尼克松和基辛格颇感为难。"美国不能对杀戮了数以千计的平民,并导致几百万人逃往印度寻求安全的野蛮军事镇压表示宽容。巴基斯坦军

---

① "Telegram 1249 from the Consulate General in Dacca to the Department of State, April 10, 1971, 1508Z", *FRUS* 1969–1976, E-7: Documents of the South Asia Crisis, 1969–1972, available at http://www.state.gov/documents/organization/48054.pdf.

② *Times of India*, April 10, 1971.

③ 1971年4月15日美国国会出台的第21号参众两院共同决议案(The Concurrent Resolution 21)要求白宫立即停止对巴基斯坦的一切军事援助。参见 M. A. Muhith: *Americian Response to Bangladesh Liberation War*, p. 271.

④ *The Richard M. Nixon National Security Files*, 1969–1974: *India-Pakistan War of* 1971, Microfilms: MF10202004247136166754, LexisNexis, 2007. A. M. A. Muhith: *Americian Response to Bangladesh Liberation War*, pp. 269–270.

⑤ 笔者在微缩胶卷中找到一则档案,其中记载了4月1日—8月27日期间,肯尼迪曾21次在正式场合对白宫和巴基斯坦政府各项政策提出强烈批评。参见 *The Richard M. Nixon National Security Files*, 1969–1974: *India-Pakistan War of* 1971, Microfilms: MF10202004247136166750–53, LexisNexis, 2007.

⑥ *Bangladesh Documents*, Vol. I, p. 582.

方采取了高压手段，这是无可怀疑的。但是巴基斯坦是我们通往中国的唯一渠道，这条渠道一旦关闭，就要耗费更多的时间另外寻找新的通道。"①基辛格的这番话将作为美国对外战略的最高决策者有口难辩，左右掣肘的感受明晰地吐露出来。但是巴基斯坦——这一地处冷战"边缘地带"的南亚国家在"二人团队"以迂回方式构筑转型时代的冷战战略方面有着极端重要地位：中美关系的成功解冻是1971年内美国最重大的战略目标，而与之有着重要关联的"巴基斯坦渠道"是实现"破冰"之旅的充分必要条件。从战略的角度考量，尼克松和基辛格所要避免的是以抽象的道义原则去指导国家的对外行为，应当贯彻立足政治现实的、审慎的政治道德。在目标与手段之间必须进行理性的选择。因此，即便外界批驳指责之声不绝于耳，以战略的逻辑和眼光应对东巴危机是尼克松和基辛格的不二法门。

虽然白宫没有对巴军方的军事清洗提出公开批评，但是对于东巴危局有着不同政治行为逻辑的国务院却有着别样的观点。4月23日，西斯科在与希拉里的会谈中表示国务院希望巴基斯坦政府采取有力措施减少流血冲突的发生，重建正常的社会秩序。②

国务院的观点很明确，要求叶海亚·汗政府尽早结束冲突，实现东巴与西巴的政治和解。但是在叶海亚·汗和西巴军官团的政治地图中，东巴的"政治重建计划"却有着不同的政治安排和内容。

四、东巴政治重建计划的初构

3月25日"探路灯"行动实施后，位于拉瓦尔品第的巴基斯坦三军最高统帅部成为西巴真正意义上的政治中心，1969年8月组建的部长会议被解散，军法管制进一步强化。叶海亚·汗的紧迫任务有三：第一，重新赢取东巴民众的信任；第二，着手秩序重建和经济恢复；第三、反击印度和西方媒体的舆论攻势，试图挽回巴基斯坦的国际形象。其中的一个关键问题是，西巴军队在东巴扫荡清剿人民联盟，摧毁东巴的民族主义政治图景之后，叶海亚·汗是否能够在东巴重新树立政治权威？

---

① ［美］亨利·基辛格：《白宫岁月》（三），杨静予等译，北京：世界知识出版社2003年版，第1092页。

② *The Richard M. Nixon National Security Files*, 1969－1974：*India-Pakistan War of* 1971, Microfilms：MF10202004247169167 0646－647, LexisNexis, 2007.

关于军事镇压之后的秩序恢复问题，西巴军官团内部有多种政策选择。经过权衡之后，在继续军法管制和清剿反叛分子同时，有选择地进行政治赦免，分化人联内部派别，并在军方旨意下以立法体制令为政纲重新举行大选，组建令军官团"放心的民选政府"成为叶海亚·汗着手东巴"政治重建计划"的基本内容。①

4月2日，叶海亚·汗任命他所极为信任的巴基斯坦陆军第10师师长艾米尔·阿布杜勒·汗·尼兹（Amir Abdul Khan Niazi）中将为东巴驻军司令。为了加强东巴驻军的实力，巴基斯坦陆军第9师3月30日从西巴的卡里安（Kaliam）出发，于4月1日在未带重型装备的情况下乘巴基斯坦国际航空公司的波音客机由拉合尔空运至达卡，并于4月5日在达卡机场集结完毕。第9师布防在西巴军队守备相对薄弱的锡尔赫特和吉大港之间的梅格纳河以东地区。其中，第27步兵旅布防在迈门辛格，第53旅驻守在吉大港，第32旅进驻锡尔赫特。

到4月10日，尼兹中将手中已有第9、第14和第16三个整编师，其中从西巴紧急调派的第9和第16师是巴陆军的精锐部队。自4月中上旬开始，尼兹着手实施东巴反游击战和围剿战行动：第一阶段，清剿大中城市的残余抵抗份子，封锁东巴抵抗运动从印度越境渗透和撤离的主要路线以及军火走私的秘密通道，确保吉大港海军基地不受来自海上的破坏袭击，同时加强空防措施；第二阶段，确保公路、铁路以及内河航道的畅通；第三阶段，清剿盘踞在边远山区及沿海地区的反叛分子。在西巴军队的强大攻势下，东巴抵抗力量且战且退，除孟加拉共产党（马列）②仍在西北部山区坚持游击斗争外，到4月下旬，支持人联的抵抗组织基本撤至印度境内。③

在实施反游击战行动的同时，为加强市政管理和社会治安，4月12日，东巴当局率先在达卡市成立由140名"友好人士"组成的"市政和平委员会"（Citizens' Peace Committee）暂行政务管理职能，其后又在东

---

① Richard Sisson and Leo E. Rose: *War and Secession-Pakistan, India, and The Creation of Bangladesh*, p. 167.

② 3月9日，东巴共产党（马列）更名为孟加拉共产党（马列）。

③ A. A. K. Niazi: *The Betray of East Pakistan*, New Delhi: Manohar Publishers, 1998, pp. 58 – 61.

巴其他大中城市相继建立这一组织。①从 4 月中旬起，叶海亚·汗重新整编东巴警察机构②，并组建主要由忠诚的比哈尔人（Biharis）③和西巴退役士兵组成的多支准军事部队，包括：东巴民事警察部队（East Pakistan Civil Affairs Force）④、东巴内务部队（East Pakistan Internal Security Force）以及由极端仇视印度教徒的狂热穆斯林所组成的"圣战者"部队（Razakars）⑤。总兵力虽达到 6 万人，但战斗力不佳。⑥

在军事围剿东巴反政府武装的同时，军法管制当局不断强化对大中城市的高压管控，大力搜缴、查封印制反对巴基斯坦政府、煽动民众投身"民族解放战争"的传单和宣传品的隐秘地点，严密监控包括大学教师、新闻记者在内的孟加拉知识分子和青年学生的日常活动。⑦同时，为加大对人联成员和抵抗份子的搜捕力度，巴三军情报局在达卡、吉大港、杰索尔和卡米拉等地设立多处甄别营，对可疑人员进行拘押和审讯。为便于区分，情报人员为可疑人员配发三种颜色的胸牌，白色表示经审讯可无罪释放者；绿色表示将继续关押者；红色表示经核实曾从事反叛活动的重犯。⑧

经过强力控制，到 4 月下旬，东巴局势趋于暂时性的稳定。5 月 21

---

① "Weekly Summary：Military Action within Pakistan continues"，Central Intelligence Agency，April 16，1971，DDRS，Document Number：CK3100331014

② A. S. M. Shamsul Arefin：*Bangladesh Documents* 1971，Vol. III，pp. 155 – 156.

③ 比哈尔人是在 1947 年印巴分治之时从印度比哈尔邦迁徙到东巴的穆斯林。绝大多数比哈尔人讲乌尔都语并与孟加拉族人关系紧张，时常发生种族仇杀事件。

④ 1971 年 4 月 3 日，巴基斯坦政府下令将"探照灯"行动开始前的东巴步枪队改编为东巴民事警察部队。参见 A. S. M. Shamsul Arefin：*Bangladesh Documents* 1971，Vol. III，p. 151.

⑤ 有关巴基斯坦政府对"圣战者"部队编制、训练、装备及行动要求的文件文本可参见 A. S. M. Shamsul Arefin：*Bangladesh Documents* 1971，Vol. III，pp. 157 – 169.

⑥ Richard Sisson and Leo E. Rose：*War and Secession- Pakistan，India，and The Creation of Bangladesh*，pp. 163 – 164.

⑦ 1971 年 4 月初—11 月下旬，东巴省政府下属内政部隔周发行有关东巴局势的秘密报告。其中的一个重要内容就是搜缴、查封印制反政府标语、传单的隐秘地点，并监控东巴知识分子和青年学生的思想状况和活动。印制反政府标语、传单的隐秘地点分属不同的政治派别，包括已被取缔的人民联盟、民族人民党、以及孟加拉共产党（马列）和其他的激进左翼抵抗组织。相关内容可参见参见 A. S. M. Shamsul Arefin：*Bangladesh Documents* 1971，Vol. III，pp. 47 – 145.

⑧ Sukumar Biswas ed. ：*Bangladesh Liberation War-Mujibnagar Government Documents* 1971，p. 156.

日，叶海亚·汗呼吁因战乱而四散逃离的守法公民返回家园。① 5 月 24 日，叶海亚·汗发表广播讲话，表示将在东巴完全恢复正常秩序后把权力移交给"对国家忠诚"的民选代表。②叶海亚·汗此举的意图很明显，即在 3 月 26 日讲话取缔人联的基础上，淡化人联在东巴政治图景中的影响，强化军官团在巴基斯坦政治生活中的支配地位。

西巴军官团认为人联在东巴经营了二十余年，影响力之强大不可能在短时间全部抹除，军官团主导的东巴权力移交亦不可能将人联完全排除在外。故而，叶海亚·汗采取了扶持东巴其他政党、分化人联内部的做法。巴基斯坦民主党主席努尔·阿明（Nurul Amin）和已故东巴政治领袖哈桑·萨赫德·苏赫拉瓦迪的女儿拜肯·阿克哈塔·苏勒兰姆（Begum Akhtar Suleman）③ 是西巴军官团政治联合的对象。4 月 18 日，一批支持巴基斯坦政府的东巴各政党头面人物在努尔·阿明家中举行会议，商讨如何尽早结束东巴动荡局势，恢复正常的社会秩序。在会谈中，努尔·阿明谴责穆吉布·拉赫曼，认为正是他和人民联盟的"不负责任的狂热行动为东巴民众带来巨大灾难"。④ 5 月 9 日，苏勒兰姆与努尔·阿明在达卡会晤，协商与西巴政党政治合作事宜。⑤ 5 月 26 日，在与 75 名曾在 1970 年 12 月大选中当选的隶属于人联的国民议会议员和省议会议员的会谈中，努尔·阿明要求这些议员脱离人民联盟，支持巴基斯坦的统一。⑥ 6 月 1 日，在苏勒兰姆的主持下，109 名仍然坚信"巴基斯坦统一观念"、在 1970 年 12 月大选中当选的隶属于人联的国民议会议员和省议会议员在达卡秘密召开会议。与会者同意在"六点纲领"（除去有关对外贸易地区化和组建地方准军事部队条款）"被尊重"和"被遵守"的条件与叶海亚·汗合作。同时会议还拟定另建以人联元老扎哈·乌德·丁（Zahir Ud Din）为领导人的新党。会议临近结束时，在苏勒兰姆的倡议下，109 名与会者签名反对巴基斯坦分裂的联合倡议书。叶海亚·汗

---

① *The Richard M. Nixon National Security Files*, 1969 – 1974：*India-Pakistan War of* 1971, Microfilms: MF102020042471441668615, LexisNexis, 2007.

② *The Richard M. Nixon National Security Files*, 1969 – 1974：*India-Pakistan War of* 1971, Microfilms: MF102020042471441668263, LexisNexis, 2007.

③ 叶海亚·汗希望能够借助苏勒兰姆在东巴的政治影响力来争取人联中的温和派与西巴军法当局合作。

④ A. S. M. Shamsul Arefin：*Bangladesh Documents* 1971, Vol. III, p. 52.

⑤ A. S. M. Shamsul Arefin：*Bangladesh Documents* 1971, Vol. III, p. 56.

⑥ A. S. M. Shamsul Arefin：*Bangladesh Documents* 1971, Vol. III, p. 60.

分化人联的政策稍有成效,但是在地下抵抗力量采取恐吓和暗杀的威胁手段之下,大多数人联温和派成员并不敢公开与西巴军政府合作。6月9日,苏勒兰姆在与东巴军法管制执行官民事顾问法曼·阿里·汗少将的会谈中道出她的忧虑。苏勒兰姆指出,虽然6月1日的会议是秘密进行的,但会后仍走漏风声,已有5名与会者被暗杀,很多人受到恐吓。只有20名人联温和派当选议员与她交换意见,表示愿意与政府合作。为此,她希望叶海亚·汗在适当的时候采取一些政治软化措施,诸如宣布大赦以及取消一些政治禁令等,那样会有更多的人联温和派愿意与西巴中央政府合作。①虽然分化人联是叶海亚·汗东巴政治重建计划中的重要步骤,但随着东巴内乱的扩散蔓延,抵抗运动的重新崛起,这一举措最终未能成功实行。

在东巴社会急需恢复常态的现实需要和美国政府的极力敦促下,6月28日,叶海亚·汗发表了重要演说。其要点如下:第一,重申建立民主政府以及权力移交的目标不会改变;第二,斥责穆吉布·拉赫曼"作为巴基斯坦全国大选中第一大党的政治领袖丝毫没有一个政治家所应具有的爱国热情和政治责任感",并且与印度情报组织秘密串通,阴谋分裂国家,犯有"不可饶恕"的叛国罪行;第三,力陈1956年巴制宪会议修宪的诸种弊端,并宣布将成立一个专门的专家委员会制订宪法;第四,针对已被取缔的人联议会党团的部分成员参与分裂国家的活动,中央政府将对隶属于人联的议员身份进行甄别,参与叛乱活动者将被取消国民(省)议会议员资格,中央政府将在4个月内就空出的议席举行补缺选举;第五,强调在新的民选政府组建之前,军法管制将继续施行。②

叶海亚·汗的此番讲话用意十分明显,为实施东巴的政治重建计划,首先,必须清除穆吉布·拉赫曼和人联强硬派在东巴政治地图中的影响,并且叶海亚·汗将以"国家政治权力仲裁者"的身份决定谁被削去议员资格,谁保有议员资格;其次,以叶海亚·汗"钦定"的专家委员会制订宪法可以避免在议会制宪过程中各党派纷争不休,僵局再起,同时也能更好地把军官团的政治意志与立法体制令的宗旨加以贯彻。

---

① Roedad Khan ed.: *The American Papers (Secret and Confidential) India—Pakistan—Bangladesh Documents*, 1965–1973, p. 603.

② 6月28日,叶海亚·汗广播演说文本参见 *Pakistan Horizon—Documentary and Chronological Appendices*, Vol. XXIV. No. 3, pp. 111–123.

叶海亚·汗讲话一出，印度政府和东巴抵抗力量立即作出反应，指责其假以民主公意之名，行独裁专政之实。政治重建计划刚一出台即遭抵制驳斥。浩劫之后的东巴能否平息纷争、熄灭战火不仅仅只是叶海亚·汗的一厢情愿，而是各方政治力量权势斗争、谋略算计综合作用之结果。

五、尼克松政府危机政策的调整

在各种声音均希望白宫改变对东巴危机政策的政治氛围当中，如何在战略层面的考量保持不变的基础上，更有效地实施契合东巴危机发展的政策提到了尼克松和基辛格的议事日程之中。4月中下旬以来，东巴局势在西巴政府军的强力监控和清剿之下暂时趋于和缓。但是西巴军队控制的主要是大中城市和交通枢纽、广大农村地区和偏远山区仍有抵抗力量的活动。从长时段看，对东巴的军事压制必然使民怨更盛，反抗斗争更趋激烈，西巴、东巴和解的希望会更加渺茫。更为重要的是，印巴紧张关系将达到1965年以来的最顶峰，并有可能转化为新的战争。为此，抓住当前时机调整政策对维护美国自身利益、保障"秘密外交"渠道的畅通乃至为美国在后一阶段的危机发展过程中争取主动权都是大有裨益的。4月28日，基辛格提出了三种政策选择：第一，不带任何附加条件的支持巴基斯坦政府；第二，在保持中立的同时，对东巴政策倾斜；第三，帮助伊斯兰堡平定东巴内乱，恢复正常社会秩序，并通过促成东巴、西巴政治谈判解决东巴政治前途问题。在以上三个选项中，基辛格认为第三种选择符合美国利益。尼克松在审核后批准了第三条方案，并且在回执给基辛格的备忘录的右下角批示"当前，不要压制叶海亚·汗！"①

4月28日，"二人团队"决定改变对东巴危机的政策是美国危机决策过程中一个重要的节点。由不介入转向有限介入的背后反映了在多方政治力量均要求白宫改变政策的政治环境之下，"二人团队"必须把全球战略层面的考量与针对地区政治变动的应对之间进行协调折中。以支持巴基斯坦政府为政策底线（而非接受国会、知识界的批评意见，调整政策底线转而反对巴基斯坦政府），在有效缓解东巴危机的同时，推进对外战略调整而不受关键国家—巴基斯坦内部动荡的影响，是危机初期白

---

① F. S. Aijazuddin ed.: *White House & Pakistan: Secret Declassified Documents*, 1969–1974, p. 243.

宫最高决策者必须审慎思量的重要问题。一招不慎而满盘皆输是"二人团队"在危机决策过程中极力避免的状况。

维持次大陆的相对稳定与和平局面对处于对外战略转型的美国至关重要。怎样将东巴危机调控在一个不至于引发"南亚政治大地震"和地区性战争的可控层面是美国在确立了帮助叶海亚·汗结束内战这一政策之后所必须解决的难题。解铃还需系铃人，东巴内乱因国家权力分配而起。要想解决这个大难题，首当其冲的就是试图通过政治途径解决西巴、东巴之间的权力配置，化解矛盾。当然，出于保护"秘密外交"通道的考虑，尼克松在促动东巴、西巴政治和解的方式上采取的"友好地劝说"①的方式，而不是强力压制。

5月10日，尼克松在会见叶海亚·汗总统的经济顾问M. M.艾哈迈德（M. M. Ahmad）时表示，他不会干涉巴基斯坦的内政问题，但会提供力所能及的帮助，即便内外压力强大，他也不改变支持巴基斯坦政府的政策。②

在美国申明支持叶海亚·汗的同时，印巴关系也日益紧张。5月26日，罗杰斯在致尼克松总统的备忘录中依据国务院的最新情报评估认为"次大陆的战争威胁正在逼近"。美国政府应该令叶海亚·汗清醒地认识到"放松在政治和解问题上的紧迫感是十分危险的"③。

在华盛顿的催促之下，叶海亚·汗相继采取了一系列带有缓和紧张局势色彩的举措，试图重建东巴政治。6月28日讲话是叶海亚·汗政治和解方案的基本体现。但遗憾的是，这次讲话并未产生预期的效果。美国驻达卡总领事馆在此次讲话之后在达卡市民中间进行了一次随机问卷调查用以探明东巴民众的具体反应。绝大多数被征询的民众对叶海亚·汗的讲话中"有意忽略"有关穆吉布·拉赫曼的近况、政治去向以及"六点纲领"等相关细节表示不满，也有相当一部分民众表示缺少以"六点纲领"为基础的政治和解是没有希望的。不仅如此，一些民众还向美国总领馆工作人员透露在东巴一些地区，西巴军队毫无军纪可言，

---

① Sucheta Ghosh: *The Role of India in The Emergence of Bangladesh*, p. 132.
② *The Richard M. Nixon National Security Files*, 1969 – 1974: *India-Pakistan War of 1971*, Microfilms: MF1020200424717716719, LexisNexis, 2007.
③ Roedad Khan ed.: *The American Papers（Secret and Confidential）India—Pakistan—Bangladesh Documents*, 1965 – 1973, p. 592.

枪杀、劫掠、滥用私刑等现象时有发生,这在东巴民众心中造成了不可弥合的心理创伤,恐惧和仇恨难以抚平。①

针对叶海亚·汗6月28日的讲话,西斯科曾向希拉里指出巴中央政府的"政治重建计划"有两个重要特点:其一、将人联完全从巴基斯坦政治格局驱逐出去;其二、承诺施行宪政,但在制宪的时间安排上模棱两可。而这两点将使东巴民众对叶海亚·汗再次许诺的东巴自治是否能够实现充满疑虑。西斯科就此指出叶海亚·汗试图完全抹去人联在东巴政治图景中的一切印记使得"东巴、西巴政治和解前景渺茫"②。

正如西斯科所言,尽管叶海亚·汗和尼克松均希望采取有效措施实现政治和解,早日平息纷争,但是他们在政治和解的具体内涵、方式以及时间安排上有着不同的考虑。特别是在白宫决定采用"友好地劝说",而非强力压制的策略选择之下,美国拒绝对巴基斯坦施加能产生实质作用的政治压力,因而难以完全使叶海亚·汗按美国的意愿,达成与东巴的政治妥协。这一点正是1971年南亚危机期间,美国处理美巴关系的一个重要"软肋",不仅在危机初始阶段就呈现力所不逮的弱点,其后,随着危机的逐步发展,在更多政治力量参与的这场次大陆"地缘政治游戏"中更显现出美国危机政策的缺陷之所在。因此,即便美国政府力促东巴与西巴的政治和解,但在"友好地劝说"方式之下,东巴与西巴之间的新仇旧恨难以弥合。

第二节 难民问题的出现与美国的难民救助政策

"探路灯"行动的实施再次打开了次大陆恐惧和仇恨相交织的"潘多拉"魔盒。内战的硝烟战火使1970年8月以来蒙受洪灾和飓风侵袭的东巴雪上加霜,大批民众无家可归。出于对战争和无情杀戮的恐惧,大量民众纷纷越过边界逃往印度,沦为难民。

一、难民潮对印度的冲击与英迪拉·甘地政府的初步反应

从3月底开始,就有大量难民逃向印度。首个难民"冲击波"主要

---

① Roedad Khan ed.: *The American Papers (Secret and Confidential) India—Pakistan—Bangladesh Documents*, 1965–1973, pp. 614–615.
② *The Richard M. Nixon National Security Files*, 1969–1974: *India–Pakistan War of 1971*, Microfilms: MF10202004247177167192, LexisNexis, 2007.

由孟加拉族穆斯林平民构成，还包括人联抵抗组织成员、与西巴政府军交战中不断溃退的东巴军警部队。1971年南亚危机造成的难民潮有别于南亚历史上其他的难民潮。1947年印巴分治以来，逃向印度的难民多为因宗教迫害而逃离的印度教徒，但此次难民出逃的主要原因并非宗教迫害，而是西巴当权者强力打压东巴主要民族实体对区域自治权利的政治诉求。就起因来看，1971年南亚危机造成的难民潮属于"政治性难民"。4月中旬，英国保守党议员托比·杰瑟尔（Toby Jessel）曾前往印度政府在边界地区设立的难民营实地考察。在返回伦敦之后，杰瑟尔向媒体透露，当他向最初逃往印度的难民问及"你们何时返回家园"时，难民脱口即出："如果穆吉布·拉赫曼告诉我们可以回家了，我们就会回去。"[1]

3月底—4月初，涌入印度的东巴难民主要流向印度的西孟加拉邦（West Bengali）和特利普拉邦（Tripura）。难民出逃时几近身无分文，需要大量的食物、药品、棉被和帐篷。这给刚刚经历粮食危机的印度带来巨大的经济与社会负担。

在东巴危机全面爆发之前，印度临近大选。国内纷繁复杂的政治局面以及印度国大党内部纷争使得英迪拉·甘地（Indira Gandhi）没有过多的精力旁顾邻国巴基斯坦的内政。

3月18日，英迪拉·甘地再次当选印度政府总理。3月25日，西巴政府军的军事镇压行动开始后，印度各界群情激愤，强烈要求政府进行军事干涉，但英迪拉·甘地政府则采取了密切关注事态动向，但同时言行谨慎的政策。

3月27日，英迪拉·甘地在印度国会人民院发表讲话。她指出："我们深刻地意识到现阶段对我国安全是何等重要，若走错一步棋，说错一句话就会导致与我们的初衷完全相背离的严峻形势。在这种情况下，我们应尽可能地关注东巴局势。我们一直呼吁同情那些受难者，但是在这严峻而关键的时刻，作为政府，我们说的越少越好。我向国会保证我们将密切关注局势的动向。"[2]英迪拉·甘地所言说明东巴事态的发展对印度具有强烈的利益攸关性，但是在局势发展尚不明朗之时，印度政府又必须执行一种坚定且审慎的政策，辞令上字斟句酌，

---

[1] *Bangladesh Documents*, Vol. I, p. 442.

[2] Indira Gandhi：*India and Bangladesh: Selected Speeches and Statements, March to December*, 1971, New Delhi: Orient Lonman, 1972, pp. 11-12.

避免让伊斯兰堡留下印度支持东巴激进民族主义者的印象。

3月29日,印度国会两院联合通过了一项支持东巴人民争取民族自治权益的提案。① 3月31日,英迪拉·甘地政府采纳该提案。"东巴提案"的出台②是印度政府对东巴危机政策中的一个重要节点。在随后的几周中,印度的政策在形势发展的同时也在渐变调整。就其具体政策表现来看体现在两个方面:第一,利用难民问题推进东巴问题国际化,孤立巴基斯坦;第二,暗中支持东巴抵抗力量,支持建立"孟加拉人民共和国临时政府"(Provisional Government of People's Republic of Bangladesh)。因此,从4月初开始,利用"难民牌",谋求国际社会的支持和秘密支持东巴抵抗运动构成了1971年南亚危机初期,英迪拉·甘地政府应对危机的"明"、"暗"两手政策。

针对大批东巴难民涌入印度境内,印度各主要新闻媒体纷纷公开指责叶海亚·汗军人政权在东巴的军事镇压行动,支持东巴人民反抗"独裁者"的斗争。4月6日,英迪拉·甘地亲自前往位于西孟加拉邦的难民营看望难民,并发表讲话说:"你们不是我们所理解的一般意义上的难民,而是从民族大清洗和军事镇压的双重威胁中逃离出来,躲避战乱的战争受害者。东孟加拉正在发生的一切对我国的国内事务产生诸多方面的严重影响。所以,我们不能简单地认为它只是巴基斯坦的内政问题。事实上,它是与印度密切相关的问题。我们必须团结起来,相信孟加拉人民的勇气和他们为争取民族权利而奋斗的决心!"③

东巴难民大量涌入是东巴危机转化为印巴危机的重要变量。在印巴敌对记忆长期笼罩的政治氛围中,难民潮作为巴基斯坦国内两翼权力分

---

① *Bangladesh Documents*, Vol. I, p. 672.

② 已有研究认为"东巴提案"的出台说明英迪拉·甘地政府在危机初期采取的是"不作为"(Inaction) 政策。参见 J. N. Dixit: *Makers of India's Foreign Policy*, New Delhi: HarperCollins Publisher, 2004, p. 132;宋海啸:《印度对外政策决策过程与模式》,北京:世界知识出版社,2011年版,第119页。但笔者认为"不作为"并不能完整表述危机初期印度政府政策的核心内容,"东巴提案"是英迪拉·甘地政府静观时局变化,待时机成熟再考虑行动的理智决策行为的反映。因此,笔者认同孟加拉国学者米扎努尔·拉赫曼(Mizanur Rahman) 对危机初期印度政府应对政策的界定"等着瞧"政策。参见 Mizanur Rahman: *Emergence of A New Nation in A Multi-polar World: Bangladesh*, p. 60.

③ Indira Gandhi: *India and Bangladesh: Selected Speeches and Statements, March to December, 1971*, pp. 21 – 23.

配所导致的利益冲突与民族矛盾"外溢效应"的具体表现被印度认为是危及次大陆稳定和平、威胁印度国家安全的"诱因",是叶海亚·汗政权挑起地区冲突的挑衅行为。而西巴军官团则认为人联反叛活动的"幕后主使"是印度,难民问题在印度图谋分裂巴基斯坦的"阴影"之下,被毫无限制地夸大其辞。这一观点在3月26日叶海亚·汗广播讲话及随后的多次演讲中均有明晰反映。就具体史实梳理,印度确实想利用难民达到其政治目的,但将危机的起因归咎于印度是有失偏颇的。难民潮的直接动因是叶海亚·汗军人政权试图以暴力镇压手段一劳永逸地解决政治权力纷争,扑灭孟加拉民族主义的火种。在东巴危机全面爆发之前,印度曾对东巴进行长期渗透和监视①,而难民的大量涌入给予印度充足的理由,利用这次东巴内部危机向次大陆"外溢"的绝好机会,在东巴实现印度所希望的政治转变。

巴军武力镇压造成东巴大规模社会恐慌,自4月中下旬开始,大量孟加拉族平民逃亡印度,难民数量陡增。5月17日,美国驻印度使馆代办格兰·斯通(Galen L. Stone)在致国务院的电文中指出涌入印度的东巴难民人数已达2669226人。具体人数分布为:西孟加拉邦1905342人;阿萨姆邦240663人;特利普拉邦520465人;比哈尔邦2756人。②

印度学者萨拉姆·阿扎德(Salam Azad)在2006年依据印度政府最新公布的数据列出了1971年4月—6月难民人数的逐月统计数据。

表3-2 1971年4月—6月在印度的东巴难民人数统计③

月 份	每天平均涌入印度的难民人数(单位:万)	每月人数总计(单位:万)
1971年4月	5.70	122.10

---

① 印度学者阿索卡·拉伊纳在其著作中透露在1970年12月巴基斯坦全国大选之前,印度国外情报局研究分析处的间谍就已渗透到东巴的各个政府机构,大批为研究分析处效力的双面间谍已掌管了东巴权力或接近权力中心。参见 Asoka Raina: *Inside RAW: The Story of India's Secret Service*, p. 52.

② *The Richard M. Nixon National Security Files*, 1969 – 1974: *India-Pakistan War of* 1971, Microfilms: MF1020200424471441668532, LexisNexis, 2007.

③ Salam Azad: *Contribution of India in The War of Liberation of Bangladesh*, New Delhi: Bookwell, 2006, p. 181.

续表

月　份	每天平均涌入印度的难民人数（单位：万）	每月人数总计（单位：万）
1971年5月	10.20	315.80
1971年6月	6.40	205.60
总　计	22.30	643.50

难民的大量涌入给印度带来诸多问题。初步估计，印度政府用于安置难民的经济花费将达到4亿美元。其中包括：食品、药品、衣物、帐篷以及因难民问题而引发的通货膨胀，失业人数的增加，医疗卫生、疾病预防（霍乱、天花及其他烈性传染病）、交通运输和其他服务行业的开支。① 此外，难民不仅令印度经济不堪重负，而且更令印度社会问题丛生。难民聚集区域正好是印度社会最为动荡的地区，其中西孟加拉邦是民族分离主义运动和印度共产党三大派别——印共、印共（马）、印共（马列）的主要活跃地区，其中，印共（马列）"那萨尔巴里"农民游击武装令印度政府最为头痛，而东巴难民的大量到来极有可能使当地局势更为复杂化。

由于难民数量无节制地猛增，印度政府在5月提出了难民政策的总体目标：让所有东巴难民返回东巴。但基于危机局势尚无根本好转，印度则采取了并行不悖的两手政策：第一，在危机未结束之前，暂时安置难民，并提供尽可能的救助；第二，促成有利于难民遣返的政治环境。但上述两手政策却在现实操作层面上为印度政府提出了两大难题：其一，安置难民所需的巨额人道主义援助资金从何而来？其二，东巴的政治前途问题该如何解决？可以说，这两大难题从危机一开始就影响着印度政府对难民问题的考虑与应对。

二、尼克松政府的难民救助政策

1971年南亚危机的全面爆发使美国的南亚政策面临严峻挑战。就美国与南亚两强的关系而言，美巴关系在逐渐"回暖"，美印两国虽然在一系列国际问题上观点有所分歧，但两国关系依旧在摩擦与相互依赖的矛盾运动中微妙前行。需要指出的是，美国在危机初期采取倾向巴

---

① *FRUS* 1969–1976, Vol. XI: South Asia Crisis, 1971, p. 178.

基斯坦的政策并非出自于对印度的不满与直接敌意。美国在力求和平解决危机的同时,力促印巴不要兵戎相见,唯恐破坏次大陆的稳定与和平。

总体说来,尼克松政府的南亚危机政策有两大目标:第一,缓解印巴之间的紧张对峙关系,以免次大陆两强因为东巴内战而烽烟再起;第二,力促东巴、西巴政治和解,化解危局并使难民返回家园。为实现上述两大目标,尼克松从三个层面看待1971年南亚危机:第一,人道主义;第二,印巴关系;第三,巴基斯坦的国内政治变局。针对上述三个层面存在的问题,尼克松的危机政策表现为三个方面:第一,争取国际人道主义援助,缓解难民危机的破坏性影响;第二,对印巴进行双向规制,要求双方保持克制,避免冲突升级;第三,谋求西巴、东巴之间的政治和解。① 其中,难民问题的解决不仅与东西两翼的政治和解有着内在的政治关联,而且亦是危机全面爆发以来,度量印巴关系的重要"政治标尺",若难民问题未得到及时、妥善处理,两国的纷争敌对极有可能激化。为此,以解决难民问题为契机,减少印巴敌对是美国在危机期间难民政策的主导思想。尼克松政府难民政策有两大政策目标:其一,妥善安置滞留印度的东巴难民;其二,联手国际社会,着力改善东巴恶劣的交通状况,使援助物资的分发顺畅进行。② 以此为基点,难民政策的具体内容有两个方面:第一,在难民压力面前,要求印度政府保持克制,同时对印度提供大量人道主义援助,消减难民潮对印度的经济、社会重负,并试图消除印度以难民问题为借口发动战争的诱因;第二,在要求巴基斯坦政府保持克制态度的同时,针对1970年自然灾害导致的东巴大面积饥荒以及1971年内乱造成的破坏性影响,向东巴提供紧急救助,遏止难民的进一步外流。

在救助难民的方式上,尼克松对印度、对巴基斯坦保持"政策口

---

① *The Richard M. Nixon National Security Files*, 1969 – 1974; *India-Pakistan War of* 1971, Microfilms: MF102020042471669167042 – 43, LexisNexis, 2007.

② *The Richard M. Nixon National Security Files*, 1969 – 1974; *India-Pakistan War of* 1971, Microfilms: MF102020042471441668389, LexisNexis, 2007.

径"的一致:联手国际社会共同推动难民问题的解决。①

在确立难民援助国际化的政策基准之后,5月20日,尼克松政府成立了以弗兰克·克洛格(Frank L. Kellogg)为主席的关于巴基斯坦难民援助问题的跨机构联合委员会。该委员会由国务院、救济署、国防部及其他相关机构的官员组成。它的主要职责是在难民援助国际化的政策框架之下,协调处理美国参与国际援助的相关事宜。②

为保证难民问题的有效解决,尼克松政府在危机刚一开始即要求印度保持克制。但在严峻的现实面前,新德里却有着自己的行为逻辑。5月13日,英迪拉·甘地致信尼克松,信中指出:"西巴政府军对东巴人民发动的战争以及由于战争而引发的大规模难民外逃印度,两者并非孤立存在,而是相互联系的。"同时,信中还强调难民问题已经给印度造成严重影响,即便是在最起码的食品和帐篷供应问题上,印度政府都已感到捉襟见肘。并且难民的大量涌入给印度的国家安全和社会稳定带来了严重威胁。英迪拉·甘地希望尼克松总统向巴方领导人传达印度的上述观点,促其解决难民问题。③

在印度的强硬立场之下,尼克松积极劝说叶海亚·汗着手解决难民问题,以免让印度找到扩大危机范围的借口说辞,但在5月下旬,难民向印度的流入现象却是有增无减,美国在遏阻难民持续外逃问题上举步维艰。

5月24日,英迪拉·甘地在印度国会人民院发表演讲时警告说:"局势正在恶化。难民潮不仅仅是巴基斯坦的国内问题,也成为影响印度国家安全与社会发展的严重问题。""当前局势之下,如果大国不能有所作为,那么我们将采取所有必要的行动来保卫自己的国家安全,维护我

---

① 4月9日,在高级审查组会议上,西斯科建议:"在东巴救灾援助问题上,可以由联合国领衔,并会同美国政府、其他国家政府以及国际组织在国际联合行动框架之下向东巴提供人道主义援助。"这一建议得到尼克松、基辛格和各部门的肯定。4月29日,黑格在致基辛格的备忘录中提议,在对印度境内的难民救济问题上采取援助的国际化政策较为稳妥,在援助方式上,由联合国、国际机构和美国的志愿者组织联合展开国际人道主义救济行动。黑格的这一提议也得到尼克松、基辛格的认可并被采纳。参见 FRUS 1969 – 1976, Vol. XI: South Asia Crisis, 1971, p. 60; p. 100.
② The Richard M. Nixon National Security Files, 1969 – 1974: India – Pakistan War of 1971, Microfilms: MF1020200042471441668548, LexisNexis, 2007.
③ The Richard M. Nixon National Security Files, 1969 – 1974: India-Pakistan War of 1971, Microfilms: MF1020200042471771671432 – 433, LexisNexis, 2007.

们社会、经济生活的基本结构,并推动持续发展。"①听者无心,言者有意,英迪拉·甘地所言"所有必要的行动"的语意范围已不仅仅涵盖政治行动、外交行动,印度所认为"必要"的、不惜一战的军事行动也隶属于表述范围之内。由此,通过印度政府在难民问题上态度的变化即可窥见印度危机政策导向的调整。

难民问题未见好转使得印巴敌对情绪不断蔓延②,5月底—6月初,印度与东巴边界多次发生小规模的交火和炮击事件,双方接近军事冲突的边缘。③

6月3日,基辛格向回国述职的基廷解释了白宫对南亚危机的政策。基辛格开门见山地道明白宫的政策规划和尼克松总统的观点,接着,又指出白宫正在利用对巴基斯坦的影响里来帮助叶海亚·汗解决东巴当前存在的人道主义问题:"总统认为不应操之过急,应该给叶海亚·汗预留一些时间,让他自己找到化解危局的途径。若现在我们就施加过大的压力,不仅会一无所获,而且还会丧失在巴基斯坦仅有的一点影响力。"基辛格告知基廷:"尼克松总统最关心的是印度的军事行动,如果印度军事干涉,我们将立即停止对印度的经济援助。尽管这一点是我们所不愿看到的。总之,给予时间让事实按自己的逻辑自行发展是我们的基本政策。"④

基辛格的说辞点出了"二人团队"应策思维的一部分,但绝非全部。在东巴内乱仍难平息、难民问题日益凸现乃至印巴关系日趋紧张的同时,打通中美关系"解冻"的"秘密外交"渠道正在紧锣密鼓地积极运作,进入筹备中美高层秘密会谈的攻坚阶段⑤,任何小的差池,都可能使"秘密外交"功亏一篑。所以,白宫危机政策中"秘密外交"的份额相当之重,并与尼克松推行的南亚均势构成具有政治联动效应的"连

---

① *Bangladesh Documents*, Vol. I, p. 674.

② 5月24日,叶海亚·汗致信尼克松,强烈谴责"印度政府的行为正在危害巴基斯坦的国家主权和领土完整"。"如果印度持续采取对我国内部事务的介入政策,我国的制宪进程将受到严重干扰,难以完成,而难民问题的解决亦将遥遥无期。"参见 *The Richard M. Nixon National Security Files*, 1969 – 1974: *India-Pakistan War of 1971*, Microfilms: MF10202004247177167150 – 51, LexisNexis, 2007.

③ Roedad Khan ed.: *The American Papers (Secret and Confidential) India—Pakistan—Bangladesh Documents*, 1965 – 1973, p. 591.

④ *FRUS* 1969 – 1976, Vol. XI: South Asia Crisis, 1971, p. 164.

⑤ 有关这一问题的论述可参阅本论文的第四章第一节。

环套",但出于保密考虑,不可透露半点风声。

尽管基辛格耐心讲解,但基廷并未所动。他表示白宫的现行政策将严重损害与世界上发展稳定的民主国家——印度的双边关系。基廷建议美国政府在援助政策上可以采取强有力的制裁措施迫使叶海亚·汗停止血腥镇压,并在难民问题、东巴的政治前途问题上采取"有所成效"的措施。①

不同政治考虑之下,对同一事件的认知解读必定迥然有异。基辛格与基廷在南亚危机上的不同观点即为明证。但握有外交决策实权的"二人团队"在与其他决策机构或个人观点交锋的同时,依然掌控着政策话语的决定权。6月4日,尼克松与基辛格在白宫椭圆形办公室就前日与基廷的谈话进行讨论。两人均反对基廷所持观点,基辛格进而指出:"中美之间的接触进入关键时期,而巴基斯坦是美国开启中美关系正常化大门的一把钥匙。在后继的几个月时间里,我们必须支持叶海亚·汗。"尼克松最后补充道,"除去中国因素,我也不想帮助印度。因为,印度绝非善类。"②

自5月底开始,新德里在难民问题之上加设前提:先行解决东巴的政治前途问题,难民问题政治化成为美印争执的焦点。6月11日,杰哈在与基辛格的晤谈中强调指出:"在越来越多的难民正在涌入印度的同时,是不可能让已经被暂时安置的难民返回东巴的。""只有在东巴完全独立的基础上,难民回国问题才能得到根本解决。"面对杰哈的强势态度,基辛格亦不示弱。他警告杰哈:"如果印度军事冒进,美国就停止对印度的一切援助。"③

基辛格与杰哈的会谈折射出美印两国政府在难民问题上的观点分歧。在危机的初始阶段,两国都将难民问题与东巴危局的政治解决挂钩,但实质内涵各不相同。美国认为难民问题属于东巴内部事务,东巴的政治和解应该是维护巴基斯坦国家统一的前提(至少在危机时期是如此)下,由东巴、西巴之间协商解决,绝非外部势力介入使然。尽管国务院对叶海亚·汗的政治重建计划颇有微词,但白宫则采取的是默许态度;而印度则不然,难民问题绝不仅仅是巴基斯坦的国内问题,也是影响印

---

① *FRUS* 1969–1976, Vol. XI: South Asia Crisis, 1971, p. 166.
② *FRUS* 1969–1976, Vol. XI: South Asia Crisis, 1971, p. 167.
③ *FRUS* 1969–1976, Vol. XI: South Asia Crisis, 1971, pp. 174–175.

度的一个重大的政治社会问题，东巴的政治谈判应当充分反映东巴人民的意愿与呼声，独立是东巴政治前途的最终归宿，印度支持东巴人民的独立斗争反对独裁。若东巴不实现独立，难民问题无从解决。随着印巴对峙的不断升级，印度对东巴抵抗力量的支持力度不断加大以及国际环境的急剧变化，美印在难民问题上的分歧不断加深，并连同其他政治激荡因素推动危机进一步激化。不容置疑的一个重要现实是，美印两国在难民问题上的严重政策分歧加剧了业已存在的"大国南亚困境"之于危机进程的破坏性影响。

在要求印度政府在巨大难民压力面前保持克制的同时，尼克松政府积极行动，会同联合国、其他国家政府和国际组织向印度提供大量人道主义援助。

4月30日，尼克松批准向滞留印度的难民提供了250万美元的首批援助，并同意联合国秘书长吴丹（U Thant）的建议，由联合国难民事务高级专员沙杜丁·阿迦·汗爵士（Prince Sadruddin Aga Khan）统筹处理美国和其他国家以及国际组织提供的人道主义援助。首批援助中的150万用于购买食品，另外50万由联合国难民事务高级专员统筹支配，用于处理紧急事件。在援助方式上，尼克松要求美国救助物资的发放应由国际救援机构和美国的志愿者组织①合作开展。②尼克松认为通过由联合国领衔的多边国际机制对难民进行援助既可以检查援助供应的分发状况，又可以监督人道主义援助不被用于其他政治性的用途。③

4—5月间，尽管国际社会予以多方努力，难民潮不但未有根本缓解，而且有愈演愈烈之势。为了遏阻形势的恶化，同时避免由于难民问题而导致印巴之间战火重燃，美国不得不在前期援助的基础上采取进一步行动应对难民危机。6月18日，尼克松决定依据《1962年移民与难民救助法案》中的相关规定，动员国会再向印度增拨5000万美元的人道主

---

① 在危机初期，参与国际援助的美国志愿者组织包括：世界教会服务组织（Church World Service）、社会发展基金会（Community Development Foundation）、基督教路德会世界救济组织（Lutheran World Relief）、姐妹医疗团（Medical Mission Sisters）等。参见 *The Richard M. Nixon National Security Files*, 1969–1974: *India-Pakistan War of* 1971, Microfilms: MF102020042471441668499, LexisNexis, 2007.

② *The Richard M. Nixon National Security Files*, 1969–1974: *India-Pakistan War of* 1971, Microfilms: MF102020042471441668351, LexisNexis, 2007.

③ *The Richard M. Nixon National Security Files*, 1969–1974: *India-Pakistan War of* 1971, Microfilms: MF102020042471441668402, LexisNexis, 2007.

义援助,其中:价值2500万美元的非食品援助物资,包括帐篷、简易板房、衣物和药品等,主要由联合国难民署、印度民政机构和国际志愿者组织负责分发;另外2500万美元为隶属于PL480(Public Law480,即1954年7月颁布实施的《农业贸易发展援助法案》)援助项目的食品援助(包括10.5万吨小麦,6万吨食用油)用于满足300万难民3个月内的基本食物保障。以上费用超出了美国1971财政年度援助计划的预算范围,并占用的美国1972财政年度援助的预算份额。①如此巨大的援助金额在美国历史上是少有的,这说明尼克松政府迫切希望缓解难民问题的良苦用心。

尽管在联合国和美国政府的大力呼吁之下,国际社会积极向印度提供难民救助。但截止6月中旬,到位的国际援助款项仅有3200万美元,这远远不能满足仍在大量涌入印度的难民的基本生活保障。此外,难民的大量涌入造成印度的物价上涨,失业率攀高,民族宗教冲突加剧。②

尽管难民问题给印度造成了巨大的社会经济负担,但英迪拉·甘地认为利用难民问题是获得国际社会支持、在外交上孤立巴基斯坦的绝好途径。为此,印度派出多路人马,开展公共外交。5月28日,已退休的国务活动家J. R. 纳拉扬(J. P. Nargayan)开始了出访46国的环球之旅,印度政府的5名内阁部长分别出访欧洲和东南亚国家。而重头戏则是斯瓦兰·辛格(Swaren Singh)外长的西方之旅。自1971年6月3日开始,斯瓦兰·辛格率庞大代表团先后访问英国、法国、联邦德国、苏联和美国。以斯瓦兰·辛格的华盛顿之行为例,印度试图以"难民牌"谋求国际社会的支持与同情,并促使各大国对叶海亚·汗施加政治压力,达成对印度有利的难民问题解决途径。

上述情况实际上显现了危机初期,英迪拉·甘地政府难民政策的二元构成:其一,印度试图使危机国际化,在谋求国际援助的同时,争取国际舆论的同情,形成国际社会的"合力",对巴基斯坦以压促变,使东巴政治危局和难民问题的解决以对印度有利的方式进行;③ 其二,印

---

① *The Richard M. Nixon National Security Files*, 1969 – 1974: *India-Pakistan War of* 1971, Microfilms: MF102020042471441668307 – 308, LexisNexis, 2007.

② *The Richard M. Nixon National Security Files*, 1969 – 1974: *India-Pakistan War of* 1971, Microfilms: MF102020042471441668284, LexisNexis, 2007.

③ *The Richard M. Nixon National Security Files*, 1969 – 1974: *India-Pakistan War of* 1971, Microfilms: MF102020042471441668580, LexisNexis, 2007.

度又声称难民问题的彻底解决维系于东巴的政治前途,而东巴政治前途何去何从必须以东巴人民的政治意愿为基础,叶海亚·汗政权必须无条件承认东巴人民的政治意愿不容侵犯,在此基础上实行政治和解。① 如若国际社会不能促动东巴政治变动的轨迹按照印度预设的轨道去发展,为印度所用的话,那么,印度在政策选择上就要将国际因素减小,并按照印度的行为方式去解决东巴危局。

为此,在 6 月中下旬,由于联合国在难民问题上的观点与印度发生分歧,印度对于以联合国为代表的国际因素的态度立场也发生了根本性变化。

6 月 11 日—13 日,沙杜丁·阿迦·汗爵士先后出访印巴两国,协调处理难民问题。在访巴期间,阿迦·汗对叶海亚·汗在东巴采取的举措(诸如设立难民收容中心、宣布大赦、呼吁难民回国等)均表示赞赏,认为是化解危局的"积极措施","巴基斯坦政府已经采取多项措施,为难民回国提供便利条件"②。

阿迦·汗的观点一出迅速招致印度各界的批评。6 月 21 日,在印度国会人民院会议上,与会议员纷纷斥责沙杜丁·阿迦·汗有意偏袒巴基斯坦,是叶海亚·汗的"代理人"和"唯命是从的傀儡"。③

但面对印度方面的指责,阿迦·汗并未改变观点。6 月 30 日,他在联合国总部召开的记者招待会上表示:"难民问题要想最终得以解决,东巴政治和解是必不可少的。而政治解决的前提是首先恢复东巴的社会和经济秩序。就此问题,他已与叶海亚·汗总统取得观点上的一致。"④

综合联合国与印度在难民问题上的观点可见,两方均认为东巴危局的政治解决是最终消解难民问题的根本。5 月 19 日,吴丹就曾指出难民救助仅能解一时之需,消除难民潮所带来一切隐患的根源在于"尽快找到东巴危机政治解决的途径"⑤。但是,具体的操作层面上,联合国与印度则是本末倒置:联合国的观点是在逐步恢复东巴正常社会和经济

---

① 6 月 25 日,斯瓦兰·辛格在印度国会人民院发表演讲,具体阐明了印度政府对南亚危机的基本政策和立场:要彻底解决南亚危机,难民问题必须与东巴的政治前途"捆绑"在一起。参见 *Bangladesh Documents*, Vol. I, p. 697.
② *Bangladesh Documents*, Vol. I, p. 629.
③ Sucheta Ghosh: *The Role of India in the Emergency of Bangladesh*, p. 109.
④ *Bangladesh Documents*, Vol. I, p. 639.
⑤ *Bangladesh Documents*, Vol. I, p. 626.

秩序的同时，遣返难民，其后再着手政治谈判；而印度的观点却正好相反，先由叶海亚·汗与"东巴人民的政治代表"人民联盟进行政治谈判，解决东巴的政治前途问题，之后再遣返难民，恢复东巴正常的社会秩序。

在观点对立、难以形成共识的状况下，6月28日，新德里拒绝了阿迦·汗有关向印度与东巴边境地区派驻联合国观察员以便于难民遣返的建议。而与之形成鲜明映照的是，伊斯兰堡同意派驻联合国观察员的建议。

就难民回国与东巴政治和解两者之间的关系，美国政府的观点其实是与联合国一致的。在5月19日吴丹呼吁国际社会联手救助难民的当天，罗杰斯即致电基廷表示支持吴丹的倡议，并指示基廷加强与新德里的协调，首先稳妥推进难民救助问题的解决。① 同日，查尔斯·布瑞表示美国政府对联合国秘书长发出倡议的态度是"欢迎"、"鼓励"、"支持"，着手解决难民问题是解除危机的第一步。② 6月17日，查尔斯·布瑞再次指出："应该承认难民救助本身不足以，也不应当被视为解决东巴政治问题的先决条件，遏止更多的东巴难民涌入印度是当前的紧迫问题，其后才应考虑东巴问题的政治解决。"③ 因此，白宫认为难民问题是眼下影响次大陆局势的最紧要问题，必须及时有效地逐步加以解决；而东巴的政治前途问题则绝非一朝一夕，甚至数月之内可以解决的，需要各方的协调合作，不能简单地将一方的观点强加于另一方。

1971年南亚危机期间，美国难民政策的另一个重要内容就是在要求巴基斯坦政府保持克制态度的同时，针对1970年自然灾害导致的东巴大面积饥荒以及1971年内乱造成的破坏性影响，向东巴提供紧急救助，遏止灾民转变为外逃的难民。

首先需要指明的是，在对东巴援助的政策设计上，美国并未将援助作为向叶海亚·汗施压的手段，勒令其向人联采取政治让步。相反，从遏止战争、阻止东巴饥荒蔓延和保持华盛顿对伊斯兰堡的"一定影响

---

① *The Richard M. Nixon National Security Files*, 1969 – 1974: *India-Pakistan War of* 1971, Microfilms: MF10202004247144166856 4 – 565, LexisNexis, 2007.

② *Department of State Bulletin*, Vol. LXV, No. 1668, June 14, 1971, Washington D. C.: U. S. Government Printing Office, 1971, p. 764.

③ *Department of State Bulletin*, Vol. LXV, No. 1672, July 12, 1971, p. 41.

力"的角度考量,自危机一开始,美国就采取紧急行动,对东巴给予援助。① 在东巴援助的对象上,美国采取的是"一揽子"方案,并未区分因受到1970年自然灾害和1971年政治风波恶劣影响波及的东巴民众。在对东巴援助的方式上,美国的政策口径是援助的国际化:在积极为缓解东巴大面积饥荒,筹措资金援助的同时,支持并参与联合国主导的多边国际机制向东巴提供援助。

5月10日下午4时45分,到访的M. M.艾哈迈德向尼克松表示巴基斯坦政府愿意接受国际救援机构提供的粮食援助,感谢美国政府和联合国在筹措救援物资方面作出的诸多努力,并希望在国际社会的帮助下修缮严重损毁的道路交通系统。但艾哈迈德同时表示叶海亚·汗总统认为救援物资的分发应由巴基斯坦军方来承担。②

5月17日,M. M.艾哈迈德拜会吴丹,并表示巴基斯坦政府希望在难民问题上与联合国紧密合作。针对巴方的请求,吴丹提出3条建议:第一,立即派遣联合国人员赴东巴灾区指导援助工作;第二,要求世界粮农组织及各国政府向东巴提供紧急食品援助;第三,要求因为3月25日军事行动而撤离东巴的联合国专家返回东巴,"重新履行他们的职责"。③

5月28日,尼克松致信叶海亚·汗。信中说:"当务之急是在东巴结束内部冲突和秩序重建。我们也将在国际规范所允许的范围内,提供人道主义援助。""在提供援助的同时,确保南亚地区紧张局势不发展到国际冲突的地步将是必要的。我认为使难民尽快离开印度领土是维持次大陆和平,恢复东巴社会秩序的首要步骤。"④

5月29日,吴丹委派联合国负责协调各国际机构的副秘书长伊斯马特·克塔尼(Ismat T. Kittani)赴伊斯兰堡与巴方领导人商讨东巴饥荒救助事宜。⑤

---

① *The Richard M. Nixon National Security Files*, 1969–1974: *India-Pakistan War of 1971*, Microfilms: MF10202004247151669263, LexisNexis, 2007.

② *The Richard M. Nixon National Security Files*, 1969–1974: *India–Pakistan War of 1971*, Microfilms: MF10202004247177167158, LexisNexis, 2007.

③ Roedad Khan ed.: *The American Papers (Secret and Confidential) India—Pakistan—Bangladesh Documents*, 1965–1973, p. 587.

④ *The Richard M. Nixon National Security Files*, 1969–1974: *India–Pakistan War of 1971*, Microfilms: MF10202004247177167158, LexisNexis, 2007.

⑤ *The Richard M. Nixon National Security Files*, 1969–1974: *India-Pakistan War of 1971*, Microfilms: MF10202004247144166832 6, LexisNexis, 2007.

6月17日，吴丹再次呼吁更多国家和国际机构、非政府组织向东巴提供人道主义粮食援助。①

自5月中旬开始，为了救助几近经济崩溃边缘的东巴，美国决定投入750万美元（外加价值1亿的当地货币）的援助。巴基斯坦政府还成立了一个由前政府官员组成的难民救助联合委员会协助美国和其他国际机构援助物资的调配。但国际援助仅为杯水车薪，东巴仍然存在着"严重的、潜在的粮食短缺问题"，在遭受飓风侵袭的地区有大约150万灾民挣扎在死亡线的边缘。②伊斯兰堡估计东巴境内库存的粮食仅有60－70万吨左右，今后的6个月，至少还需要250万吨粮食。普遍性的粮食短缺是东巴面临的最紧迫问题。为了缓解东巴巨大的粮食缺口，美国政府从5月底开始向东巴运送17万吨小麦，并将追加15万吨谷物援助。③

在向东巴灾民提供粮食救济的同时，另一个棘手的问题摆在尼克松的面前，那就是怎样把这些通过海运送达的粮食援助在东巴各港口及时卸载，并分配发放到东巴内陆各个地区？在自然灾害与政治风波的双重打击下，东巴各主要港口设施损毁严重，港口的装卸工人早已在军事镇压行动开始之时，四处逃散，不见踪迹。而东巴的内河航运、陆路交通在自然灾害和东巴抵抗力量的双重破坏之下，运输能力消散殆尽，特别是通向主要港口——吉大港的公路、铁路以及河运驳船、货轮均被抵抗运动完全破坏，估计在6个月内都难以恢复。④因此，巴基斯坦政府没有能力将国际社会提供的粮食援助从港口码头迅速、及时地运往各个粮食救济配发站。截止5月27日，已有20万吨原计划在东巴口岸卸载（隶属于PL480计划）的小麦由于港口拥堵，被迫转港至西巴卸货。另外贮存在西巴的25万吨国际援助物资也急需运往东巴。6月的南亚将转入雨季，恶劣的天气条件将使海运和内河运输更加困难。针对这一局面，尼克松决定派遣美国农业专家到东巴进行实地考察，并协助解决港口运输问题，并答应巴方在最短的时间内为其筹集、租用驳船、货轮投入粮食

---

① *Bangladesh Documents*, Vol. I, p. 626.

② *The Richard M. Nixon National Security Files*, 1969－1974：*India-Pakistan War of 1971*, Microfilms：MF102020042471441668296, LexisNexis, 2007.

③ *The Richard M. Nixon National Security Files*, 1969－1974：*India-Pakistan War of 1971*, Microfilms：MF102020042471441668294, LexisNexis, 2007.

④ "Weekly Summary：East Pakistan's Resistance Crumbles", Central Intelligence Agency, April 23, 1971DDRS, Document Number：CK3100331017.

运输，并由美国政府支付租金。①

为进一步加强对东巴的粮食赈济，美国政府成立了以救济署副署长毛瑞·威廉姆斯（Maury Williams）为首的东巴赈灾工作委员会专门负责东巴救助事务。②6月底，美国政府又紧急调拨200万美元用于租赁河运驳船、货轮投入粮食运输，同时再追加470万美元用于修缮港口设施。③在美国和国际社会的通力合作下，东巴的粮食危机暂时得到缓解，但运输交通以及援助品安全等问题仍大量存在。

难民问题是1971年南亚危机期间，尼克松面临最为棘手的难题。大量东巴难民的涌入不仅对印度的社会、经济发展和国家安全造成沉重负担，而且亦是巴基斯坦宪政危机向跨国危机——印巴危机转化的重要参数。如何在政策底线业已确定的情况下，缓解难民问题对次大陆脆弱和平的强大冲击是"二人团队"必须直面的政治现实。若处理不当，动辄将点燃"南亚火药桶"的导火索。尼克松政府难民政策的核心是在要求印巴保持克制的同时，向两国提供人道主义援助，以"疏"、"堵"结合的方式减缓难题问题对危机事态的冲击。

这样一种政策看似能够安抚印巴，化解危局，但在印巴持续敌对、互不信任、互不妥协的政治氛围中能够起到真正的作用吗？事实上，印度不仅反对美国对东巴灾民的赈济，认为这一赈济行为是在强化西巴军人政权对东巴的强力控制④，而且在难民问题与东巴政治前途这两者关系的理解上与美国存在不可调和的矛盾。解决难民问题的根本在于东巴政局的正常化。但是恰恰在如何实现东巴政局的正常化方面，巴基斯坦、美国与印度的观点大相径庭。美国从推动"秘密外交"、"解冻"中美关系和实现美国冷战战略的转型的战略层面考虑，政策路径上向巴基斯坦倾斜是必然结果。尼克松支持叶海亚·汗的策略选择：在着手恢复东巴经济社会秩序的同时，适时推行政治重建计划，逐步创造有利环境让难

---

① *The Richard M. Nixon National Security Files*, 1969 – 1974：*India-Pakistan War of* 1971, Microfilms：MF102020042471441668295 – 296, LexisNexis, 2007.

② *The Richard M. Nixon National Security Files*, 1969 – 1974：*India-Pakistan War of* 1971, Microfilms：MF102020042471441668548, LexisNexis, 2007.

③ *FRUS* 1969 – 1976, Vol. XI：South Asia Crisis 1971, p. 250.

④ 1971年5月—6月，英迪拉·甘地总理和印度政府的高层官员多次在重要场合指责任何对西巴当权者的援助都是反对东巴人民之举。参见 *Bangladesh Documents*, Vol. I, pp. 680 – 696.

民回国；而印度的观点则呈对立之势：独立是东巴政治前途的最终归宿，印度支持东巴人民的独立斗争，反对军人专政。若东巴不实现独立，难民问题无从解决。两相比较，美、巴与印度在难民问题政治化上显现出政治逻辑的不相容性，同时也显示出战略思维方式遭遇到地区敌对的强势碰撞之时，当何去何从？是继续既定思维路径不动摇，不受地区危机激化的丝毫影响？还是顺应地区政治变局，改变思维方式和路径？以上诸多疑问既表现了美国在危机初期难民政策上的政策困境，同时，也向美国的危机政策中提出了挑战。一并而言，以难民问题为例，地区危机与大国战略之间的纠结将在危机的不断演变过程中继续发展。

第三节 印度的秘密干预与"孟加拉人民共和国临时政府"的成立

从 4 月初开始，利用"难民牌"谋求国际社会的支持和秘密支持东巴抵抗行动构成了 1971 年南亚危机初期，英迪拉·甘地政府应对危机的"明"、"暗"两手政策。

一、危机初期印度社会各界的反应

西巴的军事镇压行动一经开始，印度各界即大力声援东巴的独立斗争，要与巴基斯坦一战决胜负的呼声空前高涨。

自 4 月初开始，西孟加拉邦涌现了大批声援东巴独立运动的社会组织和团体，包括：支持孟加拉独立斗争委员会（Committee for the Assistance to the Freedom Struggle of Bangladesh）、孟加拉稳定与援助委员会（Bangladesh Solidarity and Aid Committee）、孟加拉知识分子救助委员会（Bangladesh Intellectual Aid Committee）等等。[1]

印度的知识界纷纷支持东巴人民的反抗斗争。1971 年 4 月 3 日，加尔各答大学声援孟加拉人民斗争联合会（The Calcutta University Bangladesh Sahayak Samiti）在加尔各答大学成立。该组织的宗旨是：1. 为孟加拉人民的解放斗争募集资金；2. 帮助安置逃亡到印度的孟加拉知识份

---

[1] Sucheta Ghosh: *The Role of India in the Emergency of Bangladesh*, pp. 98 – 99.

子；3. 出版孟加拉文和英文刊物、著作声援独立斗争。①

在西孟加拉邦知识界的影响下，支持东巴民众抵抗斗争的激情迅速向印度各地的大学和科研机构蔓延开来。其中尤以 4 月 7 日在新德里成立的尼赫鲁大学支持孟加拉委员会（The Nehru University Support Bangladesh Committee）为代表。该组织通过举办各种研讨会、集会向印度民众宣扬东巴独立斗争，并积极动员新德里的达观显贵向东巴募集救助资金。

包括印度国大党（组织派）、印度人民联盟、印度社会党、印度共产党、印度共产党（马）等在内的各主要政党在东巴发生军事镇压事件之后纷纷表示对东巴人民联盟和东巴民众抵抗斗争的支持，批评英迪拉·甘地政府在危机初期政策过于保守、谨慎，并呼吁英迪拉·甘地政府尽快对"孟加拉临时政府"予以外交承认。②

在西巴政府军开始"探路灯"行动之后，印度民众舆论，特别是西孟加拉邦强烈要求印度政府采取直接军事干涉行动支持东巴。印度国家防务研究与分析中心主任 K. 苏巴拉哈曼亚（K. Subrahmanyam）是强烈要求与巴基斯坦一战决胜负的强硬派代表。1971 年 3 月 31 日，在新德里举行的一次国际问题学术研讨会上，苏巴拉哈曼亚不加掩饰地指出，巴基斯坦的分裂对印度是有利的，"当前，印度政府的明智举措是利用这次东巴危机进一步推进印度在南亚的战略地位。像此次东巴危机这样的决好机会以后将不会再次出现"③。4 月 5 日，他再次重申他的强硬好战观点："在像东巴危机这样的敏感事件面前，任何一个大国在采取有效行动维护自身利益方面都不会有半点迟疑，……当前，印度政府所应当作出最大胆的决定就是出手帮助孟加拉民众的独立斗争，与巴基斯坦速战定

---

① *Hindustan Standard*, April 8, 1971. 转引自 Sucheta Ghosh, *The Role of India in the Emergency of Bangladesh*, p. 71.

② 印度国大党（组织派）承诺支持东巴人民；印度人民联盟批评巴基斯坦屠杀手无寸铁、无辜的东巴人民，并对叶海亚·汗进行谴责，认为他是人类的公敌。同时，主张印度政府立即承认孟加拉，提供有效的精神与物质帮助；印度自由党认为"东巴危机"涉及对少数民族的暴行，并要求印度政府在率先承认孟加拉独立的基础上，针对巴基斯坦的侵略采取军事行动；印度共产党认为东巴人民的斗争是一场革命，坚定地支持孟加拉流亡政府；印共（马）要求首先应当承认孟加拉临时政府，然后提供物质帮助抵抗巴基斯坦的军事镇压。参见 Nalini Kant Jha: *Domestic Imperatives in India's Foreign Policy*, New Delhi: South Asia Publishers, 2002, pp. 148 – 149; p. 153. 转引自宋海啸：《印度对外政策决策——过程与模式》，北京：世界知识出版社 2011 年版，第 115、122—123 页。

③ Mizanur Rahman: *Emergence of A New Nation in A Multipolar World: Bangladesh*, p. 60.

胜负。"①

在危机初期，相比印度各界强烈的求战呼声，英迪拉·甘地政府的应对政策则显得较为低调，采取的是密切关注事态动向，同时言行谨慎的政策。英迪拉·甘地政府之所以采取这种审慎政策，是因为当时的国内、国际环境并不利于印度直接出兵干涉东巴，印度并没有作好与巴基斯坦开战的准备。

就印度国内层面的因素来看，印度若要直接军事干涉面临的首要问题是干涉的正当理由是什么？《联合国宪章》中有明确的反干涉条款②。在南亚危机全面爆发后，国际社会对此问题的态度都不甚明朗，联合国依据《联合国宪章》第二条之第七款的规定将其视为巴基斯坦的内政问题。③如果印度政府此时按照公众的强烈意愿公开支持东巴的独立斗争，那么国际社会、各大国（特别是美国和中国）将会严厉指责印度干涉巴基斯坦内政，印度非但没有获得收益，而且还会弄巧成拙，成为众矢之的。因此，"师出无名"，在局势尚不明朗之际，在印度未找到正当的军事干涉理由，而与巴基斯坦开战，贸然出兵不是明知之举。

其二，印度东北部地区④和西孟加拉邦是印度国内民族分离主义和左翼极端分子活动最为猖獗的地区。长期以来，东北部地区民族和宗教矛盾尤为尖锐，是各种反政府武装组织盘踞的"重灾区"。尤其是那加人的"那加民族社会主义委员会"（National Socialist Council of Nagaland）和米佐人的"米佐民族阵线"（Mizo Naitonal Front）一直受到伊斯兰堡的暗中支持⑤，是印度政府清剿的重点。而在东巴危机全面爆发的同时，在西孟加拉邦，印共（马列）领导的"那萨尔巴里"农民游

---

① Mizanur Rahman: *Emergence of A New Nation in A Multipolar World: Bangladesh*, p. 60.

② 《联合国宪章》第二条第四款规定："各会员国在其国际关系中不得使用威胁或武力，或以与联合国宗旨不符之任何其他方法，侵害任何会员国或国家之领土完整或政治独立。"第七款规定："本宪章不得认为授权联合国干涉在本质上属于任何国家国内管辖之事件，并且不要求会员国将该项事件依本宪章提请解决。"参见联合国新闻处：《联合国手册（1945—1965）》（下），北京大学法律系译组译，北京：商务印书馆1973年版，第727页。

③ Arum Kumar Singh: *U. N. Security Council and Indo-Pak Conflicts*, Delhi: Capital Publishing House, 1992, p. 86.

④ 印度东北部地区包括阿萨姆邦（Assam）、那加兰邦（Nagaland）、梅加拉亚邦（Meghalaya）、曼尼普尔邦（Manipur）、特里普拉邦（Tripura）和米佐拉邦（Mizoram）。

⑤ Chandra Bhushan: *Terrorism and Separation in North-East India*, Delhi: Kalpaz Publications, 2004, pp. 124 – 125.

击战已令印度政府头痛不已。东巴难民大量涌入印度边境各邦后,那里的局势更加扑朔迷离和复杂多变。①英迪拉·甘地政府在思量东巴问题时,亦不得不受到紧邻边界各邦局势的牵制。若在形势尚不明朗之时,印度政府公开宣称支持东巴独立必定会刺激国内民族分离主义势力和左翼极端分子。为此,在危机初期,印度政府必须三思而后行。

其三,印度军方的战备不足。不仅周详的作战计划尚未出台,而且除部署在印度与西巴边界以及与中国边界地区的一线部队:印度第1装甲师、第2机械化步兵师以及5个山地步兵师保持满员外,印度陆军的其余部队在和平时期仅维持整编满员的50%—60%,进行人员召集、战斗动员乃至进行针对性的战术训练都需要一段时间;在武器装备方面,大量装备待修,弹药的大批量生产和储存以及战区后勤保障均难以在短时间内完成。

就国际层面因素来看,各大国对东巴独立斗争的立场和态度都较为低调,没有一个国家的政府在东巴危机发生后就立即发表声明支持东巴的独立斗争。②

二、英迪拉·甘地政府对人民联盟的暗中支持

除去难民危机为印度造成的严重社会经济负担和国内安全问题,削弱巴基斯坦——这个与印度水火不容的、对印度谋求次大陆主导地位构成最大威胁的穆斯林国家是长久以来印度国家战略规划中的首要目标。虽然危机初期印度直接出兵干涉东巴的时机并不成熟,但是这并不表示印度会眼睁睁看着如此绝佳的机会白白浪费。在时机尚未成熟之时,印度通过培植"代理人"与巴基斯坦政府进行斗争。在英迪拉·甘地的政治棋盘中,由穆吉布·拉赫曼领导、主张与印度修好、以"世俗主义、

---

① 印共(马列)不仅在西孟加拉邦大力开展反政府的农民游击战,而且在东巴危机全面爆发后,印共(马列)也秘密介入东巴内乱,向托哈领导的坚持在东巴境内从事反抗斗争的孟加拉共产党(马列)提供武器,支持其对抗西巴政府军。与人民联盟的政治纲领不同,孟加拉共产党(马列)强调应效仿印共(马列)的"纳萨尔巴里"农民游击战,以暴力革命推翻资本家、地主与军阀的联合统治,并建立包括东巴、印度西孟加拉邦、阿萨姆邦在内的社会主义的"大孟加拉国"。参见 A. S. M. Shamsul Arefin: *Bangladesh Documents 1971*, Vol. III, p. 118.

② 危机爆发后,联合国安理会的五个常任理事国——美、苏、中、英、法均表示对事态的密切关注,但未曾公开表示支持东巴独立斗争。而包括伊朗、埃及、土耳其、马来西亚在内的穆斯林国家则明确表示支持巴基斯坦政府。有关以上诸国官方立场的文本表述可参见 *Pakistan Horizon—Documentary and Chronological Appendices*, Vol. XXIV. No. 2, pp. 53 – 155.

社会主义、民主主义"为信条的东巴人民联盟是一枚合适的"棋子"。在政策选择上,印度采取的两手政策:第一,在政治上默许人联组建"孟加拉人民共和国临时政府";第二,在军事上支持组建孟加拉民族解放军(The Mukti Fouj)。

4月初,人联主要领导人和东巴其他主要政党的领袖纷纷通过各种渠道,乔装成难民模样,逃往印度。①据前"孟加拉临时政府""代理总统"纳斯鲁尔·伊斯兰姆回忆,在1971年4月份的第2周,人联的主要领导人相继抵达印度东部小城阿加尔塔拉。4月8日—9日,人联高层在阿加尔塔拉举行秘密会议。会议上,塔菊丁·艾哈迈德通报了4月7日在新德里与英迪拉·甘地密谈的基本情况,英迪拉·甘地默许人联在印度组建临时政府机构,并予以一定的支持。最后,会议决定以人民联盟的领导班底组建"孟加拉临时政府"②。

1971年4月10日,"孟加拉人民共和国临时政府"在穆吉布纳嘎(Mujibnagar)③成立。其主要领导成员如下:谢赫·穆吉布·拉赫曼任"总统";塞义德·纳斯鲁尔·伊斯兰姆任"代理总统";塔菊丁·艾哈迈德任"总理";孔达卡尔·穆斯塔克·艾哈迈德(Khondokar Mushtaq Ahmed)任"外交部长";曼塞尔·阿里(Mansur Ali)任"财政部长";A. H. K. 科曼茹斯曼(A. H. K. Kamruzzaman)任"内务部长"。④

4月17日,临时政府成员宣誓就职,塔菊丁·艾哈迈德宣读《独立宣言》。《宣言》中指出:"独立的'孟加拉人民共和国'的建立是7500万孟加拉人民永不熄灭的顽强意志和斗争精神的根本体现。孟加拉人民

---

① 人联的主要领导人塔菊丁·艾哈迈德、纳斯鲁尔·伊斯兰、穆斯塔克·艾哈迈德等人于3月30日在印度情报人员的帮助下越过边界,抵达西孟加拉邦的边境小城茹斯纳嘎。其他各东巴政党的领导人也先后在4月初抵达印度境内。参见 Jyoti Sen Gupta: *History of Freedom Movement in Bangladesh*, p. 303. 此外,东巴学生联盟的主要负责人努尔·阿兰·西迪基(Nur-e-Alam Siddiqui),沙贾汗·赛斯纳(Shahjahan Siraj),以及达卡大学中央学生联盟的副主席A. S. 马布杜尔·拉布(A. S. Mabdur Rab),阿卜杜勒·昆都士·马克哈姆(Abdul Quddus Makhan)等人也先后通过各种渠道于4月中旬辗转来到印度的阿尔塔加拉和索纳穆拉(Sonamura)。参见 A. S. M. Shamsul Arefin: *Bangladesh Documents* 1971, Vol. III, p. 54.

② Mizanur Rahman: *Emergence of A New Nation in A Multi-polar World: Bangladesh*, p. 153.

③ 穆吉布纳嘎是"孟加拉临时政府"所在地,位于距加尔各答市西北18公里处的巴哈尔帕拉镇(Bhaberpara Village)。

④ Sukumar Biswas ed.: *Bangladesh Liberation War-Mujibnagar Government Documents* 1971, p. 522.

将用鲜血和勇气铸就这一崭新的国家。"①

　　临时政府宣告成立后,东巴民族人民党(巴沙尼派)、东巴民族人民党(穆兹法尔派)、东巴民族大会党和东巴共产党(4月18日,更名为孟加拉共产党)均表示支持临时政府。4月21日,巴沙尼分别致电联合国秘书长吴丹、美国总统尼克松、中国总理周恩来和苏联最高苏维埃主席团主席波德戈尔内,谴责西巴军队在孟加拉所犯下的暴行,并希望三大国政府立即对"孟加拉人民共和国临时政府"予以正式承认。②

　　但是,基于各自国家利益和国际环境的考虑,三大国并未就此回复巴沙尼的请求。在承认"孟加拉人民共和国临时政府"问题上,印度政府的态度亦十分微妙,并未在"临时政府"成立后,立即予以承认。笔者认为其中的原因主要有两点:第一,"临时政府"虽然在印度的土地上建立,但东巴境内的局势仍不明朗,同时,抵抗力量本身在同西巴政府军首轮较量后元气大伤,需要假以时日重整旗鼓,能否卷土重来还需进一步观察;第二,当时的国际环境不利于印度贸然作出外交承认之决定。若如此,不仅各大国,特别是美国会采取紧急制裁措施,而且巴基斯坦会以此为借口对印宣战,而印度并未做好战争准备。

　　"孟加拉临时政府"成立后,侨居海外的孟加拉人社会团体和个人积极响应,大量捐款资助独立斗争。经多方资助,5月25日,孟加拉"独立之声"广播电台在穆吉布纳嘎成立,并用孟加拉语实施广播,广播栏目包括"沸腾的鲜血"(Rakta Swakkhar)、"觉醒"(Jagaran)、"雷霆之声"(Bajra Kantha)等。③

　　巴基斯坦政府内孟加拉族政府官员亦纷纷倒戈,宣布效忠于"临时政府"。前巴基斯坦政府驻纽约副总领事 A. H. 马霍德(A. H. Mahood)率先于4月12日宣布与巴基斯坦政府脱离关系,倒向"孟加拉临时政

---

① *Bangladesh Documents*, Vol. I, p. 292.
② A. S. M. Shamsul Arefin, *Bangladesh Documents* 1971, Vol. II, pp. 610 – 612. 但孟加拉学者苏克玛·匹斯沃斯(Sukumar Biswas)辑选的《孟加拉解放战争:穆吉布纳嘎政府文件集,1971》中显示,巴沙尼向各大国首脑致电的时间是4月24日。参见 Sukumar Biswas ed.: *Bangladesh Liberation War-Mujibnagar Government Documents* 1971, pp. 16 – 18.
③ Abu Salah Mohammed Nasim: *Bangladesh Fights for Independence*, p. 314.

府"。4 月 27 日，他被"孟加拉临时政府"任命为驻纽约办事处负责人。①

4 月 18 日，巴基斯坦政府驻加尔各答办事处的高级专员哈桑·阿里（Hossain Ali）与办事处的 64 名孟加拉族工作人员集体宣布与巴基斯坦政府脱离关系，倒向"孟加拉临时政府"。②

8 月 2 日，巴基斯坦驻美国大使馆的 14 名孟加拉族外交官提出辞职。③

截止 1971 年 9 月底，总共有 95 名巴基斯坦外交部门的孟加拉族官员宣布效忠于"孟加拉临时政府"。④

除在政治上默许人联组建"孟加拉人民共和国临时政府"之外，印度政府还在军事上支持组建孟加拉民族解放军。

4 月 14 日，"孟加拉临时政府"宣布组建"孟加拉民族解放军"，并任命退役的前巴基斯坦陆军上校 A. G. 奥斯曼尼（A. G. Osmani）为"孟加拉民族解放军"总司令。⑤

孟加拉民族解放军组建基础包括：东孟加拉团、东巴基斯坦步枪队的残余力量以及逃亡到印度的东巴青年学生。

由于各组成部分在年龄、文化程度和军事素养方面差距极大，内部斗争十分激烈。为此，在部队组建初期，"孟加拉临时政府"为了强调纪律，有效控制和强化军事训练，在挑选受训人员上严格把关，着重对人员的政治倾向性和政治忠诚意识进行考察，以便于统一指挥。

在 4 月 30 日之前，孟加拉民族解放军的日常军事训练主要由印度边防安全部队负责，从 4 月 30 日开始，印度陆军正式接手孟加拉抵抗力量的军事训练，印度东部军区副参谋长沙哈博格·辛格（Shahbeg Singh）

---

① Sukumar Biswas ed., *Bangladesh Liberation War-Mujibnagar Government Documents* 1971, p. 176.

② Sukumar Biswas ed., *Bangladesh Liberation War-Mujibnagar Government Documents* 1971, pp. 177 – 179.

③ "Chronology of the India-Pakistan Situation, 12/70 – 12/71, the birth of Bangladesh", Central Intelligence Agency, Directorate of Intellignece, December 23, 1971, DDRS, Document Number: CK3100331073.

④ M. Rashiduzzaman: "Leadership, Organization, Strategies and Tactics of the Bengal Movement", *Asian Survey*, Vol. XII, No. 3. March, 1972, p. 197.

⑤ Sukumar Biswas ed.: *Bangladesh Liberation War-Mujibnagar Government Documents* 1971, p. 158.

准将统一负责孟加拉民族解放军的军事训练以及双方高级指挥人员的协商沟通。①

首先，孟加拉民族解放军的编制序列上分为正规部队与游击战小分队，两者在作战任务、人员编制、武器装备、通信指挥及后勤保障等方面均有所区别。②其次，孟加拉民族解放军的单兵装备和轻型火炮均由印度陆军提供。5 月中旬，印度陆军利用库存的 10 门 37 毫米口径榴弹炮装备了孟加拉民族解放军两个炮兵连；第三，在印度军事顾问的协助下，民族解放军正规部队采取"营—连—排—班"的作战序列编制，最大的机动作战单位是"独立孟加拉营"，满员基准为 500 人。最为重要的是孟加拉民族解放军的日常军事训练问题。针对不同文化层次人员，印度军方采取三种针对性训练方式：一，针对文化程度较低者，日常训练的科目为队列操练、自动武器射击和使用手榴弹、炸弹和爆破装置实施破坏袭击任务。二，针对大、中学青年学生，在教授基本军事技能的同时，又增加技术兵器的操作使用和地图识别、野外侦察等训练科目。自 5 月 16 日开始，印度军方在印巴边界线印方一侧的巴克什纳噶（Bakshnagar）、巴格多格拉（Baghdogra）、多克（Dauk）、迪布普尔（Debupur）、大汉普尔（Dhanpur）等地设立的孟加拉游击战训练营相继开营。③同时，针对东巴沟壑密布、河流众多的自然环境，自 5 月下旬开始，印度军方从孟加拉族青年学生中挑选 500 人到位于柯钦（Cochin）的印度海军水下爆破训练营和西孟加拉邦普拉西（Plassey）的印度海军蛙人训练中心从事为期 3 个月的水下爆破和水下监听训练，为日后向东巴境内各海港和内河港湾渗透、从事水下破袭战做准备。此外，印度陆军还在勒克瑙（Lucknow）和台哈登（Dehra Dun）两地设立炮兵训练中心，培训民族解放军的炮兵部队。三，针对具有大学学历者和科研人员，则着重雷达侦察、具有较高技术含量的技术兵器使用和爆破技术训练。为了弥补民族解放军中下级军官的严重不足，印度陆军又从民族解放军挑选具有大学学历者和青年大学生 600 人到位于台哈登的印度军事参谋学院进行为

---

① Jagdev Singh: *Dismemberment of Paksitan: 1971 Indo – Paki War*, New Delhi: Lancer International, 1988, p. 70.

② 有关孟加拉民族解放军部队编制、军事训练、装备及作战任务等方面的具体内容可参见 Abu Salah Mohammed Nasim: *Bangladesh Fights for Independence*, pp. 483 – 510.

③ Abu Salah Mohammed Nasim: *Bangladesh Fights for Independence*, p. 156.

期 3 个月的军官培训。①

除了在装备和日常军事训练上对孟加拉民族解放军进行指导外，印度军方亦从战略战术层面对其进行整训。据曾任孟加拉国第七任总统的齐亚·拉赫曼将军回忆，5 月 15 日，印度东部军区参谋长 J. S. 阿鲁罗拉（J. S. Aurora）少将和另外两名印军将领在阿加尔塔拉与 A. G. 奥斯曼尼和其他几名抵抗力量的高级指挥员召开军事会议。会议上，阿鲁罗拉少将要求孟加拉民族解放军的作战方式要顺应形势变化，采取灵活多变、进退自如、活动范围更加广泛的游击战。奥斯曼尼接受了这一建议。②

到 1971 年 6 月，在印度陆军的帮助下，"孟加拉临时政府"在沿东巴与印度边界的印度一侧总共设立了 16 个游击战训练营，接受军事训练的孟加拉青年人数达到 5650 人。③等待们的将是秘密潜回东巴后进行的"雨季攻势"。

在南亚危机的初期，凭借印度的秘密支持，以人民联盟为首的东巴抵抗力量在印度境内站稳脚跟，继续开展反抗运动。而印度则依托"孟加拉人民共和国临时政府"和孟加拉民族解放军进行秘密战，与西巴暗中角力，意图让南亚危机的解决按照印度的政治意志和利益诉求发展变化。印度的这一政策与其在难民问题上的政策向度在内在的政治逻辑上是一致的：将印度政府的危机应对政策融入印度国家战略的长期目标追求之中，弱化并最终消除东巴与西巴之间本以十分脆弱的政治关联，削弱"两个民族"理论作为巴基斯坦立国根基的政治凝聚力，击败巴基斯坦——这个困扰印度"有声有色"大国梦实现的主要障碍。为此，印度动用政治、外交、舆论乃至军事手段削弱叶海亚·汗政权在东巴问题上的话语主导权，并为危机的解决设立严苛的政治附加条件，不惜与巴基斯坦形成针尖对麦芒的政治僵局。这一种做法显然是与美国化解危机、抑制战争爆发的理念相违背。尼克松政府认为英迪拉·甘地之所以采取

---

① 以上关于印度对东巴抵抗力量进行秘密军事训练的内容由笔者综合相关战史资料汇集而成。参见 A. A. K. Niazi: *The Betray of East Pakistan*, pp. 69 – 71.; D. K. Palit: *The Lighting Campaign*, Salisbury: Compton Press, 1972, pp. 45 – 49; Jagdev Singh: *Dismemberment of Pakistan: 1971 Indo-Pak War*, pp. 66 – 78; Abu Salah Mohammed Nasim: *Bangladesh Fights for Independence*, pp. 157 – 160.

② Mizanur Rahman: *Emergence of A New Nation in A Multi-polar World: Bangladesh*, p. 62.

③ A. S. M. Shamsul Arefin: *Bangladesh Documents* 1971, Vol. II, p. 273.; 另据尼兹将军回忆，截止 1971 年 6 月底，印度陆军在环东巴边境一带总共设立了 30 个游击战训练营，已有大约 1 万名"自由战士"受训完毕。参见 A. A. K. Niazi: *The Betray of East Pakistan*, p. 71.

秘密战的方式,暗中支持东巴抵抗力量是东巴事态尚未发展到事关次大陆战争与和平的关键时刻,若国际环境有利于印度并且抵抗力量不断壮大,印度政府将会采取公开支持态度。针对印度方面实际上是在推动南亚危机滑向战争边缘的做法,尼克松政府越来越感觉到美国所面临的政治局面要比 1965 年战争时复杂得多。美国是否能够扭转危局?这一问题的答案将在大国"秘密外交"、秘密战与公开敌对的动态迭加中逐渐浮出水面。

第四节　美国对巴基斯坦军售政策的"微调"

美国对印巴两国的军事援助一直都是影响次大陆政治发展的一个重要变量。在 1965 年第二次印巴战争中,美国停止了对印巴的军事援助。1967 年 4 月 12 日,约翰逊宣布对印巴实行新的军事供应政策。1971 年 3 月 25 日,南亚危机全面爆发后,叶海亚·汗在东巴采取的军事镇压行动遭致世界舆论的广泛谴责,美国的公众舆论和国会强烈反对西巴军队在东巴的屠戮,并要求白宫立即停止对巴基斯坦的一切军售。面对来自国内、国外的强大压力。白宫对巴基斯坦军售(包括"一次例外"军售项目)政策是否会有所改变?怎样改变?这成为危机过程中,各方密切关注的一个焦点问题。

首先需要说明的是,国务院和国防部在对巴军售问题上拥有很大的发言权:所有出口军事装备(不管是在对外军售项目之内,还是通过商业渠道)都必须具有国务院军火控制办公室颁发的武器出口管理许可证,已有的许可证若要续签也需通过国务院的审核;而在美国对外军售项目之内的装备则要受到国防部的控制审查。①

截止 1971 年 3 月底,伊斯兰堡向华盛顿订购了价值 4400 万美元的技术装备、军需用品和各种零部件。②

在叶海亚·汗对东巴采取军事镇压行动后不久,美国政府机构相继采取强制措施。4 月 6 日,国务院决定不再续签即将到期的出口许可证;

---

① *The Richard M. Nixon National Security Files*, 1969 – 1974: *India-Pakistan War of* 1971, Microfilms: MF102020042471021664249 – 250, LexisNexis, 2007.

② *The Richard M. Nixon National Security Files*, 1969 – 1974: *India-Pakistan War of* 1971, Microfilms: MF102020042471361667583, LexisNexis, 2007.

同时，自 1971 年 3 月 25 日之后，不再批准对巴基斯坦的新许可证，而那些属于在 3 月 25 日之前颁发的许可证允许范围内，并且"正在运输"①过程中的装备不在禁止之列。②4 月 11 日，国防部宣布冻结 1970 年 10 月的"一次例外"军售以及 3 月 25 日之后的对巴军售项目。③

　　4 月 11 日，罗杰斯指出，在对巴基斯坦的军售政策上，美国有三种选择：第一、不受东巴危机的影响，继续当前的军售政策；第二、全面禁运，终止一切军售；第三、暂时停止向巴基斯坦输送军事装备（包括"杀伤性"武器的零配件和武器弹药），同时美国亦将针对所有准备运往巴基斯坦的军售项目进行审查。罗杰斯建议采取第三种选择。④

　　同日，基辛格在致尼克松的备忘录中建议美国政府应当避免采取 1965 年印巴战争中所实行的那种全面禁运的做法，但是，面对美国国内舆论和国会山要求禁运的强烈呼声，美国政府亦需要对军售项目进行严格管制，限制杀伤性武器装备及火炮弹药的出口。相较罗杰斯所倾向的第三种选择，基辛格则建议尼克松采取第一种方案。⑤

　　虽然在 4 月 11 日，白宫关于对巴军售的政策还未正式出台，罗杰斯与基辛格也仅仅只是阐明了自己的想法，但在这两种截然不同的想法背后实则反映了两人在思维路径上的大相径庭。从南亚地区政治的视角出发，罗杰斯认为暂时的禁运是对叶海亚·汗施压的一个好办法，可迫使其减缓或停止在东巴的清剿行动，减少次大陆掀起更大政治风浪的几率；而"秘密外交"的顺利进行，以中美关系的"解冻"推动美国冷战战略的转

---

　　① 对于"正在运输"过程中的装备，美国国务院和国防部有着不同的理解。国务院认为是指"已经驶离美国领海的，经海轮运输的武器装备"，国防部则认为"正在运输"过程中的装备应当是指"已对货品进行所有权移交的装备"。参见 *The Richard M. Nixon National Security Files*, 1969 – 1974：*India-Pakistan War of* 1971, Microfilms：MF102020042471361667562, LexisNexis, 2007.

　　② *The Richard M. Nixon National Security Files*, 1969 – 1974：*India-Pakistan War of* 1971, Microfilms：MF102020042471361667543, LexisNexis, 2007. 基辛格直到 5 月 17 日才得知国务院实际上自 4 月初便已经停止向巴基斯坦颁发武器出口管理许可证。*FRUS* 1969 – 1976, Vol. XI：South Asia Crisis 1971, pp. 125 – 126.

　　③ *The Richard M. Nixon National Security Files*, 1969 – 1974：*India-Pakistan War of* 1971, Microfilms：MF102020042471361667788, LexisNexis, 2007.

　　④ F. S. Aijazuddin ed.：*White House & Pakistan*：*Secret Declassified Documents*, 1969 – 1974, pp. 236 – 237.

　　⑤ F. S. Aijazuddin ed.：*White House & Pakistan*：*Secret Declassified Documents*, 1969 – 1974, pp. 237 – 240.

型是基辛格思量南亚危机时必须通盘考虑、总揽全局的思维取向。为此，即便是暂时的禁运也会对美国与巴基斯坦的关系带来破坏信号。

尽管"二人团队"并不希望立即切断对巴军售渠道，但国会山的反应则显然不同。4月15日，包括萨克斯比（Saxbe）、麦戈文（McGovern）、蒙代尔（Mondale）在内的6名参议员联名向参议院对外关系委员会递交一份动议："要求在巴基斯坦局势未完全恢复正常状态之前，停止一切对巴军事供应。"①

5月27日，尼克松就对巴军售问题向国务院和国防部发出总统指令。尼克松指出在有关对巴军售政策正式出台之前，或有关对巴军售的争论停止之前，美国应当继续向巴方运送军事装备（在3月25日之前颁发的出口许可证允许的范围之内）；同时，巴方亦可从美国军火商那里购买"非杀伤性"装备和"杀伤性"武器的零配件②。至于争议最大的"一次例外"军售，尼克松考虑到国会山和美国舆论的反对声音，主张以"技术原因"暂缓"一次例外"军售。为应付国内媒体，尼克松要求各部门统一口径：美国政府正在"重新审查"对巴军售项目清单。③

总统指令下达后，国务院内部仍有颇多微词④，这为指令的执行平添难度。6月19日，基辛格在致尼克松的备忘录中指出，为保持美国政府在南亚危机问题上的政策灵活性，防止各政府机构之间的政策抵触，应当考虑国务院的"强烈要求"。为此，应当再次调整对巴军售的具体内容，减少"杀伤性"装备的零配件以及弹药的运输量。⑤在基辛格的建

---

① *The Richard M. Nixon National Security Files*, 1969 – 1974: *India-Pakistan War of* 1971, Microfilms: MF102020042471361667441, LexisNexis, 2007.

② 依据美国对外军售计划，在1971年3月25日之前的军火订单当中，若美方一时无法提供巴方所需的装备，美国国防部可将订单转给军火商，由军火商向巴方直接提供武器装备；在对外军售计划之外，巴基斯坦还可以直接从美国军火商那里购买一定种类的装备（限定种类，不涉及"杀伤性"武器装备），而国防部无权干涉。参见 *The Richard M. Nixon National Security Files*, 1969 – 1974: *India-Pakistan War of* 1971, Microfilms: MF102020042471021664249, LexisNexis, 2007.

③ 1970年10月批准的"一次例外"军售计划在南亚危机全面爆发之时尚未付诸实施。F. S. Aijazuddin ed.: *White House & Pakistan: Secret Declassified Documents*, 1969 – 1974, p. 251.

④ 国务院"强烈要求"应当立即切断包括"杀伤性"武器的零部件和弹药在内的所有对巴军售项目。*The Richard M. Nixon National Security Files*, 1969 – 1974: *India-Pakistan War of* 1971, Microfilms: MF102020042471361667562, LexisNexis, 2007.

⑤ *The Richard M. Nixon National Security Files*, 1969 – 1974: *India-Pakistan War of* 1971, Microfilms: MF102020042471361667567, LexisNexis, 2007.

议下，尼克松政府采取了新的措施，在 5 月 27 日总统指令的基础上，确定了对巴军售的具体内容：在重申暂缓 "一次例外" 军售的同时，"杀伤性" 装备的零配件、弹药不在军售项目之列。① 截止 6 月下旬，经由巴基斯坦订购，但仍未启运的装备总金额为 2900 万美元。符合政策要求，可以启运的 "非杀伤性" 装备及零配件的总金额为 1480 万美元。②

在危机的初始阶段，对巴军售政策迟迟未定反映了美国在处理与巴基斯坦关系时面临的极大困难。战略层面的考量、地区政治变动乃至国内诸多制约因素的纠结加大了尼克松和基辛格 "二人团队" 的决策难度，而热衷于 "秘密外交" 的 "二人团队" 与下属各官僚机构在思维方式上的分野使得政令与行动的统一难上加难。以对巴军售问题为例，当 "二人团队" 试图将全球战略考量与地区危机的应策相连接时，难度之大可想而知。

6 月 22 日，《纽约时报》刊载的一则新闻使美国民众和国会再次关注对巴军售问题。报道称，2 艘分别名为 "桑德巴斯" 号（Sunderbans）和 "帕德玛" 号（Padma）的货轮分别于 4 月 23 日和 6 月 21 日从纽约港启程，满载武器装备驶向巴基斯坦的卡拉奇港。③此消息一出，一贯批评尼克松政府南亚政策的爱德华·肯尼迪立即作出反应，他讲道："美国人民和国会在对巴基斯坦政策上被白宫再次欺骗，这一错误的决定若不尽快纠正，将会有更多的东巴难民流离失所，有更多的无辜民众被美国制造的武器弹药所杀害。"④

22 日当天，参议员弗兰克·切尔吉（Frank Church）致信尼克松，要求美国政府采取有力措施，出动海岸警卫队或与加拿大政府协调拦截 "帕德玛" 号。⑤

---

① *The Richard M. Nixon National Security Files*, 1969–1974: *India-Pakistan War of* 1971, Microfilms: MF102020042471361667629, LexisNexis, 2007.

② 隶属于对巴军售项目的装备价值 1350 万美元，经由商业订货的装备价值 1334463 美元。*The Richard M. Nixon National Security Files*, 1969–1974: *India-Pakistan War of* 1971, Microfilms: MF102020042471361667546, LexisNexis, 2007.

③ *The Richard M. Nixon National Security Files*, 1969–1974: *India-Pakistan War of* 1971, Microfilms: MF102020042471361667609, LexisNexis, 2007.

④ *The Richard M. Nixon National Security Files*, 1969–1974: *India-Pakistan War of* 1971, Microfilms: MF10202004247136166773, LexisNexis, 2007.

⑤ *The Richard M. Nixon National Security Files*, 1969–1974: *India-Pakistan War of* 1971, Microfilms: MF102020042471361667534, LexisNexis, 2007.

《纽约时报》上刊载的"爆炸性"新闻不仅令美国国内民意不满,而且更激起了印度政府与"孟加拉临时政府"的强烈批评和谴责。

6月22日下午14时25分,杰哈紧急约见副国务卿欧文并提出强烈抗议。杰哈警告说:"对巴基斯坦的武器输送将会在印度国内造成恶劣影响,必将加剧次大陆的紧张局势。"欧文则解释,自3月25日之后,美国已经停止向巴方颁发新的武器出口管理许可证,他"推测这些装备极有可能是在3月25日之前颁发的出口许可证范围之内,或者是经由商业渠道的军事订货,《纽约时报》刊载的消息是否属实尚待查证。①

6月23日,"孟加拉临时政府"发言人痛斥美国政府向西巴军人政权提供武器"是对心头流血的孟加拉人民的伤口处撒盐。孟加拉人民正在为自由、民主和独立而奋斗,但美国政府的卑劣做法实在是令自由世界为之失望"②。

刚从华盛顿访问回国的印度外长斯瓦兰·辛格在得知这一消息后异常恼怒。6月24日,他在印度国会发表讲话指出,《纽约时报》上刊载的新闻"千真万确",美国政府的做法是在"愚弄"印度人民和世界爱好和平的人们。③

依据史实分析不难看出美国在对巴军售问题上的"微妙之处"。直到6月底,尼克松政府针对南亚危机爆发后的对巴军售政策尚未正式出台,各部门采取的措施也有所抵触④,但是在"二人团队"的主导控制下,对巴军售的应策流程十分清晰:3月25日之后,白宫未再批准新的军售项目,国务院也未向巴方颁发新的武器出口管理许可证,但是,白宫并不倾向于实行对巴完全军事禁运。按照范·霍伦的解释,美国政府"正在针对军售政策做适时调整,并在新的政策正式出台之前,采取相应

---

① The Richard M. Nixon National Security Files, 1969 – 1974: India-Pakistan War of 1971, Microfilms: MF102020042247177167150６ – 508, LexisNexis, 2007.

② Sukumar Biswas, ed., Bangladesh Liberation War-Mujibnagar Government Documents 1971, p. 56.

③ Bangladesh Documents, Vol. I, p. 696.; The Richard M. Nixon National Security Files, 1969 – 1974: India-Pakistan War of 1971, Microfilms: MF102020042247136166758８, LexisNexis, 2007.

④ 与国务院强烈要求完全切断对巴军售形成鲜明对比的是,国防部极力支持继续对巴军售,包括"杀伤性"武器的零配件。国防部认为继续军售既可使外界看到美国政府对巴基斯坦国家统一的坚决支持,也是维续对伊斯兰堡影响力的重要手段,可使其在与印度的争端保持克制。参见 The Richard M. Nixon National Security Files, 1969 – 1974: India-Pakistan War of 1971, Microfilms: MF102020042247136166756４, LexisNexis, 2007.

的过渡性措施。"除暂时搁置"一次例外"军售之外，4月以前，已经交付给巴方的装备和经由国防部承包给军火商，而向巴方提供的装备均不在"重新审查"的范围内。①

尽管在6月24日罗杰斯曾建议尼克松暂时停止所有对巴军事供应②，但"二人团队"的观点非常明确：继续对巴军售。6月28日，白宫再次通知国防部继续对巴基斯坦的军售。白宫要求国防部对外不要宣称对巴实行军事禁运，而只是说对巴军事供应"尚在审查之中"。③

综上所述，在危机初期，美国从缓解危机敌对的角度考虑，宣布停止颇具争议的"一次例外"军售。但对于其他的军售项目则采取区别对待的方式，具体而言，限定军售项目的类别，减少军售数量，但并不断然中止所有军售项目。

小　结

3月25日，西巴政府军实施"探路灯"行动，南亚危机正式爆发。本章主要对危机初期的事态发展、美巴关系出现的新问题及尼克松的危机应策进行阐论，并以此进行下述三个方面的思路整理。第一，危机发生的内在逻辑与自然趋向。在事关巴基斯坦国家政治走向的危急关头，军人政权的政权性质决定了在它面对独立倾向愈演愈烈的东巴激进民族主义势力之时，为保持它在国家政治生活中的排他性、强制性垄断地位，必须用枪和炮来维持它的统治。叶海亚·汗军人政权的政权性质与其冲突行为构成正向联动关系，并且在危机爆发之初，就使危机冲突具有了你死我活，残酷斗争的"烙印"。第二，危机在地区和国际层面的反应与延展。大量东巴平民流离失所，沦为难民，形成大规模人口的跨境流动，不仅为接收难民的印度带来严重的社会、经济发展问题和国家安全隐患，而且使得巴基斯坦国内民族暴力冲突获得国际性特征，向跨国危机——印巴危机转化。印度采取公开外交与秘密行动相结合的方针，公

---

① Roedad Khan ed., *The American Papers*（*Secret and Confidential*）*India—Pakistan—Bangladesh Documents*, 1965–1973, pp. 609–610.

② *The Richard M. Nixon National Security Files*, 1969–1974: *India-Pakistan War of* 1971, Microfilms: MF10202004247136166797O, LexisNexis, 2007.

③ *FRUS* 1969–1976, Vol. XI: South Asia Crisis 1971, p. 202.

开造势申明支持和同情东巴的反抗斗争,与叶海亚·汗军人政权对抗。第三、美国危机政策的两重性及其对危机发展趋势的影响。尼克松政府的政策可以确保美巴关系不受危机影响而出现大的波折,但却无力左右危机局势。事实上,美国危机政策的两重性与叶海亚·汗的两重角色是一致的。尼克松为了保持叶海亚·汗在美国全球战略中的重要功能,而纵容其在国内政治和地区政治中的错误。

第四章 危机升级与美巴政策协调的加强

　　1971年7月到11月，危机局势进一步恶化。在"巴基斯坦渠道"圆满地完成了其历史使命的同时，中美"秘密外交"浮出水面，转变为震惊世界的"冲击外交"。这一"冲击外交"是推动冷战转型的"外交革命"，它开启了冷战的新时代，但本身却是代价和风险都相当之大的外交举措，加速了苏印走向联盟的进程，并使南亚危机由于大国竞争的注入而斗争更趋激烈化。在"穆吉布问题"上态度坚决、毫无软化的同时，叶海亚·汗的政治重建计划归于破产，美国力促东巴、西巴政治和解的努力亦归于失败。东巴的持续动荡与内乱使大量平民持续涌入印度，沦为难民。大规模的难民潮不仅是东巴危机转变为跨国危机——印巴危机的主要诱因之一，同时也是使得南亚持续紧张敌对氛围难以消解的重要根源。在处理难民问题的过程中，美巴虽有不同考虑，但政策协调趋于一致，而印度与美巴在难民问题上的政策倾向却渐行渐远。归根究底，是否应该在难民问题上附加最终促成东巴独立的政治条件是美巴与印度的根本分歧所在。正是这一分歧使难民问题成为危机调解无法逾越的鸿沟。沉重的经济、社会负担和印度公众的强烈干涉意愿促使英迪拉·甘地政府逐渐地滑向直接军事干涉：一方面，打出"难民牌"在国际社会上孤立巴基斯坦、阻挠政治解决并为军事干涉作准备；另一方面，与苏联签订《苏印友好合作条约》，获得苏联的强力支持。在印巴对峙不断升级的同时，大国权势竞争亦加剧了印巴对峙的强度，南亚"火药桶"一触即发。面对日益临近的战争威胁，处于内外压力之下的尼克松政府最终作出停止对巴军售之决定。但这一决定并未阻止印度的战争脚步。对尼克松政府来说，若战争爆发，不仅危及美国在南亚的利益诉求，亦会对中美接近造成重大危害。为此，极力避免战争，加大对战争挑起者的惩罚力度，并作好针对战争爆发的分析评估是尼克松政府在危机升级阶段的政策主导。不可否认的事实是，美国能够开启冷战转型时代的大门，却无法厘清南亚战争与和平的恩恩怨怨。

第一节　基辛格秘访中国与《苏印和平友好互助条约》的签订

从时空条件上看，1971年南亚危机的发展与中美缓和进程相互交织。美国在向巴基斯坦"友好劝说"的同时，又十分审慎地继续"秘密外交"，推进"巴基斯坦渠道"在中美关系"解冻"进程中不可或缺的重要中介作用。

一、基辛格秘访中国前后

经过一段短暂的调整，自1971年4月开始，中美之间的"小步舞曲"又迈开了新的舞步。中美之间你来我往互致积极的政治信号为"秘密外交"的进一步深入"添砖加瓦"。

4月27日，"巴基斯坦渠道"传来中国方面的重要信息。当日，希拉里向基辛格转述了4月21日周恩来致尼克松信件的主要内容。信中指出，鉴于形势的原因，没有在早些时候对尼克松总统1971年1月5日发来的口信予以及时回复。周恩来认为："当前中美关系要取得根本性的改善，只有通过两国高级代表的直接讨论才能解决关键问题。"若美方认为目前还不是访华的最佳时机，可以将访华计划推迟。而晤谈议程及其他细节问题完全可以由叶海亚·汗总统着手安排。①此次信息传递结束了中美之间长达两年的审慎试探，从而使中美两国关系的"解冻"由口头的言辞表述递进到具体的政策行动。而在这样一个从量变到质变的秘密政治进程中，巴基斯坦功不可没。

在接到中国方面的口信之后，尼克松和基辛格非常重视，当晚即对派往北京的特使人选进行电话交谈。②

---

① "Message from Zhou Enlai to Nixon, 21 April 1971, rec'd 27 April 1971, responding to Nixon's 16 December, 1971 message", *National Security Archive Electronic Briefing Book No.66: The Beijing-Washington Back-Channel and HenryKissinger's Secret Trip to China, September 1970 – July 1971*, available at http://www.gwu.edu/~nsarchiv/NSAEBB/NSAEBB66/ch-17.pdf.

② F. S. Aijazuddin ed.: *White House & Pakistan: Secret Declassified Documents, 1969 – 1974*, pp. 135 – 136.

为了加强美巴双方在信息传递方面的联系沟通。5月3日，基辛格秘密致电法兰德指出，经与尼克松总统商讨，要求法兰德以处理个人私事为由秘密回国，行踪要绝对保密，仅限他们三人知道。基辛格建议法兰德在华盛顿停留的时间不超过48小时，并于5月7日在加州的棕榈泉与他会合。①

5月7日，基辛格与法兰德在棕榈泉秘密会晤。两人进行了长达3个小时的谈话。基辛格首先简要"回顾"了白宫通过"巴基斯坦渠道"与中国开展"秘密外交"的相关情况，并说他将作为总统特使与中国代表在巴基斯坦或中国某地会晤。其后，两人就中美高层秘密会谈的时间、地点、会晤方式、搭乘的交通工具和行动路线的安排等具体问题交换了意见。在会谈结束之前，两人协定以美国驻卡拉奇总领事馆海军武官德纳兹（Draz）上校为秘密联络人，若有紧急事宜，二人可撇开国务院系统，通过德纳兹直接联系。②这一秘密渠道在日后的南亚危机发展过程中，对美方决策的及时制订起到了重要作用。

经尼克松批准，5月10日中午，基辛格将没有署名的复信交给希拉里，并表示希望由叶海亚·汗总统亲自转交中国大使。信中说："尼克松总统仔细研究了叶海亚·汗总统出于善意传送来的周恩来总理1971年4月21日的信件。为了解决把美利坚合众国和中华人民共和国分隔开的问题，尼克松总统赞同举行直接高级谈判。为了给尼克松总统的访问作准备，并为与中华人民共和国领导人建立可靠的联系，尼克松总统建议由他的国家安全事务助理基辛格博士同周恩来总理或者另一位合适的中国高级官员举行一次预备会议性质的秘密会谈。基辛格博士准备在中国境内参加这样的会谈，但地点最好是在巴基斯坦方便飞行的距离内，由中华人民共和国提出。基辛格博士将被授权讨论使尼克松总统的访问成为最有益之举的环境条件、会谈的议程、访问的时间安排，并就共同关心的问题初步交换意见。基辛格博士准备在6月15日以后到中国。我们建议运用叶海亚·汗总统的权威来讨论基辛格博士访问的具体细节，包括地点、逗留期限、通讯联络以及类似问题。为了保密起见，不再使用其

---

① F. S. Aijazuddin ed.: *White House & Pakistan: Secret Declassified Documents*, 1969–1974, p. 136.

② F. S. Aijazuddin ed.: *White House & Pakistan: Secret Declassified Documents*, 1969–1974, p. 143.

他渠道。同时,不言而喻,基辛格博士和中华人民共和国高级官员的第一次会谈要绝对保密。"①

5月12日,国家安全委员会官员温斯顿·洛德(Winston Lord)在致基辛格的备忘录中指出,他已按时间顺序将"幸运饼干"档案(The Fortune Cookies Book)②中涉及与中华人民共和国的秘密沟通信息进行整理,并认为"到目前为止,'巴基斯坦渠道'是最有效的"。特别是一个关于中国人态度的特别有趣的评论很能说明问题,即在中国总理周恩来从叶海亚·汗总统那里听到有关信息后说,与他们以前从不同的渠道得到的美国信息相比,巴方传递的信息是从国家元首通过国家元首传递给国家元首的,所以中方十分重视。③

5月19日,法兰德与叶海亚·汗会晤,并就基辛格秘密访华在巴基斯坦中转的时间和换乘交通工具以及行动路线进行商讨。之后,法兰德致电基辛格,提出了5种行动预案,包括在清早或凌晨时分,换乘巴基斯坦国际航空公司的波音707客机或福克F-27型商务客机等。④

5月23日,法兰德致电基辛格,转达了叶海亚·汗就基辛格秘密访华的一些具体问题的想法。为掩人耳目,叶海亚·汗建议在基辛格逗留巴基斯坦期间,让总参谋长哈米德·汗上将陪同前往"参观"位于巴北部山区的总统行宫,并以身体不适为由秘密前往中国。而与此同时,法兰德则应该坐镇总统行宫应付媒体。⑤

5月31日,希拉里将29日周恩来致尼克松的复信送交基辛格。在信中,周恩来首先表明中方对尼克松访华持以欢迎态度:"毛泽东主席欢迎尼克松总统访问中国,期待与总统阁下举行直接交谈。"同时,周恩来总理欢迎基辛格博士以美国政府代表的身份来华协商尼克松总统访华的相关事宜。总理建议基辛格博士可将他抵达中国的日期定在6月15日—20日之间,以北京作为会谈地点。至于所乘坐的飞机,他可以乘坐巴基斯

---

① *FRUS 1969 – 1976*, Vol. XVII: China 1969 – 1972, pp. 318 – 319.
② "幸运饼干"档案是由基辛格设立的涉及中美秘密外交的档案卷宗。该卷宗由基辛格领导的国家安全委员会办公室特别管理,卷宗情况高度保密。
③ F. S. Aijazuddin ed.: *White House & Pakistan: Secret Declassified Documents*, 1969 – 1974, pp. 140 – 141.
④ F. S. Aijazuddin ed.: *White House & Pakistan: Secret Declassified Documents*, 1969 – 1974, pp. 143 – 144.
⑤ F. S. Aijazuddin ed.: *White House & Pakistan: Secret Declassified Documents*, 1969 – 1974, p. 145.

坦的波音客机，或由中方派遣一架专机接送。其他细节问题可直接由叶海亚·汗总统与中国大使商讨安排。①

6月4日，基辛格将尼克松致周恩来的复信转交给希拉里。信中表示，尼克松总统"欣然期待与中国领导人的会谈，并感谢中国政府欢迎基辛格博士以特使身份先期访问中国。由于需要处理其他事务，基辛格博士离开华盛顿的时间不会早于7月初。所以，基辛格博士将乘坐巴基斯坦的波音客机，7月9日抵达北京，在北京逗留两天后，于11日离开"。信件的最后，基辛格还附上一份访问伊斯兰堡和北京的详细行动安排，供巴方在处理该问题时参考之用。②

6月21日，基辛格收到巴方转交的周恩来写于6月11日的复信。周恩来表示同意美方延迟基辛格的访问日期，并就基辛格乘机问题提出几点建议。③

6月28日，基辛格在与尼克松、法兰德秘密协商后，对他本人在巴基斯坦境内逗留的时间、抵达巴黎访问的时间、随行人员以及安全保障工作进行调整。在巴方的提示下，法兰德建议基辛格戴黑色礼帽和墨镜以"方便"出行。④

在万事俱备之际，7月2日，基辛格开始了他此次不同寻常的亚洲之旅。7月6日，基辛格抵达新德里，随后与印度政府多位高官举行一系列的会谈。

7月7日，基辛格首先与英迪拉·甘地总理举行了15分钟的小范围谈话。基辛格认为"解决东巴问题只有两条出路：一为采取战争手段；二为政治谈判解决"。但英迪拉·甘地不等基辛格继续讲下去，便指出："拉瓦尔品第并不在乎我们的感受，我们只能是依靠意志力在克制自己"⑤。两人的会谈戛然而止。

---

① "Message from Zhou Enlai to Nixon, 29 May 1971, with commentary, as transmitted and copied by Ambassador Hilaly for the White House", *National Security Archive Electronic Briefing Book No. 145*: *New Documentary Reveals Secret U. S. , Chinese Diplomacy Behind Nixon's Trip*, available at http://www.gwu.edu/~nsarchiv/NSAEBB/NSAEBB145/08b.pdf.

② F. S. Aijazuddin ed. : *White House & Pakistan*: *Secret Declassified Documents*, 1969 – 1974, p. 147.

③ *FRUS 1969 – 1976*, Vol. XVII: China 1969 – 1972, pp. 346 – 347.

④ F. S. Aijazuddin ed. : *White House & Pakistan*: *Secret Declassified Documents*, 1969 – 1974, pp. 149 – 151.

⑤ *FRUS 1969 – 1976* Vol. XI: South Asia Crisis 1971, pp. 222 – 223.

中国对印度的军事威胁是基辛格与印度国防部长贾格吉凡·拉姆（Jagjivan Ram）会谈的核心问题。深谙政治行为艺术的基辛格虽然即将开始秘访中国之旅，但在谈话中依然义正严词地向印方保证，一旦印巴之间爆发战争，若中国支持巴基斯坦而反对印度，"美国将予以深切关注"，"在任何可设想的条件下，美国支持印度抗御来自中国的安全压力，在与中国的对话中，美国均不鼓励中国对抗印度"。①

尽管战争的预感在基辛格的心头徘徊，但是基辛格明白此次亚洲之行的最大目的是他对中国的"破冰之旅"。

7月8日中午，基辛格抵达伊斯兰堡。在与叶海亚·汗总统短暂私人会谈后，基辛格与叶海亚·汗的外交秘书苏尔坦·汗就南亚危机，特别是难民问题进行交谈。在此次交谈中，基辛格的观点较之危机初期有很大变化，即将难民问题与东巴政治和解问题相剥离，分开考虑，不再推行难民问题的政治化解决。基辛格指出巴基斯坦政府应首先以难民问题的先行解决作为突破口，带动整个危机局势的逐步缓解，并建议制定一套解决难民问题的综合治理方案，而不是"一点一点地"采取一些不痛不痒的措施。②基辛格的这种观点说明通过前期的接触与观察，"二人团队"意识到叶海亚·汗在政治解决东巴问题上回旋余地不大，因而在7月份之后，不再刻意强调政治和解对解决难民问题的重要性。

在7月8日的欢迎晚宴上，基辛格"突然"感觉"胃痛"，然后被送往预先安排好的郊外总统别墅"治疗和休息"。由此，"现代外交史上最大的失踪戏剧"正式上演。

二、中美在南亚危机问题上的初步共识与中国政府的政策立场

中方为接待基辛格秘密访华也进行了周密精心的准备。经过当时中国外交部领导商定，并报周恩来总理批准，成立了由章文晋（时任外交部欧美司司长）、王海蓉（时任外交部礼宾司副司长）、唐龙彬（时任外交部礼宾司接待处副处长）和唐闻生（翻译）4人组成的接待小组。7

---

① "Memcon, Dr. Sarabhai, Dr. Haksar, Dr. Kissinger, Mr. Winston Lord, 7 July, 1971, (1：10 - 2：50 p. m.)", *National Security Archive Electronic Briefing Book No. 79：The Tilt：The U. S. and the South Asian Crisisof 1971*, available at http：//www.gwu.edu/~ nsarchiv/NSAEBB/ NSAEBB79/ BEBB15. pdf.

② *FRUS 1969 - 1976 Vol. XI：South Asia Crisis 1971*, p. 237.

月8日凌晨，中方接待小组乘机从北京南苑机场起飞，7个多小时后抵达伊斯兰堡的查克拉拉军用机场。晚上8时，张彤大使与接待小组一行4人应叶海亚·汗总统的邀请赴总统官邸参加晚宴。席间，章文晋代表中国政府对叶海亚·汗的帮助和协作表示感谢，叶海亚·汗则表示他为充当中美高级会晤的中间人感到荣幸。7月9日凌晨3时30分，接待小组登上波音707客机，大约一个小时后，基辛格一行在苏尔坦·汗的陪同下登机。当地时间4时30分，飞机准时起飞。

基辛格一行经过7小时45分钟的飞行，于北京时间1971年7月9日中午12时15分抵达北京。稍事休息后，基辛格与周恩来总理在9日和10日连续举行单次会谈时间长达7个小时的两次晤谈。双方就台湾问题、印度支那问题、日本问题、朝鲜问题、大国关系、军备控制与南亚问题广泛而深入地交换意见。在7月10日中午12时10分开始的第二次会谈中，中美双方在南亚问题上观点趋于一致。周恩来总理表示："南亚地区局势动荡，印度极有可能会攻打巴基斯坦……我们之所以向巴基斯坦提供军事装备，是因为印度正在侵略巴基斯坦。而且他们还曾经侵略过我们。……东巴基斯坦的动荡绝大部分是印度引起的，那个所谓的'孟加拉临时政府'在印度的领土上设立总部，这不是要颠覆巴基斯坦政府吗？"基辛格连忙接话道："总理不认为我们正在为此进行合作吗？"对此提问，周恩来总理即刻表示："目前我不想对此作出定论，而只是想指出这一现象——我们不得不关注此事。或许我们的关注比你们更加强烈，因为这个问题就在我们眼前。"在周恩来总理观点鲜明地表述了中方立场的同时，基辛格也表示反对通过军事手段解决东巴问题，"如果印度企图诉诸武力，我们会公开声明坚决反对。同时我们决不会鼓励和支持印度针对中国采取任何军事冒险行动，也决不允许印度将美国援助间接用于侵略目的的。"①

周恩来总理在与基辛格会谈中，立场鲜明地阐述了中国政府对待南亚危机的政策方针：印度是"扩张主义者"，试图利用巴基斯坦内政大做文章，分裂巴基斯坦。中国政府支持巴基斯坦政府反对印度的扩张。

中国对南亚危机的立场是其南亚政策的一个缩影。与巴基斯坦修好是1962年中印边界冲突爆发和中巴边界谈判顺利进行之后，中国南亚政

---

① *FRUS* 1969–1976, Vol. XVII: China 1969–1972, pp. 407–408.

策的主要内容。① 从地缘政治的角度来看，巴基斯坦具有十分重要的战略地位，它地处南亚次大陆，南接印度洋和波斯湾，西临中东和地中海。一方面，1969 年苏联图谋在亚洲建立集体安全体系，拉拢巴基斯坦，企图从中国的南部边陲包围遏制中国；另一方面，印度自 1962 年中印边界冲突以来，一直与中国关系紧张。对中国来说，保持与巴基斯坦的友好关系是突破苏联、印度联合遏制封锁线的一把利器。因此，国家利益考量是冷战时代中国南亚政策的重要驱动力。

南亚危机全面爆发之后，国际舆论纷纷对叶海亚·汗政权批评指责，但中国的官方立场却有所不同。4 月 4 日，新华社播发消息指出 3 月 25 日巴政府军采取军事行动打击"民族分离主义者"，以及巴政府强烈反对印度干涉巴基斯坦内政。②

4 月 6 日，中国政府向印度政府提交一份外交照会，抗议 3 月 29 日一些手持写有"支持孟加拉独立"、"反对中国向巴基斯坦提供军事援助"标牌的印度示威者在中国驻印度大使馆门前游行示威，并且指责印度政府横加干涉巴基斯坦内政。③

4 月 10 日，叶海亚·汗致信周恩来，寻求中国政府的支持。4 月 11 日，《人民日报》发表评论员文章，谴责印度政府公开干涉巴基斯坦内

---

① 有关 1962—1963 年中巴边界谈判及中巴关系改善的研究成果可参见 S. M. Burke: *Paksitan's Foreign Policy: An Historical Analysis*, London: Oxford University Press, 1973; Yaacov Y. I. Vertzberger: *China's Southwestern Strategy: Encirclement and Counterencirclement*, New York: Praeger Publishers, 1985; Latif Ahmed Sherwani: *Pakistan, China and America*, Karachi: D. B. Y. Printers, 1980; Sudhansu Kumar Patnalik: *Paksitan's Foreign Policy*, New Delhi: Kalpaz Publications, 2005; S. Dutta: "China and Pakistan: End of a 'Special Relationship'", *China Report*, Vol. 30, No. 2, 1994, pp. 125 – 148; S. Yasmeen: "Sino-Pakistan Relations and the Middle East", *China Report*, Vol. 34, No. 3 – 4, 1998, pp. 327 – 343; 成晓河：《中国—巴基斯坦关系的嬗变 1962 – 1965》，《南亚研究》2009 年第 4 期；韩晓青：《无意识的"推动者"——中巴边界谈判过程中的印度因素》，《南亚研究》2010 年第 3 期；韩晓青、齐鹏飞：《20 世纪 60 年代初期巴基斯坦积极推动中巴边界谈判之动因分析》，《南亚研究》2010 年第 4 期；韩晓青：《中国与巴基斯坦解决双边陆地边界问题外交谈判的历史考察》，《当代中国史研究》2011 年第 6 期；韩晓青：《周恩来对二十世纪六十年代初期中巴关系根本改善的奠基性贡献》，《中共党史研究》2011 年第 9 期。

② 《巴基斯坦政府连续三次照会印度政府强烈抗议印度政府明目张胆干涉巴基斯坦内政》，《人民日报》1971 年 4 月 4 日；*News Review on China*, (April 1971), New Delhi: Institute for Defense Studies & Analyses, p. 19.

③ *News Review on China*, (April 1971), New Delhi: Institute for Defence Studies & Analyses, p. 20.

政：叶海亚·汗就巴基斯坦当前局势采取的有关措施，是巴基斯坦的内政，任何一个国家都不应加以干涉，也无权进行干涉。印度利用巴基斯坦国内紧张局势，变本加厉地干预巴基斯坦内政，威胁巴基斯坦国家安全，两个超级大国同印度反动派紧密配合，对巴基斯坦内政进行粗暴的干涉。中国将坚决支持巴基斯坦反对外来侵略和干涉的正义斗争。①

4月13日，周恩来在致叶海亚·汗的复信中表示支持巴基斯坦国家主权，反对外来干涉，赞成巴基斯坦保持统一，反对分裂。"印度政府正利用巴基斯坦的内部问题，图谋干涉巴基斯坦内政。如果印度扩张主义者发动对巴基斯坦的侵略，中国政府和人民将一致坚定地支持巴基斯坦政府和人民维护国家主权和民族独立的正义斗争"。②

与此同时，中国照常对巴基斯坦进行经济和军事援助。在东巴事变发生前一个月，中巴喀喇昆仑公路开通。2月21日，巴三军总参谋长哈米德·汗上将在开通仪式上将其命名为"中巴友谊公路"③。

虽然现在还非常缺乏南亚危机中有关中国方面的一手史料，但依据已有资料并加以研究分析，我们还是可以大致勾勒出中国的危机应策。南亚危机期间，中国政府在政治舆论、经济援助和军事援助三个方面对巴基斯坦政府予以支持。但是还有一个非常关键的问题必须提及，那就是一旦印度军事介入东巴事务，印巴战事再起，中国会否出兵帮助巴基斯坦？中国是否会向巴基斯坦作出安全承诺，不仅是印巴双方，而且亦是美苏两强在应对南亚危局时必须予以审慎思量的敏感问题。

中美会谈中，周恩来总理立场鲜明地阐明了中国政府的政策方针：中国支持巴基斯坦，反对印度因东巴事变干涉巴基斯坦内政，试图分裂巴基斯坦。虽然南亚问题并非此次基辛格秘密之行的主要议题，但双方

---

① 《印度扩张主义者意欲何为？》，《人民日报》1971年4月11日；*Peking Review*, Vol. 114, No. 16, April 1971, pp. 7 – 8.

② Roedad Khan ed.：*The American Papers（Secret and Confidential）India—Pakistan—Bangladesh Documents*, 1965 – 1973, pp. 530 – 531. 前中国外交部官员李达南在回忆文章中指出在接到4月10日叶海亚·汗总统的信件后，周恩来总理指示外交部代他起草复信，复信由李达南与李钟英二人拟稿。考虑到东巴事件涉及巴内政，这封复信在国内没有公开发表。参见李达南：《周恩来与1971年印巴战争》，《党的文献》2001年第2期，第7页。

③ "Chronology of the India-Pakistan Situation, 12/70 – 12/71, the birth of Bangladesh", Central Intelligence Agency, Directorate of Intellignece, December 23, 1971, DDRS, Document Number：CK3100331073.

在南亚问题的观点趋于一致。在冷战冰封、冷眼敌对 23 载之后的首次中美高层直接会谈就能达成这一效果，足见双方在思量次大陆问题时确有利益交汇点，并有进一步沟通协作的弹性空间。

1971 年 7 月 11 日下午 1 时，基辛格结束了对北京的 48 小时零距离接触，"带着希望而来，带着友情离去"，中美"外交革命"的序幕正式拉开。诚如基辛格所言："虽然不能抱以太多不切实际的幻想，但对美国而言，继续将中国孤立弊大于利。"①可以说，基辛格的中美关系"破冰"之旅获得极大的成功，作为"幕后英雄"的巴基斯坦政府功不可没，推动中美"秘密外交"不断进取的"巴基斯坦渠道"圆满地完成了它的历史使命。在 1969 年 8 月—1970 年 12 月，"巴基斯坦渠道"得以启动并逐渐发挥作用，从 1971 年初开始，"巴基斯坦渠道"的政治效用得到不断强化。首先，随着中美双方交换信息量的递增，"巴基斯坦渠道"所传递的关键信息不断增加，包括率先传递中方欢迎美方高层访华的信息、为双方的高层会谈进行周密安排等都在为推动中美"外交革命"帷幕的开启注入持续动力。其次，如前文所述，"巴基斯坦渠道"在运作方式上呈现出"国家首脑→国家首脑→国家首脑"的高端政治特点。叶海亚·汗总统作为信息传递的中间人在协调中美关系、牵线搭桥方面发挥了重要作用。在 1971 年 4 月—7 月经由叶海亚·汗总统传递的信息内容明确，直入主题，限定为中美关系"解冻"之旅的各项具体安排。同时，保密性极高，将"秘密外交"的各项要旨发挥得淋漓尽致。因此，正是在叶海亚·汗居间协调的高端秘密政治运作之下，中美最高层才能够在将内外干扰减至最小，直接从高端战略层面推动中美关系的"破冰"之旅。

三、中美"冲击外交"的影响

在"巴基斯坦渠道"圆满地完成了其历史使命的同时，中美"秘密外交"浮出水面转变为震惊世界的"冲击外交"。② 1971 年 7 月 15 日，

---

① F. S. Aijazuddin ed.：*White House & Pakistan：Secret Declassified Documents*，1969 – 1974，p. 183.

② 日本学者岩岛久夫曾将基辛格秘密访问这一重大的历史事件形象地称之为当代外交中"突然袭击外交"或"冲击外交"的经典范例。笔者借鉴了岩岛久夫的这一说法。参见 [日] 岩岛久夫：《突然袭击研究》，张健、贺小铭译，北京：国防大学出版社 1987 年版，第 102 页。

中美同时公布了《中美七一五联合公报》,透露了基辛格已经访问北京的消息,尼克松总统也宣布他将于1972年春访问北京。此消息一出,即刻震惊世界。由"二人团队"总策划的这一"冲击外交"给冷战时代的世界政治带来了极大的影响。说它是"冲击外交",是因为它是美国推动冷战战略转型过程中获得的重大外交成果,并为创造性地实现政治目的而采取了非常规手段,就如同蛰伏不动的铁甲巨舰突然启动一样,其速度提升非常之快。无论西方国家抑或东方国家,不管是大国还是小国,均会受到相当大的有形或无形的影响。在探究全球冷战背景之下的"冲击外交",我们必须看到,在创造历史的同时,它本身也给冷战时代的国际政治提出了新的问题:"冲击外交"对大国关系和全球冷战意味着什么?如何评价与分析"冲击外交"的"收益"与"代价"?"冲击外交"能否缓和或刺激国际冲突和利益纷争?可以说,由"二人团队"策划导演的"冲击外交"所产生的震荡性政治效应不仅会影响大国的对外战略、世界政治板块的分化组合,更会对与"冲击外交"本身具有政治粘连关系的国别政治、区域政治产生难以料及的联动影响。那么,尼克松是否会预感到中美关系的新变化会刺激印度和苏联,并加剧南亚危机的紧张局势?在已解密的各类档案文件中,笔者尚未发现可以直接引证尼克松对这一问题考虑的依据。但有一点可以肯定,在尼克松和基辛格的战略构想中,推动中美关系的"破冰"之旅是第一要务,南亚局势如何发展应当服从这一最高目标。

1971年7月基辛格的亚洲之行让尼克松有"喜"有"忧"。"喜"的是基辛格秘密访华不辱使命,中美关系的"破冰之旅"获得成功;"忧"的是印度的强势和对战争的不予抗拒态度使他感到战争阴影袭上心头。制止战争爆发成为7月中旬之后,尼克松政府南亚危机应策的基本出发点。

7月15日,欧文在会见杰哈时指出,当前次大陆再次发生大规模武装冲突的几率很高。美国政府奉行的是以避免战争爆发为宗旨的"超然"政策。战争的代价实在太大,是毁灭性的。不仅会对印度正在蓬勃发展的经济产生破坏性影响,而且还会为区外大国对次大陆"政治图谋"的实现提供机遇。针对难民问题,欧文认为即便巴方想停止敌对冲突,但是在孟加拉民族解放军的袭扰之下,停止冲突难上加难。不管印度政府对孟加拉民族解放军的支持达到何种程度,其结果只能是火上浇油。只要敌对冲突仍在继续,想为东巴难民回国创造和平环境几乎是不可能的。面对欧文警诫式的话语,杰哈针锋相对地指出:"孟加拉人民开展的抵抗斗争并非引起难民持续外逃的原因",难民逃亡的根源在于西巴军队的"恐怖政策"。防止难民继续外逃的首要步骤是西巴军队停止血腥镇压和针对印度教徒的人身伤害以及敌意驱赶。①

7月17日,基辛格在圣克莱门蒂(San Clemente)召见杰哈。基辛格警告说,如果印巴之间战祸再起,中国极有可能介入,并出兵支持巴基斯坦。美国不会像1962年中印边界冲突时那样,向印度提供武器对抗中国。对此,印度不应抱有幻想。②基辛格的此番言论与7月7日他与印度国防部长拉姆会谈时的表述可谓霄壤之别。笔者分析,基辛格是精通政治行为艺术的行家里手,言论表述在短短10天在内有如此大的转变,个中原因是:在未秘访中国之前,对于中国的立场,基辛格心中无底,故与印度政要谈话时意在降低印度的敌对情绪,属逢场作戏之举,但在了解中方坚定支持巴基斯坦的立场后,中美在南亚问题上的立场趋向一致,他的强硬之辞可作为美国向印度施加压力的一个砝码。

四、苏联的政策立场与苏印联盟的建立

1971年7月基辛格的亚洲之行让尼克松喜忧参半,但对于英迪拉·甘地而言,则是忧虑与猜忌之心倍增。7月15日,尼克松公布基辛格秘密访华的消息令印度政府惊诧不已,印度外交秘书考尔直言:"在当前极端敏感而紧张的局势之下,对印度而言,基辛格的北京之行和尼克松总统已经议定的中国之旅是不友好的行为,将使人们坚信'华盛顿—北京—伊斯兰堡三国轴心'的存在。"③因此,美—中—巴三国联合的"政治图景"成为印度领导人心头挥之不去的阴霾。如何才能反制"三国联合",扭转"中美冲击外交"对印度造成的战略挤压?在这一历史关口,印度将目光投向了对南亚抱有极大兴趣的欧亚大国——苏联。

---

① "Department of State, Cable, Indo-Pakistan Situation, 15 July, 1971" *National Security Archive Electronic Briefing Book No. 79*: *The Tilt*: *The U. S. and the South Asian Crisis of* 1971, available at http://www.gwu.edu/-nsarchiv/NSAEBB/NSAEBB79/BEBB16.pdf

② [美]西摩·赫什:《权力的代价:尼克松执政时期的基辛格》,吴圭衡译,北京:中国国际文化出版公司1991年版,第587页。

③ *The Richard M. Nixon National Security Files*, 1969-1974: *India-Pakistan War of* 1971, Microfilms: MF102020042471771671435, LexisNexis, 2007.

1965年第二次印巴战争结束之后，苏联的南亚政策有两大目标：一、与印巴同时修好，在保持苏印紧密、友善关系的同时，加强与巴基斯坦的政治、经济与军事联系；二、遏制中国在南亚的势力扩张。①而要实现上述目标，苏联亦面临两大障碍：一、印巴关系的持续敌对；二、中巴之间的密切联系。特别是印巴关系的持续敌对成为包括美国、苏联在内"大国南亚困境"难以消解的持久动因。莫斯科认为虽然印巴间的紧张对立短时间内难以弥合，但是考虑到另一大政策目标——遏制中国，在印巴之间同时保持近乎平衡的微妙关系，虽有可能遭致印度的非议，但是利大于弊。不仅可以加强苏联在印巴两国的政治影响力，调和两国矛盾，而且还可以"对冲"中巴紧密关系，挤压中国在南亚的战略空间。

　　1968年4月17日，苏联部长会议主席阿列克谢·柯西金（Alexei Kosygin）访问伊斯兰堡。这是自巴基斯坦立国以来，苏联国家领导人首次访巴。7月16日，苏巴签署两国首个军事援助协定，莫斯科向伊斯兰堡提供总价值达3000万卢布的武器装备，包括：60辆T-54和T-55

---

① The Richard M. Nixon National Security Files, 1969–1974: India-Pakistan War of 1971, Microfilms: MF10202004247102166419O, LexisNexis, 2007. 有关1965年第二次印巴战争之后，苏联对南亚政策的精细分析可参见 Harish Kapur: The Embattled Triangle: Moscow-Peking-New Delhi, New Delhi: Abhinav Publication, 1973; Hemen Rain: Indo-Soviet Relations, 1955–1971, Bombay: Jaico Publishing House, 1973; J. P. Jain: Soviet Policy Towards Pakistan and Bagladesh, New Delhi: Radiant Publishers, 1974; G. W. Choudhury: Brezhnev's Collective Secuirty Plan for Asia, Georgetown: Georgetown University Press, 1976; K. D. Kapur: Soviet Strategy in South Asia: Perspectives on Soviet Policies towards the Indian Subcontinet and Afghanistan, New Delhi: Young Asia Publications, 1983; Robbin F. Laird and Erik P. Hoffman eds.: Soviet Foreign Policy in a Changing World, Berlin and New York: Transaction Publishers, 1986; Nisha Sahai Achuthan: Soviet Arms Transfer Policy in South Asia, 1955–1981: The Politics of International Arms Transfers, New Delhi: Lancer International, 1988; Vansudhara Mohan: Soviet Foreign Policy in South Asia: Soviet Relations with Sri Lanka and Bangladesh, Bombay: Somaiya Publications, 1991; Linda Racioppi: Soviet Policy towards South Asia since 1970, Cambridge: Cambridge University Press, 1994; Raghunath Ram: "Soviet Policy towards India from the Tashkent Conference to the Bangladesh War", International Studies, Vol. 22, No. 4, 1985, pp. 353–370; Rajesh M. Basrur: "1971 in Retrospect: A Reappraisal of Soviet Policy in South Asia", International Studies, Vol. 25, No. 3, 1988, pp. 241–259; Hafeez Malik, Peter J. S. Duncan: "Soviet—Pakistan Relations and Post—Soviet Dynamics", Europe-Asia Studies, Vol. 48. No. 5, 1996, pp. 867–890.; S. Paul Kapur: "India and Pakistan's Unstable Peace: Why Nuclear South Asia in Not Like Cold War Europe", International Security, Vol. 30, No, 2, 2005, pp. 127–152.

坦克、8架米-8军用直升机。①

　　中苏边界武装冲突发生后，苏联向南亚各国兜售"亚洲集体安全计划"。巴基斯坦虽然愿意加强同苏联的双边关系，但却不愿以牺牲中巴关系为代价，加入苏联的亚洲集体安全体系。②此后，苏联对南亚的均势政策有所调整，政策重心调整为强化苏印关系。③在莫斯科看来，新德里是苏联次大陆政策的重点，亦可被用作一种抑制力量防止北京向次大陆渗透，更为重要的是，苏联希望让印度成为亚洲集体安全体系在南亚的枢纽，实现对中国的战略包围。

　　1969年3月，苏联国防部长安德烈·格列奇科（Andrei Grechko）元帅在率团访问印度期间，就曾向印方递交了一份有关苏印防务条约的草案。自1969年9月开始，两国就缔约问题举行的谈判在莫斯科秘密进行。但是谈判进展并不顺利，为此，时任驻莫斯科大使的普拉萨德·达尔（Prasad Dar）建议采取一种折中方案：双方可以先行讨论，甚至拟定条约，但是可以等到将来在某个双方都认为合适的时候正式缔约。对于此建议，莫斯科与新德里均表示同意。经苏印双方讨论协商，条约初稿于1970年3月拟就。④

　　南亚危机全面爆发后，苏联是第一个对此事件作出反应的国家。4月2日，苏联最高苏维埃主席团主席尼古拉·波德戈尔内（Nikolai Podgorny）致信叶海亚·汗总统，坚决要求巴基斯坦政府采取紧急措施制止针对东巴平民的军事镇压行动，转而谋求和平的政治解决办法。波德戈尔内同时希望叶海亚·汗"真正领会我们所呼吁的采取和平而非暴力的

---

①　Richard Sisson and Leo E. Rose: *War and Secession- Pakistan, India, and The Creation of Bangladesh*, p. 238.

②　1969年7月，时任副军法管制执行官的巴空军总司令努尔·汗中将率团访华。在与周恩来总理的会谈中，努尔·汗明确表示巴基斯坦不会加入苏联倡议的组织。参见 R. K. Jain ed.: *China-South Asian Relations* (1947 – 1980), Vol. II, New Delhi: Radiant Publishers, 1981, p. 156.

③　印度学者拉古纳特·拉姆（Raghunath Ram）认为1969年苏联对次大陆的政策有较大调整，苏联加大了对印度政策倾斜的力度。个中原因除了印巴两国对苏联兜售的"亚洲集体安全计划"态度迥然有异之外，印度国内政治的"左倾"化，尤其是1969年7月16日印度国大党辛佳迪派领袖莫拉尔吉·德赛（Morarji Desai）被解除财政部长职务，退出国大党，另建国大党（组织派）、7月19日英迪拉·甘地宣布将印度国内14家大银行收归国有等事件，是苏联加强对印度政策倾斜的主要原因。参见 Raghunath Ram: "Soviet Policy towards India from the Tashkent Conference to the Bangladesh War", *International Studies*, 1985, Vol. 22, No. 4, pp. 361 – 362.

④　有关印苏两国缔约谈判的细节内容可参见 A. G. Noorani: *Brezhnev Plan for Asian Security*, Bombay: Jaico Publishing House, 1975. Chapter 1 – 3. pp. 112 – 198.

方式解决危机的动机，那就是真正实践联合国人权公约中所规定的人道主义原则，并充分尊重友好的东巴人民的福祉"①。

通观波德戈尔内信件的全文，主要三大要点：第一，信中两次强调指出"所有巴基斯坦人民"。就话语背后所反映的政治立场而言，苏联在危机之初的基本立场是保持巴基斯坦的国家统一；第二，信中所指"维护地区和平"反映了苏联十分关切东巴的动荡与冲突是否会"外溢"为印巴之间的危机，进而导致次大陆烽烟再起。因此，苏联在危机之初的另一个基本观点是极力避免战争；第三，对于人民联盟的同情。信中说到："拉赫曼先生和其他（人民联盟）领导人虽然遭到逮捕，但他们在较早时候举行的全国大选中获得了绝大多数东巴人民的坚定支持。"此番言论随未明确表态，但苏联对于人民联盟的同情亦可见一斑。

上述三大要点实质上反映了危机初始，苏联在南亚的利益诉求：第一，保持巴基斯坦的国家统一，不鼓励国家分裂，以免损害苏巴关系；第二，不鼓励使用武力解决国家内部纠纷，若如此，势必导致次大陆政治的再次动荡，区外大国（中国、美国）可能乘虚而入，而苏联并不希望卷入战争。

4月6日，叶海亚·汗复信波德戈尔内。针对苏联官方情绪化的反应，叶海亚·汗不甘示弱地指出："包括苏联在内，世界上没有任何一个国家会容忍与外国政府阴谋串通的反裂集团从事分裂国家的可耻行径。在东巴问题上，任何外国有所企图的介入都是对《联合国宪章》基本精神和宗旨的践踏。"②

4月12日，柯西金致信叶海亚·汗。信中说："东巴事件是巴基斯坦内部事务，苏联不会加以干涉，在冲突中也不会偏向任何一方。"③自4月12日阿列克谢·柯西金致信叶海亚·汗为始，直到1971年11月，苏联官方"口径"均将东巴事件称为"内部事务"，在称谓表述上均使用"东巴基斯坦"，而非"东孟加拉"。

6月6日—8日，斯瓦兰·辛格访问莫斯科，就南亚局势与苏联外长

---

① *Bangladesh Documents*, Vol. I, pp. 510 – 511; A. S. M. Shamsul Arefin: *Bangladesh Documents* 1971, Vol. II, p 653.

② *Pakistan Horizon—Documentary and Chronological Appendices*, Vol. XXIV. No. 2, pp. 150 – 151.

③ *Pakistan Times*, April 24, 1971.

安德烈·葛罗米柯（Andrei Gromyko）会晤。6月8日，双方发表《联合宣言》，要求巴基斯坦政府立即采取措施，阻止东巴难民继续流向印度，并立即着手重建东巴和平。新德里的本意是谋求苏联的政治支持。但就辛格的访问结果来看，苏联虽然愿意暗地里支持印度和东巴独立运动，但在公开场合仍将东巴问题视为巴国内政。①

诘究史实，不难发现危机初期苏联的矛盾心态：一方面，苏联并不想过多地指责巴基斯坦，而令苏巴关系滑落。因为，苏巴关系的跌滑势必为中美加强与巴基斯坦的关系创造条件，使苏联在南亚的利益受到侵害②；另一方面，苏联在反感西巴军人政权在东巴所作所为的同时，亦必须审慎考虑如何处理与印度的关系。在南亚危机初期，苏联的应对策略是小心谨慎地避免直接卷入，并对东巴独立运动抱以同情态度。③

基辛格的秘密访华着实令莫斯科大吃一惊。7月19日，基辛格约见苏联大使阿纳托利兹·多勃雷宁（Anatoliy Dobrynin），强调中美协议不会直接违背苏联的利益。但多勃雷宁却指出："我们无可奈何地听任美国人和中国人击败了我们。"针对南亚局势，基辛格告诉多勃雷宁，美国政府已得到情报，苏联可能正在鼓励印度采取军事冒险行动。多勃雷宁反驳了基辛格的这一说法，表示苏联只是在政治上支持印度，并且正在积极地阻止印度军事冒险。基辛格警告："若次大陆爆发战争，绝不仅仅局限于东巴，也绝非局限于次大陆，极有可能导致大国间的碰撞冲突，而大国间的对抗将彻底破坏世界和平。"④

面对中美"冲击外交"造成的世界政治震荡，克里姆林宫意识到白

---

① 在双方签署的联合声明中，关于南亚危机的主要内容为斯瓦兰·辛格对波德戈尔内4月2日致信叶海亚·汗表示感谢，以及对难民问题的关注。联合声明文本参见 Rajendra Kumar Jain: *Soviet-South Asian Relations*, 1947 – 1978, Vol. I, Oxford: Martin Robertson, 1979, pp. 111 – 112.

② 1971年6月9日，柯西金在苏联最高苏维埃会议上发表讲话，强调应通过"和平方式"解决东巴危机，同时他又警告说："在外部势力的操控和指使下，事态的发展将损害次大陆国家的利益，'塔什干精神'将受到不可修复的破坏。"苏联认为，叶海亚·汗是在中美的支持下对东巴政治"重新洗牌"，此举意味着苏联在南亚的利益将受到中美的强力挑战和威胁。因此，中美对叶海亚·汗的支持政策是苏联极力抨击的对象。柯西金6月9日的演讲文本参见 *Bangladesh Documents*, Vol. I, p. 512.

③ The Richard M. Nixon National Security Files, 1969 – 1974: *India-Pakistan War of* 1971, Microfilms: MF102020042471021664195, LexisNexis, 2007.

④ ［俄］阿·多勃雷宁：《信赖：多勃雷宁回忆录》，肖敏、王为译，北京：世界知识出版社1997年版，第261页。

宫正在推进美中接近，苏联将受到中美的联合挑战。为此，必须采取切实可行的步骤来"对冲"中美接近所带来的巨大冲击。毋容置疑，"潘多拉之盒"已经开启的次大陆是苏联有所作为，消解"冲击外交"对苏联战略地位产生消极影响的重要地区，中美联合所到来的新挑战是苏联加快与印度协调的直接动因。

较之苏联的震惊不已，印度则倍感自身成为中—美—巴"政治同盟"的牺牲品，失落之情尤甚。1960年代，苏美共同支持印度对抗中国的诸种政策表现在1971年7月中美"冲击外交"的震荡冲击之下已然烟消云散。

7月20日，斯瓦兰·辛格在印度国会人民院发表重要演讲。一方面，他指出："我真切希望中美缓和不会损害其他国家的利益，特别是南亚国家。但是，现在我不能完全排除这种可能性。中美关系的缓和不仅对中美两国，也对南亚次大陆产生深远影响。因此，我们必须采取有效对策来防止这一局面的出现或已经出现。在这种情形之下，我们并不孤独，还有很多国家（不管其国力强弱与否）也因为中美关系的缓和而深感不安。我们应该与他们（其他国家）加强联系，同时，确保任何由于中美缓和所引起的国际关系变化都不会对我们和其他国家在次大陆的利益造成损害。"另一方面，斯瓦兰·辛格强调："自由战士卓有成效地抵抗已经令叶海亚·汗窘迫不安，为此他不得不说，如果东巴哪个地区被抵抗力量占领，巴基斯坦将发动对印战争。很明显，叶海亚·汗已经深感压力，他不得不转移国际社会对东巴紧张局势的注意力。""3月31日国会的决议中要求印度政府和人民毫无保留地支持孟加拉人民的正义斗争，现在，我们应该尽自己所能支持孟加拉的自由战士。"在讲演末尾，斯瓦兰·辛格掷地有声地强调："如果自由战士的正义斗争取得显著战果，而叶海亚·汗以此为借口向印度进攻，那么我可以明白无误地说我们已经作好捍卫印度的准备。"①

斯瓦兰·辛格此番演讲不仅是危机爆发以来，印度领导人首次在官方正式场合公开发表支持孟加拉抵抗运动的言论，而且也是南亚危机过程之中，印度政策发生显著转变的标志。究其原因有二：首先，作为印度的头号敌人——巴基斯坦在中美接近过程中发挥重要作用，"冲击外

---

① *Bangladesh Documents*, Vol. I, pp. 709–710.

交"造就的美—中—巴联合成为印度领导人心头挥之难去的政治阴影。强烈的被孤立感、对前景的迷惘油然而生。但迫切希望成为"有声有色大国"的印度决不会听任局势摆布,它需要寻找帮手反制所谓的美中巴联合;其次,大国战略的调整不仅作用于大国本身,亦对地区政治产生联动效应。在此不利局面之下,印度政策若有所软化,必定让巴基斯坦抢得先机。印度唯有强化政策,以强对强方可顶住压力。较之5、6月份,印度"两手政策"的内在机理更加清晰:政治解决东巴问题的努力不放弃,但若政治解决行不通,军事解决方案就将提上议事日程,"将东孟加拉从西巴军队的枪口之下解放出来"。

事实上,自7月以来,印度的政治舆论也愈加倾向于以军事手段解决东巴问题。7月12日,印度国防部长贾格吉凡·拉姆在国会发表讲话指出:"一个新的孟加拉国将在血与火的熔炼中诞生。"[1] 7月13日,美国《时代》杂志披露了由对巴立场强硬的K.苏巴拉哈曼亚撰写的研究报告《孟加拉与印度的国家安全——印度的选择》。该研究报告中强烈要求"印度对东巴采取先发制人的军事打击行动,防止左翼极端势力篡夺东巴独立斗争的主导权,并力促建立一个自由、民主的孟加拉国"[2]。

1971年7月,印度军方开始着手秘密制订军事干涉东巴的作战计划。根据印度参谋长委员会主席桑·马内克肖(Sam Manekshaw)上将的命令,7月中旬,萨可瓦特·辛格少将组建了一个计划筹备小组,依据印巴双方军事部署和东巴的独特地形地貌[3],制订了代号为"雌鹿头"

---

[1] "Chronology of the India-Pakistan Situation, 12/70 – 12/71, the birth of Bangladesh", Central Intelligence Agency, Directorate of Intellignece, December 23, 1971, DDRS, Document Number: CK3100331073

[2] K. Subrahmanyam: *Bangladesh and India's Security*, Dehra Dun: Palit and Dutt, 1972, p. 42.

[3] 萨可瓦特·辛格将军在其著作《孟加拉的解放》一书中对东巴基斯坦的地形地貌有十分形象的描述:"东巴的地形很像一头雌鹿的头部。西北部两块突出部如同雌鹿的两只角指向印度的西里古里地区(Siliguri),阿加尔塔拉突出部则像是它细长的脖子。东巴境内有三条主要河流,中国的雅鲁藏布江流出国境后称为布拉马普特拉河(The Brahmaputra River),其下游流入东巴改叫贾穆纳河(The Jamuna River),这条河流自北向南将东巴从中间划分为大体相等的东西两块。而有印度入境的恒河(The Ganga River)则从西北向东南横贯东巴西部,在法里德普尔(Faridpur)北部与贾穆纳河汇合,将东巴西部拦腰切为两段。另外梅格纳河(The Meghma River)则由印度东北部流入东巴,在达卡以南与贾穆纳河汇合。三条大河将东巴切成四大板块:西北部、西南部、北部和东部。东巴境内河网密布,河流间多为低洼的稻田、丘陵、湖泊和沼泽。公路和铁路运输线上桥梁众多,雨季来临,行动十分困难。"参见 Sukhwant Singh: *The Liberation of Bangladesh*, pp. 57 – 58.

(The Doe's Head Plan) 军事行动计划（行动时间预定为 11 月底—12 月初）。

该行动计划的基本内容包括：1. 全力夺取或有效封锁东巴的两大港口：吉大港和查尔纳港（Chalna），遏阻西巴向东巴增派部队，使在东巴驻军产生被孤立和被切断退路的恐慌心理，军心涣散，动摇其抵抗意志，一并防止第三国从海路帮助巴军撤退；2. 全力攻占重要的交通枢纽，（包括西北地区的播格拉、西南地区的库尔纳以及东部的梅格纳桥），切断东巴内部的道路交通，破坏内河渡口，摧毁机场，迅速完成对巴军的分割包围，使其无法调整部署，难以实施协同作战。同时，确保将巴军一线部队就地围歼，不让其撤退到纵深地区，组织阵地防御，便于印军各个击破；3. 在完成初期作战计划后，所有参战部队向东巴首府达卡展开合围向心攻击，迅速攻占达卡，夺取战争的最后胜利。[1] 马内克肖批准了"雌鹿头"军事行动计划，并选定印度东部军区司令杰格吉特·辛格·奥罗拉（Jagjit Singh Arora）中将担任军事行动总指挥。

虽然军事行动的各项准备工作已经基本完成，但此时的英迪拉·甘地却并没有在 7 月下达进攻东巴的命令。英迪拉·甘地清楚地认识到东巴危局和国际舆论对印度的同情和支持并不能给印度提供出兵东巴的合适借口。除去战争准备还不充分，国际环境也还不成熟之外，最令英迪拉·甘地担忧的是一旦印巴战火重燃，中国会否出兵助叶海亚·汗一臂之力。若中国在东巴战事正酣之际，在印度的背后横插一刀，印度必将腹背受敌，陷入两线作战的困境。而 1962 年印军在中印边界战争中的惨败足令她记忆犹新。为此，印度需要做的除在作战时间的选择、作战方针的优化调整和战术部署的周密筹划之外，更需要的是打破"不结盟"的束缚，寻求苏联的支持，借助苏联的强大军事力量震慑、牵制中国，从外交上"对冲"中美"冲击外交"的震荡作用，获取一个出兵东巴的绝佳国际环境。

---

[1] Sukhwant Singh: *The Liberation of Bangladesh*, pp. 68–69.

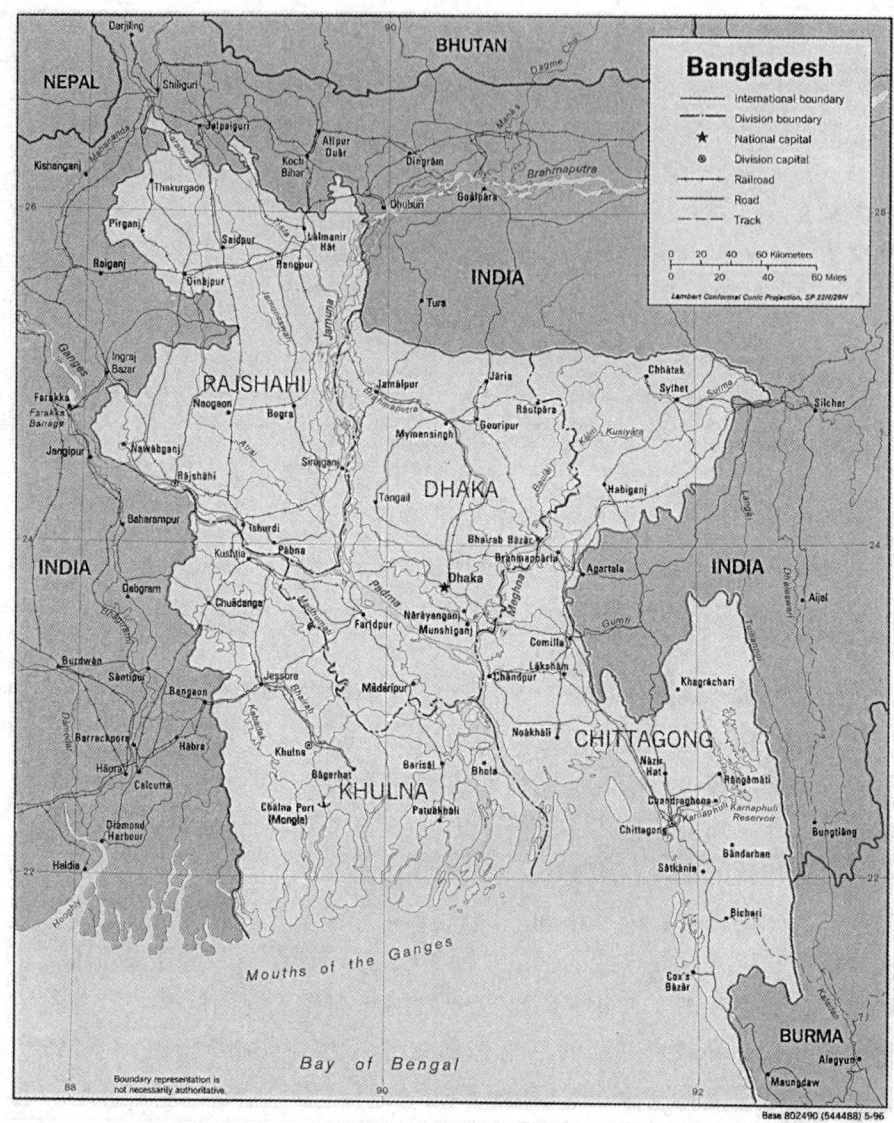

图 4-1　孟加拉地图①

中美联合的战略威胁加速了苏印协调的步伐。1971 年 8 月 7 日，苏联外长葛罗米柯造访新德里。经过两天的会商之后，8 月 9 日，葛罗米柯与斯瓦兰·辛格签订了为期 20 年的《苏印和平友好合作条约》（以下

---

① http://tw.mjjq.com/travel/big5_trip_634.html.

简称《苏印条约》)。

《苏印条约》共有 12 个条款。其中两个条款强调尊重两国各自的外交政策;四个条款强调维护世界和平与合作;四个条款有关双方在政治、经济、科学技术和文化领域发展合作的内容。最为重要的是第 8 条和第 9 条。其中第 8 条规定:"缔约双方不但在任何一方遭到进攻或受到进攻的威胁时要加以协商和采取有效措施,而且都不能参加旨在反对对方的任何军事联盟,避免对另一方的任何侵略,防止利用它的领土从事任何可能给另一方造成军事损害的任何行动。"第 9 条规定:"缔约双方的每一方保证不向参加与另一方发生的武装冲突的任何第三方提供任何援助,在任何一方遭到进攻或受到进攻的威胁时,缔约双方应立即共同协商,以便消除这种威胁并采取适当的措施来保证世界和平与两国的安全。"①

从文本来看,《苏印条约》具有相当强的军事联盟色彩,特别是第 9 条中"缔约双方应立即共同协商,以便消除这种威胁并采取适当的措施来保证两国的安全"意味着印度冲破了"不结盟"的束缚,与苏联军事结盟。笔者认为苏印条约之所以得以签订,是因为在中美"冲击外交"的突然袭击之下,全球层面的战略考量与地区政治变动的能动反应实现了并合衔接。在全球层面上,莫斯科感受到中美联合的政治压力日益迫近,需要采取果断措施反制中美接近,而印巴对抗的不断升级恰好是可资利用的重要机会,莫斯科可借机扰乱遏阻中美关系的发展势头。② 但在次大陆的政治博弈中,真正令新德里难以接受的事实是,巴基斯坦在中美关系"解冻"进程中发挥了不可或缺的中间人作用,当危机矛盾日益激化之时,若巴基斯坦借助中美接近的"东风",提升与印度对抗的"砝码",那么,印度在与巴基斯坦的权势较量中将处于下风。尽管苏印的利益诉求不尽相同,但两国利益诉求在形成产生的时空条件上具有兼容性与同步性,促成了苏印的战略联合:苏联从全球战略出发,为了反制中美联合,需要与印度结盟;印度以地区政策为基点,为反制中美对巴基斯坦的支持,特别是抑制中国对印度可能采取的军事压制,需要苏

---

① 中国国际问题研究所编译:《国际条约集 (1969—1971)》,北京:商务印书馆,1980 年版,第 540—541 页。
② *The Richard M. Nixon National Security Files*, 1969 – 1974:*India-Pakistan War of* 1971, Microfilms: MF10202004247102166479 – 80, LexisNexis, 2007.

联的帮助。

当然，苏印结盟并不意味着两国的政策步调一致。结盟本身只是基于共同的利益，结盟者的各自战略意图还是有所差距的。

《苏印条约》缔结之后，印度各界最关心的问题就是《苏印条约》的签订是否会为印度带来有利的战略环境，推动印度对东巴独立斗争的支持。对此，印度国大党领导人 S. 米莎尔（S. Mishra）意味深长地指出："（对苏印条约）最直接的检验就是它是否能帮助我们，并以我们所满意的方式，在适当的时机解决东巴问题。"①

8月12日，葛罗米柯与斯瓦兰·辛格共同签署《苏印联合宣言》。宣言指出，苏印条约的签订是"实现亚洲和平、维护世界稳定的有效保障"；同时也是苏印两国"在联合国宪章的基本原则和宗旨之下，发展睦邻友好关系的现实表现"。讲到南亚危机，宣言强调："东巴问题的政治解决"和"创造和平条件以利于难民回国"，这两大措施将"有助于保障所有巴基斯坦人民的利益和南亚地区的和平"。②

对联合宣言进行文本分析可见，尽管两国签订双边条约，但不等同于两国在东巴问题上的立场、态度已趋于一致。印度认为巴基斯坦的统一已无可能，战争难以避免。在联合宣言的英文文本中均使用"东孟加拉"；而苏联在支持印度的同时，仍未放弃政治和解的努力。在联合宣言的俄文文本中仍是谨慎地使用"东巴基斯坦"，而非印度所用的"东孟加拉"。

可以肯定的是，苏联在南亚危机中是倾向于印度的。这种政策倾向性源于苏联在后塔什干时代的政策变动。一方面，苏联意图与印巴同时修好，但并未取得实效，印巴对立纷争丝毫未有减弱，中巴关系依旧牢固，遏制中国的目标难有斩获；另一方面，尽管美苏趋向缓和，但中美接近冲淡苏美合作、主宰世界的战略诉求。中美对巴基斯坦的支持使苏联在南亚没有多少政策选择的回旋余地。但是，我们也应该看到，1971年南亚危机与1965年战争最大的区别是此次危机源于巴基斯坦内部纷争，内部纷争不解决又谈何南亚地区的和平？虽说苏联在政策上倾向于印度，但亦未放弃政治解决的努力，若西巴与人联之间能够达成和解，

---

① Sucheta Ghosh: *The Role of India in The Emergence of Bangladesh*, p. 168.
② *Bangladesh Documents*, Vol. II, pp. 156 – 157; Robert Jackson: *South Asian Crisis: India, Pakistan and Bangladesh—A Political and Historical Analysis of the 1971 War*, pp. 192 – 193.

危机状态即可消除。毕竟，较之政治和解，对战争"风险投资"的"风险系数"要大很多。也正因为此，苏联尚不能按印度所希望的那样全力支持对东巴采取军事行动。

《苏印条约》的签订令本已关系错综复杂，事态发展瞬息万变的次大陆更显迷雾重重。为了探知苏联的真实意图，叶海亚·汗曾在8月11日邀请尚在新德里的苏联外长葛罗米柯访巴，但苏联方面未予以正面回应。9月4日，苏尔坦·汗出访莫斯科，葛罗米柯表示苏联政府对南亚局势予以严正关切，并要求巴基斯坦政府停止对东巴的军事高压政策，着手与东巴的"民意代表"谈判。同时，葛罗米柯还以警告的口吻指出，苏联政府不希望看到像1965年战争时的灾难场景重现。①

五、尼克松政府对《苏印和平友好合作条约》的反应

《苏印条约》的签订对尼克松政府而言是一个需要认真对待的外交课题。基辛格认为条约对苏印两国具有不同的影响作用。"新德里在行动时间和大国安全保证两方面有所收获，但以一贯珍视的'不结盟'政策为代价换取苏印联盟的形成则说明新德里已经认为它的核心利益处在紧要关头，必须有所取舍。当然，新德里虽与莫斯科缔约并不意味着将与华盛顿翻脸。而对莫斯科而言，条约的缔结既是为新德里提供安全保证，亦可能对其炽热的求战欲望起到一定的抑制作用，同时莫斯科也希望以压促变，借此策动叶海亚·汗在东巴政治前途问题上作出令莫斯科和新德里满意的让步。但基辛格料定在短时期内，莫斯科的约束力会降低印巴之间爆发战争的风险，可是这种约束有一个限度，时间一长，莫斯科极有可能最终放松对新德里的压制，那么，战争将难以避免"。②

与基辛格的疑虑重重不同，国务院和中央情报局对于《苏印条约》的缔结显得较为乐观，均认为条约使局势暂时得以稳定，苏联会抑制印度国内的"强硬派"的好战呼声，特别是9月22日，中央情报局的一份名为《印巴危机：6个月之后》的备忘录中指出："莫斯科将在支持新德里当前政策的同时，抑制它的过激行为，特别是防止一场全面战争的再

---

① The Richard M. Nixon National Security Files, 1969 – 1974: India-Pakistan War of 1971, Microfilms: MF10202004247102166479 – 80, LexisNexis, 2007.

② FRUS 1969 – 1976, Vol. XI: South Asia Crisis 1971, pp. 363 – 364.

度爆发。"①

事实证明,基辛格的担忧并非多余。自1971年9月之后,苏印联系日益密切。9月27日—29日,英迪拉·甘地访问莫斯科。在访问期间,她先后与驾驭苏联国家权力的"三驾马车"——苏共中央总书记勃涅日列夫、苏联最高苏维埃主席团主席波德戈尔内和部长会议主席柯西金分别举行长时间的会谈。英迪拉·甘地此行有两大目的:一、探知苏联对中美接近等重大国际问题的看法;二、探明苏联在南亚危机中的具体态度。9月29日,苏印双方签署《联合声明》。声明要求"巴基斯坦政府采取积极措施,尽快出台符合东孟加拉人民政治意愿、尊重东孟加拉人民合法权益的政治解决方案。同时让滞留在印度境内的难民快捷、安全地返回家园"②。虽然在措辞上苏联十分谨慎,联合宣言的俄文文本中仍使用的是"东巴基斯坦",而且苏联领导人也强调在危机日趋升级的关头,"印巴两国政府应当保持克制,谋求和平解决危机的办法"③。但苏印两国在东巴问题上的立场趋向一致。这一点可以从柯西金在9月28日与英迪拉·甘地的谈话中窥见一斑。柯西金指出:"在这一关键时刻,我们呼吁叶海亚·汗采取积极有效措施消除滋生暴力和恐惧感的温床","南亚的和平很大程度上取决于东巴危机政治解决的实现程度,其中最为重要的就是对东巴人民合法利益的应有关注"。④这里,柯西金不仅将解决南亚危机的责任完全推给叶海亚·汗,而且提出"对东巴人民合法利益的应有关注",实际上就是要求叶海亚·汗在承认1970年12月大选所反映的民众公意的基础上,与人联进行政治对话。英迪拉·甘地的莫斯科之行为苏印协调的进一步加强奠定基础。

1971年是冷战国际关系发展中的一个标志性年份。中美之间的"冲击外交"是一场推动冷战转型的"外交革命",它开启了冷战的新时代。但是中美"冲击外交"也是代价和风险都相当之大的外交举措,它加

---

① The Richard M. Nixon National Security Files, 1969 – 1974: India-Pakistan War of 1971, Microfilms: MF10202004247102166431, LexisNexis, 2007.

② 有关9月29日苏印联合声明的具体内容可见 Robert Jackson, South Asian Crisis: India, Pakistan and Bangladesh—A Political and Historical Analysis of the 1971 War, pp. 194 – 198; The Richard M. Nixon National Security Files, 1969 – 1974: India-Pakistan War of 1971, Microfilms: MF10202004247102166431, LexisNexis, 2007.

③ Raghunath Ram: "Soviet Policy towards India from the Tashkent Conference to the Bangladesh War", International Studies, 1985, Vol. 22, No. 4, p. 366.

④ S. R. Sharma: Bangladesh Crisis and India Foreign Policy, p. 293.

速了苏印走向联盟的进程,并使南亚危机由于大国竞争的注入而斗争更趋激烈化。美苏全球对抗、中美关系"解冻"不仅作用于三大国本身,更对国际政治格局的力量分布和次区域的力量整合产生深远影响。具体到南亚,则表现为美中巴初步联合和苏印联盟。在印巴持续对立的区域政治结构中,三国联合与两国联盟凸现出地区危机与大国战略之间的紧密联动关系。因此,"我的朋友是敌人的敌人,我的敌人是敌人的朋友"这一权力竞技场上的"游戏规则",在次大陆两强与美、苏、中三大国的交错周旋中表现得淋漓尽致。在大国的利益笼罩之下,次大陆的力量格局已脱离"旋转木马"的窠臼,呈现"跷跷板"式的摇摆动荡状态,一场洗刷旧日政治痕迹、开辟政治新气象的"政治风暴"即将来临。

第二节 难民问题的激化与美印的政策对立

一、难民问题的激化

尽管国际社会予以大力援助,叶海亚·汗也在美国的极力劝说下于6月28日发表了有关东巴政治重建的讲话,呼吁流亡印度的难民返回家园,但是,上述诸多努力并未使难民问题有所缓解,6月28日之后,仍有大量东巴难民继续涌向印度。

根据印度学者阿扎德在2006年的著作中披露,1971年7月—11月,涌入印度的难民人数并未减少。迫于压力,印度政府不得不在与东巴边界线附近设立大量难民营安置难民。[1]整个南亚危机期间,总共有989.93万名东巴难民流入印度。[2]

---

[1] 有关印度在1971年南亚危机期间为收容东巴难民,在印度与东巴边界地区所设立的难民营的数据统计存在差异。孟加拉学者A. S. M. 萨姆苏尔·阿列芬辑选的《孟加拉档案集,1971》中指出,1971年4月—11月,印度政府在特利普拉邦、西孟加拉邦、阿萨姆邦以及门格哈拉邦总共设立了563个难民营。参见 A. S. M. Shamsul Arefin: *Bangladesh Documents 1971*, Vol. II, pp. 327 – 340。这一统计结果与下文中引用印度学者萨拉姆·阿扎德在其著作《印度在孟加拉解放战争中的贡献》中的统计结果——825个难民营有所出入。

[2] Salam Azad: *Contribution of India in The War of Liberation of Bangladesh*, p. 180.

表4-1 1971年7月—11月在印度的东巴难民人数统计①

月 份	每天平均涌入印度的难民人数（单位：万）	每月人数总计（单位：万）
1971年7月	2.60	79.70
1971年8月	3.40	105.50
1971年9月	2.70	80.40
1971年10月	1.40	42.50
1971年11月	0.80	21.70
其他零散人数		16.60
总 计	10.90	346.40

表4-2 滞留在印度各邦的难民人数统计（截止到1971年12月15日）②

各邦的名称	印度政府设立难民营的数量	在难民营中的难民人数	在难民营外的难民人数	难民人数总计
西孟加拉邦（West Bengal）	492	4849786	2386130	7235916
特利普拉邦（Tripura）	276	834098	347551	1381649
门格哈拉邦（Menghalay）	17	591520	76466	667986
阿萨姆邦（Assam）	28	255642	91913	347555
比哈尔邦（Bihar）	8	36732		36732
马德哈亚帕德希邦（Madhya Pradesh）	3	219298		219298
尤塔帕德希邦（Uttar Pradesh）	1	10169		10169
总 计	825	6797245	3102060	9899305

一部分难民被临时安置在印度政府设立的难民营中，但仍有大量难

---

① Salam Azad: *Contribution of India in The War of Liberation of Bangladesh*, p.181; A. S. M. Shamsul Arefin: *Bangladesh Documents* 1971, Vol. II, p.342.
② Salam Azad: *Contribution of India in The War of Liberation of Bangladesh*, p.181; A. S. M. Shamsul Arefin: *Bangladesh Documents* 1971, Vol. II, p.341.

民散落栖居在印度东部各邦，这对于印度的社会治安、传染性疾病的防控、种族冲突、就业等诸多方面都造成了巨大负担和困难。①

与难民潮紧密相关的重要问题是东巴境内的饥荒现象仍然顽固地存在。在前一阶段国际社会的全力救助下，东巴的粮食危机有所缓解，但交通运输以及援助物资及时配发问题依旧未能妥善解决，这严重影响了国际救援行动的进展速度。在 7 月初，东部的库米拉、西北部的锡尔赫特和迈门辛格、南部的诺阿卡利和东北部的库什蒂亚、等地区是极有可能爆发更大规模饥荒的重灾区。② 5、6、7 三个月国际社会对东巴的粮食援助分别达到 36000 吨、64000 吨和 84000 吨。③ 但这些援助与东巴民众一个月所需的最低粮食消耗总量：160000 吨仍有极大差距。7 月 22 日，希拉里约见罗杰斯，代表巴基斯坦政府请求美国政府向东巴调拨更多在 PL480 计划之下的粮食援助，并希望再由美国政府出面租赁 6 艘排水量为 3000 吨的货轮帮助转运粮食援助，以解燃眉之急。④

二、尼克松政府对难民问题的政策调整

针对东巴难民的持续大规模外逃和东巴境内严重的饥荒灾害，尼克松政府仍然延续危机初期的双轨政策。这一时期，美国难民政策中的一个较大转变就是将难民问题与东巴政治和解问题分开来考虑，美国的这一政策转变得到巴基斯坦的支持，却遭到印度的极力反对。美国、巴基斯坦与印度在难民问题上的分歧愈加明显，矛盾斗争更加激烈。

---

① The Richard M. Nixon National Security Files, 1969 – 1974: India-Pakistan War of 1971, Microfilms: MF102020042471021664316, LexisNexis, 2007. 8 月 8 日—11 日，美国参议员兰迪（Landi）对设在印度西孟加拉邦的撒哈拉（Sahara）、库拉辛（Kolasin）等 16 个难民营进行实地考察。在考察中，兰迪一行发现各难民营中食物、饮用水极度缺乏，大多数难民营养不良，儿童死亡率很高，霍乱、疟疾和斑疹伤寒等烈性传染病在难民营中已经局部散播，同时，治安状况恶化，为争夺救济食物的械斗时有发生。在向国会提交的考察报告中，兰迪呼吁国际社会加大援助力度，并开列了包括药品、衣物、羊毛毯、肥皂、水桶、基本生活餐皿、婴儿食品以及救护车、吉普车在内的 15 大项援助物资清单。兰迪的考察报告文本参见 The Richard M. Nixon National Security Files, 1969 – 1974: India-Pakistan War of 1971, Microfilms: MF102020042471691670218 – 231, LexisNexis, 2007.

② The Richard M. Nixon National Security Files, 1969 – 1974: India-Pakistan War of 1971, Microfilms: MF102020042471691670170, LexisNexis, 2007.

③ The Richard M. Nixon National Security Files, 1969 – 1974: India-Pakistan War of 1971, Microfilms: MF102020042471691670163, LexisNexis, 2007.

④ The Richard M. Nixon National Security Files, 1969 – 1974: India-Pakistan War of 1971, Microfilms: MF102020042471771671107 – 108, LexisNexis, 2007.

为了进一步加快救助速度，提高粮食调配分发效率，7月23日，基辛格在约见希拉里大使时指出："由巴基斯坦政府着手制订综合治理难民问题的计划能使白宫与国会打交道方面占据主动。这样做可令国会感觉到与叶海亚·汗总统保持友好协作，比采取强硬压制政策更能取得好的效果。因此，总统和我本人都希望巴方能尽快出台包括难民回国、粮食援助、东巴经济恢复、社会秩序恢复在内的'一揽子'综合治理方案。这样，美国政府在继续支持巴基斯坦政府方面就更有发言权。"希拉里对白宫的处境表示理解，并感谢白宫在难民问题上对巴方的理解和支持，并会尽快将此建议呈递给叶海亚·汗总统。①

在随后召开的高级审查组会议上，基辛格正式提出关于难民问题的新政策，并加以强调。他指出："叶海亚·汗总统和他的将军们是忠诚、勇武的战士，但在政治理解力上缺乏足够的智慧。将人民联盟排除在东巴政治和解进程之外也确非长久之计。但这终归是巴基斯坦的内部问题，印度有权利让难民离开印度的国土，但印度没有权利为东巴难民回国预设政治条件。"针对印巴两国在难民问题上面临的不同困境，基辛格精准地指明，英迪拉·甘地希望难民回国，但又要利用"难民牌"作为向东巴开战的借口；叶海亚·汗是"口头承诺派"，迟迟拿不出综合治理方案，在东巴政治和解问题上，尤其是在如何处理与人民联盟的关系问题上态度强硬，回旋余地甚小。尽管如此，基辛格还是认为："应该将难民问题与东巴的政治前途问题分开来考虑，先行解决难民问题。"尼克松和基辛格在难民问题上的新政策遭到了国务院的非议。以欧文为代表的国务院认为应该向叶海亚·汗施加更大的、公开的压力："东巴的政治前途问题解决，难民问题自然会迎刃而解。"国务院的观点很明确，不应该单纯地就事论事，难民问题的解决必须与东巴的政治和解结合考虑。对此，基辛格表示："叶海亚·汗在难民回国问题上，政策回旋余地较大；但在软化对人联的政治压制方面，政策选择空间很小。如果把两个问题绞在一起，其结果只会是让我们自找麻烦。"②

7月30日，高级审查组再次召开会议商讨难民问题。但基辛格与国务院的观点分歧依然很大。面对国务院的不同声音，基辛格警告说："尼

---

① F. S. Aijazuddin ed.: *White House & Pakistan*: *Secret Declassified Documents*, 1969 – 1974, pp. 255 – 256.

② *FRUS 1969 – 1976*, Vol. XI: South Asia Crisis 1971, pp. 272 – 275.

克松总统曾多次指出我们应该向巴基斯坦政策倾斜,但每次会议召开,总有不同的意见直接反对总统的指示。"在基辛格的压力下,会议决定由美国政府协助叶海亚·汗制订一个综合治理难民问题的人道主义救助计划;敦促叶海亚·汗在难民回国与粮食援助的及时分发问题上加快行动速度。①

在东巴难民问题上,白宫和国务院之所以会出现观点分歧,实质上反映了两大机构在思维路径的分野。如果说在危机初期中美"秘密外交"的进展、"巴基斯坦渠道"的效用是白宫,尤其是"二人团队"应对南亚危机时重要参考指数的话,那么7月15日之后,如何通过谨慎处理南亚危机,加强中美在安全合作方面的共识,寻求两国在南亚乃至亚洲安全问题上更多的沟通交流、增进相互了解是"二人团队"在危机的第二阶段政策考量的基本出发点。换句话说,南亚危机发生的时间正好处于中美两大国战略的调整转换时期。因而,"二人团队"认为对南亚事态的应对决不能单凭地区视角就事论事,应该在全球主义视野中,立足全局(美苏缓和、中美接近)与局部(美巴关系)的政治关联出台应策。在处理分外棘手的难民问题时,亦映照出"二人团队"在战略筹划层面的缜密考虑。相比之下,国务院在危机过程中对印巴关系作出的分析都没有考虑到美国的行动会对中国造成何种影响,仍是从狭隘的地区主义视角思考危机。

8月18日,基辛格在致尼克松的备忘录中表达了他对难民问题的担忧。基辛格认为当前美国面临两难困境:一方面,当前最为紧迫的是针对东巴饥荒提供人道主义救援,这正是美国所采取的积极立场;但另一方面,若叶海亚·汗无法抑制西巴强硬派的好战欲望,或者对东巴游击队的破坏袭击难以招架的话,美国为缓解难民问题所进行的一切努力都将付之东流。为此,基辛格在权衡利弊之后强调:"当前美国政策的重点仍是防止东巴饥荒,推进国际人道主义援助。这样做可以尽量减少印度以'难民牌'为借口军事干涉东巴的几率;同时也可以为叶海亚·汗提供一个保全面子的办法,但前提是叶海亚·汗愿意在东巴新建立一个文官政府,并适时地减少军法统治的因素。"②

---

① *FRUS* 1969 – 1976, Vol. XI: South Asia Crisis 1971, pp. 292 – 293.
② *The Richard M. Nixon National Security Files*, 1969 – 1974: *India-Pakistan War of* 1971, Microfilms: MF10202004247102166424 6, LexisNexis, 2007.

为了加强美巴在难民救济和防止饥荒问题上的相互协作，尼克松派遣威廉姆斯作为总统代表对东巴实地考察。①

8月17日—23日，威廉姆斯出访巴基斯坦，并对东巴饥荒赈济情况作实地调研。8月18日，威廉姆斯就饥荒赈济和与难民潮相关的政治事务与叶海亚·汗晤谈。威廉姆斯指出，自危机爆发以来，美国政府已采取积极有力的措施参与国际援助，帮助东巴应对饥荒。到8月中旬，美国政府已向东巴提供各类援助总计5000万美元。其中，400万美元用于租赁25艘货轮、驳船帮助转运赈灾粮食；550万美元用于联合国救援机构在东巴的日常开销；470万美元用于遭受飓风侵袭地区的灾后重建；最为重要的是，提供了总价值为3600万美元的各类赈灾食品（此外，美巴两国政府已就美国继续向东巴提供价值4000万美元的粮食援助达成协议）。针对饥荒赈济，威廉姆斯提出以下建议：第一，采取内河运输的方式，改善赈济物资的运输状况。抵抗力量采取的破袭战严重损毁了东巴的公路和铁路交通。尤其是吉大港以北的公路和铁路运输几近瘫痪。在正常年份，从北部通向该港口的公路和铁路所承担的运营量占东巴境内运营总量的75%（其中铁路占60%，公路占15%）。而到8月中旬，铁路运输能力不及正常年份的20%。针对这一状况，威廉姆斯提议应利用东巴星罗密布的河流湖泊，采取水运的方式转运粮食援助；第二，运送国际社会援助物资的船只、车辆应悬挂联合国的旗帜，坚决不可混运军用物资，同时也不应有西巴士兵武装押运。自7月中旬以来，抵抗力量逐步加强了水下破坏活动。在8月的第一周就有2艘运送救济物资的驳船被游击队铺设的水雷炸沉。威廉姆斯代表美国政府慎重提出运送救济物资的三条原则：1. 在运载救济物资的船只上不能混载非救济物资；2. 在返程的船只上不可运载黄麻；3. 运送、卸载救济物资不需要巴军士兵护航押运；第三，巴基斯坦政府应采取积极措施提高东巴民众的购买力。对于威廉姆斯的提议，叶海亚·汗表示自7月份起，巴方已经接收29艘由各国募集的内河驳船用于赈济物资的转运，其中有25艘是由美国出资向各国政府租用的。加强内河运输是当前救济工作的重点。在统筹协调方面，叶海亚·汗说巴方已经批准了38名联合国工作人员进入东巴指导救助工作，并将再批准79名联合国救援人员的入境申请。同时

---

① *The Richard M. Nixon National Security Files*, 1969 – 1974：*India-Pakistan War of* 1971, Microfilms：MF10202004247177167114 9, LexisNexis, 2007.

他还将任命姆兹法尔·侯赛因（Muzafar Husain）为东巴粮食与救济事务总协调员，负责协调整个救济工作。拟定任命 A. M. 马立克博士为新的东巴省督，负责东巴民政事务。在威廉姆斯的强烈要求下，叶海亚·汗和一同参与会谈的东巴军法管制执行官蒂卡·汗"极不情愿地"接受了美国政府提出运送救济物资的三条原则。当谈及与难民问题相关的政治事务时，威廉姆斯认为解决难民问题，心理层面的因素比经济因素更重要。他援引联合国难民事务署驻达卡代表处的统计数据指出，据东巴境内各难民接收中心的不完全统计，自 6 月份以来，从印度回国的难民人数不超过 3.4 万人，而继续涌向印度的难民人数仍高达 2 万—3 万人/天。同时，东巴境内的反印度教徒情绪仍很盛行，针对印度教徒的人身袭击事件时有发生，这些现象都不利于缓解东巴危局。但是，叶海亚·汗否认了仍有大量难民外逃的说法，指出政府军在边界地区加强了巡逻警戒，严禁难民外逃和盘踞在印度的"分裂分子"向东巴境内渗透。①

虽然在与难民问题相关的政治事务上，叶海亚·汗的态度依然强硬，但是威廉姆斯的此次访问仍取得显著效果。自 9 月初开始，美国加大对东巴救助的政策投入力度②，吉大港和其他内河港口大量援助物资堆积如山的情况大为缓解，到 10 月下旬，粮食配发状况大为改善。③截止 10 月 21 日，美国政府对东巴的援助金额达到 1.556 亿美元，其中粮食援助为 1.274 亿美元；现金资助为 1370 万美元；外加折合为 1350 万美元的当地货币。④此外，美国政府还计划在 1972 财政年度预算中再拨出 3.15 亿美元用于东巴赈济。其中包括：第一，1.55 亿美元的食品援助；第

---

① *The Richard M. Nixon National Security Files*, 1969 – 1974：*India-Pakistan War of* 1971, Microfilms：MF102020042471441668762 – 768, LexisNexis, 2007.

② 9 月 3 日，尼克松宣布组建以美国红十字会负责人乔治·艾里塞斯（George Elsey）领衔，由 6 名美国政学显要组成的"南亚援助特别咨询小组"（Special Advisory Panel on South Asian Relief Assistance），该小组的主要任务是同参与救援行动的美国各政府机构和联合国各下属国际组织加强沟通协调，提高对东巴救援的工作效率，加快救援速度。参见 *The Richard M. Nixon National Security Files*, 1969 – 1974：*India-Pakistan War of* 1971, Microfilms：MF102020042471441668870 – 873, LexisNexis, 2007.

③ 美国政府非常重视东巴境内的饥荒问题，在提供援助的同时，依据东巴各个地区的自然条件、交通情况和农作物的生产状况制订了详细的援助物资运送和发放细则，帮助叶海亚·汗度过难关。参见 *The Richard M. Nixon National Security Files*, 1969 – 1974：*India-Pakistan War of* 1971, Microfilms：MF102020042471691670171 – 179, LexisNexis, 2007.

④ *The Richard M. Nixon National Security Files*, 1969 – 1974：*India-Pakistan War of* 1971, Microfilms：MF102020042471441668966, LexisNexis, 2007.

二,2500 万美元用于支付交通费用;第三,3000 万美元用于购买粮食作物的种苗;第四,7500 万美元用于难民安置;第五,3000 万美元现金资助。①

在美巴两国和国际社会的通力合作之下,东巴的大面积饥荒得以遏止。但美国和国际社会的共同努力却并没有能够阻止难民的进一步外流,而且直到第三次印巴战争爆发,巴方也未如美国所愿制订出有关难民问题的综合治理方案。客观上讲,美国针对东巴的救济政策并未完全得到预期目标。

难民之所以继续大量外逃,是与东巴依旧动荡不安的社会现实分不开的。1971 年 7 月 12 日,世界银行发布的关于巴基斯坦经济状况与受援情况的调查报告中指出:"弥漫于东巴社会的恐惧与对前景的漠然视之",是困扰东巴社会秩序恢复正常的最大障碍。②一方面,在军方扶植下建立的"市政和平委员会"未能采取有效措施整顿社会秩序,平定民心,而东巴民众对西巴政府军施行"恐怖政策"的畏惧之心丝毫未有减弱。在东巴的一些地区甚至存在着巴政府军毫无纪律约束的滥用私刑、劫掠私人财物乃至草菅人命的现象③,特别是针对孟加拉族印度教徒的人身攻击和随意枪杀事件依然屡禁不止。④据美国驻达卡总领事馆进行的随机民意调查显示,东巴民众普遍感觉未来前景黯淡,人心涣散,谣言四伏。以悲观、失望为关键词的社会政治心理状况严重制约了叶海亚·汗此前所许诺的在东巴尽快实现政治重建、恢复秩序与安定的目标。⑤

另一方面,除了坚持在东巴境内开展斗争的左翼抵抗力量之外,孟加拉民族解放军经过前一阶段在印度的整训后,开始秘密潜回东巴从事破袭战,制造社会恐慌,进一步削弱西巴军官团在东巴本已脆弱不堪的

---

① The Richard M. Nixon National Security Files, 1969 – 1974: India-Pakistan War of 1971, Microfilms: MF102020042471441668756 – 757, LexisNexis, 2007.

② A. M. A. Muhith: Americian Response to Bangladesh Liberation War, p. 114.

③ The Richard M. Nixon National Security Files, 1969 – 1974: India-Pakistan War of 1971, Microfilms: MF102020042471691670135, LexisNexis, 2007.

④ The Richard M. Nixon National Security Files, 1969 – 1974: India-Pakistan War of 1971, Microfilms: MF102020042471021664486, LexisNexis, 2007.

⑤ Roedad Khan ed.: The American Papers (Secret and Confidential) India—Pakistan—Bangladesh Documents, 1965 – 1973, pp. 614 – 615.

政治基础。①自7月份以来，抵抗力量先后对包括达卡在内多个大中城市和乡镇的电力设施和交通干线、银行、学校、商店、工厂制造炸弹爆炸和破坏事件，使得东巴人心惶惶。② 即便是已经修复的铁路仍不断地遭到抵抗分子的轮番破坏，自达卡市驶出的火车至多行驶30—50公里就会因为路基损毁严重而不得不停止。7月9日，抵抗份子对达卡市的供电设施实施爆破，造成达卡市大面积长时间停电。11月3日和9日，抵抗份子分别对达卡近郊的斯迪拉甘杰发电厂（Siddirganj Power Station）和位于锡尔赫特地区的纳毕甘杰供电变电站（Nabiganj Electric Supply Substation）投放炸弹，导致了自3月25日以来，东巴最严重的电力设施损毁事件。③为破坏东巴的金融秩序，制造社会动荡，抵抗分子亦将银行等金融机构作为破坏对象。10月19日和20日，位于达卡莫提黑尔商业区（Motijheel）的哈比卜银行（Habib Bank Ltd.）和东巴国家银行大楼分别遭到炸弹袭击。④东巴中级教育委员会原定于7月15日在达卡、迈门辛格（Mymensingh）、坦盖尔（Tangail）、福里德布尔（Faridpur）4个地区举行中学毕业统考，但由于在4个地区举行考试的多所中学在同一时间收到恐怖威吓和炸弹爆炸的袭扰，考试秩序受到严重影响，考试不得不中断。⑤同日，达卡警方破获一起炸弹爆炸未遂事件，3名孟加拉族青年男子被指控涉嫌破坏达卡市的中学毕业统考，并搜查出印度制造的手榴弹、雷管及引爆装置若干。据其中一名犯罪嫌疑人供述，他们3人均为孟加拉民族解放军成员，并曾在印度的阿加尔塔拉游击战训练营接受爆破训练。⑥受到时局动荡的影响，加之抵抗分子的恐吓，8月2日，包括达卡大学在内的东巴多所大学复课，但真正报到上课的学生寥寥无几。⑦8月12日，参加达卡市大学招生统考的考生人数更是少之又少。⑧10月中下

---

① *The Richard M. Nixon National Security Files*，1969 – 1974：*India-Pakistan War of* 1971，Microfilms：MF102020042471021664332，LexisNexis，2007.

② *The Richard M. Nixon National Security Files*，1969 – 1974：*India-Pakistan War of* 1971，Microfilms：MF102020042471021664413，LexisNexis，2007.

③ A. S. M. Shamsul Arefin：*Bangladesh Documents* 1971，Vol. Ⅲ，p. 144.

④ A. S. M. Shamsul Arefin：*Bangladesh Documents* 1971，Vol. Ⅲ，p. 137.

⑤ A. S. M. Shamsul Arefin：*Bangladesh Documents* 1971，Vol. Ⅲ，pp. 88 – 89.

⑥ Roedad Khan ed.：*The American Papers（Secret and Confidential）India—Pakistan—Bangladesh Documents*，1965 – 1973，p. 624.

⑦ A. S. M. Shamsul Arefin：*Bangladesh Documents* 1971，Vol. Ⅲ，p. 97.

⑧ A. S. M. Shamsul Arefin：*Bangladesh Documents* 1971，Vol. Ⅲ，p. 97.

旬开始,针对东巴大中学校的炸弹爆炸和恐怖袭击事件直线上升,①东巴的教育系统近乎瘫痪。10月10日,抵抗力量向位于达卡市郊的东南亚条约组织霍乱病理研究实验室发射多枚迫击炮弹,险些造成霍乱病毒的扩散。②自10月11起,抵抗力量先后于12日、15日、17日、19日、21日和24日在达卡市内多处公共场所制造7起炸弹爆炸事件,引起社会的极大恐慌。③11月11日,游击队在达卡市最大的清真寺内实施自杀式炸弹爆炸,造成50人死亡,另有50多人受伤。④除达卡之外,吉大港、库米拉、福里德普尔等城市也是破袭战的重点目标。⑤由于东巴抵抗力量的大规模破坏,东巴脆弱的经济更显雪上加霜。到9月中旬,达卡市的零售商店仅有20%左右开门营业。由于大量工人外逃和消极怠工现象的广泛存在,曾为巴基斯坦支柱产业的黄麻加工业产量大幅度滑落,6、7、8三个月,东巴的黄麻产量仅及正常月份的20%。在广大农村地区,大片稻田荒芜,粮食作物严重歉收。据中央情报局的评估报告,预计到1971年年底,若无外界援助,东巴的粮食空缺将达到340万吨。⑥

基于不同的目的,西巴军官团和东巴抵抗力量在东巴采取了不同的策略和行动措施。在叶海亚·汗的东巴政治重建时间表上,尽快恢复东巴正常的社会生活秩序是基础,稳定人心、遏止难民继续外流是关键,但西巴政府军的所作所为使这一理想化的目标难以企及;作为"孟加拉临时政府"领导下的东巴抵抗力量,摧毁西巴军官团在东巴的一切政治存在是根本目标。为此,不惜采用暴力手段,制造社会恐慌,极力破坏东巴的社会秩序。在西巴军官团和东巴抵抗力量双重挤压之下的东巴只能是愈加动荡不安,街头暴力、城市叛乱、恐怖主义和无休无止的难民

---

① 达卡大学、达卡医学院(Dacca Medical College)、诺特丹学院(Notre Dame College)、达卡政府学院(Dacca Government College)和众多中学都曾多次遭到恐怖份子的炸弹袭击和恐吓。参见 A. S. M. Shamsul Arefin, *Bangladesh Documents* 1971, Vol. III, pp. 134 – 135; p. 141.

② *The Richard M. Nixon National Security Files*, 1969 – 1974: *India-Pakistan War of* 1971, Microfilms: MF102020042471021664317, LexisNexis, 2007.

③ *The Richard M. Nixon National Security Files*, 1969 – 1974: *India-Pakistan War of* 1971, Microfilms: MF102020042471441668676, LexisNexis, 2007.

④ *The Richard M. Nixon National Security Files*, 1969 – 1974: *India-Pakistan War of* 1971, Microfilms: MF102020042471101665390, LexisNexis, 2007.

⑤ *The Richard M. Nixon National Security Files*, 1969 – 1974: *India-Pakistan War of* 1971, Microfilms: MF102020042471441668676 – 677, LexisNexis, 2007.

⑥ "Weekly Summary: Bengali Rebels disrupt Key Sectors of East Paksitan's Economy", Central Intelligence Agency, September 10, 1971, DDRS, Document Number: CK3100331028.

潮是东巴危局的唯一发展结果。

三、美国与印度在难民问题上的政策对立

在为防止东巴饥荒而进行人道主义赈济的同时，美国政府亦继续对印度提供大量人道主义援助，消减难民潮对印度的经济、社会重负并试图消除战争的诱因。到 8 月 25 日，美国向印度提供的人道主义援助总金额达到 9050 万美元。①但是，在援助提供的同时，美国与印度在难民问题上的政策分歧却越来越明显。1971 年 6 月以来，印度为东巴难民回国设立附加政治条件，将难民归国同东巴的政治前途"捆绑"在一起，推进难民问题政治化。而尼克松则决定将上述两个问题分开来解决。

9 月 2 日，在与基廷的会谈中，印度代外长巴纳吉（Banerji）强调："难民问题的根本解决维系于穆吉布和人民联盟的政治名誉被恢复、政治地位被确认。"②

10 月 2 日，斯瓦兰·辛格在与罗杰斯的会谈中毫不客气地指出："国际援助只能解一时之需，东巴难民的彻底解决必须与东巴的政治前途相联系，而后一点正是解决危机的根本。"③

尽管美国不遗余力地向印度增加援助款项，但是对于印度实际所需的救助资金要求还是相距甚远。据印度官方估计要想彻底解决难民问题，预计将花费 26 亿美元。④但经费预算与包括美国在内的国际援助实际投入金额存在巨大缺口。以美国为例，到 10 月 21 日，美国政府和志愿者组织总计向印度提供 9425 万美元的援助。其中，美国政府提供了 8925 万美元，美国的各类志愿者组织捐助 500 万美元。⑤为彻底摆脱难民"阴影"，英迪拉·甘地政决定按照适合自己的方式解决难民问题。相较危机初期，印度在难民问题的态度日趋强硬，其显著表现为对联合国提议向难民营派遣维和观察员持以坚决的反对态度。

---

① *The Richard M. Nixon National Security Files*, 1969 – 1974：*India-Pakistan War of* 1971, Microfilms：MF102020042471441668248, LexisNexis, 2007.

② *The Richard M. Nixon National Security Files*, 1969 – 1974：*India-Pakistan War of* 1971, Microfilms：MF102020042471361667187, LexisNexis, 2007.

③ *FRUS* 1969 – 1976, Vol. XI：South Asia Crisis 1971, p. 429.

④ Salam Azad：*Contribution of India in The War of Liberation of Bangladesh*, p. 179.

⑤ *The Richard M. Nixon National Security Files*, 1969 – 1974：*India-Pakistan War of* 1971, Microfilms：MF102020042471441668977, LexisNexis, 2007.

7月2日，联合国秘书长吴丹对印度驻联合国代表沙马尔·森建议，在印巴两国政府的合作之下，可以让难民分批次返回东巴。但沙马尔·森则断然否定了吴丹的提议，并语气生硬地表示，除非在东巴建立人民联盟领导的政府，形成良好、稳定、安全的社会氛围，否则，无论西巴政府采取何种政策立场，难民均无法回国。①

7月19日，吴丹分别致信印度总理英迪拉·甘地和巴基斯坦总统叶海亚·汗，建议由联合国观察员进驻印度与东巴边境地区，以便为遣返难民提供方便。②

对于吴丹的建议，巴方赞同，而印度则坚决反对。8月2日，辛格外长在印度国会发表讲话，反对联合国向边界地区派遣观察员。斯瓦兰·辛格指出吴丹的建议是"不现实的"、"无所帮助的"和"危险的"。"说它'不现实'是因为联合国的提议忽视了难民潮产生的根源在于西巴军人政权的血腥镇压、残暴统治和大屠杀；说它'无所帮助'是由于联合国派遣象征性的观察员队伍对并不能从根本上解决问题；说它是'危险的'，则表明联合国在故意转移视线，意图延续西巴军人政权在东巴恐怖专制的时间"。③

究其真实意图，不难发现印度之所以在面临巨大难民压力，几近难以承受的边缘，却还在坚持难民问题的政治化解决，实则是采取"有限危机升级"的方式，将政治压力与军事威慑的两手政策配合使用，在对巴政治强硬的同时，逼迫叶海亚·汗退让。另一方面，印度政府自6月中下旬以来加大了对孟加拉民族解放军的支持力度，在环绕东巴的边境地区广泛设立游击战训练营，有的训练营距离边境线仅有5公里之遥。④

9月13日，欧文在与杰哈的谈话中表示为方便向国会提交1972财年援助拨款申请，希望以联合国的名义派出人员到印度边境地区调查掌握难民的确切人数。但杰哈的反应十分冷淡，表示"印度官方的统计数据

---

① Richard Sisson and Leo E. Rose: *War and Secession- Pakistan, India, and The Creation of Bangladesh*, p. 189.
② *Bangladesh Documents*, Vol. I, p. 657.
③ *Bangladesh Documents*, Vol. I, p. 663.
④ Roedad Khan ed.: *The American Papers (Secret and Confidential) India—Pakistan—Bangladesh Documents*, 1965 – 1973, p. 636.

确凿无疑，无需再多此一举"①。

东巴难民向印度的持续涌入不仅是东巴危机转变为跨国危机——印巴危机的主要诱因之一，同时也是使得南亚持续紧张敌对氛围难以消解的重要根源。在整个南亚危机期间，美国为妥善解决困扰危机发展的难民问题投入了大量的援助物资与资金。截止12月3日，美国向东巴提供的救助金额达到1.625亿美元，向印度提供的援助总额达到9735.7万美元（其中，美国政府提供9005.7万美元，美国的各类志愿者组织捐助730万美元）。不管是向东巴，抑或向印度提供的国际援助中，美国的投入金额和投入力度均占首要地位。特别是在国际社会向印度提供的人道主义援助当中，美国政府的援助金额占整个国际援助（2.908亿美元）的31%。②但是，美国采取的积极措施并未减缓危机冲突的不断升级。就美国决策层内部来看，对于如何妥善处理难民问题，虽有不同的声音，但在"二人团队"掌控最高决策权的情形之下，全球战略思维导向之下的政策选项成为美国难民政策的首选。在处理难民问题的过程中，美巴政策协调趋于一致，而印度与美巴在难民问题上的政策倾向却渐行渐远。归根究底，是否应该在难民问题上附加最终促成东巴独立的政治条件是美巴与印度的根本分歧所在。印度的观点非常明确，遣返难民的先决条件是承认1970年12月大选结果的合法性，创造有利的政治氛围，这就意味着叶海亚·汗必须把政权交给"经由孟加拉人民正式选举"出来的穆吉布·拉赫曼和人民联盟，而不是其他政治力量。而美国则强调将难民问题与东巴政治前途问题相剥离，先行解决难民问题。③美巴与印度在难民问题政治化上的不同观点显现出政治逻辑的不相容性，同时也说明当全球战略思维方式遭遇到地区敌对的强势碰撞之时，"二人团队"仍然坚持既定思路，向巴基斯坦政策倾斜。当然，这种政策行为上的延续性保持了尼克松政府政策逻辑的完整性，但是在印巴敌对广泛存在的政

---

① *The Richard M. Nixon National Security Files*, 1969–1974: *India-Pakistan War of* 1971, Microfilms: MF10202004247102166479, LexisNexis, 2007.

② *The Richard M. Nixon National Security Files*, 1969–1974: *India-Pakistan War of* 1971, Microfilms: MF102020042471511669113, LexisNexis, 2007.

③ 在9月3日"南亚援助特别咨询小组"第一次全体会议通过的决议中重申了美国有关难民问题与东巴政治前途问题分两步走、分开解决的政策立场，强调对南亚难民的人道主义救助是当前工作的重心。参见 *The Richard M. Nixon National Security Files*, 1969–1974: *India-Pakistan War of* 1971, Microfilms: MF102020042471511669268, LexisNexis, 2007.

治现实当中，无疑将加剧业已存在的"大国南亚困境"，并将南亚进一步推向战争的边沿。

第三节　东巴政治和解的失败

一、叶海亚·汗政治重建计划的破产

叶海亚·汗在 6 月 28 日发表重要讲话之后，继续"描摹"他的东巴政治重建"路线图"。

危机全面爆发以来，巴基斯坦官方和叶海亚·汗本人多次申明，在东巴动荡局势恢复之前，不会进行国家政治权力的移交。但是，不可回避的现实状况是国际社会有关"军事独裁"、"践踏民主"的批判驳斥之声不绝于耳，而以阿里·布托为代表的西巴政要纷纷要求尽快制宪，在西巴进行权力移交。6 月 20 日，阿里·布托致信穆罕默德·匹尔扎达中将，阐明制宪和权力移交的必要性。阿里·布托指出："印度在国际舆论中赢得了广泛的同情，这对巴基斯坦的国际声誉是极为不利的。不仅如此，印度图谋军事干涉的野心在一天一天集聚膨胀。为了国家的荣誉和统一，我强烈呼吁巴基斯坦政府尽快采取有效措施将国家权力移交给由人民选举出来的民意代表。"①

7 月 12 日，叶海亚·汗与西巴各政党领袖举行一系列会议，就制宪和权力移交广泛协商。8 月 5 日，巴基斯坦官方发表《关于东巴危机的白皮书》。该白皮书中指责穆吉布·拉赫曼为首的东巴人民联盟及其支持者在"外国势力"的操纵和指使之下，阴谋发动武装叛乱分裂国家。②

在叶海亚·汗的授意下，巴三军情报局对 1970 年 12 月大选中属于人联议会党团议员的政治身份进行甄别。8 月 7 日，167 名人联议员党团获选国民议会议员中的 79 人由于涉嫌参与叛乱活动被免去议员资格，288 名当选东巴省议会议员中的 195 人亦由于同样原因被革去议员资格。③

---

① Rafi Raza：*Zulfkar Ali Bhutto and Pakistan*（1967 – 1977），p. 103.

② Government of Pakistan，Ministry of Information and National Affairs：*White Paper on the Crisis in East Pakistan*，Islamabad，August 5，1971.

③ *The Richard M. Nixon National Security Files*，1969 – 1974：*India-Pakistan War of* 1971，Microfilms：MF102020042471281666714，LexisNexis，2007.

8月9日，巴基斯坦官方宣布将以"叛国罪"和"阴谋发动反巴基斯坦的战争罪"两项罪名对穆吉布·拉赫曼进行秘密审判。①同时，巴官方还援引军法管制条例第84条和第92条之规定设立秘密审讯穆吉布·拉赫曼的特别军事法庭。②西巴军官团对穆吉布·拉赫曼的严厉惩罚遭到新德里的强烈反对。同时，美国政要也不赞成对穆吉布·拉赫曼处以极刑。8月14日，罗杰斯向希拉里递交了一份由79名美国参众两院议员联名签署的呼吁书，强烈要求叶海亚·汗不要急于处死穆吉布·拉赫曼。③在美国的影响下，8月19日，叶海亚·汗向法兰德表示将不会处死穆吉布·拉赫曼。④

自9月初开始，叶海亚·汗相继采取了一系列新举措。9月2日，巴官方宣布放宽书报审查限制。9月3日，孟加拉族的A. M. 马立克博士被任命为东巴省督，以取代以铁血镇压手段著称的蒂卡·汗中将，同时任命13名民政官员（其中2名为人联温和派领导人）组成东巴民事政府。⑤9月4日，叶海亚·汗宣布大赦，赦免"自1971年3月1日起，在东巴骚乱中曾从事武装叛乱的前东巴步枪队、东孟加拉团以及警察部队成员"⑥。9月20日，由叶海亚·汗任命的选举委员会宣布，针对空缺的78个国民议会议席和105个东巴省议会议席的补缺选举将在11月25日和12月9日分别举行，而余下的议席将另行安排。⑦9月22日，选举委员会又将补缺选举的日期推迟到12月12日和23日。⑧

---

① 据当年曾参与秘密审讯穆吉布·拉赫曼的巴方官员回忆，1971年9月7日，对穆吉布·拉赫曼的秘密审讯正式开始。先后有30多位证人被问讯。但是对穆吉布·拉赫曼的审判持续时间很长，直到第三次印巴战争爆发依旧没有审讯结果。参见 Richard Sisson and Leo E. Rose：*War and Secession- Pakistan, India, and The Creation of Bangladesh*, p. 172；1971年8月31日，巴基斯坦常驻联合国代表阿迦·萨哈（Agha Shahi）在与联合国秘书长吴丹会谈的时候曾指出："对穆吉布·拉赫曼的审判原定于8月11日开庭，但法庭当日以确保审判公正为由，推迟开庭时间。"实际审判开庭时间是9月7日。A. S. M. Shamsul Arefin：*Bangladesh Documents* 1971, Vol. III, pp. 37 – 38.
② *BangladeshDocuments*, Vol. II, pp. 21 – 22.
③ *The Richard M. Nixon National Security Files*, 1969 – 1974：*India-Pakistan War of* 1971, Microfilms：MF102020042471021664738, LexisNexis, 2007.
④ *FRUS* 1969 – 1976, Vol. XI：South Asia Crisis 1971, pp. 357 – 358.
⑤ A. S. M. Shamsul Arefin：*Bangladesh Documents* 1971, Vol. III, p. 207.
⑥ *The Richard M. Nixon National Security Files*, 1969 – 1974：*India-Pakistan War of* 1971, Microfilms：MF102020042471021664236, LexisNexis, 2007.
⑦ *Bangladesh Documents*, Vol. II, p. 41.
⑧ *Bangladesh Documents*, Vol. II, p. 44.

对于叶海亚·汗所提出的补缺选举的动议，东巴各政党给予高度重视。10月3日至6日，巴基斯坦民主党、伊斯兰神学者协会、穆斯林联盟等政党在东巴的分支机构纷纷举行会议，商讨补缺选举事宜。① 10月下旬，包括巴基斯坦民主党、伊斯兰神学者协会等在内的6个右翼政党宣布成立6党竞选联盟参与补缺选举。②

在叶海亚·汗规划的政治图谱中，东巴需要重建政治秩序，需要实现政治和解。但叶海亚·汗所理解的政治和解是在强调军人集团政治主导地位不受侵犯的基础上，将穆吉布·拉赫曼和人民联盟以及一切与西巴军官团为敌的东巴政治力量逐出东巴政治舞台之后，同愿意与军人政权合作的东巴"友好人士"联手重塑东巴政治。为此，在采取"软化"政治强制氛围措施的同时，叶海亚·汗并未放松对支持、同情人联和独立运动的东巴知识分子和青年学生的打压。8月中旬—9月上旬，先后有170名东巴教师、青年学生被军方拘捕；9月2日，东巴军法管制当局宣布逮捕包括达卡大学政治学教授莫扎法尔·艾哈迈德·乔杜里（Mozaffar Ahmed Chowdhury）在内的5名东巴知识分子，并将对他们进行军事审判。③9月6日，军方逮捕了东巴著名律师、人权领袖卡马鲁丁·艾哈迈德（Kumruddin Ahmad）。④军人政权政治理念的最鲜明体现是10月12日，叶海亚·汗面向全国所作的广播讲话。在此次讲话中，叶海亚·汗反复强调东巴的补缺选举将按照立法体制令和军法管制的相关要求如期举行，并且明确表态："坚决不与分裂国家的叛乱者就东巴的政治地位进行任何形式的政治谈判。"⑤

叶海亚·汗此言一出即刻掀起南亚新的政治风浪。印度、苏联乃至"孟加拉临时政府"纷纷指责批驳叶海亚·汗在10月12日所做的广播讲话。

10月24日，斯瓦兰·辛格在印度国会人民院发表演讲时指责叶海亚·汗所许诺的"重新召开国民议会"和"补缺选举"都是骗人的鬼

---

① A. S. M. Shamsul Arefin：*Bangladesh Documents* 1971，Vol. III，p. 125.
② A. S. M. Shamsul Arefin：*Bangladesh Documents* 1971，Vol. III，p. 132.
③ A. S. M. Shamsul Arefin：*Bangladesh Documents* 1971，Vol. III，p. 199.
④ *The Richard M. Nixon National Security Files*，1969–1974：*India-Pakistan War of* 1971，Microfilms：MF102020042471511669286–287，LexisNexis，2007.
⑤ Robert Jackson：*South Asian Crisis：India，Pakistan and Bangladesh-A Political and Historical Analysis of The* 1971 *War*，New York：Praeger Publisher，1975，pp. 203–204.

话。因为"大多数东孟加拉议员不是被杀害,就是被迫逃往印度。另外约有 100 名议员按照叶海亚·汗的指令被非法拘留。他们空缺的席位通过叶海亚·汗统治下的专横选举来填补。伊斯兰堡任命一个形同傀儡的东巴省督来取代不得人心的蒂卡·汗只不过是逢场作戏。叶海亚·汗和他所代表的西巴军人集团仍旧是权力的中心。在这样一种虚假的政治闹剧中,东孟加拉人民的合法权益将被再次践踏。印度政府是不会容忍这种局面出现,并将继续支持在穆吉布·拉赫曼的精神引领下东孟加拉人民追求独立和自由的正义斗争"①。斯瓦兰·辛格的此番讲话充分显示了印度在东巴政治和解问题上的政治底线:南亚危机想要得到根本的政治解决,其首要条件是穆吉布·拉赫曼和人民联盟不能被排除在东巴政治和解进程之外,叶海亚·汗必须和穆吉布·拉赫曼进行直接政治对话。而印度的这一政治底线与叶海亚·汗进行东巴政治重建的宗旨是根本对立的。

如果说 10 月 12 日叶海亚·汗的广播讲话使印度更加坚定东巴政治和解无望,只有军事干涉才能解决危机僵局的话,那么,对于苏联而言,此前所抱有达成和解的希望彻底破灭。10 月 9 日,柯西金在与来访的阿尔及利亚总统布迈丁(Boumedienne)签署的《苏阿联合宣言》中指出,苏联和阿尔及利亚尊重巴基斯坦的"国家统一"和"领土完整",并希望印巴两国在广泛协商的基础上,依据互不干涉内政、相互信任和睦邻友好原则和平解决东巴危机。②就苏联的官方态度来看,仍是希望通过政治和解的方式解决危机。但是,10 月 12 日之后,苏联的立场却发生悄然变化。10 月 24 日和 11 月 10 日,苏共机关报《真理报》连续发表评论员文章斥责伊斯兰堡对东巴的统治是"军事占领",叶海亚·汗声称的所谓"大赦"、"补缺选举"都是为应付外界的"虚假举动"。"实际上,仅有小部分不甚重要的政治犯被释放,而大量人民联盟的活跃分子以及东巴其他政党的骨干力量仍在被囚禁之中,东巴的政治领袖穆吉布·拉赫曼仍在受到不公正的秘密审判。"③苏联对待南亚危机和东巴政治和解问题发生态度变化的关键是叶海亚·汗拒绝与穆吉布·拉赫曼政治谈判,这也是最终促成苏联支持印度军事干涉东巴事务、支持东巴独立斗

---

① *Bangladesh Documents*, Vol. II, p. 252.
② S. R. Sharma: *Bangladesh Crisis and India Foreign Policy*, p. 298.
③ *Soviet Review: Official Documents and Articles from the Soviet Press*, No. 194. p. 30; p. 33.

争的关键因素。

相比印度、苏联,"孟加拉临时政府"的反应更加强烈。对于叶海亚·汗在东巴政治重建问题上采取的每一个举措,"孟加拉临时政府"均予以猛烈的批判。

8月6日,即《关于东巴危机的白皮书》公布后的第二天,"孟加拉临时政府"新闻发言人发表严正声明,斥责《白皮书》为"惊世谎言"。对于《白皮书》中所谓"穆吉布·拉赫曼阴谋分裂国家"之说,声明予以驳斥:"穆吉布·拉赫曼并不反对国家分裂。东孟加拉不管是在人口数量,还是在地域面积上均构成巴基斯坦的多数。而在人口数量和地域面积均占多数的东孟加拉与人口数量和地域面积均占少数的西巴基斯坦相分离,这件事本身就是一件毫无意义的事情。"①

9月5日,叶海亚·汗宣布将对2000余名前东巴步枪队、东孟加拉团以及警察部队成员实施大赦。而"孟加拉临时政府"从一个成功越狱逃离达卡的人联地方领导人口中得到了真实情况。据此人透露,叶海亚·汗所谓的"大赦"名不副实,就他亲眼所见,在达卡监狱中至少有26名在大赦名单中的前东巴步枪队、东孟加拉团以及警察部队的军官和警官仍被囚禁。②

10月13日,"孟加拉临时政府"新闻发言人在穆吉布纳嘎召开记者新闻会强烈斥责"叶海亚·汗正在导演一场践踏孟加拉人民意愿的,所谓'还政于民的政治闹剧',在获得外国援助和政治支持的同时,继续在孟加拉进行屠杀和高压恐怖统治"③。

在猛烈抨击西巴军官团导演"政治闹剧"的同时,孟加拉民族解放军亦加紧了对东巴的渗透策反、暗杀和破袭战行动。自7月上旬起,针对与西巴军官团合作和效力于东巴政府机构的东巴人士的暗杀、绑架事件不断增多。7月20日,穆斯林联盟在东巴的领导人马扎茹杜丁·汗(Maziruddin Khan)在寓所中遭破门而入的枪手杀害。④ 7月25日,前人

---

① Sukumar Biswas ed.: *Bangladesh Liberation War-Mujibnagar Government Documents* 1971, p. 76.

② Sukumar Biswas ed.: *Bangladesh Liberation War-Mujibnagar Government Documents* 1971, pp. 300 – 301.

③ Sukumar Biswas ed.: *Bangladesh Liberation War-Mujibnagar Government Documents* 1971, pp. 111 – 112.

④ A. S. M. Shamsul Arefin: *Bangladesh Documents* 1971, Vol. Ⅲ, p. 90.

联成员阿卜杜勒·莫塔里布（Abdul Motalib）因与东巴当局合作，亦遭枪杀。①10月14日，前任东巴省督和穆斯林联盟领袖阿布杜勒·莫恩·汗（Abdul Momen Khan）在达卡的家中遭枪手袭击身亡。11月3日，不明身份的恐怖分子绑架了伊斯兰神学者协会在东巴的2个地区领导人莫拉纳·莫卡达斯·阿里（Moulana Mokaddas Ali）和哈菲兹·阿卜杜勒·贾利勒（Hafiz Abdul Jalil），并将其杀害。②11月7日，穆斯林联盟（加乔姆派）在东巴的国民议会议员候选人苏尔坦·艾哈迈德·汗（Sultan Ahmad Khan）在达卡街头被枪杀。③从8月下旬到11月中旬，抵抗力量先后暗杀了218名在"市政和平委员会"及安全部门任职的东巴人。东巴社会秩序进一步动荡不安。④

就客观情况来看，叶海亚·汗的东巴政治重建计划并未取得他所预期的成效。不仅东巴的社会经济秩序未得以恢复，自9月初建立的东巴民事政府也是徒有其表，难以行使社会治理职能，而且在西巴政府军与东巴抵抗力量之间愈加频繁、激烈的军事冲突中，东巴社会更加动荡不安，人心惶惶，大量东巴民众继续外流印度，沦为难民。归根究底，叶海亚·汗的东巴政治重建计划只是在意图完全消除穆吉布·拉赫曼和人联在东巴的政治影响之基础上，按照西巴军官团的政治逻辑构筑它所希望的东巴政治图景。在矛盾关系错综复杂、危机事态瞬息万变的政治氛围之中，特别是在印巴对立、西巴与东巴仇恨积怨难平的状况下，这一构想顶多只是西巴军官团的"一厢情愿"。

在印度、苏联乃至"孟加拉临时政府"纷纷指责批驳叶海亚·汗的东巴政治重建计划之时，另一个对南亚事态予以密切关注的大国——美国又会采取何种立场、方针？

---

① A. S. M. Shamsul Arefin: *Bangladesh Documents* 1971, Vol. Ⅲ, p. 90.
② A. S. M. Shamsul Arefin: *Bangladesh Documents* 1971, Vol. Ⅲ, p. 142.
③ A. S. M. Shamsul Arefin: *Bangladesh Documents* 1971, Vol. Ⅲ, p. 143.
④ "孟加拉临时政府"自1971年7月17日起，每周定期出版《每周政务及战事公报》。据公报透露，在叶海亚·汗宣布穆吉布·拉赫曼将以叛国罪的罪名接受秘密审判之后，孟加拉民族解放军加剧了在东巴的暗杀、破坏以及游击战行动以示报复。参见 Sukumar Biswas ed.: *Bangladesh Liberation War-Mujibnagar Government Documents* 1971, Part 2. 另据东巴省政府下属内政部隔周发行有关东巴局势的秘密报告记载，自1971年6月下旬开始到11月上旬，总共有299名在东巴政府机构、安全部门任职的东巴人和除人联之外的东巴其他政党成员遭恐怖份子绑架和枪杀。参见 A. S. M. Shamsul Arefin: *Bangladesh Documents* 1971, Vol. Ⅲ, pp. 47-145.

二、美巴在"穆吉布·拉赫曼问题"上的分歧

平心而论,东巴危局的政治解决问题对美国而言是一块"烫手的山芋"。自 7 月份开始,美国之所以改变难民政策,将难民问题与东巴政治和解问题分开来考虑,主要是因为巴基斯坦政府在政治和解问题上态度一贯强硬,难以软化。7 月 10 日,国务院的一份关于南亚危机局势发展预测的分析报告中指出,虽然美国政府已经敦促西巴尽快与东巴实现政治和解,但是,由于政治和解问题复杂而敏感,并且迫于西巴强硬派的巨大压力,叶海亚·汗在这一问题上仅有十分有限的政策选择空间。但若想逐步缓解危机,美国仍应当采取以下政策:"一,力劝叶海亚·汗解除对人联的党禁,争取他与穆吉布·拉赫曼直接政治对话;二,力促西巴中央政府与"孟加拉临时政府"举行政治谈判。"①以上两个建议得到尼克松和基辛格的认可,并在危机中期成为美国政府在东巴政治和解问题上的两大基本政策。

7 月 29 日,西斯科与希拉里举行会谈,表明了美国政府对穆吉布·拉赫曼个人的政治关切。西斯科说:"如果穆吉布·拉赫曼被判处严苛的刑罚,将不仅会为巴基斯坦政治和解的前景制造障碍,而且将会在美国国内掀起更大的反对浪潮。那些曾经支持过我们政策的人将转过头来要求加大对巴基斯坦制裁和禁运的力度,而这一切都会'进一步束缚'白宫的手脚。"为此,西斯科以带有警示性的口气问:"我们将如何破除这一系列事情的恶性循环?"②面对西斯科的发问,希拉里表示一切问题的根源在于穆吉布·拉赫曼和人联在印度的鼓动下阴谋分裂国家。"人联提出的所谓'邦联'一说是在挑战巴基斯坦的主权统一。"③

8 月 11 日下午 3 时 15 分,尼克松召集高级审查组的主要成员就南亚局势举行会议。针对各部门中存在的不同意见,会议一开始,尼克松就为统一思想和行动而明确表态:针对次大陆危局所采取的政策必须服从

---

① "Study Prepared in Response to National Security Study Memorandum 133",Washington,July 10,1971",*FRUS*,1969 – 1976,E – 7:Documents on South Asia,1969 – 1972,available at http://www.state.gov/documents/organization/48063.pdf.

② *The Richard M. Nixon National Security Files*,1969 – 1974:*India-Pakistan War of* 1971,Microfilms:MF1020200424717711671114,LexisNexis,2007.

③ *The Richard M. Nixon National Security Files*,1969 – 1974:*India-Pakistan War of* 1971,Microfilms:MF1020200424717711671115,LexisNexis,2007.

并服务于美国的国家利益,美国要尽力帮助难民和东巴民众,全力避免战争。如果战争爆发,势必对刚刚有所起色的中美关系造成损害,甚至是"不可修复的损害"。尼克松强调他并非是要为叶海亚·汗的行为辩解,而是这些行为不能构成印度发动战争的理由。①

谈到东巴的政治和解问题时,西斯科认为在维持美巴友好关系的前提下,法兰德可向叶海亚·汗提供具体建议,帮助其在政治和解问题上"或多或少地"有所收获。"作为美国而言,真正在乎的是东巴走向独立的过程,应该是以和平的,而非战争的方式进行。美国应该通过友善的方式提醒叶海亚·汗妥善考虑难民问题与东巴政治和解问题上的紧密关联,其中尤为关键的一条就是希望叶海亚·汗不要处死穆吉布·拉赫曼。"对于西斯科的说法,基辛格立马进行修正:"印度的意图是将难民问题与东巴的政治前途相关联,并逼迫叶海亚·汗下台交权。如果美国顺应印度的想法,那么美国将成为帮助印度分裂巴基斯坦的帮凶。倘若印度真心实意地停止对东巴抵抗力量的支持,并对叶海亚·汗所做的和解举措予以正面回应,美国才有合理理由去向叶海亚·汗提供具体建议。"②

基辛格的观点得到尼克松的支持。会议最后,尼克松决定为了保持对巴基斯坦的政治影响力,不能切断对巴基斯坦的所有援助。关于东巴的政治和解,不要对巴方施加公开的压力,应谋求"在私下处理解决政治问题"③。

9月21日,法兰德就"穆吉布·拉赫曼问题"拜见叶海亚·汗。当法兰德问及审判是否结束时,叶海亚·汗指出审判仍在继续,巴官方会在适当的时间向公众公开对穆吉布·拉赫曼的审讯过程,以证明整个审判过程是"公平的"、"公正的"和"公开的"。法兰德提出在东巴的政治和解进程中,穆吉布·拉赫曼可以被用作谈判交易的一张"王牌"。对于法兰德的次此项提议,叶海亚·汗虽未表示反对,但顾虑重重,他认为西巴对穆吉布·拉赫曼的叛国通敌行径群情激愤,如果无故释放穆

---

① *The Richard M. Nixon National Security Files*, 1969–1974: *India-Pakistan War of 1971*, Microfilms: MF102020042471771671146, LexisNexis, 2007.

② *The Richard M. Nixon National Security Files*, 1969–1974: *India-Pakistan War of 1971*, Microfilms: MF102020042471771671148, LexisNexis, 2007.

③ *The Richard M. Nixon National Security Files*, 1969–1974: *India-Pakistan War of 1971*, Microfilms: MF102020042471771671149, LexisNexis, 2007.

吉布·拉赫曼，则会在西巴掀起"政治风浪"。①

9月28日，巴基斯坦官方宣布对穆吉布·拉赫曼的审讯于9月7日正式开庭，已有20位证人出庭作证。针对各界对这一审讯的密切关注，巴官方强调："民众可以在其后获知审讯的后续进展。"②

10月12日，法兰德在致国务院的电文中汇报了近期与叶海亚·汗会谈的基本情况。法兰德认为美国在促使巴方推动政治和解方面有所成效，叶海亚·汗采取了一系列有利东巴政治缓和的举措。法兰德还透露，在近几次与叶海亚·汗的谈话中，他感觉叶海亚·汗对穆吉布·拉赫曼的态度虽然强硬，但亦有软化的迹象，不像最初那样反应激烈。"或许叶海亚·汗看到了穆吉布·拉赫曼是他手上打破东巴政治僵局的一张'王牌'。"在回复法兰德的电报中，罗杰斯强调叶海亚·汗将如何处置穆吉布·拉赫曼对于南亚危机的进程发展很重要，事关"巴基斯坦（西巴、东巴）民众对时局发展所持有的政治心理状态和东巴政治和解能否取得实质进展"。为此，罗杰斯指示法兰德继续做叶海亚·汗的工作，争取在叶海亚·汗与穆吉布·拉赫曼进行直接政治对话方面取得突破。③

11月12日，国务院近东与南亚事务司出台了一份名为《关于穆吉布在东巴冲突政治解决过程中的作用》的研究报告．该报告首先详细回溯了南亚危机全面爆发以来，东巴政治危局的发展过程，并对穆吉布·拉赫曼究竟在政治解决东巴纷争中起到何种作用，西巴、东巴对穆吉布·拉赫曼的政治作用持有何种观点，以及这种政治作用能否在内战冲突与印巴对峙的双重困扰下产生实际效果，均作了细致的分析。

报告认为，从西巴来看，如果穆吉布·拉赫曼明确表示支持巴基斯坦的统一，那么叶海亚·汗与穆吉布·拉赫曼之间的政治谈判极有可能举行。从美国驻拉合尔、卡拉奇和白沙瓦领事馆传来的信息表明，西巴民众对于穆吉布·拉赫曼的态度立场有所差异。在旁遮普省，民众的基本态度是如果穆吉布·拉赫曼能够接受巴基斯坦统一不可动摇这一根本

---

① FRUS 1969 – 1976, Vol. XI: South Asia Crisis 1971, p. 358.
② The Richard M. Nixon National Security Files, 1969 – 1974: India-Pakistan War of 1971, Microfilms: MF102020042471021664333, LexisNexis, 2007.
③ The Richard M. Nixon National Security Files, 1969 – 1974: India-Pakistan War of 1971, Microfilms: MF102020042471021664543 – 545, LexisNexis, 2007.

要求，民众将欢迎西巴与东巴重开政治对话；在信德省和俾路支省，虽然伊斯兰教保守派反对与东巴的政治妥协，但民众仍倾向于西巴、东巴的政治对话；而在西北边境省，敌视、抵制政治对话和谈判的情绪较为浓烈。从总体上看，西巴民众对直接政治对话和谈判是持肯定态度的，但前提条件是：穆吉布·拉赫曼必须明确宣布与东巴分离主义势力脱离关系，同时宣布忠于巴基斯坦国家统一。①

相比西巴民众的态度，西巴军官团则更强调国家主权地位的不容侵犯。报告起草者指出，若举行政治谈判，穆吉布·拉赫曼必须首先同意政治谈判是在保持巴基斯坦统一和国家主权不容侵犯的基础上进行的，并在上述框架内探询政治解决的具体路径。否则，西巴军官团是不可能松口的。因为"缺少必要条件的政治谈判将很可能为东巴独立'大开绿灯'。而这一结果对于西巴军官团是万万不可接受的"②。

就东巴而言，穆吉布·拉赫曼已成为"孟加拉民族主义积极进取的政治象征"。报告起草者认为，即便是穆吉布·拉赫曼能够与西巴面对面的谈判，但为了保持他本人在东巴民众心目中的威信，他也不可能在"六点纲领"的宗旨和原则上后退半步。而"六点纲领"中的某些条款在西巴军官团看来是"极其讨厌的"，甚至暗含国家分裂的"种子"。再者，即使东巴、西巴在"六点纲领"上达成妥协，东巴所能够接受的政治解决方案中很有可能包括西巴军队撤出东巴这一条，而这一点，在西巴军官团看来是为东巴独立大开方便之门。③

在阐明西巴与东巴在穆吉布·拉赫曼政治作用上的观点差异之后，报告进一步指出西巴对待穆吉布·拉赫曼态度的两重性：其一，由于南亚危机的全面爆发，巴基斯坦面临巨大的政治、经济和外交事务上的困难。出于摆脱困境的考虑，西巴民众对于穆吉布·拉赫曼的态度有所软化；其二，执掌国家权力的西巴军官团对穆吉布·拉赫曼的态度依旧强硬。正是在这一"软"一"硬"的双重影响下，叶海亚·汗难以作出明确的政策选择，只能采取拖延观望战术以待事态的进一步发展。当然，

---

① Roedad Khan ed.: *The American Papers* (*Secret and Confidential*) *India—Pakistan—Bangladesh Documents*, 1965–1973, p. 710.
② Roedad Khan ed.: *The American Papers* (*Secret and Confidential*) *India—Pakistan—Bangladesh Documents*, 1965–1973, p. 711.
③ Roedad Khan ed.: *The American Papers* (*Secret and Confidential*) *India—Pakistan—Bangladesh Documents*, 1965–1973, p. 710.

报告起草者亦强调指出，西巴军官团是叶海亚·汗政权的基础与核心，叶海亚·汗更加会受到军官团观念立场的影响。①

客观上讲，国务院的这份研究报告十分精准地表明了西巴与东巴对穆吉布·拉赫曼在东巴政治和解中地位、作用上的观念差异。南亚危机全面爆发之后的穆吉布·拉赫曼，与其说是他的生死事关危机的激化升级与否，还不如说他已成为关乎局势发展的一个重要"政治象征符号"：东巴抵抗力量视他为精神导师，以他的"六点纲领"推进东巴的独立运动；印度视他为与西巴、美国在东巴政治前途问题上进行讨价还价的工具，"若叶海亚·汗拒绝与穆吉布·拉赫曼直接政治对话，与东巴一切相关的问题均免谈"②；苏联视他为体现东巴民众政治公意和东巴政治和解不可或缺的真正代表，是实现"东巴问题的政治解决"和"创造和平条件以利于难民回国"的关键，若叶海亚·汗将其排除在东巴政治重建进程之外，苏联在南亚危局中是不会支持巴基斯坦一方的。③而在希望与压力双重影响下的叶海亚·汗显得左右为难，手无良策，唯一的办法是采取搁置拖延之法，宣扬"穆吉布·拉赫曼地位次要论"，弱化穆吉布·拉赫曼在东巴政治和解中的政治地位。既不贸然处死穆吉布·拉赫曼，也迟迟不就秘密审讯的结果、是否会释放穆吉布·拉赫曼，以及是否让他与西巴直接政治对话作出公开的回答。

尽管在"穆吉布·拉赫曼问题"上，美国的努力未见大的成效。但在战争威胁一天比一天更加临近时，美国仍未放弃努力。11 月 15 日，

---

① Roedad Khan ed.：*The American Papers（Secret and Confidential）India—Pakistan—Bangladesh Documents*，1965 – 1973，p. 712.

② *The Richard M. Nixon National Security Files*，1969 – 1974：*India-Pakistan War of* 1971，Microfilms：MF10202004247136166796，LexisNexis，2007.

③ 11 月 16 日在与美国大使比姆的谈话中，苏联第一副外长库兹涅佐夫十分关注东巴的政治前途问题。当比姆讲到叶海亚·汗愿意与"未曾参与叛乱活动的"人联领导人，甚至由穆吉布·拉赫曼亲自指派的代表政治对话时，库兹涅佐夫一再追问这些人联领导人的确切姓名，并且以颇具反诘的口气问："若叶海亚·汗真心实意地谋求政治和解，那么他为什么不直接释放穆吉布·拉赫曼，并与他面对面谈判？"莫斯科的观点很明确：叶海亚·汗与穆吉布·拉赫曼的直接对话是化解危机的最便捷途径，而其中的关键就是无罪释放穆吉布·拉赫曼，否则莫斯科将深刻质疑伊斯兰堡所谓"政治和解"的真实用意。按照库兹涅佐夫的话来说："叶海亚·汗是不会满足 1970 年大选中所体现东孟加拉的政治意愿的，他仍在玩弄政治游戏，而并未就解除危机采取切实可行的政治举措。这一点正是造成次大陆危局的根本原因。"参见 *The Richard M. Nixon National Security Files*，1969 – 1974：*India-Pakistan War of* 1971，Microfilms：MF10202004247102166438 7 – 388，LexisNexis，2007.

美国石油大亨、共和党的主要支持者约翰·D. 洛克菲勒三世（John D. Rockefeller 3rd）致信给基辛格，表明了他对南亚危机的看法。洛克菲勒三世讲道："在印巴局势愈加紧张对抗的同时，我也愈加强烈地感觉到化解危机，重现和平曙光的唯一希望来自于叶海亚·汗对于穆吉布·拉赫曼和已被取缔的人民联盟政治作用的正确定位。""叶海亚·汗总统在处理穆吉布·拉赫曼问题上应采取显示一名政治家风度与智慧的稳妥方式。"①基辛格收到信函后，当即回复致谢，并表示会积极吸纳建议。②当日下午4时，基辛格与来访的苏尔坦·汗会谈。"穆吉布·拉赫曼问题"是两人谈话的焦点。苏尔坦·汗指出军方对穆吉布·拉赫曼的仇视敌对情绪丝毫未有减弱，这使得叶海亚·汗总统难以放宽对穆吉布·拉赫曼的处罚尺度。基辛格则说，他不像印度人那样"认为穆吉布·拉赫曼是东巴政治和解进程中的核心要素，但他迫切地希望叶海亚·汗能够尽快发表一份声明，对穆吉布·拉赫曼在今后6个月的时间里，对于东巴政局发展的作用有明确的说明"。基辛格以略带警告的口吻说："自危机爆发以来，我一直充当叶海亚·汗总统观点的阐释者。但在战争迫近之际，我不再希望担任他的'后卫清道夫'，我必须知晓他的确切想法。"③

11月18日，法兰德再次就"穆吉布·拉赫曼问题"拜会叶海亚·汗。在会谈中，虽然法兰德指出"最好由您与穆吉布·拉赫曼直接会面"，但叶海亚·汗依然坚持认为英迪拉·甘地而非穆吉布·拉赫曼才是东巴政治解决的关键。在交谈中，法兰德注意到叶海亚·汗在否定穆吉布·拉赫曼在东巴政治发展中具有"举足轻重"作用的同时，更多的时候是"以他的表述方式回避'穆吉布·拉赫曼问题'，将大量时间放在他所津津乐道的政治重建问题上"。④就此，法兰德评价道："尽管，叶海亚·汗总统所言听起来不那么诚恳，甚至有些虚假，但他仍然乐观地认

---

① *The Richard M. Nixon National Security Files*, 1969 – 1974: *India-Pakistan War of* 1971, Microfilms: MF10202004247110166529 – 30, LexisNexis, 2007.
② *The Richard M. Nixon National Security Files*, 1969 – 1974: *India – Pakistan War of* 1971, Microfilms: MF10202004247110166528, LexisNexis, 2007.
③ *The Richard M. Nixon National Security Files*, 1969 – 1974: *India – Pakistan War of* 1971, Microfilms: MF102020042471021664379, LexisNexis, 2007.
④ Roedad Khan ed., *The American Papers (Secret and Confidential) India—Pakistan—Bangladesh Documents*, 1965 – 1973, pp. 726 – 727.

为将穆吉布·拉赫曼排除在外的政治和解计划能够成功。"①

叶海亚·汗的观点过于自信乐观,未听取美国的建议,以致 17 天之后第三次印巴战争的爆发使叶海亚·汗的东巴政治重建计划彻底灰飞烟灭。

论及叶海亚·汗的东巴政治重建计划和"穆吉布·拉赫曼地位次要论"。我们不难看到在政治上,叶海亚·汗将自己置于一种极端困难的境地。他宣布穆吉布·拉赫曼为"国家的叛徒",极力消除人联在东巴政治图景中的深深印记,却无法填补东巴的政治真空,更找不到一个能够填补真空、取代穆吉布·拉赫曼的政治领袖。为此,他无法有力地解决东巴问题,他所推行的东巴政治重建计划在东巴民众深刻地怀疑和不信任与印度、苏联乃至"孟加拉临时政府"的驳斥批判声中难以奏效,最终只能是在敌对与危机之中烟消云散。

当然,叶海亚·汗之所以对他的东巴政治重建计划如此盲目乐观与自信,否定穆吉布·拉赫曼在东巴政治和解中的重要作用,还有一个非常重要的原因是叶海亚·汗近乎理想主义的政治理念与东巴残酷的政治现实之间存在巨大的反差。这样一种外人所难以发现的"鸿沟"在 11 月 5 日威廉姆斯访巴归来,所撰写的研究报告中有充分反映。

威廉姆斯在研究报告中指出两点:其一,叶海亚·汗对东巴局势的控制能力在不断下降;其二,西巴政府军在东巴的高压政策仍在继续。据威廉姆斯透露,10 月 27 日,巴基斯坦内阁部长古兰·伊斯哈克·汗(Ghulam Ishaq Khan)曾告诉他,叶海亚·汗总统因为东巴事变而日益孤立。来自东巴司令部的军事报告令叶海亚·汗对局势的真实进展产生认识上的偏差。在与 M. M. 艾哈迈德的交谈中,艾哈迈德同样向他提及了上述情况。不仅如此,威廉姆斯结合巴基斯坦政治实际认为,叶海亚·汗之所以在东巴问题上陷于孤立缘于两个因素:1. 东巴驻军司令尼兹将军时常擅自采取军事行动,并且在很多问题上独立行事,并未认真执行拉瓦尔品第的命令指示;2. 9 月 5 日上任的马立克省督及东巴文官政府完全受控于西巴政府军,马立克的民事顾问法曼·阿里少将几近垄断对东巴民政事务的处置权。在局势依旧混乱的东巴,包括省督在内的东巴政府官员都要靠军队保障人身安全。由于东巴军法统治当局通

---

① Roedad Khan ed., *The American Papers* (*Secret and Confidential*) *India—Pakistan—Bangladesh Documents*, 1965 – 1973, p. 730.

常只报告巴军在围剿游击队和与印度军队交火的"战绩"以及所谓的"社会秩序趋于稳定",因此,叶海亚·汗缺少对于东巴事态发展客观的、真实的观察、分析和把握。报告指出,10月28日,叶海亚·汗在接见美国难民事务考察团一行时指出,在马立克当政后,东巴政治经济发展趋于稳定。若补缺选举按期举行,填补人联所空出的议席之后,东巴的"政治和解"即告完成。"叶海亚·汗甚至天真地相信,一旦补缺选举之后的政治秩序得以建构,印度的'颠覆阴谋'便会不攻自破。"① 可是,东巴社会的真实状况却呈现为另一番景致。在表面一派太平景象,形势大好之下,实则局势不断趋向恶化。在两次对东巴实地考察后(1971年8月19日—25日;10月21日—27日),威廉姆斯强调指出在东巴文官政府充当傀儡的背后,西巴政府军是东巴权力的主宰。10月25日,在威廉姆斯与法曼·阿里谈话的过程中,10名青年军官进入会议室。法曼·阿里对威廉姆斯说这些青年人将是下界东巴省政府职位的"主要人选"。② 由此件事不难看出军方的政策是在不断强化政治掌控。但在推行强力政治的同时,军方却在严重地疏远背离东巴民众的政治意愿。故而东巴反抗的"种子"并不是由印度播撒的,而是东巴民众心声和公意的真实体现。相对于马立克省督、东巴文官政府的软弱无力,军方的"恐怖报复政策"在严厉打击东巴游击队的同时,也令东巴民众深受其害。威廉姆斯甚至在达卡街头曾亲眼目睹政府军士兵对几名被怀疑是"恐怖分子"的东巴男子进行强制搜身和暴力侵犯。在农村地区,由军方组建的民兵准军事组织"圣战者部队"日益成为一支不安定的扰乱力量,抢劫、滥用私刑、随意枪杀事件不断发生,而且针对印度教徒的报复行为屡禁不止。威廉姆斯指出西巴政府军握有东巴事务实际裁定权,叶海亚·汗对东巴的影响力实质上仅局限在外交事务方面。美国的很多建议,例如难民回国、大赦、补缺选举等虽被叶海亚·汗所采纳,但在实际执行过程中却被军方大打折扣。因而,盛名之下,其实难符。③

---

① *The Richard M. Nixon National Security Files*, 1969 – 1974: *India-Pakistan War of* 1971, Microfilms: MF102020042471021664616, LexisNexis, 2007.
② *The Richard M. Nixon National Security Files*, 1969 – 1974: *India-Pakistan War of* 1971, Microfilms: MF102020042471021664616, LexisNexis, 2007.
③ *The Richard M. Nixon National Security Files*, 1969 – 1974: *India-Pakistan War of* 1971, Microfilms: MF102020042471021664617 – 618, LexisNexis, 2007.

相比叶海亚·汗的盲目乐观，美国在"穆吉布·拉赫曼问题"上则显现出"友好地劝说"方式的天然缺陷。美国希望巴方在"穆吉布·拉赫曼问题"上态度有所软化，并促成东巴与西巴、叶海亚·汗与穆吉布·拉赫曼的直接对话，这样，印度借机发动战争的可能性将大大降低。但是，"友好地劝说"方式不仅难以对叶海亚·汗产生直接的政治压力，无法让叶海亚·汗完全按照美国的意愿行事，与东巴实行政治和解，而且将与因难民问题凸显的美印政策分歧等诸多错综复杂的矛盾纠葛一道加剧"大国南亚困境"，徒增尼克松政府在政策选择层面的窘境。

三、尼克松政府秘密斡旋东巴、西巴政治和解的努力

在东巴政治和解问题上，除了直接向叶海亚·汗强调实现政治和解对于化解危局的重要意义，劝说其采取政策软化的措施，并力劝其与穆吉布·拉赫曼的直接政治对话之外，尼克松政府还积极地斡旋东西两翼举行政治谈判，化解干戈。

7月30日，"孟加拉临时政府"代表扎赫茹尔·加乔姆（Zahirul Qaiyum）与美国驻加尔各答总领事馆官员珀罗夫（Poloff）进行秘密接触。加乔姆告诉珀罗夫，"临时政府"不希望印巴之间爆发战争，也不愿意看到东巴出现旷日持久的内战，而是希望东巴、西巴通过政治途径解决东巴问题，并示意"临时政府"可以放弃完全独立的要求。加乔姆建议召开一个由"孟加拉临时政府"、西巴、印度和美国参加的四方会谈协商解决东巴危机，但前提是"穆吉布·拉赫曼必须参加会议"。在会谈结束之前，加乔姆表示了对孟加拉民族抵抗运动前景的担忧，并认为抵抗运动中的极左分子极力叫嚣战争，并非出于孟加拉独立建国的考虑，而是意图在东巴掀起暴力革命的风暴。[1] 8月7日，加乔姆再次与珀罗夫接洽。这次加乔姆明确表示他是受到"临时政府外交部长"穆斯塔克·艾哈迈德的指派与美国代表会谈的，并认为只有美国能够胜任东巴政治谈判"协调人"的角色。同时，他亦强调穆吉布·拉赫曼对于政治和解的重要性"如果穆吉布·拉赫曼被处死，和解的前景将化为乌有。在所有的人联领导人中，只有穆吉布·拉赫曼拥有对东巴人民的广大感召力和控制力，东巴人民信任他。""如果战争爆发，那将会是一场'大

---

[1] *The Richard M. Nixon National Security Files*, 1969 - 1974: *India - Pakistan War of* 1971, Microfilms: MF102020042471691670362 - 363, LexisNexis, 2007.

灾难'。"加乔姆催促美国政府尽快采取行动,向巴方传达"临时政府"愿意政治对话的意愿。①

8月14日,加乔姆第三次与珀罗夫会晤。在谈话中,加乔姆表示前不久,他曾在阿尔塔加拉与40名人联高层人士谈及东巴的政治前途问题,其中有85%的人倾向于用"和平的方式"解决危机。但他同时强调穆吉布·拉赫曼获得人身自由,并参加四方会谈是问题解决的根本,否则,一切免谈。②在19日的秘密谈话中,加乔姆再次强调穆吉布·拉赫曼本人对东西两翼政治对话的重要性。③

五天之后,加乔姆紧急约见珀罗夫,并告知16日"孟加拉临时政府"内阁会议的相关内容。据加乔姆陈述,16日上午"孟加拉临时政府"内阁举行会议,他列席参加,并介绍了与美国官员多次接触的情况。情况介绍完之后,加乔姆离场。会后,穆斯塔克召见加乔姆,告知内阁的决定:穆吉布·拉赫曼重获人身自由是结束危机的根本。美国政府应当促成穆吉布·拉赫曼与叶海亚·汗的政治谈判。"'临时政府'内阁反对经由苏联政府操控的政治对话。"随后,加乔姆亦向珀罗夫转达了穆斯塔克的意愿:希望以私人身份飞赴美国,与美方官员商讨东巴政治谈判事宜。珀罗夫表示会以最快速度将此次会晤内容上报,但同时也指出总领事馆未获授权,是不能与"临时政府"代表进行任何谈判的。④

8月24日,法兰德拜会叶海亚·汗,通报了美国官员在加尔各答与"临时政府"代表进行接触的相关情况。法兰德指出来自加尔各答的信息表明人联内部有相当部分的成员似乎仍倾向于在一个巴基斯坦框架之下,达成政治协议。当然对话与谈判仍将以"六点纲领"为基础,而且穆吉布·拉赫曼必须参加政治对话。法兰德接着说,他之所以向叶海亚·汗提供以上信息,是因为他希望巴方明白美国既不想干涉巴方内部事务,

---

① *The Richard M. Nixon National Security Files*, 1969-1974: *India-Pakistan War of* 1971, Microfilms: MF1020200424716916 70363-364, LexisNexis, 2007.

② *The Richard M. Nixon National Security Files*, 1969-1974: *India-Pakistan War of* 1971, Microfilms: MF1020200424716916 70365, LexisNexis, 2007.

③ *The Richard M. Nixon National Security Files*, 1969-1974: *India-Pakistan War of* 1971, Microfilms: MF1020200424716916 70369, LexisNexis, 2007.

④ *The Richard M. Nixon National Security Files*, 1969-1974: *India-Pakistan War of* 1971, Microfilms: MF1020200424716916 70364, LexisNexis, 2007.

也无意充当调停者。美国将继续本着维护次大陆和平与稳定的目的,以"朋友"的身份帮助巴基斯坦政府。叶海亚·汗对美国通过这种沟通方式向巴方提供重要信息表示"理解"和"赞赏",并希望以后法兰德大使随时通报美方与人联代表接触的情况,但并未就美方和"孟加拉临时政府"所关心的释放穆吉布·拉赫曼一事发表意见。①

9月4日,法兰德再次拜会叶海亚·汗,通报了华盛顿关于秘密斡旋东巴、西巴政治和解的建议。法兰德表示:"有必要证实加乔姆的意图和所传递信息的真实性和可信度。美国政府认为当前最好的办法是与穆斯塔克直接接触。如果穆斯塔克能够证实加乔姆所传递的信息为真,那么美国就能够更好地从中协调,帮助推进东、西巴政治和解。"对此,叶海亚·汗表示理解,并同意美方的建议。②

9月9日,珀罗夫在加尔各答与加乔姆会晤。尽管美方代表表示有重要情况需要直接与穆斯塔克会面,但是,加乔姆的态度却趋于强硬。会谈刚开始,加乔姆以"带有遗憾的语气"透露了以下重要细节:8月28日"孟加拉临时政府"内阁会议商讨穆斯塔克赴美事宜,但会议没有达成一致,与新德里关系密切的塔菊丁反对与西巴军官团进行任何政治谈判。29日,印度外交部政策计划委员会主席达哈亲赴穆吉布纳嘎,质问穆斯塔克为何擅自与美方接触,并斥责他为"叛徒"。尽管穆斯塔克极力回避,但达哈仍向"孟加拉临时政府"内阁施压,要求断绝与美方的秘密接触。接着,他向美方代表表示"临时政府"内阁认为"事情已经发生变化",举行四方会谈有四个先决条件:第一,无条件释放穆吉布·拉赫曼;第二,"六点纲领"是会谈的基础;第三,西巴军队从东巴撤军;第四,东巴民众的人身安全应受到联合国,而非西巴军队的保护。③

来自"临时政府"方面的消息令满以为在东巴、西巴之间斡旋顺利的美国感到一头雾水。9月28日,穆斯塔克·艾哈迈德亲自出马,在加尔各答与美方代表直接接触。令美国倍感失望的是,这位"外交

---

① *The Richard M. Nixon National Security Files*, 1969 – 1974: *India-Pakistan War of* 1971, Microfilms: MF102020042471691670387, LexisNexis, 2007.

② *The Richard M. Nixon National Security Files*, 1969 – 1974: *India-Pakistan War of* 1971, Microfilms: MF102020042471691670389, LexisNexis, 2007.

③ *The Richard M. Nixon National Security Files*, 1969 – 1974: *India-Pakistan War of* 1971, Microfilms: MF102020042471691670410 – 411, LexisNexis, 2007.

部长"一改自 7 月份以来的话语"口径",要求美国政府"出面帮助孟加拉独立建国"。他提出独立谈判的目标是无条件释放穆吉布·拉赫曼;孟加拉成为主权独立国家;在伊斯兰堡、穆吉布纳嘎与华盛顿的三方协商下,制订西巴军队撤出孟加拉的时间表,其后,西巴军队全部撤出孟加拉领土。不仅如此,他表示没有必要与西巴政府代表直接对话,希望美方将孟加拉的以上要求传达给西巴政府。国务院虽然很是失望,但仍不愿意放弃撮合东巴、西巴进行政治对话的努力。因此,美方仍建议"临时政府"与西巴中央政府举行谈判,可以不为谈判预设前提条件,而在谈判过程中就双方共同关注的所有问题和分歧进行平等协商。①

在极力促成东巴、西巴的政治谈判的同时,美国亦向印度提议,希望印度劝导"临时政府"与西巴对话,缓和紧张局势。10 月 1 日,在出席联合国大会期间,罗杰斯与斯瓦兰·辛格举行会晤并指出,印度对孟加拉具有"很深厚的影响力",希望印度向"孟加拉临时政府"施加影响,说服其与西巴政治谈判。同时,罗杰斯亦示意在穆吉布·拉赫曼仍被西巴政府关押的情况下,坚持让他参与政治对话无实质意义。斯瓦兰·辛格不为所动,而是宣称:"印度政府并不反对政治对话,但穆吉布本人是政治对话中重要的组成部分。"②

10 月 3 日,加乔姆约见珀罗夫,传达了"临时政府代总统"伊斯兰姆的口信,要求美国尽快就 9 月 28 日会晤中穆斯塔克·艾哈迈德提出的建议作出答复。同时,加乔姆还有意透露印军将在边境地区采取大规模牵制行动,其目的并非是与巴军作"最后对决",而是使巴军疲于奔命,首尾难顾,这样孟加拉民族解放军将可乘机大批潜回东巴,伺机而动。③

10 月 9 日,美国再次作出努力。在与加乔姆的会谈时,美国代表表示叶海亚·汗对于东西两翼的政治对话抱有"浓厚兴趣",为此,"美国政府真诚地希望'孟加拉临时政府'能与巴基斯坦中央政府在

---

① *The Richard M. Nixon National Security Files*, 1969 – 1974: *India-Pakistan War of* 1971, Microfilms: MF102020042471691670429 – 433, LexisNexis, 2007.

② *The Richard M. Nixon National Security Files*, 1969 – 1974: *India-Pakistan War of* 1971, Microfilms: MF102020042471021664338 – 339, LexisNexis, 2007.

③ *The Richard M. Nixon National Security Files*, 1969 – 1974: *India-Pakistan War of* 1971, Microfilms: MF102020042471691670438 – 440, LexisNexis, 2007.

不附加任何先决条件的前提下,就东巴的政治前途坦诚而深入地交换意见"①。

10月12日,"临时政府"驻加尔各答高级专员哈桑·阿里与美国代表秘密接洽。在谈话中,哈桑·阿里对"叶海亚·汗关于东西两翼的政治对话抱有'浓厚兴趣'"一说提出深刻质疑,并强调孟加拉独立建国和西巴无条件释放穆吉布·拉赫曼是独立斗争不可变更的总目标。鉴于哈桑·阿里的强硬态度,美国代表表示穆吉布纳嘎不应放弃这一实现政治和解、转瞬即逝的机会。为了促动"临时政府"继续和解进程,美国代表甚至提出穆吉布纳嘎不要过多理会新德里的限制。②

10月16日,加乔姆与珀罗夫在加尔各答举行会晤。在晤谈中,加乔姆坚持认为只有穆吉布才有资格代表孟加拉人民与西巴谈判,这一条件不能满足和实现的话,政治和解将免谈。当美方代表谈到印度政府表示从未对"临时政府"的行动进行控制时,加乔姆连忙说:"这是骗人的鬼话,谁说这样的话谁就是骗子。"此外,加乔姆还以颇有几分无奈的语气表示,孟加拉代表需要得到印度政府的批准后才能与西巴政府谈判,任何有违印度政府意志的政治行为都是"空话"。③至此,"孟加拉临时政府"拒绝了尼克松政府的斡旋调停。在10月16日之后,加乔姆又曾与美方代表有过三次接触,但仍将孟加拉独立和无条件释放穆吉布·拉赫曼作为对话的前提。④虽然在11月2日与法兰德的会谈中,叶海亚·汗表示他"愿意与积极推动东巴、西巴政治和解的、未曾参与叛乱活动的东巴代表对话"⑤,但是,东巴政治和解的道路依旧艰难曲折。一方面,叶海亚·汗与留在东巴的人联温和派领导人努尔·伊斯兰姆(Nurul Islam)在政

---

① *The Richard M. Nixon National Security Files*, 1969 – 1974: *India-Pakistan War of* 1971, Microfilms: MF102020042471691670444 – 445, LexisNexis, 2007.

② *The Richard M. Nixon National Security Files*, 1969 – 1974: *India-Pakistan War of* 1971, Microfilms: MF102020042471691670449 – 450, LexisNexis, 2007.

③ *The Richard M. Nixon National Security Files*, 1969 – 1974: *India-Pakistan War of* 1971, Microfilms: MF102020042471691670458 – 460, LexisNexis, 2007.

④ 10月16日之后,加乔姆与美方代表三次接触的时间分别为11月21日、24日和27日,参见 *The Richard M. Nixon National Security Files*, 1969 – 1974: *India-Pakistan War of* 1971, Microfilms: MF102020042471691670481 – 482; 1691670484 – 485; 1691670487, LexisNexis, 2007.

⑤ *The Richard M. Nixon National Security Files*, 1969 – 1974: *India-Pakistan War of* 1971, Microfilms: MF102020042471101665235, LexisNexis, 2007.

治对话的具体实施步骤上难有共识①；另一方面，印巴在"究竟谁可以代表东巴与巴中央政府谈判"问题上分歧甚大，沟壑难填。②而且，新德里亦采取强力举措压制美国在政治解决东巴问题上继续发挥作用。③因此，在东巴政治和解走进死合同的同时，通过战争决断东巴政治前途的乌云已经彻底笼罩整个南亚次大陆。尼克松暗中斡旋西巴中央政府与"孟加拉临时政府"举行政治谈判的诸多努力归于失败。

论及尼克松政府斡旋东巴、西巴政治和解失败的原因，可从以下三个方面加以分析。

首先，西巴、"孟加拉临时政府"乃至印度在政治和解的预设前提上存在根本分歧。"孟加拉临时政府"和印度认为穆吉布参与谈判是根本前提，否则一切免谈；而西巴在"穆吉布·拉赫曼问题"的态度一贯

---

① 11月23日晚，在与叶海亚·汗的会谈中，努尔·伊斯兰姆表示在当前局势之下，他和其余未离开东巴的人联温和派领导人没有多少影响力。为使东、西两翼政治谈判能够发挥作用，努尔·伊斯兰建议可由他出面与尚在狱中的穆吉布·拉赫曼进行交流，探知穆吉布的政治态度。其后，他再设法与"孟加拉临时政府"领导人取得联系，希望能说服"临时政府"在独立问题上态度软化，推动东、西两翼政治谈判有所斩获。但是，叶海亚·汗并未赞同努尔·伊斯兰的上述建议。参见 The Richard M. Nixon National Security Files, 1969 – 1974: India-Pakistan War of 1971, Microfilms: MF102020042471021664910, LexisNexis, 2007. 笔者认为即便叶海亚·汗同意与未曾参与叛乱活动的人联温和派领导人对话，但在开展对话的具体步骤上仍存在不同理解：以努尔·伊斯兰为代表了人联温和派认为在正式对话开始前，必须首先与穆吉布·拉赫曼进行接触；而叶海亚·汗反对努尔·伊斯兰首先与穆吉布·拉赫曼进行接触。

② 在东线冲突烽烟骤起之后的11月26日晚上，法兰德向叶海亚·汗传递了印度方面关于东巴政治谈判的新观点。法兰德指出印度驻伊斯兰堡办事处高级专员阿塔尔（Atal）曾亲自打电话给他，通报印度政府的明确立场：若叶海亚·汗希望危机局势以政治方式解决，那么就必须与"被迫流亡印度的孟加拉领导人"直接对话。叶海亚·汗听后勃然大怒，当即指责阿塔尔是"一个跳梁小丑"，重申：他只会与"未曾参与分裂国家的叛乱活动"的东巴政治代表对话，否则，一切免谈。参见 The Richard M. Nixon National Security Files, 1969 – 1974: India-Pakistan War of 1971, Microfilms: MF102020042471021664768, LexisNexis, 2007. 而相比之下，11月30日，印度代办纳斯格特拉在与西斯科的谈话中则坚持声称叶海亚·汗必须无条件立即释放穆吉布·拉赫曼，此为缓解紧张局势的唯一可行途径。参见 The Richard M. Nixon National Security Files, 1969 – 1974: India-Pakistan War of 1971, Microfilms: MF102020042471101665178, LexisNexis, 2007. 笔者认为在印度下定决心以战争方式解决东巴问题的前提下，其在东巴政治谈判问题的所谓新建议与巴方立场根本难以调和，只不过是"激将法"，以期让巴方点燃全面战争的导火索。有关东线冲突可参见本书第四章第六节的史实论述。

③ 10月29日，美国驻加尔各答总领事戈登（Gordon）在致国务院的电文中指出印度情报部门加大了对加尔各答总领事馆的监控，行动受到限制。而且，新德里舆论机器也大肆声张"在加尔各答有一个具有国际和西方大国背景的外国间谍集团"在"境外资金来源"的资助下扰乱难民问题的合理解决和东孟加拉独立运动，印度军方将采取紧急行动抓捕"外国间谍"。此外，戈登亦指出在新德里的压力下，"临时政府"采取严厉措施，警告人联成员在与"外国代表，特别是美国代表交谈时"要避免谈及"孟加拉的政治前途问题"。参见 The Richard M. Nixon National Security Files, 1969 – 1974: India-Pakistan War of 1971, Microfilms: MF102020042471691670473, LexisNexis, 2007.

强硬，未有松口。因此，即便在"临时政府"内部和谈的呼声占据主流，其与西巴在政治和解的预设前提上已然相差甚远，谈判本身难有所获。

其次，印度加强对"孟加拉临时政府"的政治控制，使得"临时政府"在美国极力推进的东巴、西巴政治和解中难有作为。事实上，7、8 月份加乔姆与美国官员的秘密接触，印度事先并不知情。其后为了加强对"临时政府"的控制，避免其对印度战略方针造成不必要的干扰和麻烦，英迪拉·甘地采取了一系列措施。9月3日，她任命印度外交部负责巴基斯坦事务的外交秘书 A. K. 瑞恩（A. K. Ray）为协调印度政府与"孟加拉临时政府"关系的特派员，监控"临时政府"的政治举动。此外，西孟加拉邦首席部长巴巴尼·森·哥普特（Bhabani Sen Gupta）以及英迪拉·甘地的私人秘书 A. M. 迪克斯特（A. M. Dikshit）则在协调西孟加拉邦与"孟加拉临时政府"关系上则发挥了重要作用。① 9月9日，在印度的授意下，"临时政府"成立"五党联合咨询委员会"（Five-Party Consultative Committee）②，吸纳了包括孟加拉共产党、孟加拉民族大会党以及孟加拉民族人民党（巴沙尼派）、孟加拉民族人民党（穆兹法尔派）在内的左翼政治力量。③印度此举的主要目的是为防止人联势力的急剧膨胀，形成孟加拉各派力量之间相互掣肘、相互牵制之势，便于加强对"孟加拉临时政府"的政治控制。④

第三，"孟加拉临时政府"内部斗争激烈，强硬派占据上风。"代总

---

① Richard Sisson and Leo E. Rose: *War and Secession- Pakistan, India, and The Creation of Bangladesh*, p. 186.

② 美国档案文献中也将这一机构称之为"孟加拉民族解放阵线（National Liberation Front of Bangladesh），参见 *The Richard M. Nixon National Security Files*, 1969 – 1974: *India – Pakistan War of* 1971, Microfilms: MF10202004247102166481, LexisNexis, 2007.

③ Sukumar Biswas ed.: *Bangladesh Liberation War-Mujibnagar Government Documents* 1971, p. 90; A. S. M. Shamsul Arefin: *Bangladesh Documents* 1971, Vol. II, pp. 661 – 662.

④ 9月25日，穆斯塔克在接受美国《时代周刊》记者专访时表示"联合咨询委员会"是应苏联和印度的要求而成立的。参见 *The Richard M. Nixon National Security Files*, 1969 – 1974: *India-Pakistan War of* 1971, Microfilms: MF10202004247102166481, LexisNexis, 2007. 美国驻加尔各答总领馆认为"五党联合咨询委员会"以人联和亲苏派的左翼力量为主要构成，未吸纳由托哈领导的亲华派激进左翼，这是苏联政治意图的体现。因此，印度在强化对孟加拉抵抗力量政治控制的同时，也以吸纳整合亲苏派左翼的方式换取莫斯科对孟加拉抵抗运动的默许承认。参见 *The Richard M. Nixon National Security Files*, 1969 – 1974: *India-Pakistan War of 1971*, Microfilms: MF10202004247102166481, LexisNexis, 2007.

统"纳斯鲁尔·伊斯兰姆、"总理"塔菊丁·艾哈迈德和以孟加拉民族解放军的军事领导人、学生运动领袖为代表的强硬派坚决反对与叶海亚·汗政府的任何妥协,而"外交部长"穆斯塔克·艾哈迈德作为温和派的代表则有意与西巴举行政治谈判。事实上,"临时政府"的内部纷争是人联内部派系斗争的缩影①,这种政治斗争并未因为东巴独立运动的不断高涨而停止。② 9 月 9 日,"孟加拉临时政府"成立了由 9 人组成的"五党联合咨询委员会"。其组成人员名单如下:1. "孟加拉临时政府总理"塔菊丁·艾哈迈德;2. 孟加拉民族人民党(巴沙尼派)主席阿卜杜勒·哈米德·汗·巴沙尼;3. 孟加拉民族人民党(穆兹法尔派)主席穆兹法尔·艾哈迈德;4. 孟加拉共产党总书记莫尼·辛格;5. 孟加拉民族大会党主席莫诺拉佳·达哈(Monoranjan Dhar);6. "孟加拉临时政府外交部长"穆斯塔克·艾哈迈德;7. "孟加拉临时政府财政部长"曼塞尔·阿里;8. "孟加拉临时政府内务部长"A. H. 科曼茹斯曼;9. "孟加拉临时政府政治顾问"M. A. 萨马德(M. A. Samad)。当天的会议决议指出,该委员会的宗旨是"就孟加拉民族解放和民族独立斗争的相关事宜进行协商咨询,并向'孟加拉临时政府'提供政策咨询建议"。决议还呼吁联合国以及各国政府向叶海亚·汗军人政权施压,释放穆吉布·拉赫曼,并强调"除非孟加拉获得完全独立,否则,孟加拉人民不会同意任何有关孟加拉政治前途的建议。"③

在强硬派的强大压力下,穆斯塔克·艾哈迈德不得不作出妥协。9月 25 日,穆斯塔克在穆吉布纳嘎召开记者会,声称"完全独立是我们的目标"。穆斯塔克驳斥了一些国家提出的所谓"政治和解"、"政治和谈"

---

① 在南亚危机全面爆发之前,美国即对人联内部政治派别的基本情况有所评估。以穆斯塔克·艾哈迈德为代表的一部分人联高级领导人倾向于谋求东巴最大限度的自治,相比之下,除穆吉布·拉赫曼之外的其他人联领导人都倾向于对西巴强硬,主张东巴独立建国。参见 Roedad Khan ed.:*The American Papers(Secret and Confidential)India—Pakistan—Bangladesh Documents*, 1965 – 1973, pp. 457 – 464.

② 笔者在缩微胶卷中找到题为"总统周三工作简报"(President's Thursday Briefing)(标注日期为1971 年 11 月 17 日)的文件。其中讲到"一名'未参与叛乱活动的'人联领导人将在本周末由达卡前往西巴与叶海亚·汗商讨在巴基斯坦主权保持统一的前提下的东巴政治前途问题"。参见 *The Richard M. Nixon National Security Files*, 1969 – 1974:*India-Pakistan War of* 1971, Microfilms:MF102020042471021664374, LexisNexis, 2007. 笔者认为这一则史料说明即便"孟加拉临时政府"确立了独立建国的目标,但人联内部仍有一部分人是不希望看到国家分裂的。

③ Sukumar Biswas ed.:*Bangladesh Liberation War-Mujibnagar Government Documents* 1971, p. 91.

建议，强调"孟加拉人民的鲜血不应当成为权势集团利益和政治交易的抵押品"①。其后，在接受美国《时代周刊》记者专访时，穆斯塔克重申了上述观点，同时他也口气强硬地指出："如果外国人员在无视我们原则的情况下，从事与独立运动相背离的活动将受到严惩。"② 9 月 27 日，"代总统"纳斯鲁尔·伊斯兰姆发表演说指出孟加拉问题政治解决的"四项条件"：第一，无条件释放穆吉布·拉赫曼；第二，无条件承认"孟加拉人民共和国临时政府"；第三，从孟加拉撤走所有西巴军队；第四，西巴政府应对内战期间由西巴军队摧毁、破坏和掠夺而造成的一切财产损失进行赔偿。③联系 9 月 28 日穆斯塔克与美国官员会谈时的观点大变，我们不难发现"临时政府"内部的实力角逐促使穆斯塔克观点的根本转变。

客观上讲，无论是力劝叶海亚·汗与穆吉布·拉赫曼直接政治对话，还是暗中斡旋巴基斯坦中央政府与"孟加拉临时政府"举行政治谈判，美国为东巴危局的政治解决付出了诸多努力。美国的政策基点是力促政治解决，避免战争爆发。在处理与西巴关系上，美国的政策基调是在"友好地劝说"方式下的"同情"、"非责难，非谴责"④。为此，8 月 4 日，尼克松曾公开表态："我们决不能对巴基斯坦政府施加压力，这样做将会适得其反。"⑤但是，"友好地劝说"既不能从根本上消融东巴与西巴之间，经受血与火熔炼后的民族宿怨和仇恨，也无法使南亚次大陆摆脱印巴敌对的天然禁锢。"长期敌对的印巴关系使印度本能地把巴基斯坦作为国家安全、主权和领土完整、社会稳定的最大威胁和挑战。任何其他国际关系行为体与巴基斯坦关系的亲疏向背成为印度衡量该

---

① Sukumar Biswas ed. : *Bangladesh Liberation War-Mujibnagar Government Documents* 1971, p. 100.

② *The Richard M. Nixon National Security Files*, 1969 – 1974: *India-Pakistan War of* 1971, Microfilms: MF10202004247102166421l, LexisNexis, 2007.

③ Sukumar Biswas ed. : *Bangladesh Liberation War-Mujibnagar Government Documents* 1971, pp. 281 – 283.

④ Roedad Khan ed. : *The American Papers（Secret and Confidential）India—Pakistan—Bangladesh Documents*, 1965 – 1973, p. 681.

⑤ *The Richard M. Nixon National Security Files*, 1969 – 1974；*India-Pakistan War of* 1971, Microfilms：MF10202004247177167143 5, LexisNexis, 2007.

行为体对印度友好与否的唯一标准。"① 回想在难民问题上，之所以印度对联合国和美国的政策建议时常报以怀疑、不合作的态度，印巴之间"有我无他，有他无我"的零和安全关系是根本。而在东巴的政治前途问题上，上述的思维路径依旧顽固地发挥着作用：任何有利于西巴的政治和解方式均被印度认为是对其国家利益的损害，印度必将坚决反对。不仅如此，在积极支持"孟加拉临时政府"对抗叶海亚·汗政权的同时，规制"临时政府"的政治行为，为己所用也是印度的现实追求。因此，在印巴"明斗"、东巴与西巴"暗战"的双重影响下，美国对巴基斯坦的倾斜政策难以真正化解东巴政治危局。从这个意义讲，全球冷战与地区政治变动构成双重变奏推进南亚危机的事态发展，但大国战略思维导向下的政策选择难以完全适应地区政治的独特属性。大国虽权势地位卓著，但面临地区政治变局也确有力所不逮之处、力不从心之时。

第四节　危机对抗的升级与美国的应策

在美国极力采取措施避免战争的同时，次大陆的危机对抗却在不断升级。这里所指的危机对抗包括两方面的内容：其一，印巴之间的边界军事冲突热度攀升；其二，在印度的大力援助下，孟加拉民族解放军与西巴政府军之间的游击战与反游击战斗争愈演愈烈。南亚"火药桶"一触即发。

一、印巴军事对峙的进一步加强

促动印巴之间边界军事冲突热度攀升的一个重要因素是印度军方在修订完成对东巴军事行动计划的同时，所有战争准备和兵力部署全部到位就绪。

1971年7月中旬，印度三军参谋长会议主席马内克肖上将批准了"雌鹿头"军事行动计划，并选定印度东部军区司令杰奥罗拉中将担任军事行动总指挥。8月，奥罗拉根据马内克肖的指示，向各参战部队正式下达作战指令，明确了各部队的隶属编制和作战物资的调配，规定了

---

① 随新民：《中印关系研究：社会认知视角》，北京：世界知识出版社2007年版，第236页。

所要达到的作战目标、作战时间、地域范围和相互间的战术协调。9月，各部队制定了更为详细的作战计划。同时，根据审查发现的问题和军事情报部门的最新情报，对"雌鹿头"计划进行了相应修订。10月底，印军参战部队的整编工作完毕。印度军方计划从西南、西北、北面和东面四个主攻方向以达卡为中心，对东巴发起"闪电式"向心进攻，海空军协同作战，一举夺取东巴。参与对东巴军事打击行动的主攻部队分别是T. N. 雷纳（T. N. Rana）中将指挥的陆军第2军、M. L. 撒潘（M. L. Sharif）中将指挥的第33军、古巴克斯·辛格（Gurbux Singh）少将指挥的第101战区后勤地带战术机动部队和萨加特·辛格（Sagat Singh）中将率领的第4军。

在印度军事准备不断趋于完善的同时，印巴两国高级将领的言论更加充满火药味，印度与东巴边境地区的军事冲突也愈演愈烈。

7月17日，印度东部军区副参谋长J. F. R. 雅各布（J. F. R. Jacob）少将在访问曼谷时指出："近段时间以来，巴军频繁在夜间攻击印度的边境巡逻分队，而且不断炮击印度在毗邻边境地区的军事设施。雨季的来临会延缓巴军的大规模军事行动。其对印度进犯的时间将会在11月与来年1月之间。不管遭遇何种困难，印度东部军区的野战部队已经作好了应对巴基斯坦军事进攻的各种准备。"①

9月7日，巴三军总参谋长哈米德·汗上将在拉瓦尔品第指出，虽然东巴局势依旧麻烦不断，冲突升级的可能性在不断递增，但印度军队想扩大冲突，对东巴军事入侵的时间上不会早于11月。"如果印度胆敢入侵东巴，我们将奋起一战。"②

自9月初开始，印巴双方调兵遣将，强化前线军事部署。9月3日，印度军方宣布全军进入"二级警戒状态"。各野战部队展开大规模的调防，第323步兵旅调防到印度与西巴边境附近，第63步兵旅则由米佐山区换驻印度与东巴边境处，与西巴交界的詹西（Jhansi）和加萨马尔（Jaisalmar）地区由精锐的第1装甲师的两个装甲旅驻防。

拉瓦尔品第也采取了相应的行动措施。9月2日，巴军方将第6独立

---

① The Richard M. Nixon National Security Files, 1969 – 1974: India-Pakistan War of 1971, Microfilms: MF102020042471021664122, LexisNexis, 2007.
② Roedad Khan ed.: The American Papers (Secret and Confidential) India—Pakistan—Bangladesh Documents, 1965 – 1973, p. 664.

装甲团由奎达（Quetta）调驻拉合尔和锡亚尔科特（Sialkot）地区，以加强针对印度的防务力量。10 日，拉瓦尔品第与巴陆军各军级作战单位的"热线电话"开通。12 日，巴军分别在西巴和东巴新组建两个步兵师（第 23 步兵师和第 36 步兵师）。①

到 9 月下旬，印巴双方的战备仍保持前一阶段的高度警戒状态，未有松懈。印度空军在加尔各答和萨撒（Sirsa）的军用机场各增派了一个中队的米格－21 型战斗机。9 月 28 日，巴陆军第 6 装甲师、第 17 炮兵师被调驻到位于锡亚尔科特的卡里曼（Khariam）地区，此举既可拱卫拉合尔，又可在必要时对印占克什米尔地区发起进攻。此外，东巴驻军的主力部队大部被调防到边境地区。双方在边境地区交火冲突中投入的兵力规模、强度均较前一阶段有大幅度提升。②

10 月 9 日，叶海亚·汗致信尼克松，对日渐频繁的印度军事调动情况进行了说明。信中写到巴基斯坦的东西两翼均受到印度的军事重压。印度陆军在西线和克什米尔地区部署了 7 个师，在东巴则部署了 8 个师对其构成合围。装备米格－21 型战斗机、苏－7B 型战斗轰炸机的 16 个印度空军中队被部署在临近印巴边界的军用机场。除此之外，印度海军 60% 的作战舰只集结在西巴海域，而另外 40% 的兵力则对孟加拉湾形成合围。针对严峻的军事形势，叶海亚·汗指出："印军主力部队的部署情况表明，进攻是其主导目标。印度所要的不是和平，而是战争。"③

10 月下旬，印巴局势的紧张程度有增无减。除了在东线保持高度军事警戒的同时，双方继续在西线增加兵力部署。④为作好应对战争的准备，英迪拉·甘地政府对 4.4 万名预备役人员进行了战争动员；叶海亚·汗也紧急动员预备役军官充实野战部队。⑤

---

① Roedad Khan ed.: *The American Papers（Secret and Confidential）India—Pakistan—Bangladesh Documents*, 1965 – 1973, p. 674.

② Roedad Khan ed.: *The American Papers（Secret and Confidential）India—Pakistan—Bangladesh Documents*, 1965 – 1973, pp. 687 – 688.

③ Roedad Khan ed.: *The American Papers（Secret and Confidential）India—Pakistan—Bangladesh Documents*, 1965 – 1973, pp. 699 – 700.

④ 有关印巴双方的军事实力对比和双方在东西两线的军事布防图可参见 *The Richard M. Nixon National Security Files*, 1969 – 1974: *India-Pakistan War of* 1971, Microfilms: MF102020042471511669545 – 567, LexisNexis, 2007.

⑤ *The Richard M. Nixon National Security Files*, 1969 – 1974: *India-Pakistan War of* 1971, Microfilms: MF102020042471511669540, LexisNexis, 2007.

针对火药味日益弥散的印巴局势。美国国防情报局于 11 月 12 日出台了名为《在 90 天之内，南亚爆发战争的可能性评估》的绝密文件。该文件认为："在今后 90 天之内，印巴之间战火重燃的几率很高。"[①] "印军对东巴领土的侵蚀、巴军袭击设在印度境内的东巴抵抗力量的游击战训练营、难民继续无休止地涌向印度，甚至于印度政府对'孟加拉临时政府'予以承认、拉瓦尔品第宣布处死穆吉布·拉赫曼等都极有可能是点燃全面战争的导火索。"[②]

二、东巴内战冲突的升级

除了印巴之间一触即发的紧张态势之外，在印度的大力支持下，孟加拉民族解放军针对西巴政府军的"雨季攻势"亦不断增强。

1971 年 7 月 11 日—17 日，孟加拉民族解放军高级指挥官在印度"军事顾问"的协助指导下，在印度的加尔各答召开秘密军事会议。会议通过了四项重要的军事决议：第一，规定了战斗人员的编制构成及战术行动规定。由 5—10 名经过严格训练的作战人员组成突击小队潜入东巴境内的指定区域执行作战任务；正规战斗人员采取游击战的方式与西巴政府军作战；第二，基干部队的基本编制为"营—连—排—班"，各部队的作战活动区域由孟加拉民族解放军作战指挥部制定下达；第三，对西巴政府军作战时采取以下战术方针：派遣突击小队潜入孟加拉境内实施破袭和伏击行动，破坏孟加拉的电力、能源和水利设施，使其工业生产陷于停滞，阻止西巴政府掠夺孟加拉的自然资源和工业产品，特别是黄麻和橡胶；多点出击，迫使政府军分散兵力，难顾首尾，针对小股政府军可联合各突击小队力量一同歼灭之；第四，将整个孟加拉划分为 11 个战区。[③]

为强化对西巴政府军的作战效能，更有效地打击西巴政府军。7 月

---

① The Richard M. Nixon National Security Files, 1969 – 1974: India-Pakistan War of 1971, Microfilms: MF102020042471511669701, LexisNexis, 2007.

② The Richard M. Nixon National Security Files, 1969 – 1974: India-Pakistan War of 1971, Microfilms: MF102020042471511669707, LexisNexis, 2007.

③ Jyoti Sen Gupta: History of Freedom Movement in Bangladesh 1947 – 1973, pp. 380 – 381. Kaji Samasujjamana: History of the 1971 Bangladesh Freedom Sstruggle, Dhaka: Nargisa Jamava, 1985, pp. 134 – 135. 有关 11 个战区的指挥官名录、部队序列、所辖地区及布放情况可参见 Abu Salah Mohammed Nasim: Bangladesh Fights for Independence, pp. 130 – 156.

25 日和 31 日，孟加拉民族解放军最高司令部分别下达游击战行动纲要和正规部队军事行动纲要，对部队编制、武器装备、分阶段行动规划以及后勤补给等方面做了详细说明和明确规定。①

到 1971 年 10 月初，孟加拉民族解放军一共组建了 8 个步兵营和 2 个炮兵营的正规部队，并编制为 3 个旅级战斗群，编号分别为 Z、K 和 S。"Z" 旅下辖第 1、第 3、第 8 东孟加拉步兵营和 "罗森亚拉" 炮兵营（Rowshan Ara Battery）；"K" 旅的部队构成为第 4、第 9、第 10 东孟加拉步兵营和 "穆吉布" 炮兵营（Mujib Battery）；"S" 旅下属第 2、第 11 东孟加拉步兵营。正规部队总兵力达到 0.6 万人。②

在陆军部队形成一定战斗力的同时，孟加拉民族解放军又分别于 1971 年 8 月和 9 月组建海军和空军部队。海军由 44 名孟加拉族海军少尉和水兵组成，装备 2 艘分别名为 "波兰" 号（Poland）和 "帕德马" 号（Padma）近海巡逻炮艇。③空军则由原隶属于巴基斯坦空军的 17 名孟加拉族飞行员和 50 名孟加拉族技术人员组成，装备 4 架 "水獭"（Otter）轻型战斗侦察机和 3 架 "云雀"（Skylark）式直升机。④

从 7 月下旬—10 月，孟加拉民族解放军不断加强对东巴的渗透和破袭战行动，其主要活动区域包括：法里德普尔（Faridpur）南部地区、杰索尔东南部地区、库尔纳东北部地区和巴瑞索（Barisal）地区。达卡、库米纳、锡尔赫特等东巴的大中城市是抵抗力量袭击的主要目标。⑤

7 月 20 日，孟加拉突击队炸毁了达卡市郊的 3 个变电站，造成达卡市区大面积停电。⑥ 7 月 22 日—7 月 31 日，抵抗力量先后炸毁了连接达卡、库米纳和吉大港的 9 处铁路桥，使得东巴的铁路交通枢纽陷于完

---

① 有关游击战行动纲要和正规部队军事行动纲要的文本可参见 A. S. M. Shamsul Arefin：*Bangladesh Documents 1971*，Vol. II，pp. 365 – 371；pp. 372 – 377.

② 相关内容可参见 Abu Salah Mohammed Nasim：*Bangladesh Fights for Independence*，Chapter VII，pp. 241 – 286；Sukhwant Singh：*The Liberation of Bangladesh*，p. 36.

③ Sukhwant Singh：*The Liberation of Bangladesh*，pp. 36 – 37；Abu Salah Mohammed Nasim：*Bangladesh Fights for Independence*，p. 332.

④ Sukhwant Singh：*The Liberation of Bangladesh*，pp. 36 – 37；Abu Salah Mohammed Nasim：*Bangladesh Fights for Independence*，p. 355.

⑤ *The Richard M. Nixon National Security Files*，1969 – 1974：*India-Pakistan War of 1971*，Microfilms：MF102020042471101665407，LexisNexis，2007.

⑥ Sukumar Biswas ed. ：*Bangladesh Liberation War-Mujibnagar Government Documents* 1971，p. 179.

全瘫痪。① 在广泛破坏东巴陆上交通的同时，抵抗力量的海上破袭战也取得了相当大的战果。8月16日凌晨2点，抵抗力量的蛙人爆破分队兵分四路，分别在吉大港、查尔纳港以及东巴的内河交通枢纽昌德普尔（Chandpur）、达乌德坎迪（Daudkandi）、和纳拉杨嘎（Narayangani）同时采取"8·16行动"，对停靠的远洋货轮、浅水货船、输油船等船只同时实施爆破，总共炸沉各种船只28艘。②此后的两周内，抵抗力量又分别在昌德普尔和达乌德坎迪炸沉6艘巴军内河炮艇，并在吉大港和查尔纳港港湾大量铺设磁性水雷③。9月份之后，抵抗力量继续开展大规模的水上破袭战，东巴的河运和海运几近完全瘫痪，7条运送国际救援物资的水上运输线（占运输总运力的25%）也被迫关闭。④ 10月2日，一艘希腊万吨级油轮"阿波罗斯"号（Ablos）在吉大港触雷沉没。⑤

在广泛开展游击战争的同时，孟加拉民族解放军总司令A.G.奥斯曼尼于8月15日发布对西巴政府军和军法统制当局实施心理战指令（Directive on Psychological Warfare）。指令中强调："要充分利用诸如报刊杂志、电台广播以及电影宣传片等方式瓦解敌人的斗志，增强孟加拉人民的斗争信念，推动孟加拉的解放。"⑥

鉴于孟加拉民族解放军的游击战、破袭战行动日益频繁，西巴政府军加大了对抵抗力量的清剿，双方之间的流血冲突和激战交火不断增多，东巴局势愈加动荡。据"孟加拉临时政府"《每周政务及战事公报》透

---

① Sukumar Biswas ed. : *Bangladesh Liberation War-Mujibnagar Government Documents* 1971, p. 192. ; p. 203.

② Sukumar Biswas ed. : *Bangladesh Liberation War-Mujibnagar Government Documents* 1971, p. 191. ; p. 231. 另据曾参与"8·16行动"的前孟加拉海军军官回忆8月16日当晚的行动摧毁的各型船只的数量为16艘。参见 Abu Salah Mohammed Nasim, *Bangladesh Fights for Independence*, pp. 350 – 351.

③ Sukumar Biswas ed. : *Bangladesh Liberation War-Mujibnagar Government Documents* 1971, p. 191. ; p. 232.

④ *The Richard M. Nixon National Security Files*, 1969 – 1974: *India-Pakistan War of* 1971, Microfilms: MF102020042471021664210, LexisNexis, 2007.

⑤ *The Richard M. Nixon National Security Files*, 1969 – 1974: *India-Pakistan War of* 1971, Microfilms: MF102020042471021664332, LexisNexis, 2007.

⑥ 有关对西巴政府军实施心理战的作战指令文本可参见 A. S. M. Shamsul Arefin: *Bangladesh Documents* 1971, Vol. II, pp. 378 – 384; Abu Salah Mohammed Nasim: *Bangladesh Fights for Independence*, pp. 511 – 516.

露，7月21日—11月17日，孟加拉民族解放军与西巴政府军在东巴各地大大小小总共进行了347次战斗。到10月中下旬，很多毗邻印巴边界的地区实际上已在孟加拉民族解放军的控制范围之内①，整个东巴烽烟四起。

三、尼克松政府的战争应对预案

自1971年7月开始，印巴之间的火药味愈发浓厚，双方都磨刀霍霍，准备应战。针对危机对抗的不断升级，尼克松政府在不放弃政治途径解决危机的同时，亦对可能爆发的战争进行评估，制定相应的对策，以备不时之需。具体而言，包括以下三个方面：第一，对可能诱发战争的因素进行分析评估，提出美国的应对方案；第二，推行印巴"共同撤军"政策；第三，如果战争爆发，苏联和中国会采取何种行动，美国又该采取何种针对性策略。

7月10日，国务院的一份关于南亚危机局势发展预测的分析报告中指出从危机局势的发展进程上看，有两种可能会诱发战争的因素：第一，尽管印度面临诸多不利因素，但很有可能在今后的3—6月内首先对巴进攻；第二，印巴双方在边境的"擦枪走火"事件。面对可能爆发的战争，美国根本目标是使敌对冲突区域化，不外溢到国际领域，并力争尽早结束战争。针对第一种可能，报告指出美国的利益在于战争的尽早结束，应在第一时间召开联合国安理会，与联合国及有关各方进行会商，呼吁立即停火，并要求印度撤军，出台全面解决东巴政治危局的政治方案。在此种情况下，美国应立即停止对印度的一切军售，审慎评估中国对印度采取军事行动的可能性，同时，在美国试图停止印巴冲突的外交努力未获成效之前，美国也应暂缓对巴的军需品（1971年3月25日之前的武器出口管理许可证规定的清单之内）运输。针对第二种可能，文件认为在"谁打第一枪"的问题上孰是孰非很难明辨的情况下，美国应同时暂停对印巴的所有军事供应和经济援助，并呼吁其他国家停止向两国输送武器。在会同国际社会呼吁停止战争的同时，与中国接触，希望

---

① *The Richard M. Nixon National Security Files*, 1969 – 1974：*India-Pakistan War of* 1971, Microfilms：MF102020042471101665390, LexisNexis, 2007.

中国保持克制，避免直接军事介入。①

8月17日，华盛顿特别行动小组开会商讨由国务院提交的《国家安全研究备忘录第133号文件：南亚应急预案——印巴战争》。该文件对印巴战争的形势估计为："印度军队将进攻东巴（最低目标是夺取东巴的一部分土地，最高目标则是要摧毁驻守东巴的西巴政府军）；并将直接支持抵抗力量的军事行动，夺取并控制部分东巴地区；西巴军队将会通过袭击东巴游击队在印度的训练营地的方式来进行反击，同时，西巴还可能沿克什米尔停火线挑起摩擦纠纷来转移印度对东巴的注意力，迫使印度面临两线作战的威胁。"

若战争爆发，"美国有三种政策选项：一，置身事外，消极无为；二，直接军事介入；三，以调停者的身份政治介入。前两个选项弊端太多，而政治介入可供考虑。美国积极政治介入的目的包括：一，将这场战争波及的范围控制在有限的区域之内；二，与国际社会共同协商达成政治解决方案，尽早结束战争"。

在这份文件中，国务院的态度很明确：若印巴战争爆发，美国政府应保持中立。在中国是否会军事介入问题上，该文件指出："如果中国支持巴基斯坦并对印度构成军事威胁，美国应考虑依据1964年《美印空中防御协定》，与印度协商，对印度提供军事装备。"从文件起草者的思维路径来看，仍受到"利用印度来遏制中国"思维定势的影响，没有跟上"二人团队"与中国缓和的思维方式的转型速度。虽然此次会议决定若印巴战争爆发，美国将采取第三种政策选项，但是基辛格要求国务院进一步修订计划，增补在战争爆发之前和之后，苏联和中国会采取何种行动；针对这些行动，美国应该采取何种应对措施；在考虑中国的行动时，必须确保中方知晓美国的危机政策是保持巴基斯坦的完整，反对印度发动对巴战争。基辛格最后要求各部门，若没有白宫的批准，不允许对中国或苏联采取任何"过激行动"，同时责成国务院制定一个切断对印度经济援助的计划草案。②

10月初，印巴双方陈兵边界，东巴内战烽火连天。尼克松政府加大

---

① "Study Prepared in Response to National Security Study Memorandum 133, 10 July, 1971", *FRUS*, 1969-1976, E-7: Documents on South Asia, 1969-1972, available at http://www.state.gov/documents/organization/48063.pdf.

② *FRUS* 1969-1976, Vol. XI: South Asia Crisis 1971, pp. 334-337.

外交努力，力争避免战争爆发，提出了印巴双方"共同撤军"的政策，即让双方的军队均从边界附近后撤一定的距离，以减少军事对抗的程度和"擦枪走火"事件发生的几率。

10月11日，在法兰德的促动下，叶海亚·汗表示尽管东巴形势严峻，游击战愈加猖獗，但若印度真切希望缓和紧张状态，可由两国高级将领商讨共同撤军事宜。①

印度和苏联则表示不会接受共同撤军的建议。10月16日，基廷就印巴局势与印度外交国务秘书那茨·考尔（Nath Kaul）举行会谈。席间，基廷提出了"共同撤军"建议，但遭到印度方面的拒绝。考尔表示印军的驻地远离边境，而巴军的驻地则紧挨着边境。在巴军的军事进逼之下，对印度而言，共同撤军意味着相当大的安全风险，在来自巴基斯坦的安全威胁没有完全消除之前，印度是不会同意美国的"共同撤军"提议。②10月25日，贾格吉凡·拉姆公开宣称："现在谈撤军根本不是时候，或许，在难民全部遣返之后，印度会再考虑撤军建议。"③

对于美国的建议，莫斯科虚与委蛇，拒绝作出任何有实质意义的回复。10月18日，葛罗米柯向比姆大使指出："共同撤军是一个很好的提议，但不是解决危机的根本途径。只有在采取其他措施（例如谋求东巴危机的政治解决）的情况下，共同撤军才会有所作用"。④

印巴两国不仅在撤军问题上的态度反差极大，而且印度的拒绝与不合作使得美国遏阻战争爆发的努力难上加难。在战争乌云迫近的形势下，尼克松政府开始考虑由巴基斯坦首先单方面撤军，打开僵局。10月29日，国务院紧急致电法兰德，要求他在近期内拜会叶海亚·汗，并传达美国的观点。电文中指出："虽然，在当前危急时刻要求巴方首先单方面撤军将面临重重困难，但从控制次大陆危局的蔓延和稳定巴基斯坦国内动荡飘摇的政治现状来看，上述建议将是完全值得的。"而且，"在巴方

---

① *The Richard M. Nixon National Security Files*, 1969–1974: *India-Pakistan War of* 1971, Microfilms: MF102020042471021664299, LexisNexis, 2007.
② *The Richard M. Nixon National Security Files*, 1969–1974: *India-Pakistan War of* 1971, Microfilms: MF102020042471771671437, LexisNexis, 2007.
③ *The Richard M. Nixon National Security Files*, 1969–1974: *India-Pakistan War of* 1971, Microfilms: MF102020042471101665399, LexisNexis, 2007.
④ *The Richard M. Nixon National Security Files*, 1969–1974: *India-Pakistan War of* 1971, Microfilms: MF102020042471101665393, LexisNexis, 2007.

率先撤军的情况下，印度政府面临公众舆论的压力，亦将调整政策，在撤军问题上态度软化"①。

华盛顿的新建议得到了伊斯兰堡的赞同。11月3日，巴基斯坦新任大使拉查（Raza）在与基辛格的会谈中表示："言及从印巴边境撤军，最稳妥的途径是两国同时从边境撤军。但是，从维护次大陆和平以及创造一个让英迪拉·甘地全身而退的机会来讲，叶海亚·汗总统愿意依据边境地区地形特点，首先让我方军队从边境阵地后撤3—5英里。"不过，拉查亦指出叶海亚·汗总统之所以同意首先单方面撤军，是基于对尼克松总统的信任和理解。巴军的撤军行动是以英迪拉·甘地必须向尼克松总统作出保证，并在稍后采取同样的撤军行动为前提的。②

但是，就在巴基斯坦同意单方面撤军不久，印巴边境局势再度紧张。11月10日，两个印度步兵营越过边界，向东巴境内的诺阿卡利地区（Noakhali）实施突击，并与巴军交火。③ 11月22日，印巴在杰索尔地区展开大规模军事冲突。11月28日，苏尔坦·汗告知法兰德，在印度大军压境的情况下，巴基斯坦将不会考虑单方面首先撤军。④ 在印巴急剧对立的局面之下，尼克松的"共同撤军"提议最终还是湮没在战争阴云之中。

除了针对印巴战争可能性的评估及提出印巴"共同撤军"建议外，在印巴之间极有可能爆发战争的情况下，两个区外大国——苏联和中国会采取何种行动亦是尼克松政府应对策略中不可或缺的重要内容。

9月3日，国务院向基辛格提交了经过修订的战争应急预案。该文件指出不管是在战争爆发之前，还是之后，美国应加强与中国的沟通联系，并表明美国的基本立场：既不挑战中巴友好关系，也不威胁中国。美国希望与中国有充分的沟通，不误解双方的政策。在战争爆发之前，美国应首先让中国充分了解美国对南亚危机的总体政策；其次，应向中

---

① *The Richard M. Nixon National Security Files*, 1969–1974: *India-Pakistan War of* 1971, Microfilms: MF102020042471021664485, LexisNexis, 2007.

② *The Richard M. Nixon National Security Files*, 1969–1974: *India-Pakistan War of* 1971, Microfilms: MF102020042471021664642, LexisNexis, 2007.

③ *The Richard M. Nixon National Security Files*, 1969–1974: *India-Pakistan War of* 1971, Microfilms: MF102020042471021664406, LexisNexis, 2007.

④ *The Richard M. Nixon National Security Files*, 1969–1974: *India-Pakistan War of* 1971, Microfilms: MF102020042471021664776, LexisNexis, 2007.

方明示，美中双方在避免战争上有共同利益。

此外，还有一个非常重要的问题必须认真考虑，那就是一旦中国对印巴战争进行干涉，并与印度发生军事冲突，美国将采取何种应策？就此问题，国务院认为在战争爆发后的第一时间内，美国与中国沟通的主要议题就是力图阻止中国直接军事介入，使其不对印度构成安全威胁。该文件指出有"很多实事"可限制中国的干涉，例如：忌惮苏联在中苏边界上采取军事行动；好战的行为会对尼克松总统的中国之行造成不利影响等等。美国应通过最直接、最便捷的渠道要求中国对巴基斯坦施加影响，促其尽快结束战争，而且美国亦希望中国能够削减对巴的武器运输。同时，国务院还建议在战后将中国引入有关停火的国际合作计划之中，使中国在维持南亚和平、接受印巴达成的政治和解、与美国一道"积极地抑制"苏联在南亚的势力扩张等方面发挥建设性的积极作用。①

在处理与苏联的关系时，该文件亦认为在战争前（后）都应与苏联加强沟通。在战争爆发之前，国务院建议华盛顿应向莫斯科传达以下信息：1. 向苏联表示美国十分关切难民问题和东巴严重的饥荒；2. 争取苏联在国际援助上的有限合作，希望苏联能够理解将人道主义救助与政治问题分开、脱钩有利于难民问题的解决；3. 希望苏联不再抵制联合国为减少地区紧张局势和处理难民问题上的相关提议；4. 向苏联明示：美苏在维持次大陆的和平与稳定方面有共同利益。若战争爆发，美国对苏联采取行动措施的根本出发点在于："当印度的最大限度政治要求满足后，苏联不应再支持印度继续战争。"国务院建议美国应通过启用"美苏热线"、由尼克松总统发表声明以及紧急召见多勃雷宁等方式呼吁苏联对印度施加影响，促其尽快结束战争。②

对于国务院提交的修订计划，基辛格仍不甚满意。在9月8日的华盛顿特别行动小组会议上，基辛格要求即便战争爆发，中国有意对印度采取军事行动，美国也不能向印度许诺提供军事援助用以对付中国。③

在10月7日的国家安全委员会会议上，经第三次修改后，国务院提交了题为《美国针对中国在南亚军事行动的可能应对举措》的研究报

---

① *FRUS* 1969 – 1976, Vol. XI: South Asia Crisis 1971, pp. 385 – 387.
② *FRUS* 1969 – 1976, Vol. XI: South Asia Crisis 1971, pp. 388 – 390.
③ *FRUS* 1969 – 1976, Vol. XI: South Asia Crisis 1971, p. 403.

告。该报告指出,若战争爆发,中国对巴基斯坦的支持会表现在如下 6 个方面:1. 向巴方追加军事援助(近乎肯定发生);2. 加剧中印边境的紧张局势,但不直接挑起冲突(可能性极大);3. 中国可能会在拉达克(Ladakh)地区和中印边境线的东北段挑起边界争端(可能性极大);4. 对印占克什米尔地区发起小规模的军事进攻(可能性不大);5. 秘密地支持印度的反叛力量,包括"那加民族社会主义委员会"、"米佐民族阵线"以及活跃在西孟加拉邦的"那萨尔巴里"农民武装(有可能);6. 取道不丹和尼泊尔,向印度发起多点军事进攻(鉴于中国一贯的谨慎以及印苏联盟关系,这一情况出现的可能性不大)。

就中国可能采取的对巴方的军事支持行动,美国的政策目标是:1. 在时间和空间上控制战争的规模,避免中美的政策冲突;2. 抑制中国直接军事介入;3. 在第一时间内,与联合国和其他国际机构商讨对策;4. 针对中国采取的有限军事行动,美国应当避免过激反应。因为,中国的行动可以对印度的战争行为构成约束,促使其走到谈判桌旁。

针对中国可能采取的 6 个行动举措,美国的对策如下:1. 若印度首先进攻巴基斯坦,美国不会反对中国追加对巴军援,但美国也不会恢复对巴军售,对于印度的侵略行为,美国应极力谴责并切断对印度的所有援助;若巴基斯坦首先进攻印度,国务院则建议可以"切断援助"为杠杆(并非实际终止所有援助)迫使印度停火,同时对巴方施压,要求其立即停火;2. 呼吁中国保持克制,并向中国通告美国所作的诸多努力;3. 若中国对印度挑起边界冲突,从其影响上看,虽不会造成严重威胁,但必定会对南亚战争带来不必要的麻烦。为此,美国应当向中国警示:若不收手,便会波及中美和解进程;4. 如果印度首先挑起战争,则美国既不会考虑在 1964 年的《美印空中防御协定》之下与印度协商,也不会对印度提供军援;若战争起因不明,则美国应该考虑就 1964 年协定与印度协商,并可考虑对印度的援助请求作出积极回应;若巴基斯坦首先发起对印度的进攻,美国应准备向印度提供军事装备,同时可考虑推迟尼克松总统访华的日期;5. 美国应通过多种渠道向中国提出警告,并指明支持印度的反政府力量将加剧南亚紧张局势;6. 国务院建议若中国要求过境尼泊尔和不丹对印度进攻,美国政府应立即与两国政府会商,联合抵制中国的要求。美国应当告诫中国,若不三思而后行,美国将考虑推迟,甚至取消尼克松总统访华,而且向中国政府郑重表示中国对印度领土的军事进攻是"不友好"的行为，美国政府将考虑支持印度，并向其加大军事供应的力度。①

对于国务院的这份针对中国的专题研究报告，基辛格依旧不甚满意。为此，他责成由副国务卿艾理克斯·约翰逊领衔的跨部门联合小组重新修订应对战争的应急预案。

虽然尼克松政府使出浑身解数，但南亚危机的发展走势仍然不断滑向美国所不希望的方向：战争。对于濒临战争边缘的印巴两国，任何"擦枪走火"事件都有可能引起"并非故意的冲突升级"。正如9月22日中央情报局的一份情报评估中指出的那样，不管是印度、西巴，抑或"孟加拉临时政府"，在多重斗争博弈中，在"个体对彼此意图的不确定性"基础上对敌人行为的任意夸大和非理性的极端判断都会令任何（有意或无意）小的举动触发战争。②因此，当印巴敌对以及东巴（印度支持下的）与西巴的对抗无法用政治途径加以解决，而只能用"无限暴烈性的战争手段"分出胜负之时，美国阻止战争的努力难有成效。虽然美国难以左右印巴的战争敌意行为，但是针对战争所作的应急预案对控制战争的发展范围，实施有效的危机管理却是非常必要的。在制订应急预案的过程中，美国决策层内部对大国，特别是对中国的行动反应存在认知偏差。具体而言，"二人团队"与国务院之间思维路径迥然有异。在10月7日由国务院提交的研究报告中，基辛格在第3和第6条对策之下两次批复"不"。③这一简单的"不"字实际上反映了"二人团队"与国务院在考量南亚危机与大国战略之间的相互关系时存在着认知观念的"时滞"现象。"二人团队"以美国的对外战略转型作为考量南亚危机的基础，美国的危机决策应当与美国的战略思维转型相一致：缓和与中国的关系，联合中国反对印度在苏联的支持下对巴基斯坦的侵略。在这样的思维路径之下，1960年代"利用印度遏制中国"的旧有观念应该抛弃，在美国战略转型的节点上，印度不再是美国的一枚重要棋子。这里需要提及的是，国家安全委员会在10月初曾制订了一个名为《印巴危机——

---

① *The Richard M. Nixon National Security Files*, 1969–1974: *India-Pakistan War of* 1971, Microfilms: MF102020042471511669504–512, LexisNexis, 2007.

② "Memorandum Prepared in the Office of National Estimates, Central Intelligence Agency, Washington, 22 September, 1971", *FRUS*, 1969–1976, E–7: Documents on South Asia, 1969–1972, available at http://www.state.gov/documents/organization/47956.pdf.

③ *FRUS* 1969–1976, Vol. XI: South Asia Crisis 1971, p. 434.

基本应急预案简装书》的长篇分析报告。该报告对于中国危机行为的分析评估与"二人团队"观点较为接近。其中指出:"若次大陆战事再起,中国将会支持巴基斯坦,支持的方式包括取道尼泊尔和不丹直接出兵打击印度,或提供军事援助和政治支持。究竟中国会采取那种具体方式很难料定。我们所能够做是在战争爆发的第一时间内,通过最直接、最便捷的渠道向中国领导人传递以下信息:美国政府对战争事态的严正关注、希望北京向伊斯兰堡施加影响,节制巴方的过激行为,并告诫北京不要借机牟利。""一旦中国直接出兵,我们必须明确两个基本目标:其一,维持次大陆的稳定;其二,中美关系的正常化。为此,美国所要做的是会同国际社会控制战事向区外蔓延,早日实现停火,尽量减少中国军事行动对地区局势造成的连锁反应和对大国关系的不利影响,但应当避免过度压制中国。"①相比之下,国务院的观念则显然落后于"二人团队",甚至国家安全委员会,不仅仍以地区主义的视角制定应策,而且仍未摆脱"遏制中国"这一旧有观念的禁锢,依然循遁"利用印度遏制中国"的思维老套。因此,国务院三易其稿后,基辛格仍旧不甚满意的根源就在于此。

第五节　美国停止对巴军售

在国内的政治压力和危机不断激化升级的影响下,美国对巴基斯坦的军售政策在不断变化的局势面前亦有所改变。

7月19日,桑德斯在致基辛格的备忘录中指出,来自各方面的激烈反对实际上可以归结为这样一个问题:"美国对巴基斯坦的军事供应是否与您的北京之行之间有着必然联系?"对此,桑德斯建议在应对外界,特别是国会的反对声音之时,白宫应采取以下政策"口径":第一,美国政府对南亚的军事供应政策是依据南亚本身的政治状况来决定的;第二,美国对巴军售数额较小,不会破坏南亚的军事平衡。关键问题在于,如果美国对巴采取完全禁运,将会对美巴关系产生消极影响,美国政府必须考虑完全禁运所导致的后果;第三,白宫认为保持美国对巴基斯坦的影响力是十分重要的,通过这种影响力促进"令人欣喜"的转变是使当

---

①　*The Richard M. Nixon National Security Files*, 1969–1974: *India-Pakistan War of* 1971, Microfilms: MF102020042471511669471–472, LexisNexis, 2007.

前东巴危局恢复到正常状态的必要因素，而完全禁运则不可能产生这一效果。为此，桑德斯指出当前美国保持对巴小规模军售的实质是以"最小化的军事供应"换取"对巴政治影响力的持续"。针对桑德斯的建议，基辛格表示赞同。①

尽管白宫意图维持对巴军事供应，但是来自国会山的批评和指责之声却异常强大。②7月1日，参议员马蒂亚斯（Mathias）与众议员莫斯（Moss）在参众两院联席会议上提议，对巴基斯坦实施为期一年的军事禁运，其中包括1971年3月25日之前的对巴军售项目。③7月15日，美国众议院外交事务委员会以17∶6通过了《美国对外援助法案之加拉格尔修正案》草案。其主要内容为：在总统向国会报告"东巴局势已恢复到正常状态"以及"东巴难民在'条件允许下'开始返回东巴，并被归还原有土地和私人财产"之前，国会将以立法手段"暂时停止"向巴基斯坦提供除粮食援助之外的一切经济援助和军事供应。7月19日，参议院对外关系委员会通过了由萨克斯博（Saxbe）、斯科特（Scott）等31名参议员联合提出的《美国对外援助法案修正案》草案，其内容与《加拉格尔修正案》相近。针对国会强硬态度，7月30日，国家安全委员会会议决议指出，当前美国政策的压倒性目标是避免东巴饥荒；积极创造可令难民回国的"政治、经济和安全"环境；降低印巴敌对的程度。相形之下，美国对巴军售应当逐步减少。但至关重要的一点是，美国政府"不可公开指责叶海亚·汗"④。

8月18日，国务院近东与南亚事务司、军火控制办公室以及国防部对外军售主管部门的代表举行联席会议商讨对巴军售问题。会议决定在征询巴方意见的同时，努力说服伊斯兰堡暂停军事供应。国务院指示西

---

① "Memorandum from Saunders to Kissinger, Military Assistance to Pakistan and the Trip to Peking, 19 July, 1971" National Security Archive Electronic Briefing Book No. 79：The Tilt：The U. S. And South Asian Crisis of 1971, available at http：//www.gwu.edu/~nsarchiv/NSAEBB/NSAEBB79/BEBB17. pdf.

② The Richard M. Nixon National Security Files, 1969 – 1974：India-Pakistan War of 1971, Microfilms：MF102020042471021664185, LexisNexis, 2007.

③ The Richard M. Nixon National Security Files, 1969 – 1974：India-Pakistan War of 1971, Microfilms：MF102020042471021664185, LexisNexis, 2007.

④ "NSC Paper, South Asia：Cutting off Military and Economic Assistance, 30 July, 1971" National Security Archive Electronic Briefing Book No. 79：The Tilt：The U. S. And South Asian Crisis of 1971, available at http：//www.gwu.edu/~nsarchiv/NSAEBB/ NSAEBB79/BEBB19. pdf.

斯科就军售问题与希拉里磋商。在两次与西斯科会晤后,希拉里将国务院的意见经由苏尔坦·汗汇报给叶海亚·汗。①

8月30日,巴基斯坦国防部军事采购团团长伊姆·哈克(Inam-ul Haq)少将前往华盛顿,与美方协商"1972财政年度内的对巴军售计划"。近东与南亚司巴基斯坦科认为国务院可抓住这次机会,与伊姆·哈克详谈军售事宜。②9月2日,罗杰斯与伊姆·哈克就美国中止对巴军售问题举行会谈。罗杰斯指出国会对军售的强烈反对给美巴关系造成了相当大的麻烦,若能加快对剩余军售物资的货运速度,那么美国政府就可以发表一个"低调的"公开声明对巴军售已完全停止,而且国会的反应就不会像现在这样激烈,对白宫其他政策的阻挠也会相应地减少。当然"中止对巴军售的目的并非向巴方施加压力,或者损害美巴关系,只是希望在缓解危机事态,加强对巴经济援助方面起到更积极的作用。"针对罗杰斯的此番讲话,伊姆·哈克少将转达了叶海亚·汗总统的意愿,表示愿与美方就此问题密切合作。③

对于国务院的行动,基辛格不甚满意,但也并未反对。10日下午4时,基辛格会见伊姆·哈克。会谈中,基辛格着重强调了加快剩余军售物资的运输进度具有重要的政治涵义,它既是对批评美国政府的诸多言论的有力回应,更对缓解危机具有积极作用。停止军售的同时,"更多经济援助的到来将帮助巴基斯坦摆脱经济困境"④。

10月5日,美国参议院对外关系委员会通过了众议院提交的《加拉格尔修正案》,敦促白宫全面停止对巴军售。⑤在国会的巨大压力之下,尼克松政府不得不加快剩余军售物资的运输进度。到10月底,对巴军售的最后一些物资相继运抵巴基斯坦,其中包括隶属于美国对外军售计划的军事装备,价值为1293792美元;通过商业渠道订购的装备,价值

---

① *The Richard M. Nixon National Security Files*, 1969 – 1974: *India-Pakistan War of* 1971, Microfilms: MF102020042471361667768, LexisNexis, 2007.

② *The Richard M. Nixon National Security Files*, 1969 – 1974: *India-Pakistan War of* 1971, Microfilms: MF102020042471361667809, LexisNexis, 2007.

③ *The Richard M. Nixon National Security Files*, 1969 – 1974: *India-Pakistan War of* 1971, Microfilms: MF102020042471361667763, LexisNexis, 2007.

④ *The Richard M. Nixon National Security Files*, 1969 – 1974: *India-Pakistan War of* 1971, Microfilms: MF102020042471361667832 – 833, LexisNexis, 2007.

⑤ *The Richard M. Nixon National Security Files*, 1969 – 1974: *India-Pakistan War of* 1971, Microfilms: MF102020042471021664330, LexisNexis, 2007.

1280237 美元，总价值为 2574029 美元。①为表示安抚，10 月 29 日，国务院指示法兰德向叶海亚·汗表示对巴方理解和支持的感谢，并示意在英迪拉·甘地访美前夕，停止军售起到一定的政治作用。②11 月 2 日，法兰德向叶海亚·汗传递了国务院的观点，并得到了叶海亚·汗的认可。③同日，美国正式宣布停止对巴军售。④

美国对巴军售是牵动南亚危机发展的一个重要问题。几经波折，在内外压力之下，尼克松政府最终作出停止对巴军售的决定。这一决定的背后实质上反映了巴基斯坦在"二人团队"外交棋局中微妙的地位。尼克松上台后，对南亚奉行的是传统的均势政策。从维持次大陆均势的角度考虑，巴基斯坦只是次大陆均势的组成部分，并非需要美国加大投入力度的战略要地。但在"二人团队"规划的全球战略中，巴基斯坦却是十分重要的一环，特别是在敲开中国大门时起到了特殊的作用。因此，在地区政策与全球战略的双重烘托下，巴基斯坦的战略地位微妙而独特：因为中美关系的"解冻"在美国冷战战略转型中的关键地位，巴基斯坦凭借这一重大战略契机，战略地位提升。但这一地位的提升仅仅只是"机会主义式"的拔高，一种"暂时性"，而非"实质性"的地位抬升。因此，南亚危机期间的美巴关系只能算是在美国战略转型时期"一种流于形式的友谊"，而"缺乏坚实的基础"。⑤另一个不可忽视的则是美巴关系中的印度因素。在印巴敌对不断激化之时，中止对巴军售可被视为减低紧张对峙程度的一个重要信号。正是在上述两个因素影响下，南亚危机期间的美巴关系呈现出复杂而微妙的特点，所以，在对巴军售问题上，尼克松政府既不能坚定地、堂而皇之地继续对巴军事供应不动摇，又不能因为巴基斯坦的地位不甚重要而轻易地切断对巴军售。不仅如此，美国决策层内部的立场分歧也充分说明"二人团队"所秉持的全球主义战略思维与国务院为代表的区域主义视角之间存在的论战争执。

---

① *The Richard M. Nixon National Security Files*, 1969 – 1974：*India-Pakistan War of* 1971, Microfilms：MF102020042471361667764, LexisNexis, 2007.
② *The Richard M. Nixon National Security Files*, 1969 – 1974：*India-Pakistan War of* 1971, Microfilms：MF102020042471361667738, LexisNexis, 2007.
③ *The Richard M. Nixon National Security Files*, 1969 – 1974：*India-Pakistan War of* 1971, Microfilms：MF102020042471361667779, LexisNexis, 2007.
④ *The Richard M. Nixon National Security Files*, 1969 – 1974：*India-Pakistan War of* 1971, Microfilms：MF102020042471361667800, LexisNexis, 2007.
⑤ Shivaji Ganguly：*U. S. Policy toward South Asia*, Bolder：West View Press, 1990, p. 199.

第六节　英迪拉·甘地访美与印巴边界军事冲突的爆发

一、英迪拉·甘地访美

1971年10月下旬，印度军事进攻东巴的各项准备已基本就绪，但英迪拉·甘地仍不急于动手，她知道军事准备只是一个方面，有利的国际环境和大国的支持亦是不可或缺的。自10月23日起，英迪拉·甘地先后对比利时、英国、澳大利亚、美国、法国和联邦德国进行国事访问。如英迪拉·甘地所言，此次环球之旅目的是"在目前条件下，有必要让西方世界的领袖们清楚了解次大陆局势发展的真相"。也为成功地实现"印度所关心的问题的公正解决"赢得西方世界的同情与支持。①

对于英迪拉·甘地访美，尼克松政府既寄予了一定希望，也充满了疑虑。10月30日，桑德斯针对英迪拉·甘地的美国之行向基辛格提出建议。桑德斯认为此次访问是美印两国高层直接商讨解决次大陆危机的绝佳机会。"尽管我们应当直率地阐明我方的观点，但我们也应使英迪拉·甘地总理的访问具有建设性意义，首脑会谈的氛围理应是平和，而非紧张僵持的。"②

桑德斯的建言得到了基辛格的认可。11月1日，在桑德斯建议的基础上，基辛格在致尼克松的备忘录中讲道："通盘规划英迪拉·甘地华盛顿之行的一个重要问题是您是否愿意在官方会谈及欢迎宴会等场合表现出一种积极姿态，以显示美印关系的友好。"为此，基辛格建议可由总统本人向甘地总理提出邀请参加11月4日（星期四）的私人午宴；为调节会谈氛围，双方第二次正式会谈的地点可以改设其他场所，而不是椭圆形会议室。基辛格的上述建议得到了尼克松的肯定。③

11月4日，尼克松总统与英迪拉·甘地总理举行会谈。尼克松指出虽然美国对巴基斯坦的影响力"有限"，但通过"私下渠道"，已经在缓

---

① Indira Gandhi: *India and Bangladesh: Selected Speeches and Statements*, March to December, 1971, p. 51.
② *The Richard M. Nixon National Security Files*, 1969 – 1974: *India-Pakistan War of* 1971, Microfilms: MF102020042471021664462, LexisNexis, 2007.
③ *The Richard M. Nixon National Security Files*, 1969 – 1974: *India-Pakistan War of* 1971, Microfilms: MF102020042471021664464, LexisNexis, 2007.

解危机事态方面取得相当的成果，更为重要的是，叶海亚·汗同意与孟加拉领导人谈判，并"考虑与穆吉布指定的代表政治对话"，而且，美国已经停止了对巴军售。

尼克松提议印度在巴基斯坦首先承诺单方面撤军的前提下也应作出相应的举动，并以此作为印巴为解决东巴问题进行谈判的先决条件。同时，他还建议由联合国在印度与东巴边境线的两侧各派驻一个维和观察员小组。在对巴政策上，尼克松强调美国政府反对颠覆、推翻叶海亚·汗政权的一切极端政策。"毫无疑问，穆吉布是解决东巴问题的关键因素，从长远来看，东巴也必将获得更大程度的自治。但是当前形势异常繁复多变，叶海亚·汗的政策延展空间十分有限，因此，穆吉布的个人政治作用能够有效发挥的时间是在将来，而非现在。"若印度断然挑起战争，将不会在政治上获得丝毫收益。军事分裂巴基斯坦的后果会很严重，不仅"美国人民将不能理解，也不会接受印度对巴基斯坦的军事进犯"，而且美国也不可能肯定其他大国会否作壁上观。①

尽管尼克松长篇大论地论说美国为挽救南亚危局所作出的诸多努力，但英迪拉·甘地的反应异常淡漠。对于尼克松的论点，她不为所动，仍然紧紧抓住东巴的政治前途问题不放，坚持声称："穆吉布何去何从是东巴问题的关键，他是东孟加拉人民追求独立的精神象征。""事实上，东孟加拉已经不可能再与西巴'捆绑'在一起，孟加拉的独立是大势所趋。"对于美国的战争警告，英迪拉·甘地不仅不予回应，反而批评美国在南亚危机中态度模糊："对于那些尊重民主原则的人们来说，我们期望理解，我可以加上一句，我们也期望支持。我们的人民不能理解，为什么那些受到残酷镇压和坚韧地背负着沉重负担的人们要与制造这场危机的独裁者相提并论？"②

在第二天的会谈中，尼克松大论长篇、英迪拉·甘地简言少语的局面仍未改观。按基辛格的说法，"整个会晤仅限于回顾世界局势，甘地夫人深入询问了我们对其他地区的外交政策，似乎次大陆是全球唯一和平而安定的角落"③。

---

① *FRUS* 1969–1976, Vol. XI: South Asia Crisis 1971, pp. 494–495.
② *FRUS* 1969–1976, Vol. XI: South Asia Crisis 1971, p. 497.
③ [美]亨利·基辛格：《白宫岁月》（三），杨静予等译，北京：世界知识出版社2003年版，第1126页。

英迪拉·甘地的此次访美没有就任何事关南亚危机悬而未决的问题取得进展。她与尼克松的两次会谈是"典型的聋子的对话"①。那么她此次华盛顿之行,究竟是为了说明政治和解已无可能,唯有一战,还是她尚未打定主意,希望再作最后一次努力,说服尼克松总统去迫使叶海亚·汗接受印度的政治条件?笔者认为印度政府自1971年5月起不厌其烦地发起外交攻势,派出多位"重量级"的政界显要出访世界各国,包括这次英迪拉·甘地的西方之行的根本目的是为印度的军事行动争取国际社会的同情与支持。在与尼克松的会谈中,之所以英迪拉·甘地采取冷淡漠然的态度,可从两个方面加以考察:其一,诚如基辛格所言,"巴基斯坦的让步并不涉及她的根本利益,真正使她念念不忘的是巴基斯坦的性质,而不是这个饱经折磨的国家的一部分政治上发生的非正义的行为。"②利用一切可以利用的机会削弱最大的敌人是印度安全战略的终极目标;其二,有关东巴政治前途的观点分歧,美印双方争议已久,心知肚明,谁都不会寄希望于对方观点的突然转变。③真正令英迪拉·甘地难以容忍的是在11月4日会谈中,尼克松所提及的派驻维和小组之建议。就当时边界的安全情况来看,孟加拉民族解放军正在印度军方的大力支持下向东巴境内大规模渗透,开展游击战与破袭战。若印度接受美国和联合国的建议,允许维和小组进驻边界地区,那么孟加拉抵抗力量在东巴的秘密活动将被曝光;同时,巴军也可以打着联合国的旗号,在不受外来干扰的情况下,给孟加拉抵抗力量以粉碎性打击,而印军的"闪电战"行动亦会由于孟加拉力量的削弱而被迫后延。以上两种考虑相综合,若错失武装干涉的机会,不仅印军的行动要推后,而且印度为夺取东巴所做的政治、军事、外交努力均将付之东流。这样的建议在如此重要的时刻提出,印度是万万不可接受的。因此,英迪拉·甘地在赴美之前,谋求一战的决心已定,而访美过程中与尼克松的话不投机更加坚定了她的战争决心。当然,在与超级大国的总统会谈时,印度不会也不敢与美

---

① [美]亨利·基辛格:《白宫岁月》(三),杨静予等译,北京:世界知识出版社2003年版,第1124页。

② [美]亨利·基辛格:《白宫岁月》(三),杨静予等译,北京:世界知识出版社2003年版,第1125页。

③ 在10月28日罗杰斯致尼克松备忘录中,尼克松曾有一句批语:"现在若以穆吉布的释放作为东巴、西巴政治谈判的起点几乎是不可能实现的。"参见 F. S. Aijazuddin ed.:*White House & Pakistan: Secret Declassified Documents*, 1969–1974, p. 332.

国发生正面冲突，因而，对于尼克松的提议，甘地夫人表面上是漠然以对，以"需要进一步讨论"为由敷衍过去，实际上心里十分清楚，印度赢得了西方世界的普遍同情，做好了独立作战、速战速决的军事准备，希望在美国还未来得及作出反应之时，拿下达卡。更为重要的是，苏联——这一印度所依仗的另一个超级大国不仅与其缔结了友好条约，而且最终同意印度军事夺取东巴的行动，这既构成了对美中两国行动的最大制约因素，亦是对印度行动的最大保障。

二、苏联政策的调整与苏印联合的加强

促使苏联对南亚危机政策发生转变的是 10 月 12 日叶海亚·汗的讲话。如前文所述，苏联对南亚危机态度发生变化的关键是叶海亚·汗拒绝与穆吉布·拉赫曼政治谈判，并推行完全将人联势力驱逐出东巴的政治重建计划。这一点也是最终促成苏联支持印度军事干涉东巴事务、支持东巴独立斗争的关键因素。

10 月 22 日，苏联第一副外长尼古拉·费留宾（Nikolai Firyubin）飞抵新德里，他是在英迪拉·甘地即将开始西方之旅的前 36 小时到达的。他此行的目的是依据《苏印条约》的第 9 条及《联合宣言》的宗旨，就缔约国所共同关心的安全问题进行广泛协商。① 10 月 30 日，苏联空军总司令 P. S. 库达科夫（P. S. Koutakhov）空军主帅率领苏联军事代表团访问新德里，与印度军方领导人商讨在面临西巴军事威胁之时，由苏联向印度提供军事装备事宜。自 11 月初开始，苏联空军开始陆续向印度空运所需的军事装备。② 如果说费留宾之行意在加强苏印之间在南亚危机上的政治协调，那么库塔科夫之行则从军事意义上表明苏联会支持印度对东巴采取军事行动。因此，东巴问题是检验苏印条约政治效力的一块"试金石"。到 11 月，苏联的态度进一步向印度靠拢。11 月 9 日，苏联最高苏维埃外交事务委员会主席瓦迪米夫·库达亚瓦特夫（Viadimiv Kudryavtwev）访问新德里。他在印度国会发表的讲话中指出："孟加拉人民的自由斗争是以内战的形式表现出来的一场民族解放运动。""这场

---

① *The Richard M. Nixon National Security Files*, 1969 – 1974: *India-Pakistan War of* 1971, Microfilms: MF102020042471101665394, LexisNexis, 2007.

② *The Richard M. Nixon National Security Files*, 1969 – 1974: *India-Pakistan War of* 1971, Microfilms: MF102020042471101665394, LexisNexis, 2007.

内战是在西巴军人专制政权恐怖统治的强压下，孟加拉民族解放斗争发展的顶点，也是孟加拉人民为维护自己的民族尊严和民族独立奋起反抗的象征。"①

库达亚瓦特夫的此番讲话标志着苏联对南亚危机政策的重大转变：在11月9日之前，苏联在任何外交公众场合均使用的是"东巴基斯坦"，而非"东孟加拉"或"孟加拉"；而到11月9日，苏联已经不再使用"东巴基斯坦"，而换之以"孟加拉"，而且将人联领导的抵抗运动视为"民族解放运动"，其中暗含孟加拉将成为一个主权国家之意。可以说，到11月9日，苏联的南亚危机政策已基本上与印度一致。

进一步探究库达亚瓦特夫讲话背后的原因，有两个重要的历史事件不可不提：其一为11月4日英迪拉·甘地访美；其二为11月5日阿里·布托访华。英迪拉·甘地访美的无果而终表明印美双方在南亚危机问题上分歧巨大，难以趋同。对苏联立场至为重要的一点是尼克松既不愿意，也没有能力去说服叶海亚·汗在"穆吉布问题"上作出令印度满意的让步——释放穆吉布。而自危机爆发以来，苏联始终强调穆吉布重获自由是东巴和谈的关键。与此同时，阿里·布托率团访华意味着巴基斯坦的对印强硬派向苏联在南亚最大的竞争对手——中国求援，中巴联合对抗印度的趋势在加强②，苏联决不能听任中国在次大陆扩充影响力。因此，在莫斯科看来，11月初的国际政治走势表明唯有速战速决的"闪电战"才能从根本上解决南亚危局。当然，另为两点因素也有必要提及：其一，11、12月正值冬季，喜玛拉雅山将大雪封山，气候条件恶劣，中国出兵的几率很小，这被苏联认为是制约中国出兵的重要因素③；其二，印军的战备情况良好，各项准备工作就绪。④

英迪拉·甘地访美的无果而终更加坚定了印度的战争决心，次大陆的已经完全笼罩在一片战争阴霾之中。11月10日，印军部队越过边界

---

① S. R. Sharma: *Bangladesh Crisis and India Foreign Policy*, pp. 301 – 302.

② S. R. Sharma: *Bangladesh Crisis and India Foreign Policy*, p. 302.

③ 据12月1日美国驻香港总领事馆致国务院的电文中透露来自莫斯科的消息认为，喜玛拉雅山一带恶劣凶险的自然条件将阻止中国越过崇山峻岭打击印度。参见 *The Richard M. Nixon National Security Files*, 1969 – 1974: *India-Pakistan War of 1971*, Microfilms: MF10202000424711016651180, LexisNexis, 2007.

④ S. R. Sharma: *Bangladesh Crisis and India Foreign Policy*, pp. 302 – 303.

与巴军交火。11 日，西斯科紧急召见巴基斯坦大使拉查和印度大使杰哈，警告双方保持清醒头脑，不要轻易发动战争。①

11 月 12 日，基辛格主持召开华盛顿特别行动小组会议，并开宗明义地说："印度口口声声说责任在巴基斯坦，但它自己却处心积虑地为东巴问题的解决设置障碍，使得问题的解决走进死胡同。英迪拉·甘地的所作所为是我见过的最冷酷无情的举动。"基辛格指出在美国停止军事供应，其他国家切断援助之后，巴基斯坦正处在一种非常虚弱的状态，若东巴被印度以军事手段强制分离，那么西巴也可能随之崩溃。对于英迪拉·甘地的访美，基辛格亦是充满厌恶之情："如果甘地夫人希望找台阶下，我们应当努力给她台阶。但是我们为帮助她已经搞得筋疲力竭，而她又干了什么？我们的建议她一条也不接受。她对总统说了不少友好的话，但却同总统说的话毫不相干。她只是一个劲儿地耍手腕，让我们当恶人。问题在于，我们满足了她 2/3 的要求，并让她以此作为采取下一步行动的基础，可我们怎么约束她呢？"会议最后，他建议华盛顿特别行动小组考虑对发动战争的国家终止援助。②

11 月 15 日，在基辛格的建议下，参谋长联席会议决定：若南亚局势恶化，美国航母特遣编队将在 48 小时内赶赴指定地点。③

11 月 15 日中午 12 时 33 分和 18 日晚上 8 时 30 分，基辛格两次就次大陆紧张局势与多勃雷宁交涉。在 15 日的会谈中，基辛格坦言："我们已觉察到印度将最后摊牌。在这种危机情势下，若有关国家积极配合，我们将全力避免硝烟再起，为当前迷局找到一个合适的解决方案。"但多勃雷宁则极力否认印度的过激行为。为此，基辛格当即表示："在我们看来，你们向印度输送武器是火上浇油之举。"18 日，多勃雷宁老调重弹地说："苏美两国没有理由在次大陆尖锐对立，苏联正在敦促印度保持克制。"基辛格针锋相对地指出："你们向印度运送军火就不是在让印度保持克制。如果你们的纵容行为导致战争，将对你们自身的国际形象造成

---

① *The Richard M. Nixon National Security Files*, 1969 – 1974：*India-Pakistan War of* 1971, Microfilms：MF10202004247177167164 3 – 644, LexisNexis, 2007.
② *FRUS* 1969 – 1976, Vol. XI：South Asia Crisis 1971, p. 511.
③ *The Richard M. Nixon National Security Files*, 1969 – 1974：*India-Pakistan War of* 1971, Microfilms：MF10202004247102166 4606, LexisNexis, 2007.

恶劣影响。"①

11月18日，法兰德拜会叶海亚·汗。会谈中叶海亚·汗情绪起伏很大，显得躁动不安。他多次重申："巴基斯坦不会首先向印度开战，但是我们会像真正的武士那样去勇敢地应对印度的挑衅和侵略。"②

"当潜在的侵略者看到战利品近在咫尺，自己在当地有享有压倒优势，而作为牺牲品的对象处于孤立状态、士气涣散、解除了武装，这时和平的前景就黯淡了。"③

三、印巴边界军事冲突的爆发

11月22日，印巴双方在东巴的杰索尔地区猛烈交火，东线冲突拉开帷幕。

当日，伊斯兰堡电台报道：印度"在尚未正式宣战的情况下，对东巴发动了全面进攻"④。自21日晚9时开始，印军12个步兵师进犯东巴边境，5个空军中队布防在临近东巴的各空军基地。印海军编队在孟加拉湾部署，对吉大港和查尔纳港构成完全封锁。⑤在边境地区烽烟骤起的同时，孟加拉民族解放军也在东巴腹地针对巴政府军目标实施攻击。⑥11月22日下午，得知东线发生冲突的叶海亚·汗即刻从克什米尔返回拉瓦尔品第，并在当晚召开三军联席会议，商讨对策。与会的巴军将领纷纷要求一战定胜负，而叶海亚·汗则认为应当密切关注局势动向再作决定。11月23日，叶海亚·汗发表广播讲话，宣布全国进入紧急状态。

---

① *FRUS* 1969 – 1976, Vol. XIV: Soviet Union, 1971. 10 – 1972. 5, p. 52.
② *The Richard M. Nixon National Security Files*, 1969 – 1974: *India-Pakistan War of* 1971, Microfilms: MF102020042471771671271, LexisNexis, 2007.
③ ［美］亨利·基辛格：《白宫岁月》（三），杨静予等译，北京：世界知识出版社2003年版，第1128页。
④ *The Richard M. Nixon National Security Files*, 1969 – 1974: *India-Pakistan War of* 1971, Microfilms: MF102020042471021664354, LexisNexis, 2007.
⑤ F. S. Aijazuddin ed.: *White House & Pakistan: Secret Declassified Documents*, 1969 – 1974, pp. 364 – 365; Sukhwant Singh: *The Liberation of Bangladesh*, pp. 123 – 124.
⑥ 11月24日，加乔姆在与美国驻加尔各答总领事馆官员接触时表示，孟加拉民族解放军已经在东巴境内激战中取得丰硕成果，占领了杰索尔的门户——阿卡哈瓦（Akhaura），同时在锡尔赫特和库尔拉周边地区站稳脚跟。加乔姆指出战斗的最终目标是将西巴政府军全部驱逐出东巴。在民族解放军下一轮行动开始之时，印度军队将大批出动，协助民族解放军"解放"国土。参见 *The Richard M. Nixon National Security Files*, 1969 – 1974: *India-Pakistan War of* 1971, Microfilms: MF102020042471021664889, LexisNexis, 2007.

巴空军进入二级战备状态，西巴的每一处空军基地均有10架作战飞机24小时战斗值班。巴陆军也进行了部分军事动员，加强战斗警戒和战备巡逻。①

11月23日，叶海亚·汗致信尼克松，强烈谴责印度的侵略行为。信中指出："很明显，印度无意保持克制，而是丝毫不感觉到羞耻地选择了军事侵略。印度持续叫嚣东巴境内的很多领土是所谓'孟加拉民族解放军'控制的地盘，并对其大力资助。巴基斯坦政府难以容忍这种行为继续下去。"②

尽管来自印巴双方的战史著作和已解密的档案资料表明，杰索尔冲突的起因在印度一方，但英迪拉·甘地仍将冲突的发生归咎于巴基斯坦。11月24日，她在印度国会发言时指出："11月21日夜间，巴基斯坦陆军在坦克和大炮的支援下，向距离我国东部边境5英里处孟加拉民族解放军控制的区域发动突然袭击。在徐进弹幕掩护下，巴军进犯我国领土。我军战地指挥官不得不采取自卫行动，击退了巴军的攻势。"

就印度政府对这一起武装冲突事件采取的政策，英迪拉·甘地说："巴军对我国边境地区的侵犯，造成了我方人员生命和财产的损失。自4月中旬以来，我们已就890次边界挑衅事件，提出了6次正式抗议，但是这些抗议在巴方强烈的仇印情绪面前根本没有作用。为了掩盖他们自己挑衅滋事的事实，伊斯兰堡官方舆论信口雌黄，说是我们正在发起一场不宣而战的战争，使用飞机、大炮大举进攻巴基斯坦，这是一派胡言。实际情况是西巴军官团叫嚣发动全面战争，在两国边境囤积重兵，并且在'粉碎印度'的口号下开展了全国性的仇印运动。为此，我们只能采取积极防御战略，保卫国家的领土完整及人民的生命和财产安全。作为总理，我已经命令部队，除非在自卫情况下，否则不得越过边境。我们不能无视1947—1948年间及1965年8月—9月间的战争经历。"③

擅长政治鼓动的英迪拉·甘地在矢口否认印度挑起东线冲突的同时，

---

① Richard Sisson and Leo E. Rose：*War and Secession- Pakistan, India, and The Creation of Bangladesh*, p. 228.

② *The Richard M. Nixon National Security Files*, 1969 – 1974：*India-Pakistan War of 1971*, Microfilms：MF102020042471021664727, LexisNexis, 2007.

③ Indira Gandhi：*India and Bangladesh：Selected Speeches and Statements, March to December, 1971*, pp. 108 – 109.

将冲突的发生归咎于巴基斯坦。这一"将欲取之,必先予之"的做法意图十分明显:如果只能用战争来解决问题,那么就让被激怒的巴基斯坦首先开始战争吧。

在整个南亚危机期间,美国的首要目标是避免次大陆重燃战火,防止其他区外大国借战争之机篡夺对南亚的主导控制权。① 11月22日东线冲突发生之后,尼克松政府继续与印巴保持密切接触,试图让双方保持克制,避免东线冲突演变为印巴之间的全面战争。

华盛顿时间11月22日清晨,基辛格向尼克松汇报了东线冲突的相关情况,同时指出:"现在我们还很难搞清楚冲突的起因,对事态的最新进展也缺乏准确把握。但依据已有情报,有三种可能导致冲突爆发的诱因:第一,印度加大对游击战的支持力度,包括直接派出军队参与进攻;第二,巴基斯坦方面认为战争已不可避免,故抢先采取军事行动;第三,双方在边界地区的擦枪走火行为。""这三种判断当中,印度率先发动进攻的可能性最大。"②

在尼克松的授意下,22日下午13时,基辛格紧急召开华盛顿特别行动小组会议,商讨印巴局势,但基辛格与国务院之间分歧巨大。他断定印度已决意发动战争,东线冲突决非印度官方所称是在遭受巴军进攻后展开自卫反击而造成的,印度是冲突的始作俑者。若冲突进一步升级,美国政府将考虑切断对印度的所有援助。但是,基辛格的观点遭到国务院的反对。欧文指出当前还没有充足的情报证明印度进攻东巴,"印度军队在边境地区的大规模军事调动"可能有两个目的:其一,向伊斯兰堡施压,以压促变,胁迫伊斯兰堡取消对人联的党禁,释放穆吉布·拉赫曼,解决东巴的政治前途问题;其二、向巴方挑衅并激怒它,使它向印度发动更大规模的反击,将发动战争的责任推给叶海亚·汗。在以上两种可能中,他认为第一种可能性最大,并提议:向叶海亚·汗施压,要求他与穆吉布直接政治对话;同时,将印巴冲突提交联合国。欧文话语一出,当即遭到基辛格的反诘:"巴基斯坦已

---

① 早在1971年4月16日高级审查组会议上,避免印巴之间爆发战争被确定为美国危机政策的目标之一。参见 Roedad Khan ed.: *The American Papers* (*Secret and Confidential*) *India—Pakistan—Bangladesh Documents*, 1965 – 1973, p. 547.

② *The Richard M. Nixon National Security Files*, 1969 – 1974: *India-Pakistan War of 1971*, Microfilms: MF102020042471021664354, LexisNexis, 2007.

经遭受袭击,你还要向叶海亚·汗施压吗?"①在连续三天开会讨论印巴紧张局势之后,24日华盛顿特别行动小组会议决定在"适当的时机",而不是在当前将此问题提交联合国。基辛格还要求国务院准备一份提交联合国的决议草案(宗旨是向印度施压,而不是向巴基斯坦施压)。②

11月24日中午12时30分,尼克松召集基辛格和罗杰斯在白宫椭圆形办公室进行三人小范围会谈。基辛格和罗杰斯均对东巴局势堪忧,尼克松认为局势之所以恶化,其根源在于印度。"印度正在破坏巴基斯坦的统一,并试图把西巴削弱到与阿富汗、不丹及尼泊尔等国一样的政治地位。"为此,尼克松指示二人:美国一定要向巴基斯坦政策倾斜。同时,美国还是应该"向印度发出一些警示信号以表明美国政府的强硬态度"。③

由于白宫和国务院在怎样看待印度在东线冲突的行动目标上存在观点分歧,美国政府直到11月25日才对冲突作出官方的公开反应。当日,尼克松分别致信英迪拉·甘地总理、叶海亚·汗总统与苏联部长会议主席阿列克谢·柯西金,要求三国政府在局势激化之时保持克制与冷静。

在给叶海亚·汗的信中,尼克松提出了反对战争扩大的善意忠告,并劝阻叶海亚·汗"不要为了减轻东巴所遭受的安全威胁而在更加敏感

---

① *FRUS 1969–1976*, Vol. XI: South Asia Crisis 1971, pp. 529–530.

② *FRUS 1969–1976*, Vol. XI: South Asia Crisis 1971, p. 552. 24日会议决定美国暂不准备将印巴问题提交安理会。这一决定与国务院的意见是相同的。11月22日,罗杰斯认为当前美国政府尚不宜单独将此问题提交联合国安理会。其原因有二:一,罗杰斯认为叶海亚·汗与穆吉布所指派的代表进行政治对话的可能性还存在,若贸然提交将阻断对话之可能;二,此前联合国调停危机的诸多努力均受到印度的抵制,在局势趋于白热化之时,印度仍有可能拒绝联合国的斡旋努力。为此,罗杰斯建议可由巴基斯坦或由英国首先向安理会提交动议,也可由英美联合提议。参见 Roedad Khan ed.: *The American Papers (Secret and Confidential) India—Pakistan—Bangladesh Documents*, 1965–1973, pp. 717–718. 24日,法兰德在致国务院的电文中指出当下动议安理会讨论次大陆局势不会对危局缓解有任何好处,而且巴方是否会接受安理会的相关决议也很难预测。参见 *The Richard M. Nixon National Security Files*, 1969–1974: *India-Pakistan War of* 1971, Microfilms: MF102020042471021664937, LexisNexis, 2007. 11月30日,意大利驻美国使馆官员瓦西(Vecchi)致电美国国务院官员罗森堡(November)表示意大利政府准备将印巴冲突提交安理会审议,而国务院则明确指出在当前情势下,美国政府既不鼓励其他国家,也不准备单独向安理会递交有关商讨印巴局势的会议申请。参见 *The Richard M. Nixon National Security Files*, 1969–1974: *India-Pakistan War of* 1971, Microfilms: MF102020042471021664752–753, LexisNexis, 2007.

③ *The Richard M. Nixon National Security Files*, 1969–1974: *India-Pakistan War of* 1971, Microfilms: MF102020042471021664709–710, LexisNexis, 2007.

的西线地区采取军事行动"①。

在致英迪拉·甘地的信中写道:"如果印度的行动导致广泛的敌对行为,美国人民将不能接受。"尼克松提醒她注意关于撤军的建议仍然有效。②

在致柯西金的信件中,尼克松强调:"当前局势已经到了最危急的时刻,将一触即发为次大陆的全面战争。"他再次要求苏联在促进危机的和平解决方面予以合作,并敦促苏联对新德里施加影响,力促其从东巴境内撤军。③

11月25日和26日,基廷分别与英迪拉·甘地和斯瓦兰·辛格会晤。在会谈中,印度领导人的立场鲜明而强硬:11月22日的东线冲突中,印度的行动纯粹是出于自卫,"巴方鼓吹所谓'印度大举进攻东巴'的言论是荒谬的","若叶海亚·汗终止他的"大选闹剧",释放穆吉布并与之直接政治谈判或许能挽救危局"④。"在当前条件下,孟加拉与西巴之间任何以孟加拉不独立为基础的政治解决方案均为时已晚,或许松散的邦联是一个不错的选择。"⑤

11月26日,法兰德告知叶海亚·汗白宫的近期举措,并提议立即邀请联合国维和人员进驻印度与东巴的边境地区,以此限制印度的军事行动。对此叶海亚·汗表示将保持最大限度的军事克制。在通过秘密渠道向基辛格回致的电文中,法兰德建议在对巴倾斜的政策已定,而且印度军事进犯的动向在不断增强之时,白宫可以考虑切断对印度的军事供应。⑥

11月29日美国对印巴采取外交行动,意图为紧张局势"降温",但收效甚微。当天,西斯科会见拉查大使。拉查表明此次谈话有两个目的:

---

① *The Richard M. Nixon National Security Files*, 1969 – 1974: *India-Pakistan War of* 1971, Microfilms: MF102020042471021664687, LexisNexis, 2007.

② *The Richard M. Nixon National Security Files*, 1969 – 1974: *India-Pakistan War of* 1971, Microfilms: MF102020042471021664683 – 684, LexisNexis, 2007.

③ *The Richard M. Nixon National Security Files*, 1969 – 1974: *India-Pakistan War of* 1971, Microfilms: MF102020042471021664691, LexisNexis, 2007.

④ *The Richard M. Nixon National Security Files*, 1969 – 1974: *India-Pakistan War of* 1971, Microfilms: MF102020042471771671674, LexisNexis, 2007.

⑤ *The Richard M. Nixon National Security Files*, 1969 – 1974: *India-Pakistan War of* 1971, Microfilms: MF102020042471771671684, LexisNexis, 2007.

⑥ *FRUS* 1969 – 1976, Vol. XI: South Asia Crisis 1971, pp. 563 – 564.

"其一，向美方通报印度军队侵犯东巴的最新动向；其二，强烈要求华盛顿切断对新德里的所有军售和经援。""印度军事进犯已经把我们逼到极为凶险的境地，我们不能坐以待毙。"① 同日，英迪拉·甘地与基廷大使会谈时指出："每个国家都有自己的国家利益，印度也毫不例外地要首先考虑自己的国家利益。叶海亚·汗的困难是他自己造成的，印度政府将坚持不撤军。"当基廷试图提及东线边境冲突时，英迪拉·甘地毫不犹豫地打断他的话头，表示她不能告诉印度人民要继续等待，"我们无法接受任何将削弱我们斗争决心和力量的建议"②。11月30日，英迪拉·甘地又一次将引爆次大陆火药桶的导火索截短。在印度国会人民院发言时，她以讥讽的口吻指出："应当立即撤退的军队是现在占领孟加拉国的巴基斯坦军队"，"只有经大选选举出来的孟加拉国政治代表才能决定孟加拉国的前途"。③ 言下之意，除了用武力帮助抵抗力量"解放"孟加拉国之外，印度已经不会接受任何调停。④

与已准备在东巴放手一搏的英迪拉·甘地相比，叶海亚·汗的处境举步维艰。11月30日，他无奈地告诉法兰德，他一直在压制军方高层的强硬派的战争欲望，但是由于印度的进攻态势有增无减，他不能肯定自己还能在多长时间内抑制强硬派的战争要求。⑤

次大陆的战争"魔盒"即将完全打开，尼克松决定对印度采取强硬措施。12月1日，国务院正式宣布停止向印度颁发新的武器出口管理许可证，同时也不再续签已经或即将到期的许可证。冻结已经发放的价值为1350万美元的军需装备。⑥12月2日清晨，基廷向考尔通报了上述决

---

① *The Richard M. Nixon National Security Files*, 1969 – 1974: *India-Pakistan War of* 1971, Microfilms: MF10202004247177167 1321 – 322, LexisNexis, 2007.

② *The Richard M. Nixon National Security Files*, 1969 – 1974: *India-Pakistan War of* 1971, Microfilms: MF10202004247177167 1702 – 704, LexisNexis, 2007.

③ Indira Gandhi: *India and Bangladesh: Selected Speeches and Statements*, *March to December*, 1971, p. 120.

④ 12月1日，巴基斯坦主流媒体《黎明报》以头版头条的形式全文刊登了11月30日英迪拉·甘地在国会人民院的演讲辞。巴方时事评论员认为英迪拉·甘地所讲之辞是印度显露战争决心的"真正意义上的最后通牒。"参见 *The Richard M. Nixon National Security Files*, 1969 – 1974: *India-Pakistan War of* 1971, Microfilms: MF10202004247110166 5173, LexisNexis, 2007.

⑤ *FRUS* 1969 – 1976, Vol. XI: South Asia Crisis 1971, p. 581.

⑥ *The Richard M. Nixon National Security Files*, 1969 – 1974: *India-Pakistan War of* 1971, Microfilms: MF10202004247110166 5110, LexisNexis, 2007.

定，而考尔则表示制裁不会影响印度的信念与行动。①

自南亚危机全面爆发以来，美国危机政策的首要目标就是防止次大陆战火重燃。可是战争终究还是毫无悬念地发生了。这里需要指出的一点是，作为冷战缓和时代缔造者的尼克松和基辛格谋求建立世界的和平秩序，掌控世界的命运，但是作为地区冷战事件的南亚危机却有着与缓和时代的全球冷战不一样的政治发展轨迹。具体而言，美国希望在南亚次大陆建构印巴均势，维持次大陆的和平与稳定，但它无法从根本上消除印巴之间的敌对，并妥善解决区域政治结构的内部问题。因此，美国能够开启冷战转型时代的大门，却无法厘清南亚战争与和平的恩恩怨怨。

小　结

通过本章的分析诘究，我们可以得出以下三个观点：第一，中美关系所取得的突破对南亚危机局势的不断激化具有重要的刺激作用。中美"冲击外交"是代价和风险都相当之大的外交举措，它加速了苏印走向联盟的过程，并使南亚危机由于大国竞争的注入而斗争更趋激烈化。第二，中美关系取得的突破使南亚地区形成新的力量组合。美苏全球对抗、中美关系"解冻"不仅作用于三大国本身，更对国际政治格局的力量分布和次区域的力量整合产生深远影响。具体到南亚，则表现为美中巴初步联合和苏印联盟。在印巴持续对立的区域政治结构中，三国联合与两国联盟凸现出地区危机与大国战略之间紧密联动关系。第三，美国无力阻止印巴战争的再次爆发。其根本原因在于，为确保其全球战略首要目标——中美关系正常化的实现，不得不在南亚危机和印巴关系上有所扬弃，不惜以南亚的地区和平为代价去确保首要战略目标的成功实现。因此，得失之间亦可窥见尼克松政府危机政策与全球战略构建之间紧密而清晰的逻辑联系。

---

① *The Richard M. Nixon National Security Files*, 1969 – 1974: *India-Pakistan War of* 1971, Microfilms: MF102020042471101665154, LexisNexis, 2007.

第五章　第三次印巴战争与南亚国际关系新格局

　　第三次印巴战争是 1971 年南亚危机对抗竞争的顶峰。历时 14 天的战争呈现出战局发展、国内政治变动与大国外交博弈角逐综合互动的特点。就战争进程来看，第一周，在东线，印军势如破竹，粉碎了巴军的前沿防御，击溃并分割包围巴军主力，挺进东巴腹地；在西线，印军凭借海空军优势，实施海上封锁并掌握制空权，在陆上作战中，采取积极防御态势抵御巴军进攻。第二周，相比西线印军对巴占"自由克什米尔"地区有限而积极的战果，东线印军并未实现战前的预定目标：在两周内攻占达卡。正当印军骑虎难下之时，巴方内部的政治变化帮助了印度，战争以东巴守军的无条件投降、孟加拉国建立告终。巴基斯坦的实力受到空前削弱，印度成为次大陆"无可争议的大国"。在战局发展的同时，美、苏、中三大国之间也围绕次大陆进行着激烈的权势角逐与战略竞争。就美国一方来看，它延续了战争爆发之前的应策思维方式：以全球战略的角度应对这场局部战争。如果美国听任苏联和印度的肆意妄为，不仅美国在次大陆的利益将受到侵害，更为重要的是，作为美国对外战略转型中的关键环节——中美接近也可能由于美国在面对苏联强势扩张劲头时的懦弱表现而半途而废。因此，在全球战略思维的支配之下，尼克松政府必须排除众议，支持巴基斯坦，联合中国反制苏印的扩张。从这一意义上讲，东巴之所"失"，即为中美接近之所"得"，更为美国冷战战略成功转型之所"得"。之所以苏联对东巴这样一个处于大国利益空间边缘化的区域予以如此重视，是因为苏联将东巴视为新鲜出炉的美、苏、中三角格局中，检验自身政治、外交影响力的第一个"试验场"。为避免成为三角格局中的"被制裁者"，苏联只有联合印度抑制中美巴之间的联合。作为中国而言，南亚是打破苏联对华遏制包围圈的一个重要突破口。中美"秘密外交"与南亚危机在发生、发展的时空条件上有交叉，在这两大事件并行发展的过程中，中美在南亚危机问题的立场趋于一致：支持巴基斯坦。当印巴战争无可避免地爆发之后，中美在安全威胁的认知观念上也达成一致：主要威胁来自苏联。为此，中美必须联合反制苏联的安全威胁，反对印度在苏联的幕后支持下对巴基斯坦的"侵略"。一言以蔽之，第三次印巴战争既是印度和巴基斯坦这两个夙敌的第三次较量，也是美、苏、中三大国围绕次大陆而展开的权势斗争和战略竞争。从1971年战争的国际影响来看，它促动了南亚国际关系新格局的形成。这里所指的南亚国际关系格局包括两个层面的内容。第一个层面是美、苏、中战略大三角的形成及对南亚地区的影响；第二个层面是印巴新均势的出现。

第一节　战争第一周的进程与白宫的"双轨"政策

12月3日，为了缓解东线的军事压力，终于按捺不住战争欲望的西巴军官团在西线发动了对印度的进攻。伊斯兰堡时间3日下午3时30分，巴基斯坦空军向印占克什米尔地区和印度旁遮普邦境内的阿格拉（Agra）、伯坦廓特（Pathankot）、阿姆利则（Amritsar）、斯利那加（Srinagar）、阿万特普拉（Avantipura）和哈瓦拉（Hlawara）6个印度军用机场和空军基地实施轰炸。下午5时，叶海亚·汗对全国发表广播讲话，宣布对印度宣战，全国进入战争紧急状态。[①]第三次印巴战争全面爆发。

[①] Sukhwant Singh: *The Liberation of Bangladesh*, p. 128. 对于第三次印巴战争中"谁开第一枪"这个问题长期以来存在很大争议。全面战争的导火索一经点燃，印巴两国的宣传工具便相互指责对方挑起战争。巴方强调是印度首先挑起全面战争。据巴基斯坦政府新闻部12月3日晚在拉瓦尔品第发表的一项公告宣布，从三日下午3点30分到4点，印度军队"向锡亚尔科特地区、在贾萨尔和拉合尔之间的昌布地区以及从拉贾斯坦向拉希米亚尔汗地区发动进攻"。"印度人在蓬奇和乌里地区也有军事活动。他们的地面行动得到了印度飞机的支援。我们的飞机进行了反击，袭击了靠近我国边境的几个印度飞机场。巴基斯坦武装部队正在采取必要的反击措施来对付挑战。"参见 *The Richard M. Nixon National Security Files*, 1969 – 1974: *India-Pakistan War of 1971*, Microfilms: MF10202004247110166596 – 97, LexisNexis, 2007. 依据大多数当事人的回忆文章、战史著作以及新近解密的档案文献，笔者认为战争的全面爆发起因于12月3日下午巴空军对印度军事基地的空袭。相关战史记录可参见 Lachhman Singh: *Indian Sword Strikes in East Paksitan*, New Delhi: Vikas Publishers, 1979; Sukhwant Singh: *The Liberation of Bangladesh*, New Delhi: Vikas Publishers, 1980.; H. S. Singh: *"Operation Windfall": Emergence of Bangladesh*, New Delhi: Allied Publishers, 1980; N. Krishman: *No Way but Surrender: An Account of the Indo-Pakistan War in the Bay of Bangladesh*, 1971, New Delhi: Vikas Publishers, 1980.; Jagdev Singh: *Dismemberment of Paksitan: 1971 Indo-Paki War*, New Delhi: Lancer International, 1988.

在对战争进程以及处于急剧动荡状态的南亚国际关系进行细致解读之前,有必要首先对印巴双方的战略规划与安排进行分析考察。

一、印巴双方的战略规划与战前军事部署

巴基斯坦方面的战略规划可表述为"以西线之进攻换取东线之防御"①。具体而言,一旦战争爆发,巴基斯坦的利益诉求并不仅仅局限于守卫东巴。在进行东巴保卫战的同时,通过发动西线(西巴与印度边境地区、克什米尔地区)攻势迫使印度两面作战,使其难顾首尾,并伺机夺取印度的部分领土。②同时,争取有利于巴基斯坦的国际协调和大国干涉,形成对印度军事侵略的掣肘和威慑,借助国际社会的力量迫使印度停止对东巴的战争脚步。③

在巴方的战略规划中,国际因素占据很大分量。除了寻求美国的支持之外,叶海亚·汗最为关注的就是中国方面的安全保证。

自1962年中印边界武装冲突以来,中国在印巴之争中均支持巴基斯坦。而巴基斯坦也将中国视为反制苏印联合的重要力量。④ 11月5日,阿里·布托率团访华。巴基斯坦外交部新闻发言人表示布托此行"将就两国共同关心的问题进行磋商"⑤。从巴方代表团的人员构成来看,军事目的十分明显。整个代表团中除布托之外,还包括:国家安全会议主席古尔·哈桑中将、空军参谋长阿布杜勒·拉赫姆·汗(Abdul Rahim Khan)中将、海军参谋长拉希德·艾哈迈德(Rashid Ahmad)少将、外交秘书

---

① Richard Sisson and Leo E. Rose: *War and Secession- Pakistan, India, and The Creation of Bangladesh*, p. 224.

② *The Richard M. Nixon National Security Files*, 1969 – 1974: *India-Pakistan War of* 1971, Microfilms: MF102020042471101665309, LexisNexis, 2007.

③ 12月4日晚,考尔向基廷指出西巴首先挑起全面战争可能有两个目的:其一,对印度发动"闪电战";其二,反唇相讥,指责印度制造战争,并借机将联合国和国际社会牵扯进来,企图抑制印度对孟加拉的"解放"。在上述两种可能中,考尔认为第一种可能不攻自破,在印度防空军的有利还击下,巴空军损失6架战机,并未取得预期战果;而第二种可能是西巴点燃战火的根本原因。尽管如此,考尔坚决表示:"即便中国介入(虽然我们并不希望它卷入进来),印度也将继续军事行动,直到获得一个满意的结果为止。"参见 *The Richard M. Nixon National Security Files*, 1969 – 1974: *India-Pakistan War of* 1971, Microfilms: MF10202004247110166598 – 100, LexisNexis, 2007. 笔者认为考尔对巴基斯坦战争意图的把握与分析是准确的。

④ *The Richard M. Nixon National Security Files*, 1969 – 1974: *India-Pakistan War of* 1971, Microfilms: MF102020042471511669659, LexisNexis, 2007.

⑤ Mizanur Rahman: *Emergence of A New Nation in A Multi-polar World: Bangladesh*, p. 102.

苏尔坦·汗、外交部亚洲司主管阿弗塔布·艾哈迈德（Aftab Ahmad）、塔巴拉克·侯赛因（Tabarak Hussain）以及外交部对外联络司司长 M. A. 巴哈提（M. A. Bhatty）。①布托此次访华的主要目的有两个：其一，希望与中国签订一个双边防务协定，获得中国的安全保证；其二，希望中国在印巴烽烟又起的情况下，在安理会上支持巴基斯坦。需要说明的一点是，当时布托只是巴人民党主席，并无任何巴官方头衔，11 月 3 日晚，在与法兰德交谈时，布托表示他是在当天早上才从叶海亚·汗处获悉将由他率团访华的。②叶海亚·汗之所以选择布托原因有三：第一，布托与中国领导人关系友好，积极推动中巴关系；第二，危机初期，布托曾作为叶海亚·汗的特使出访开罗和阿尔及尔获得成功，并争取到北非穆斯林国家对巴基斯坦的支持；第三，布托一贯主张对印度采取强硬政策。

在访华期间，布托与周恩来总理以及中国外交部代部长姬鹏飞等领导人就南亚局势举行会谈。11 月 7 日，在欢迎布托以及巴基斯坦代表团的晚宴上，外交部长姬鹏飞致辞，再次表明了中国政府对南亚危机的立场态度："任何国家的内部事务只能由本国人民自己处理，东巴问题是巴基斯坦的内政，应该由巴基斯坦人民自己求得合理解决，决不允许任何外国以任何借口进行干涉和颠覆。中国政府和中国人民将一如既往地坚决支持巴基斯坦政府和人民捍卫国家主权和民族独立的正义斗争。"③姬鹏飞的讲话中有两点值得注意：其一，讲话中仍然使用的是"国家主权"和"民族独立"，并未提及"民族团结"和"领土完整"。就字面意义而言，若中国愿意在战争威胁步步逼近之时，向巴方提供安全保证，则在辞令选择上更应该使用"民族团结"和"领土完整"，而不仅仅是"国家主权"和"民族独立"。④因为使用"民族团结"和"领土完整"

---

① S. R. Sharma: *Bangladesh Crisis and India Foreign Policy*, p. 383.
② Roedad Khan ed. : *The American Papers（Secret and Confidential）India—Pakistan—Bangladesh Documents*, 1965 – 1973, p. 702.
③ *Hsinhua Dispatch No. 110716 dated. November 7*; Robert Jackson: *South Asian Crisis: India, Pakistan and Bangladesh—A Political and Historical Analysis of the 1971 War*, pp. 205 – 206.
④ 美国驻香港总领事馆敏锐地捕捉到一关键的细节问题，并在 11 月 29 日致国务院的电文中汇报了上述情况。香港总领事馆认为北京的反应说明它"并不愿刻意放大东巴问题对中国国家安全的威胁"。参见 *The Richard M. Nixon National Security Files*, 1969 – 1974: *India-Pakistan War of* 1971, Microfilms: MF10202004247110166 5181 – 182, LexisNexis, 2007.

更能够体现在印度军事干涉东巴事务之时,中国对巴基斯坦的安全支持①;其二,"东巴问题是巴基斯坦的内政,应该由巴基斯坦人民自己求得合理解决"。这一句话表明中国仍希望通过政治途径,而非军事手段解决东巴问题。② 中方在外交辞令使用上的一以贯之从一个侧面映照出布托此行并未取得预期目标,并未获得中国的安全承诺。③ 11 月 8 日,布托结束中国之行,两国并未发表联合公报。

虽然布托的中国之行并未获得中国的安全保证,但访问结束后,叶海亚·汗与布托的言论却令人吃惊。11 月 9 日,叶海亚·汗在接受美国哥伦比亚广播公司记者采访时表示:"如果印度进攻巴基斯坦,中国将会干涉。"④当天晚些时候,布托对媒体说:"中国会全面而热情地支持巴基斯坦,我们将会得到最大限度的援助,印度不应对此存有幻想。"⑤为什么在并未获得中国安全保证的情况下,叶海亚·汗与布托会说中国同意在印度进犯巴基斯坦时直接援助? 美国学者理查德·西森和罗·罗斯在《战争与分裂:巴基斯坦、印度与孟加拉的诞生》中援引前巴基斯坦外交部官员的口述史料指出,实际上在 1971 年 4 月中旬,中方就已经向巴方明确表态:中国不会军事介入印巴之间的战争。⑥因此,叶海亚·汗和布托的讲话意在迷惑印度,释放"烟雾弹"。笔者认为,虽然上述两位

---

① 与中国官方表述"口径"形成鲜明对比的是 11 月 30 日,突尼斯总统布格古拉(Bourguira)在接见叶海亚·汗总统特使阿里·马哈穆德(Ali Mahmoud)时坚决表示:"支持巴基斯坦政府和人民为捍卫国家统一与领土完整所作出的一切努力。"参见 The Richard M. Nixon National Security Files, 1969 – 1974: India-Pakistan War of 1971, Microfilms: MF102020042471101665188, LexisNexis, 2007.

② 前中国外交部官员李达南在回忆文章中指出周恩来总理在接见随同布托访问的巴基斯坦记者时特别提到:"中国过去给巴基斯坦的军事援助是供国防用的,而不是打内战用的。"参见李达南:《周恩来与1971年印巴战争》,《党的文献》2001 年第 2 期,第 7 页。

③ 12 月 7 日晚上,在与法兰德的谈话中,布托谈到他的 11 月北京之行给他的最大感受是中国愿意无私援助巴基斯坦,却不愿明确说明会在印度进犯巴基斯坦时直接出兵。参见 The Richard M. Nixon National Security Files, 1969 – 1974: India-Pakistan War of 1971, Microfilms: MF102020042471101665668, LexisNexis, 2007. 笔者认为在 11 月初,中国政府并未向巴方给予防务承诺。

④ News Week, November 10, 1971. ; S. R. Sharma: Bangladesh Crisis and India Foreign Policy, p. 383.

⑤ Richard Sisson and Leo E. Rose: War and Secession- Pakistan, India, and The Creation of Bangladesh, p. 252.

⑥ Richard Sisson and Leo E. Rose: War and Secession- Pakistan, India, and The Creation of Bangladesh, p. 250.

美国学者所引用的口述史料无从考证，但是其得出的观点还是有说服力的。在强敌印度面前，不仅要斗勇，也要斗智。叶海亚·汗出"中国牌"，跟印度打心理战，意图使其收敛嚣张的气焰。但另一方面，没有实质内容的"中国牌"仅是纸上谈兵，对于战争准备一切就绪的印度而言，上弦之箭已不得不发。而巴基斯坦不仅未获中国的安全保证，而且在对印度战争意图的判断上存在重大缺陷。

巴方战略规划中的核心问题是东巴防御战该怎么打。从巴军的东巴作战方案来看，经历了一个由纵深防御向前沿防御的转变。

1971年9月，巴三军最高统帅部曾召开多次高层军事会议，针对印度战备的不断加强，着手制订东巴作战方案，并下达保卫东巴的作战指令。该指令要求东巴守军采取积极防御战略，不惜一切代价保卫东巴的领土完整。具体方案为：以达卡为核心，组织多道防御阵地，采用纵深防御的方式，以边境前哨基地、边境附近的中小城镇、大中城市和主要的交通枢纽以及江河湖泊为依托进行战略阻击，让敌人每前进一步都要付出伤亡代价，"以土地换时间"。在无法抗击敌人进攻时，则退守达卡，作中长期消耗战和拉锯战之准备。同时，也为巴军在西线的攻势和国际社会的干预争取时间。①

巴军作战计划发生变化的时间是在1971年10月下旬。据尼兹将军回忆，10月23日，他接到巴三军最高统帅部的新作战指令。指令中讲到根据巴三军情报局的最新情报显示，印度军方不太可能在西、东线同时对巴基斯坦发动全面战争。印度很有可能会占领与其领土相毗邻的一大片东巴领土，扶植建立一个独立的孟加拉国。与此同时，东巴抵抗力量在印度大力资助下实力不断增强，会在雨季过后加强了对东巴的渗透和破坏活动。东巴境内黄麻、茶叶等农产品生产加工业以及电力、交通设施将遭到大面积破坏。为此，巴三军最高统帅部要求尼兹修改作战计划，将纵深防御作战方转变为前沿防御，封锁边境地区，投入更多的兵力加强前沿防御态势，特别是将作为总预备队，防守达卡的第53步兵旅抽调到边境地区。②

前沿防御的核心是以边境地带的守备筑垒工事为依托，并连接边境附近的主要城市（杰索尔、库尔纳、博格拉以及库米拉等地）的城防工

---

① A. A. K. Niazi: *The Betray of East Pakistan*, pp. 85–86.
② A. A. K. Niazi: *The Betray of East Pakistan*, p. 87.

事,"与印度军队决战于边境地区"。这样一种前沿防御战略实际上反映了西巴军官团对印度战略选择的判断。综合已有研究成果,笔者认为在1971年10月—11月,拉瓦尔品第对印度战争目的的判断上有三种可能:第一,印度不与巴方直接交手,而是通过武装训练孟加拉民族解放军,让其与巴政府军对战;第二,印度帮助孟加拉抵抗力量武力侵占与印度边境毗邻的一部分东巴领土,建立独立的孟加拉国;第三,印度大军压境,与孟加拉游击队里应外合,以速决战攻占达卡,夺取东巴。在这三种可能中,第一、第三种可能性与情报部门的军情判断不符,未被巴军方认真予以考虑。而第二种可能性却被视为印度军方最有可能的作战目的。关键原因在于:其一,印度在边境地区密布大小游击战训练营,反叛分子向东巴境内的渗透破坏日益猖獗,巴军重兵防守边境,可拒敌于边境,杜绝外患侵入;其二,区外大国(美、中)与巴交好,在政治上支持巴方,即便中国不会军事介入,美国亦不会袖手旁观,因而,印度必定会有所顾虑。综上所述,以"边境决战"为核心理念的前沿防御作战方案成为第三次印巴战争期间巴军的最终选择。

在前沿防御作战方案敲定后,尼兹即着手调整军事部署。到战争爆发前夕,尼兹手头上总共有5个步兵师:第9、第14、第16步兵师以及在南亚危机爆发之后新组建的第36和第39步兵师,总人数为9万人。其中,第36和第39师由于组建时间短促、缺乏训练有素的参谋人员以及其他配属战术分队和足够的通讯工具、技术兵器,战斗力并不强。

巴军的前沿防御方案强调集结重兵决战于边境地区,为了有效封锁边境,必须建立更多的边境守备筑垒工事,并加强防务力量。这样一来,原本用于纵深防御,特别是达卡城防的部队均被抽调到前线。因此,为加强前沿防御态势而牺牲纵深防御的力量,不仅使巴军失掉了机动作战能力和行动自由,而且使得人数居于劣势的巴军兵力进一步分散,火力支援单位的编制零散化,纵深地带防守空虚,面临被动挨打的局面。排兵布阵上的致命错误必将使巴基斯坦在战争中付出巨大的代价。

相比巴基斯坦拆东墙补西墙的被动局面,印度的战略规划与战争安排则是计划周密,准备充足。

印度的总体战略构想是"东线进攻,西线防御"。在西线采取积极防御的战略,以空战、海上封锁和有限的陆军攻势相互配合,应对巴军在西线的进攻,牵制西巴的主力。在东线,则力求速战速决、直取达卡。以7

个师的精锐部队,在180余架作战飞机和20余艘作战舰支的支援下,从4个主攻方向以达卡为中心,对东巴实施向心闪电攻击,一举占领东巴。

在印军的"雌鹿头"军事行动计划中,孟加拉抵抗力量对东巴的渗透和与西巴军队的交火在帮助印度了解巴军作战方式与军事布防的同时,也促使马内克肖和奥罗拉为印军的军事行动注入了全新的战术理念。经过修订后的印军"雌鹿头"军事行动计划,一改印军传统的阵地战方式,采取了灵活多变的机动作战原则。马内克肖和奥罗拉认为,巴军在边境地区重兵设防,构筑了众多筑垒工事。印军如果从正面进攻,必将遭到巴军的顽强抵抗,即便能攻克这些筑垒工事,亦必将遭受重大伤亡,而且丧失宝贵的时间。因此,进攻东巴,必须放弃传统的攻城略地、逐步推进的战术,转而采取避实就虚、迂回包抄、快速推进、直取腹心的机动战术。所有印军进攻部队要绝对保持进攻的高速度,绕过巴军的筑垒地域,避开干线公路,以孟加拉游击队为向导,利用乡间小道,直捣巴军的后方纵深地区,先分割包围,其后再各个击破,速战速决,在国际社会尚未作出全面反应之前,"在两周内结束战争",攻占达卡,夺取战争胜利。奥罗拉将这一作战思想称为"急流直下"①。

经过上述分析,大战当前的印巴两国战略安排与作战方案孰优孰劣,一目了然。不仅如此,两国在东线的兵力部署亦显现巴方的战略颓势。

印巴在东线的军力对比②:

表5-1 东部战区:锡尔赫特—吉大港地区

巴基斯坦	印度
巴陆军第14、第39步兵师下属:第202旅、第313旅、第27旅、第117旅、第53旅	印度陆军第4军下属:第8、第23、第57山地步兵师,3个装甲团另有孟加拉民族解放军Z旅下属的2个独立营配合印军行动

表5-2 西南战区:杰索尔地区

巴基斯坦	印度
巴陆军第9步兵师下属:第57、第107旅,1个独立装甲团	印度陆军第4军下属:第4、第9山地步兵师,2个装甲营

---

① Sukhwant Singh: *The Liberation of Bangladesh*, p. 128.
② A. A. K. Niazi: *The Betray of East Pakistan*, pp. 110–111.

表5-3　西北战区：赖沙希（Rajshahi）地区

巴基斯坦	印度
巴陆军第16步兵师下属：第23、第34旅、第205旅，1个独立装甲团	印度陆军第33军下属：第6、第20山地步兵师、第71独立山地旅，2个装甲团，另有孟加拉民族解放军K旅下属的2个独立营配合印军行动

表5-4　北部战区：迈门辛格（Mymensingh）地区

巴基斯坦	印度
巴陆军第93步兵旅	印度陆军第101战区后勤地带司令部下属：第95山地步兵旅和第63步兵旅，另有孟加拉民族解放军J旅下属的1个独立营配合印军行动

表5-5　双方在东线的海、空军实力对比

巴基斯坦	印度
1个F-86战斗机中队（12架） 4艘近海巡逻炮艇	4个苏-7战斗轰炸机中队（48架）、5个米格-21战斗机中队（60架），6个F-56"猎人"（Hunter）式战斗机中队（72架）。包括"维克兰特"号（Vikrant）航空母舰在内的20余艘作战舰只

正是在这样一种战略规划、作战方案以及兵力配置优劣明显的态势之下，第三次印巴战争全面爆发。

二、战争第一周的进程

战斗打响之时，英迪拉·甘地正在巡视加尔各答的难民营，国防部长贾格吉凡·拉姆则身处比哈尔邦，财政部长恰范（Chavan）在孟买。① 当得知战争爆发消息之后，英迪拉·甘地即刻返回新德里。12月4日，她在印度国会人民院发表讲话宣布全国进入战争紧急状态，并指出："西巴政权已经向我们宣战。现在，西巴对孟加拉的战争已经变成了对印度的全面战争。西巴肆无忌惮的侵略将被击退。"② 同日，印度内阁政务委

---

① *The Richard M. Nixon National Security Files*, 1969–1974: *India-Pakistan War of* 1971, Microfilms: MF10202004247110166597, LexisNexis, 2007.

② *Bangladesh Documents*, Vol. II, p. 210.

员会举行紧急会议商讨印巴局势。在会议上,国防部长拉姆要求在东线开战的同时,印军在西线也要主动出击,"解放"巴占克什米尔地区。而英迪拉·甘地、达哈以及马内克肖等人则主张在西线采取积极防御战略,在克什米尔地区采取守势,对西巴信德省发起针对性进攻,目标是连接拉合尔与卡拉奇的巴军主要运输线路,以此阻止巴军在克什米尔、旁遮普和拉贾斯坦地区的攻势。①多数派建议被会议决议所采纳并在印度的西线行动中得到贯彻。

在新德里紧锣密鼓地进行战争鼓动的同时,伊斯兰堡亦在加强宣传攻势。伊斯兰堡时间12月4日中午12时,叶海亚·汗面向全国发表重要讲话。他指出:"这次印度的进攻蓄谋已久,意图举倾国之力摧毁我们的国家。""真主安拉的子民们,敌人正在大举压境,拿起手中的武器吧,给予敌人致命一击!"②

充斥着刀光剑影的战争鼓动将形同水火的印巴更深地卷入战火硝烟之中。在东巴战场,印军凭借强大的兵力、火力优势和周密的战前部署,从四个方向对达卡实施多路向心攻击。

东巴的东部地区包括梅格纳河以东的锡尔赫特、婆罗门巴里亚(Brahmanbaria)、库米拉和吉大港等中等城市。该地区濒临孟加拉湾,是达卡的东部屏障。依据"雌鹿头"军事行动计划,印度第4军的任务是:歼灭部署在梅格纳河以东的巴军部队,占领连接吉大港与东巴内地的公路、铁路和内河交通运输线,其后攻占库米拉、锡尔赫特这两个边境要地,围困吉大港并伺机占领之。印军的快速机动并没有给巴军反应时间。印度第61山地旅绕过巴军第14师在库米拉-迈内瓦蒂(Mianwali)的筑垒地域,一路疾进,于9日攻陷巴军防御纵深的"枢纽":达乌德坎迪,10日攻占库米拉。与此同时,印军第23山地师在9日攻克哈吉甘杰和昌德普尔,而第57山地师则进驻阿舒甘杰(Ashuganj)。至此,开战后的第一周,印军第4军主力已经完全控制梅格纳突出部,并占领梅格纳河上游的昌德普尔(Chandpur)、阿舒甘杰两个内河港口和重要的交通枢纽,从而打开向达卡推进的大门。

---

① Richard Sisson and Leo E. Rose: *War and Secession- Pakistan, India, and The Creation of Bangladesh*, p. 215.

② *The Richard M. Nixon National Security Files*, 1969 – 1974: *India-Pakistan War of* 1971, Microfilms: MF102020042471101665128, LexisNexis, 2007.

在西南战区，杰索尔是巴军第 9 师的防守重点。12 月 4 日黎明时分，印军在飞机、坦克的支援下，对杰索尔发起全面进攻。双方激战两昼夜，印军仍无法突破巴军防线。在此情况下，印军第 4 山地师向巴军防守薄弱的右翼迂回，沿一条崎岖山路快速机动，于 12 月 6 日突然向巴军防线右翼的切尼达（Qienida）发起进攻。印军的行动完全出乎巴军意料，巴军主力均被牵制在杰索尔前线，防线侧翼完全暴露。百般无奈之下，安塞里少将被迫下令放弃号称"东巴最坚固的堡垒"的杰索尔。7 日下午，印军第 9 山地师攻占杰索尔，8 日，第 4 山地师占领另一个边境重镇马古拉（Magura）。而巴军第 9 师被彻底分割包围。

对印度而言，东巴西北部是兵家必争之地，具有重要的战略意义。它连接印度的西里古里（Siliguri）走廊，濒临从锡金经蒂斯塔（Baptista）河谷通往印度的道路，巴军随时可以由此进攻，封锁印度本土通往阿萨姆邦的公路和铁路，而中国若出兵援助巴基斯坦，这里也是必经之地。因此，为保证对东巴军事行动的成功，印军必须迅速夺取东巴西北地区。在夺取东巴重镇希利的战斗中，印军的攻势曾一度受阻。印度第 33 军军长撒潘中将放弃了他一直推崇的阵地攻坚战观念，采用机动作战方针，从巴军侧后发起进攻。12 月 10 日，印军在付出极大伤亡代价之后攻占希利。而巴军第 16 师在腹背受敌的情况下，不得不在兰普德尔（Rangpur）－塞德普尔（Saidpur）一线渡过贾穆纳河向达卡方向撤退。

东巴的北部地区是在贾穆纳河、梅格纳河以及布拉马普特拉河环绕之下形成的一块平原地区。其间水网稻田密布，溪流纵横，不利于大部队机动作战。尼兹中将并未将此地区视为战略防御的重点地区，仅让 A. 卡德里准将指挥的第 93 步兵旅把守此地。12 月 4 日，印军全面进攻开始后，将攻击目标集中在两个重要的交通枢纽和城防要塞：杰马勒布尔（Jamalpur）和迈门辛格。12 月 8 日，印军第 95 山地旅秘密渡过布拉马普特拉河，抵达杰马勒布尔西南两英里处，截断巴军的退路，与实施正面攻击的第 63 旅对巴军形成合围。12 月 10 日晚，印军攻占杰马勒布尔。①

---

① 上述关于战争第一周东线战局发展的记述是笔者比照印巴双方战地指挥官、高级将领的战史记录和回忆著作的基础上综合写就的。参见 Sukhwant Singh：*The Liberation of Bangladesh*，pp. 130－202；A. A. K. Niazi：*The Betray of East Pakistan*，pp. 138－189；Jagdev Singh：*Dismemberment of Paksitan：1971 Indo-Paki War*，pp. 127－193。

在东线的第一周战争进程当中,印军凭借兵力优势、火力优势和周密的战前准备以及避实就虚的机动战术原则,在四个方向上实施向心攻击,先后攻占了库米拉、哈吉甘杰、昌德普尔、阿舒甘杰、杰索尔、希利、杰马勒布尔等东巴战略要地,并对东巴首府达卡形成了合围之势。①特别是萨加特·辛格中将率领的印度第4军在攻占阿舒甘杰之后,打通了由梅格纳河通往达卡的要道,与达卡仅有22公里之遥。②在加紧军事打击的同时,新德里也发动心理攻势,声称巴军已是强弩之末,持续抵抗已然毫无意义,并力劝其放弃抵抗。③反观巴军,陷入印军的重重围困,不仅西巴援军无法通过海空渠道向东巴输送补充兵力和弹药补给④,而且分散在东巴各处的巴一线部队在印军的层层包围之下,无法打通驰援达卡的通道。⑤虽在若干地区顽强抵抗,迟滞了印军的进攻,但由于前沿防御使巴军兵力分散,交战后不久便陷入印军的分割包围之中。主力部队在东线战争的第一周基本消耗殆尽。⑥依据美国驻达卡总领事馆的观察:"印度正在勒紧套在巴基斯坦脖子上的索套。"⑦

印巴战争爆发后,自12月3日午夜开始,印度海军发挥强大的海战

---

① "Intelligence Assessment of the Situation between India and Pakistan", Central Intelligence Agency Intellegence Memorandum, Washington, December 9, 1971, DDRS, Document Number: CK310055276.

② *The Richard M. Nixon National Security Files*, 1969 – 1974: *India-Pakistan War of* 1971, Microfilms: MF102020042471101665411, LexisNexis, 2007.

③ 12月8日,在与基廷大使的谈话中,印度国防秘书K. B. 罗尔(K. B. Lall)表示西巴军队在东巴的抵抗已经没有军事意义。其唯一出路就是放下武器,停止抵抗。这样做不仅可以使达卡和其他城市免遭血光之灾,而且,印度政府会依据《日内瓦公约》,善待停止抵抗的西巴官兵,并保证他们与比哈人,乃至在东孟加拉生活的西巴人的人身安全。参见 *The Richard M. Nixon National Security Files*, 1969 – 1974: *India-Pakistan War of* 1971, Microfilms: MF102020042471101665631, LexisNexis, 2007.

④ 据美国军方情报显示拉瓦尔品第曾计划在11月22日—12月10日,通过不间断空运的形式向东巴输送4.5万政府军及弹药补给。但由于印度对西巴、东巴的空中封锁和巴空军自身能力所限,这一计划最终不了了之。参见 *The Richard M. Nixon National Security Files*, 1969 – 1974: *India-Pakistan War of* 1971, Microfilms: MF102020042471101665171, LexisNexis, 2007.

⑤ 据印度军方称,至12月9日,印空军战机击沉了100余艘运载巴军士兵、意图冲破印军封锁线回援达卡的巴方大小船只,巴军依托河运实施的救援行动未能成功。参见 *The Richard M. Nixon National Security Files*, 1969 – 1974: *India-Pakistan War of* 1971, Microfilms: MF102020042471101665530, LexisNexis, 2007.

⑥ *The Richard M. Nixon National Security Files*, 1969 – 1974: *India-Pakistan War of* 1971, Microfilms: MF102020042471101665529, LexisNexis, 2007.

⑦ *The Richard M. Nixon National Security Files*, 1969 – 1974: *India-Pakistan War of* 1971, Microfilms: MF102020042471101665424, LexisNexis, 2007.

实力,宣布对巴基斯坦进行海上封锁,并分别对东巴、西巴境内的军事目标发动袭击。为切断西巴对东巴的空中运输线路,"维克兰特"号航空母舰上搭载的 16 架"海鹰"式(Seahawks)战斗机对位于达卡市郊的巴赞(Bazin)军用机场进行轰炸,使得停放在机场跑道的 F-86 战斗机无法升空作战,东巴空军仅有的一个中队 12 架战斗机在两天内全部战损。① 印军迅速夺取东巴的制空权。尔后,印军战机又对吉大港和达卡市郊的储油设施和其他军事目标进行扫荡轰炸。开战后不到 48 个小时,东巴的原油储备由于印度空军的轰炸而损失了 50%。② 在印军的轰炸行动中,误炸、误伤事件频繁发生。③

在西线战场上,印巴在克什米尔、旁遮普、拉贾斯坦(Rajasthan)等地区展开了激战。12 月 5 日—7 日,巴军出动 2 个步兵师和 3 个装甲团对印占克什米尔地区的查莫博(Chhamb)和普奇(Pooch)发动强攻,并曾于 5 日夜间一度占领查莫博,意图切断查谟北部的主要公路网。其后,印度陆军第 1 军在反攻突袭得手后,夺回查莫博。为缓解巴军在印占克什米尔地区的军事压力,印度在信德和拉贾斯坦地区实施攻击,并一度进逼到连接拉合尔与卡拉奇的巴军主要运输干线不到 10 公里处。④ 在印巴交界塔尔沙漠地区的朗格维尔(Longewal),双方也展开激烈争夺。⑤ 开战第一周,印巴在西线的战局发展呈胶着态势,双方军事争夺

---

① N. Krishman: *No Way But Surrender: An Account of the Indo-Pakistan War in the Bay of Bengal*, 1971, p. 44.

② *FRUS 1969 – 1976*, Vol. XI: South Asia Crisis 1971, p. 650.

③ 12 月 4 日,印度空军在对吉大港进行轰炸时误伤了停靠此处的美国货轮"俄亥俄"号,当日晚些时候,美国政府向印度政府发出一份措辞强烈的外交照会,指责印度的空袭行为是对国际法基本准则的粗暴违犯。美国照会的文本可参见 *The Richard M. Nixon National Security Files*, 1969 – 1974: *India-Pakistan War of 1971*, Microfilms: MF102020042471101665261, LexisNexis, 2007. 印军对东巴境内目标的空袭行动也造成了大量东巴平民的伤亡。据达卡总领事斯皮瓦克(Spivack)致国务院的电文中称,他亲眼目睹了 12 月 7 日—9 日,印度战机未加区分地对达卡市实施轰炸,达卡城区火光冲天,人员伤亡人数超过 200 人。斯皮瓦克指责印军的行为是"夜幕笼罩下中的罪行"。参见 *The Richard M. Nixon National Security Files*, 1969 – 1974: *India-Pakistan War of 1971*, Microfilms: MF102020042471101665883 – 884, LexisNexis, 2007. 12 月 9 日,印军投掷的一枚航空炸弹击中达卡市的一所孤儿院,至少造成 150 名儿童的死亡。参见 *The Richard M. Nixon National Security Files*, 1969 – 1974: *India-Pakistan War of 1971*, Microfilms: MF102020042471101665547, LexisNexis, 2007.

④ *The Richard M. Nixon National Security Files*, 1969 – 1974: *India-Pakistan War of 1971*, Microfilms: MF102020042471101665753, LexisNexis, 2007.

⑤ Sukhwant Singh, *Defence of the Western Border*, New Delhi: Vikas, 1981, pp. 106 – 108.

的焦点是克什米尔地区。双方在这一兵家必争之地集结的兵力大致相当：巴军在此地区集结了 10 万大军，与之对峙的是印度的 9 万精兵。虽然巴军在强大的火力掩护下，在一些地段，突入印军防御阵地。但对于巴方而言，试图以重兵夺取印占克什米尔地区的大片土地，以此为"资本"要挟印度在东巴退兵的战略企图并未实现。①

印度海空军在西线战场发挥了重要作用。据印度空军参谋长称，印度空军投入到西线的战机达到每天 250—300 架次，其中绝大多数是执行对西巴军事基地、油料储备设施的轰炸任务。② 12 月 4 日深夜，印度出动 2 艘苏制"黄蜂"（Osa）级导弹艇对卡拉奇军港实施了偷袭作战，并使用苏制"冥河"式反舰导弹击沉了巴海军的 1 艘驱逐舰和 2 艘近海巡逻艇。5 日，在维沙卡帕特曼（Vishakhapatnam）南部沿海，巴海军唯一的 1 艘潜艇"卡齐"（Ghazi）号被印度的反潜舰编队发现并击沉。③

12 月 8 日—9 日，在空军的有利支援下，印度海军再次突袭卡拉奇军港。印军导弹艇在驱逐舰和护卫舰的掩护下，高速闯进卡拉奇港，用导弹袭击西巴原油储备设施，导致大量储油罐和原油输送管道燃起熊熊大火，使西巴的原油储备损失 30%－50%。在印度的突然攻势下，西巴的成品油储备仅供使用 2 周，而原油储备仅够维持 7 天，西巴的战争后勤保障能力受到极大削弱。④

综合东线、西线战场的战局分析，印度取得的战果和优势地位十分显著。反观巴基斯坦，不仅在西线战场未出现西巴军官团所期望的对印占克什米尔地区的凯歌高奏，而且在陆、海、空三维一体战争中，颓势尽显，更为重要的是，东巴前沿防御战略在实战中被证明是一种错误的战略选择，东巴守军难逃失败的厄运。

---

① *The Richard M. Nixon National Security Files*, 1969–1974: *India-Pakistan War of* 1971, Microfilms: MF102020042471101665623, LexisNexis, 2007.

② *The Richard M. Nixon National Security Files*, 1969–1974: *India-Pakistan War of* 1971, Microfilms: MF102020042471101665530, LexisNexis, 2007.

③ *The Richard M. Nixon National Security Files*, 1969–1974: *India-Pakistan War of* 1971, Microfilms: MF102020042471101665549, LexisNexis, 2007.

④ "Intelligence Report on the Indian-Paksitan Conflict including information on India Air Strikes on Karachi, Paksitan, Annex: Assessment of Bomb Damages to Oil Facilities Near Karachi", Central Intelligence Agency Intelligence Memorandum, Washington, 9 December, 1971, DDRS, Document Number: CK3100536795.

三、尼克松政府的"双轨"政策

现代战争不仅表现为战场上的激烈拼杀，而且也显现为政治和外交领域的你争我夺。第三次印巴战争全面爆发后，美国政府立即着手应对战争危局。在战争的第一周，美国采取"双轨"政策：在加强美巴协调，向巴基斯坦"偏袒"的同时，对印度施加更大压力要求其停止战争扩张行为。

华盛顿时间12月3日上午8时，当得知印巴开战的消息后，基辛格立即召开华盛顿特别行动小组紧急会议。针对危机以来白宫政策时常受到国务院等机构抵制和质疑的情况，基辛格口气强硬地说："总统认为我们的反应过于迟钝，政策过于软弱，根本不相信我们是在遵照执行他的政策理念。他强烈要求向巴基斯坦政策倾斜，但同时，他又深刻怀疑下属机构在执行政策的过程中却总是违背他的初衷。"① 但是，基辛格的"下马威"并未给与会者的政策倾向性产生大的影响。当他传达尼克松有关中止对印度经济援助的指示时，西斯科建议同时切断对巴基斯坦的经济援助。对此，基辛格当即予以反驳："如果每次我们对印度采取某种行动时，也必须对巴基斯坦采取同样行动的话，那么就很难做到像总统所希望的那样向巴基斯坦一方政策倾斜。在我向总统请示之前，这只能作为非正式的参考意见。"②

战争开局，叶海亚·汗旋即紧急召见法兰德，要求尼克松政府依据《双边军事合作协定》中的条款向巴方提供军事援助。在获悉巴方的这一请求后，法兰德马上通过秘密渠道向基辛格汇报了这一情况。③ 12月4日，尼克松同意了叶海亚·汗的这一请求，并指示基辛格若伊朗和约旦向巴基斯坦提供军事援助，美国将向两国予以同等补偿。12月5日，美国驻伊朗和约旦大使分别与巴列维（Pahlavi）国王和侯赛因（Hussin）国王就"第三国军事援助问题"举行会谈，两国元首均表示接受美国的建议。④

---

① *FRUS* 1969–1976, Vol. XI: South Asia Crisis 1971, p. 597.
② *FRUS* 1969–1976, Vol. XI: South Asia Crisis 1971, p. 602.
③ *The Richard M. Nixon National Security Files*, 1969–1974: *India-Pakistan War of* 1971, Microfilms: MF1020200424717716713340–341, LexisNexis, 2007.
④ *FRUS* 1969–1976, Vol. XI: South Asia Crisis 1971, p. 610.

12月4日上午11时30分,华盛顿特别行动小组召开会议。此次会议的一项重要议题是将印巴战争问题提交给联合国安理会。会议决定,即便在没有其他国家提出动议的情况下,美国也要向安理会递交自己的印巴战争解决方案。美国提案的主旨内容是要求印巴双方立即停火并撤军,因为"若只要求停火,而不要求撤军的话,东巴将被印度纳入囊中"①。

4日当天,应美国等国要求,安理会召开紧急会议讨论南亚局势。会议一开始,各国在是否应该让"孟加拉临时政府"代表出席安理会会议这一问题上发生争论。② 苏联代表雅各布·马立克(Jacob Malik)建议按安理会议事规则第三十九条(对象是非联合国成员国)让"孟加拉临时政府"代表出席安理会并发言。印度代表沙马尔·森坚决支持苏联的建议,而巴基斯坦代表阿哈·萨迦(Ahha Shahi)、中国代表黄华以及美国代表乔治·布什则强烈反对。经过一番激烈辩论后,吴丹裁定:同意苏联的建议将"孟加拉临时政府"代表塞义德·乔杜里致安理会的信件列入会议讨论的议程之中,但不赞成孟加拉代表出席安理会会议。③在有关孟加拉代表是否应当列席会议问题的争论告一段落之后,印巴两国代表先后上台发言,阐述各自国家政府的立场。其后,美国代表乔治·布什提出要求双方立即停火并撤军的决议草案:1. 印巴采取果断措施,立即停止战争;2. 两国政府应立即把在对方领土上的军队撤退到本国境内;3. 由安理会通过决议向印巴边境派驻维和观察员,监督停火;4. 印巴两国政府均采取积极措施,为难民重返家园提供安全保障;5. 呼吁所有国家保持克制,不要采取破坏地区和平的措施;6. 要求印巴两国政府向联合国秘书长保证维护地区稳定与和平发展。④布什的发言得到了中巴以及其他国家的肯定,但苏联代表雅各布·马立克当即表示美国的提议是难以接受的,并指出"停火的前提是东巴的政治前途得到公正的解决",同时他还呼吁巴基斯坦政府"勒令巴政府军停止在东巴的一切暴

---

① FRUS 1969–1976, Vol. XI: South Asia Crisis 1971, p. 620.

② 10月16日,"孟加拉临时政府"组建了由前巴基斯坦最高法院大法官阿布·塞义德·乔杜里(Abu Sayeed Choudhury)为团长的"孟加拉临时政府"驻联合国代表团。10月27日,乔杜里向联合国秘书长吴丹致信,要求联合国允许"孟加拉临时政府"代表以"观察员"的身份出席联合国会议。参见 Sukumar Biswas ed.: *Bangladesh Liberation War-Mujibnagar Government Documents* 1971, p. 116.

③ Arum Kumar Singh: *U. N. Security Council and Indo-Pak Conflicts*, pp. 89–94.

④ *The Richard M. Nixon National Security Files*, 1969–1974: *India-Pakistan War of* 1971, Microfilms: MF10202004247110166518, LexisNexis, 2007.

力行为"。① 针对马立克的观点，巴基斯坦代表阿哈·萨迦指出，南亚和平之所以受到威胁，并非因为东巴问题而引起，而是因为印度对巴基斯坦内政的干涉所致。"巴基斯坦的内部问题不应当是安理会关注的重心，安理会应当致力于世界和平，而非染指一个联合国成员国的国内和平与政治进程。"② 阿哈·萨迦的上述观点得到黄华的支持。但是，在苏联和波兰的反对下，美国提案未被安理会通过。③

苏联在安理会上的行为说明了它对印度战争行为的支持。12月5日，塔斯社发表了一篇措辞激烈的声明，指责巴基斯坦领导人应对当前危急状态"负主要责任"，大张旗鼓地支持印度采用军事手段"抗击巴军的进犯"，并且反对在孟加拉人民的"合法权利"得到实现之前实行任何停火。④ 同日，尼克松与基辛格多次电话交谈，两人均认为应该从美国的全球战略及与美中关系的角度审慎应对南亚危局。⑤

5日下午2时30分，安理会再次召开会议商讨南亚局势。苏联、中国和包括日本、意大利、比利时在内的8个安理会非常任理事国分

---

① *Bangladesh Documents*, Vol. II, p. 441.
② *Bangladesh Documents*, Vol. II, p. 424.
③ 对于美国的提案，中国、日本、意大利、比利时、尼加拉瓜等11国表示赞成；英、法2国投弃权票；苏联和波兰投反对票。4日晚些时候，基辛格向尼克松汇报了当日安理会提案讨论的情况。基辛格认为当天会议争锋的焦点是如何看待并妥善处理停火撤军与东巴政治前途的关系，巴方强调立即停火，以及印度撤走所有在东巴境内的"武装人员"（既包括印度军队，也包括孟加拉游击队），但回避东巴问题的政治解决。而印度和苏联则着重强调先行解决东巴的政治前途，再谈停火撤军。参见 *The Richard M. Nixon National Security Files*, 1969–1974：*India-Pakistan War of* 1971, Microfilms：MF102020042471110166512, LexisNexis, 2007. 英、法两国对美国提案均持保留态度。4日会议结束后，英国外交部负责南亚事务的官员萨瑟兰（Sutherland）曾告知美国大使佐姆（Sohm），英国政府认为印度在这场战争中必胜无疑，孟加拉必将独立建国。在现实面前，安理会通过的任何有关撤军的决议都形同一纸空文，英国对撤军提案都将投弃权票。参见 *The Richard M. Nixon National Security Files*, 1969–1974：*India-Pakistan War of* 1971, Microfilms：MF102020042471101665276, LexisNexis, 2007. 12月6日，法国针对印巴战争发表声明，重申了其在安理会上的基本立场。法国政府的观点与英国十分接近。参见 *The Richard M. Nixon National Security Files*, 1969–1974：*India-Pakistan War of* 1971, Microfilms：MF102020042471101665278, LexisNexis, 2007.
④ *The Richard M. Nixon National Security Files*, 1969–1974：*India–Pakistan War of* 1971, Microfilms：MF102020042471101665293, LexisNexis, 2007.
⑤ 基辛格指出："我们支持叶海亚·汗可能并不是一种明智的选择。但是，如果我们现在垮下来，苏联就会因此不再尊重我们，中国也将瞧不起我们，其他国家也将得出相似的结论。""我们应该清醒地认识到如果中国轻视我们在这场战争中的作用，那么我们为打通中美关系所做的一切努力都可能付之东流。而且，在与莫斯科打交道时，我们将不再有任何优势。"参见 *FRUS 1969–1976*, Vol. XI：*South Asia Crisis 1971*, p. 642

别提出各自的提案。苏联提案要求在东巴的政治前途问题得以妥善解决的基础上,西巴军队从东巴全部撤出。① 中国提案要求"印度政府立即从巴基斯坦领土撤出所有武装部队和其他武装人员",同时也要求巴军停止对印度境内军事目标的攻击;两国立即停火。② 8 国联合提案与 12 月 4 日美国提案的内容大致相同,要求印巴双方立即脱离接触并停火、撤军。③ 这次会议仍未打破僵持局面。苏联的提案被中国否决,而 8 国联合提案则被苏联所否决。④ 安理会在印巴战争问题上未取得任何突破。

12 月 6 日,印度政府正式宣布承认"孟加拉人民共和国"。对于印度的这一决定,尼克松感到十分恼怒,授意基辛格加快通过第三国向巴基斯坦输送武器装备的进度。当日上午,华盛顿特别行动小组召开会议,讨论"第三国军事援助问题"。当基辛格询问在此问题上白宫是否有授权时,西斯科和范·霍伦指出美国的现行法律并未授予白宫通过第三国向巴基斯坦军事援助的权力,因而不赞成基辛格的提议。针对国务院的反对意见,基辛格再次表示:"我的直觉告诉我,尼克松总统是不会容忍任何削弱巴基斯坦的做法。如果美国可以帮助巴基斯坦,那么他绝对不会让巴基斯坦被印度所击败。"⑤

6 日上午,安理会第三次召开会议商讨南亚危局。在会议上,马立克针对 5 日会议末尾由意大利、日本等 5 国提出一个简化停火方案又提出 2 条增补条款:第一,在停火条款中,将"有关国家的政府"改为"有关各方"。实际上,苏联意在让"孟加拉临时政府"参与有关停火问题的多边谈判;第二,苏联要求"巴基斯坦政府采取积极措施以利于东巴问题的政治解决,并对 1970 年 12 月大选中东巴人民的政治意愿予以充分肯定和承认"。为此,苏联要求停火与东巴的政治前途问题"一并

---

① *The Richard M. Nixon National Security Files*, 1969 – 1974: *India-Pakistan War of* 1971, Microfilms: MF102020042471101665295, LexisNexis, 2007.
② *The Richard M. Nixon National Security Files*, 1969 – 1974: *India-Pakistan War of* 1971, Microfilms: MF102020042471101665333, LexisNexis, 2007.
③ *The Richard M. Nixon National Security Files*, 1969 – 1974: *India-Pakistan War of* 1971, Microfilms: MF102020042471101665330 – 331, LexisNexis, 2007.
④ *The Richard M. Nixon National Security Files*, 1969 – 1974: *India-Pakistan War of* 1971, Microfilms: MF102020042471101665334, LexisNexis, 2007.
⑤ *FRUS* 1969 – 1976, Vol. XI: South Asia Crisis 1971, pp. 666 – 667.

解决",但其中并未提及撤军问题。①苏联的这一提案再次遭到美国、中国的否决。基于连续三天安理会会议均陷入僵局,安理会15国代表以举手表决的形式(阿根廷、布隆迪、日本、比利时、中国等11国投赞成票,苏联、波兰、英国、法国投弃权票)决定援引联合国第337号决议,即"团结一致共策和平"(Uniting for Peace)条款,将南亚危机问题提交第26届联合国大会加以讨论。②

华盛顿时间6日中午13时30分,尼克松主持召开国家安全委员会会议。在会议上,尼克松强调各部门在南亚危机问题上要统一思想,强调纪律。他指出:"长久以来,印度都期望打垮巴基斯坦这个老对手。他们对克什米尔的领土要求更甚于巴基斯坦。但是当前东巴是印度志在必得的目标。因此,美国应当认真地考虑如何处理对巴军事援助的问题。如果第三国愿意向巴方提供军事援助,美国没有理由阻止。认为阻隔对巴军事供应的渠道,战争就会自然终止的观点是十分幼稚可笑的。南亚的力量均势必须得以维护。"基辛格则从印巴战争局势对美国全球战略的影响上发表看法。他认为苏联对印度的支持不仅是在压制中国,同时亦是对美国的牵制。透过美国的危机处理,中国将会十分清晰地看到美国是否真正够朋友。不仅如此,苏联在南亚危机中的政策还将是它在中东行动的一次"预演彩排"。因此,"印巴战争并不是单纯的军事意义上的战争,而具有更广泛的政治意义"。当罗杰斯询问在东巴失守后,美国还是否有必要介入其中时,尼克松答道:"我倾向于帮助西巴。只有帮助西巴,美国的利益才能得到保障。"③

12月7日,在长达10个小时的辩论后,第26届联合国大会以104∶11的投票结果通过了由意大利、日本、印度尼西亚、西班牙以及布隆迪、加纳等14国联合提交的议案,并形成第2793号决议,要求印巴双方军队立即脱离接触、停火撤军,为仍滞流印度境内的东巴难民自愿返回家园创造和平条件。④对此决议,巴方表示立即停火符合巴方利益,接

---

① *The Richard M. Nixon National Security Files*, 1969 – 1974: *India-Pakistan War of* 1971, Microfilms: MF102020042471101665769 – 770, LexisNexis, 2007.
② *The Richard M. Nixon National Security Files*, 1969 – 1974: *India-Pakistan War of* 1971, Microfilms: MF102020042471101665767 – 768, LexisNexis, 2007.
③ *FRUS* 1969 – 1976, Vol. XI: South Asia Crisis 1971, pp. 672 – 673.
④ *The Richard M. Nixon National Security Files*, 1969 – 1974: *India-Pakistan War of* 1971, Microfilms: MF102020042471101665424, LexisNexis, 2007.

受联大决议。①而印度则以该决议"难以保证印度的国家安全为由"拒绝执行。②需要指出的一点是,联大会议的决议并没有强制执行的效力。因此,第2793号决议并未得到贯彻执行,印巴战争仍在继续。

由于印度的战争脚步并未受到联大决议的阻止,南亚局势更加危急。尼克松和基辛格意欲加大对巴基斯坦政策支持的力度,却遭到国务院的抵制。12月7日,罗杰斯指示美国驻约旦大使布朗(Brown)向约旦国王侯塞因表示美国的现行法律不允许美国政府授权任何第三国(包括约旦在内)将美制武器转交给印巴的任何一方。③国务院的这一观点显然是与两天前尼克松的政令相违背的。同一天,在致基辛格的备忘录中,西斯科援引美国对外军售法案第91—672号修正案第9条之规定反对通过第三国向巴基斯坦提供美制武器装备。④

12月8日,拉查再次向西斯科表达了巴方对美国援助的紧急请求,而西斯科则表示美国国内有很多人批评美国"太过于袒护巴基斯坦",实际上是婉言拒绝巴方的请求。对此,拉查表示理解,但仍希望在这"生死关头",美国能助巴基斯坦一臂之力,抵御外敌入侵。⑤

国务院的抵制并没有阻断白宫通过"第三国"对巴军事援助的步伐。在8日举行的华盛顿特别行动小组会议上,虽然包括国防部副部长大卫·派卡德(David Packard)在内的很多与会者反对通过第三国向巴提供军援,但是基辛格依旧以坚定的语气说:"现在的情形是,在苏联武装和支持下的一个国家正企图将它的一个邻国的一半变成一个'卫星国'。""当美国的盟友受到羞辱,而它的对手却正在得到苏联的大力援助时,美国应该怎么办?"⑥ 为此,基辛格认为通过第三国向巴提供军援是表示美国对巴基斯坦支持的方式之一。他指出间接军援有两个方面的

---

① The Richard M. Nixon National Security Files, 1969 – 1974: India-Pakistan War of 1971, Microfilms: MF102020042471101665946, LexisNexis, 2007.

② The Richard M. Nixon National Security Files, 1969 – 1974: India-Pakistan War of 1971, Microfilms: MF102020042471101665935, LexisNexis, 2007.

③ The Richard M. Nixon National Security Files, 1969 – 1974: India-Pakistan War of 1971, Microfilms: MF102020042473361667948 – 949, LexisNexis, 2007.

④ The Richard M. Nixon National Security Files, 1969 – 1974: India-Pakistan War of 1971, Microfilms: MF102020042473361667950, LexisNexis, 2007.

⑤ The Richard M. Nixon National Security Files, 1969 – 1974: India-Pakistan War of 1971, Microfilms: MF102020042471771671377, LexisNexis, 2007.

⑥ FRUS 1969 – 1976, Vol. XI: South Asia Crisis 1971, p. 691.

作用："其一，军援本身对巴军事能力的增强；其二，军援对印度的威慑作用。在东线，美国无能为力，但西线则不同。一旦印度加强对西巴的进攻，在美国的支持下，由约旦和其他阿拉伯国家向巴基斯坦提供武器，将是一个积极的'政治信号'，会对印度的军事行动产生一定的遏阻作用。"紧接着，基辛格说："我们并不希望事事公正。尼克松总统也多次表示在南亚危机问题上他不会'一碗水端平'。新德里应该看到他们所做的一切正在严重损害美印关系。"①

在白宫的强烈要求下，国务院在"第三国军援问题"上的态度有所软化。12月9日，国务卿行政特别助理小特里奥·艾黎亚特（L. Theodore Eliot）在致基辛格的备忘录中指出在向巴提供军事援助问题上，尼克松总统有行政仲裁权，可以"捍卫世界和平，维护美利坚合众国国家安全"之名义向巴提供军事援助。②

尽管在11月2日美国就已中止对巴军售，但是在整个第三次印巴战争中，美国通过促进"第三国间接军援"的方式向巴输送军事装备，包括约旦、土耳其在内的诸多中东国家也纷纷向叶海亚·汗释以援手。③ 12月10日，约旦皇家空军的4架F－104战斗机飞抵卡拉奇，同日，安卡拉也向拉瓦尔品第提供了6架F－104战斗机。④ 13日，约旦空军再次向巴基斯坦提供13架F－104战斗机。⑤ 此外，伊朗还向其提供航空汽油、轻型自动武器和所需弹药。⑥一向奉行温和对外政策的沙特阿拉伯也坚决

---

① *FRUS 1969－1976*, Vol. XI: South Asia Crisis 1971, pp. 696－698.

② *The Richard M. Nixon National Security Files*, 1969－1974: *India-Pakistan War of* 1971, Microfilms: MF102020042471361667937, LexisNexis, 2007.

③ 战争期间，安卡拉坚决支持伊斯兰堡。12月7日，土耳其政府发表声明支持巴基斯坦抵抗印度的侵略，并表示将向伊斯兰堡提供"力所能及的援助"。声明文本参见 *The Richard M. Nixon National Security Files*, 1969－1974: *India-Pakistan War of* 1971, Microfilms: MF102020042471101665647, LexisNexis, 2007. 12月7日，在美国驻德黑兰大使馆致国务院的电文中指出，印巴战争爆发之后，虽然巴列维国王申明支持巴基斯坦，但德黑兰对巴军事援助的态度远不及约旦、土尔其等国。考虑到地缘政治、处理与苏联的关系以及伊朗空军的装备情况，巴列维国王并不打算向巴方提供战斗机。参见 *The Richard M. Nixon National Security Files*, 1969－1974: *India-Pakistan War of* 1971, Microfilms: MF102020042471101665555－558, LexisNexis, 2007.

④ *FRUS 1969－1976*, Vol. XI: South Asia Crisis 1971, p. 750.

⑤ *The Richard M. Nixon National Security Files*, 1969－1974: *India-Pakistan War of* 1971, Microfilms: MF102020042471281666261, LexisNexis, 2007.

⑥ *The Richard M. Nixon National Security Files*, 1969－1974: *India-Pakistan War of* 1971, Microfilms: MF102020042471101665557－558, LexisNexis, 2007.

表示会向巴基斯坦提供紧急军事援助。① 从 12 月 5 日起，沙特皇家空军向巴方提供 3 架 C-130 军用运输机帮助约旦向西巴运送武器弹药。② 12 日—13 日，先后有 11 架沙特皇家空军的 F-104 战斗机从沙特东北部的达兰 (Dhahran) 空军基地起飞驰援伊斯兰堡，据美国情报称，驾驶这些战机的飞行员来自约旦和巴基斯坦。③ 不仅如此，美国政府还曾秘密地向西巴直接提供作战飞机。在战争期间，尼克松政府决定将 3 架原定交付利比亚空军使用的 F-5 战斗机提供给西巴。12 月 26 日，这 3 架 F-5 战斗机在多次转场后，经土耳其飞抵西巴。④

虽然在 12 月 15 日与法兰德的谈话中，苏尔坦·汗以略带遗憾的口吻表示约旦等国的军事援助并未遏阻印度在东巴的进攻势头⑤，但不可否认的是，在第三次印巴战争期间，尼克松政府通过第三国向巴方提供军援是其对巴"偏袒"政策的重要表现之一。与其说这种间接军援能帮助巴方改善战场上的颓势、抵抗印度的强大攻势，还不如说这种间接军援是一个寓意鲜明的政治信号，意在向中国、中东国家说明面对苏印的联合进攻，美国决不会无动于衷，任何企图获得单方面利益的做法都会导致紧张局势的升级，必然危及缓和的前景。

在安理会上积极推动对巴方有利的停火撤军决议，以及通过第三国向巴方提供军援的同时，前任美国政府对巴基斯坦究竟有何种安全保证

---

① 12 月 9 日下午，在与美国驻沙特大使塔萨摩尔 (Thacmer) 的会晤中，沙特外交大臣萨卡夫 (Saqqaf) 明确阐述了沙特国王和政府对印巴战争的立场。萨卡夫指出，作为穆斯林国家，沙特不会容忍同为穆斯林国家的巴基斯坦遭受外国侵略，沙特会"毫不犹豫地"提供军事援助。同时，他亦认为美国作为巴基斯坦的盟国，应该采取更加坚决的措施帮助巴基斯坦抵御外敌入侵。参见 *The Richard M. Nixon National Security Files*, 1969 – 1974: *India-Pakistan War of 1971*, Microfilms: MF102020042471101665521 – 522, LexisNexis, 2007.

② "Central Intelligence Agency, Intelligence Memorandum, India-Pakistan Situation Report, (As of 1200EST) 16 December, 1971", *National Security Archive Electronic Briefing Book No. 79: The Tilt: The U. S. and the South Asian Crisis of 1971*, http://www.gwu.edu/~nsarchiv/NSAEBB/NSAEBB79/BEBB42.pdf.

③ *The Richard M. Nixon National Security Files*, 1969 – 1974: *India-Pakistan War of 1971*, Microfilms: MF102020042471281666261, LexisNexis, 2007.

④ "United States Embassy (Tehran), Cable, F-5 Aircraft to Pakistan, 29 December, 1971", *National Security Archive Electronic Briefing Book No. 79: The Tilt: The U. S. and the South Asian Crisis of 1971*, http://www.gwu.edu/~nsarchiv/NSAEBB/NSAEBB79/BEBB44.pdf.

⑤ "United States Embassy (Islamabad) Cable, 15 December 1971", *National Security Archive Electronic Briefing Book No. 79: The Tilt: The U. S. and the South Asian Crisis of 1971*, http://www.gwu.edu/~nsarchiv/NSAEBB/NSAEBB79/BEBB40.pdf.

之承诺亦是尼克松政府在战争期间必须全面澄清的重要问题。

12月2日，拉查向罗杰斯转交了叶海亚·汗致尼克松的一封信，信中援引1959年美巴《双边军事合作协定》第1条①要求美国向巴基斯坦军事援助，若美国有困难，他希望美国不要阻止第三国向巴方输送武器装备。在战争全面开始之前，便正式向美国提出了对巴基斯坦履行安全的问题。②

12月4日，艾黎亚特在致基辛格的备忘录中指出，在艾森豪威尔、肯尼迪及约翰逊时期美国曾多次对印巴两国领导人作出保证：如果印巴两国遭到进攻，美国对两国予以援助。具体到美国对巴基斯坦的安全承诺，有以下表现：1962年1月26日，肯尼迪致阿尤布·汗的信、1962年11月5日时任美国驻巴大使马康卫与阿尤布·汗的谈话记录以及1963年11月29日和1965年12月15日约翰逊分别与时任巴基斯坦外长的布托和阿尤布·汗的会谈记录。③

12月8日，国家安全委员会一份名为《美国对巴基斯坦安全承诺》的备忘录中列举了1955年—1969年，美国官方所有有关对巴安全承诺的条文规定。④其中有两点值得注意：第一，在《东南亚集体防务条约》中第4条第1款规定："各缔约国都认为，在本条约区域内（东南亚以及北纬二十一度三十分以南的太平洋地区）使用武装进攻的手段对任何缔约国或对各缔约国今后可能经一致协议指定的任何国家或领土进行的侵略，都会危及它自己的和平与安全，并同意在这种情况下它将按照它的宪法

---

① 该条款原文如下："在发生针对巴基斯坦的侵略时，美利坚合众国政府，在巴基斯坦政府的要求下，将按照美利坚合众国政府宪法、按照促进中东和平与稳定联合决议的规定，采取双方同意的、包括使用武装部队在内的适当行动给予援助。"参见 Agreement of Cooperation Between The Govenment of Pakistan and The Government of The United States of America, in Muhammad Afraisab: *U. S. Relations with South Asia (Since Christopher Columbus) and Pakistan—India Interaction [1492 –2002]*, p. 524.

② *The Richard M. Nixon National Security Files*, 1969 –1974: *India-Pakistan War of* 1971, Microfilms: MF10202004247110166524 – 25, LexisNexis, 2007.

③ *The Richard M. Nixon National Security Files*, 1969 –1974: *India-Pakistan War of* 1971, Microfilms: MF10202004247110166524 –25, LexisNexis, 2007. 正文中提及的，有关美国对巴基斯坦安全承诺的记录文本可参见 *The Richard M. Nixon National Security Files*, 1969 –1974: *India-Pakistan War of* 1971, Microfilms: MF10202004247169167057 –583, LexisNexis, 2007.

④ *The Richard M. Nixon National Security Files*, 1969 –1974: *India-Pakistan War of* 1971, Microfilms: MF10202004247169167057, LexisNexis, 2007.

程序采取行动来对付这个共同危险。"①第 2 款规定:"如果任何缔约国认为,本条约区域内任何缔约国的、或随时适用于本条第一款的规定的任何其他国家或领土的领土、主权或政治独立的不可侵犯性或完整性受到武装进攻以外的任何方式的威胁,或者受到可能危及本区域的和平的任何事实或情势的影响或威胁时,各缔约国必须立即磋商,以便在为了共同防御而应当采取的措施上取得协议。"②依此款规定,若印巴爆发战争,美国可与巴基斯坦就"共同防御"问题进行磋商,并采取"相应措施"。当然,这里的"措施"并不等同于美国将直接军事介入或提供军事援助。

第二,按 1959 年 3 月《双边军事合作协定》的第 2 条之规定,美国对巴基斯坦的安全承诺是在 1957 年 5 月 9 日的"中东决议"(即"艾森豪威尔主义)所规定的范围内被遵守和被执行。具体而言,允许美国军队去"保护要求援助的国家的领土完整和政治独立",用武力手段"抵御任何一个由国际共产主义控制的国家的公开武装侵略"。③ 因此,依照 1959 年《双边军事合作协定》,若印度进攻巴基斯坦,则不在该协定产生法律效力的范围之内。换言之,12 月 2 日,在叶海亚·汗致尼克松的信中,只言其一,未言其二,巴基斯坦要求美国履行对巴的安全承诺论据并不充分。

综合分析有关美国对巴基斯坦履行安全义务的各种文本,不难发现两个问题:其一,在美巴之间正式签署的条约协定中均未明文规定若印度侵略巴基斯坦,美国将提供军事援助,兑现对巴基斯坦的安全承诺。这一审慎考虑很大程度上是基于保持南亚均势,不过分激怒印度;其二,艾黎亚特在致基辛格的备忘录所提及的肯尼迪时期美国作出的保证有着极其特殊的背景:1961—1962 年的中印边界冲突。当时美国为稳定巴基斯坦,使其不乘机削弱印度的实力地位才对巴基斯坦作出保证。这种与美巴防务协定出入甚大的保证很大程度上是美国的"应景之举"。因而,笔者认为在美国对巴基斯坦的安全承诺问题上,尽管美国的态度是模糊

---

① *The Richard M. Nixon National Security Files*, 1969 – 1974: *India-Pakistan War of* 1971, Microfilms: MF1020200424716916 70601, LexisNexis, 2007.

② *The Richard M. Nixon National Security Files*, 1969 – 1974: *India-Pakistan War of* 1971, Microfilms: MF1020200424716916 70602, LexisNexis, 2007.

③ *The Richard M. Nixon National Security Files*, 1969 – 1974: *India-Pakistan War of* 1971, Microfilms: MF1020200424716916 70607, LexisNexis, 2007.

的（是美国直接军事介入？还是提供军事援助？抑或采取非军事手段的制裁措施？）、多变的甚至是前后矛盾的，但是避免在正式公文中明确规定若印度侵略巴基斯坦，美国将提供军事援助，兑现对巴基斯坦的安全承诺是尼克松之前的历届美国政府所秉持的一个基本原则。

但是，当对巴基斯坦"偏袒"政策业已确定之时，美国在对巴基斯坦的安全承诺问题上就需要抛开抽象的条约束缚，为美国的危机决策服务。用基辛格的话来讲，"大国的决策取决于当时理解的国家利益的需要，而不仅仅取决于抽象的、无论是含糊还是明确的法律义务。不能期望任何国家在自己的利益和义务完全不一致时承担严重风险。然而一贯无视自己保证的国家同样要背上沉重的包袱；它的外交就会丧失可靠的信誉带来的灵活性；它就不再能用答应将来采取行动的方法满足盟国的当前要求。不仅如此，巴基斯坦还是其他盟国——伊朗、土耳其的盟国。它也是中国的朋友，同北京保持着密切的联系，而北京希望我们能维持全球均势，因此正在小心翼翼地探索同我们建立新的关系。弄得信誉扫地是我们吃不消的"①。

正是在这样一种以大国战略视野审视印巴战争的过程中，"二人团队"均赞成兑现对巴基斯坦的安全承诺②，以此帮助叶海亚·汗稳定军心，防止西巴内乱，同时敲山震虎，对英迪拉·甘地施压。12月8日，基辛格在与拉查的电话交谈中表示美国政府将采取有力措施保障巴基斯坦的国家安全，应对印度的军事侵略。③

8日中午，尼克松收到勃列日涅夫的信件。勃列日涅夫建议印巴立即停火，同时叶海亚·汗政府应当立即与"孟加拉临时政府"领导人重开谈判，并特别要求"谈判应当从原先中断的地方重新开始"。在收到苏联方面信件后的两个小时，尼克松随即与基辛格举行单独会谈，商讨对策。基辛格指出："莫斯科的建议与印度的强硬要求有不同之处。如果

---

① ［美］亨利·基辛格：《白宫岁月》（三），杨静予等译，北京：世界知识出版社 2003 年版，第 1141 页。

② 12 月 2 日在得知叶海亚·汗信件的主要内容后，尼克松在与基辛格的电话交谈中表示美国政府应当履行 1959 年双边条约的条文规定。参见 FRUS 1969–1976, Vol. XI: South Asia Crisis 1971, p. 606.

③ "Trannscript of Telephone Conversation Between The President Assistant for National Security Afffairs (Kissinger) and The Paksitan Ambassador (Raza)", Washington, 8 December, 1971, 2: 47 P. M. ", FRUS, 1969–1976, E–7: Documents on South Asia, 1969–1972, available at http://www.state.gov/documents/organization/48101.pdf.

西巴与东巴的谈判有一个大前提：保持巴基斯坦国家统一以及东巴最大限度的自治，那么我们可以考虑莫斯科的建议。"①基辛格所言表明在安理会上，美国的提案屡遭苏联否决，以及东巴战局的日益恶化之际，为打破僵局美国政府必须适时调整斗争策略。至此，尼克松和基辛格改变自开战以来，要求同时停火和撤军的立场，转而谋求先实现停火，再考虑撤军的两步走策略。

战争第一周，巴军战略规划的重大缺陷显露无遗，战场上被动挨打颓败之势难以挽回。尽管如此，尼克松政府仍然在积极推动对巴方有利的停火撤军决议，通过第三国向巴方提供军援以及明确对巴基斯坦安全保证承诺三个方面采取支持巴基斯坦的政策。相比之下，对于战场之上攻城拔寨、高奏凯歌的印度，尼克松政府则通过切断援助、施与外交压力等方式加大对印度政策压制。

战争一经打响，尼克松认为是新德里在挑起战争②，并对其采取严厉制裁措施。华盛顿时间 12 月 3 日中午 12 时，美国全面切断对印度的军事供应。

12 月 6 日，在正式宣布承认"孟加拉人民共和国"的同时，杰哈向罗杰斯转呈英迪拉·甘地总理致尼克松总统的信函。信中指出，印度政府和人民对战争爆发以来，美国政府的举措表示"惊诧"和"不理解"。"铁的事实说明是西巴军队首先进攻我国领土。""叶海亚·汗不仅在继续践踏孟加拉人民的民主权益，更将战火烧到我国境内，实施侵略。"信件最后，英迪拉·甘地要求尼克松运用对叶海亚·汗"不容置否的"影响力，"敦促西巴军官团停止战争侵略行为，将权力移交给孟加拉人民的合法代表，恢复次大陆的和平。"③对于印度政府的上述行动，尼克松感到十分恼怒，要求国务院立即停止对印度的经援。当日下午 3 时，查尔斯·布瑞宣布美国政府将中止向印度提供价值 8760 万美元的经济援助。④

---

① FRUS 1969–1976, Vol. XI: South Asia Crisis 1971, p. 708.
② 华盛顿时间 12 月 3 日上午 7 时 45 分，当得知印巴开战的消息后，尼克松在电话中对基辛格说："苏联人对 1939 年苏芬战争爆发的说辞是他们遭受了芬兰人的进攻，这种说法实在荒谬可笑，现在，英迪拉·甘地又在不知羞耻地玩弄同样的把戏。"参见 FRUS 1969–1976, Vol. XI: South Asia Crisis 1971, p. 594.
③ The Richard M. Nixon National Security Files, 1969–1974: India-Pakistan War of 1971, Microfilms: MF102020042471771671722–23, LexisNexis, 2007.
④ The Richard M. Nixon National Security Files, 1969–1974: India-Pakistan War of 1971, Microfilms: MF102020042471281666238, LexisNexis, 2007.

12月6日下午5时，尼克松与基辛格在小范围会谈后一致认为："莫斯科是化解次大陆危局的重要一环，有必要采取强硬措施抑制莫斯科与新德里联合扩张的野心。"①联系苏联在安理会上屡次否决美国和其他国家有关停火撤军的提案，这里有必要对战争爆发以来的苏联政策进行一番梳理。

具体而言，在第三次印巴战争中，苏联采取以下政策：第一，在政治上声援印度，将发动战争的责任推给叶海亚·汗，强烈要求巴政府释放穆吉布·拉赫曼，并将权力移交给"孟加拉人民的合法政治代表"；第二，在联合国安理会上支持印度的战争行动；第三，在军事上，积极援助印度，力争东线战争的速战速决。

12月3日，战争全面爆发当天，考尔与苏联大使尼古拉·帕格夫（Nikolai Pegov）举行会晤。帕格夫表示苏联将支持印度对巴基斯坦军事侵略的反击抵抗。②同日，柯西金致信尼克松，呼吁叶海亚·汗释放穆吉布·拉赫曼，并与"临时政府"代表政治对话。③12月4日，苏联外交部新闻发言人表示经与印度政府商议之后，苏印两国将依据《苏印条约》第9条之规定，"采取切实可行的一切措施消除对两个缔约国中任何一方的安全威胁"④。12月5日，在丹麦阿尔伯格市（Allborg）访问期间，柯西金发表讲话，阐述了苏联政府对待危机的基本立场："正是巴基斯坦当局采取的大规模报复政策使得印度半岛动荡纷争不断，战祸再起。""现在最为紧迫的是叶海亚·汗必须在承认并尊重1970年12月大选中东孟加拉人民政治意愿的基础上实施政治和解，这是解决一切问题的根本。"⑤12月7日，勃列日涅夫在出席波兰统一工人党第6次代表大会时表示，苏联政府认为这场战争爆发的根本原因是巴基斯坦国内政策的重大失误，以及对印度的极端敌视，应在"无外来力量（主要指中国

---

① *FRUS* 1969 – 1976, Vol. XI: South Asia Crisis 1971, p. 676.
② Bimal Parsad ed.: *Indo-Soviet Relations, 1947 – 1971: A Documentary Study*, p. 425.
③ *The Richard M. Nixon National Security Files*, 1969 – 1974: *India-Pakistan War of* 1971, Microfilms: MF102020042471101665125, LexisNexis, 2007.
④ *The Richard M. Nixon National Security Files*, 1969 – 1974: *India-Pakistan War of* 1971, Microfilms: MF1020200424711016659, LexisNexis, 2007.
⑤ *The Richard M. Nixon National Security Files*, 1969 – 1974: *India-Pakistan War of* 1971, Microfilms: MF102020042471101665337, LexisNexis, 2007.

和美国）干涉的条件下得以解决"①。同日，费留宾与巴基斯坦大使马拉克尔（Marker）就印巴战争举行晤谈。尽管马拉克尔对苏联向印度提供"屠杀巴基斯坦人"的大威力杀伤性装备和在安理会采取对印度"一边倒"的政策提出抗议，但费留宾坚持声称苏联在安理会的提案是"唯一可行的"、"正确的"，终止战争行为的根源在巴基斯坦，而非印度。②

除了在安理会这一"没有硝烟的战场"上，3 次使用否决权否决中美等国有关立即停火撤军的提案，以及在政治上声援印度之外，苏联也积极地为印度提供军事援助并加强在印度洋的海上力量部署。据国务院的情报评估显示，自 11 月初开始，苏联使用 3 艘捷克籍的万吨级远洋货轮向印度运送了包括 150 辆 T-62 坦克、100 辆 BM-2 型装甲运兵车以及其他先进技术兵器在内的大量装备。③12 月 6 日和 10 日，苏联军事航天部队先后发射 2 颗代号分别为：Cosmos 463 和 Cosmos464 的侦察卫星。由于这 2 颗卫星的近地轨道距离地面仅 130 公里，能为苏联军方提供较为清晰的图片资料，因此，苏联军方一方面利用其密切关注印巴战局变化，并向印度军方提供最新的情报资料；另一方面也能清楚探知美国海军在东太平洋以及印度洋的部署情况。④中央情报局的一份签署日期为 12 月 9 日的情报备忘录中指出，在 12 月 4 日深夜，印度 2 艘苏制"黄蜂"级导弹艇对卡拉奇军港实施的偷袭作战中，印度海军获得"苏联的技术支持"。12 月 6 日，60 名苏联"军事顾问"抵达新德里。另有 6 名"未被确定身份"的苏联人假道开罗来到新德里。据悉这 6 人可能与苏联向印度紧急提供萨姆-2 型（SA-2）防空导弹有关。⑤12 月 9 日深夜，巴基斯坦外交部南亚司司长阿夫塔巴·艾哈迈德·汗（Aftab Ahmad Khan）紧急约见法兰德，通报了巴军情部门有关苏联极有可能介入对巴基斯坦的军事打击行动的情报。他引证了两个事例：其一、9 日凌晨时分，停

---

① *The Richard M. Nixon National Security Files*, 1969 - 1974: *India-Pakistan War of* 1971, Microfilms: MF102020042471101665749, LexisNexis, 2007.
② *The Richard M. Nixon National Security Files*, 1969 - 1974: *India-Pakistan War of* 1971, Microfilms: MF102020042471101665518, LexisNexis, 2007.
③ Richard Sisson and Leo E. Rose: *War and Secession- Pakistan, India, and The Creation of Bangladesh*, p. 243.
④ S. R. Sharma: *Bangladesh Crisis and India Foreign Policy*, p. 306.
⑤ "Intelligence Assessment of the Situation between India and Pakistan, Central Intelligence Agency Intelligence Memorandum, Washington, December 9, 1971", DDRS, Document Number: CK310055276, available at http://galenet.galegroup.com/servlet/DDRS? locID = ecnu.

靠在卡拉奇港的巴海军舰只遭到"不明国籍身份"的潜艇发射的潜射导弹袭击。据巴方军情分析，印度海军尚不具备潜射导弹能力；其二，据巴空军侦察，位于斯利那加和旁遮普的两处印度空军基地在近期出现了"装有先进航空电子导航设备的米格战机"，并在与巴军战机的空中交手中，米格战机飞行员表现出"娴熟的战斗技能"。综合上述信息，巴方认为苏联极有可能已经军事介入印巴战争。①

在加强对印军事援助的同时，苏联海军亦加强在印度洋的部署。12月3日，苏联太平洋舰队的3艘导弹驱逐舰、2艘扫雷舰和1艘后勤补给舰经马六甲海峡驶抵印度洋。12月6日，包括1艘导弹巡洋舰在内的3艘太平洋舰队作战舰只从海参崴出发，驶向孟加拉湾。12月13日，苏联再次增派4艘战斗舰只开赴孟加拉湾。到12月18日，战争已经结束之时，苏联部署在印度洋的各型军舰已有16艘。②苏联此举意在为印度在东线战场的步步推进摇旗助威。

通过上述政策分析可见，苏联在联合国外交及停火撤军问题上的政策底线是确保在印度完成东巴战争目标之前，安理会不能达成对印度不利的停火撤军决议。因此，在12月8日勃列日涅夫致尼克松的信件中，只谈停火和要求巴基斯坦政府承认东巴在1970年12月大选中表现出来的公民公意，而不提及撤军事宜。如此看来，虽然"二人团队"处心积虑地希望苏联对印度施压，迫使印度收手。但是在苏联既定政策方针已定，并且印度在东线战场胜利在望之际，美国的举措仅是隔靴搔痒，难见成效。

在苏联的支持下，印军在东线战场长驱直入，而美国对印度的制裁措施并未减缓印度的战争步伐。12月7日，基廷拜会斯瓦兰·辛格，两人在停火问题上分歧巨大，基廷指明美国政府的立场是先停火再撤军，尔后再谈东巴问题的政治解决；而斯瓦兰·辛格则坚持首先解决东巴的政治前途问题，再行停火，但不撤军。针对斯瓦兰·辛格的强硬态度，基廷亦毫不客气地说："美国政府坚决反对印度以军事手段谋求巴基斯坦

---

① *The Richard M. Nixon National Security Files*, 1969 – 1974：*India-Pakistan War of* 1971, Microfilms：MF10202004247110166 5523 – 524, LexisNexis, 2007.

② Richard Sisson and Leo E. Rose：*War and Secession- Pakistan, India, and The Creation of Bangladesh*, p. 264.

的国家分裂。"①华盛顿的警告难以减缓印度战车高速推进的速度。同日，在与新加坡驻新德里高级专员的会谈中，印度外交部主管南亚事务的副外交秘书毫无掩饰地指出："印度政府接受停火的前提是西巴军队无条件地从东孟加拉全部撤出。""若在东线战局大势已定的情况下，西巴军队仍付隅顽抗将遭受印度军队更猛烈的攻势。"②

同样是在12月7日这一天，中央情报局通过隐秘渠道获得的一则印度内阁会议的情报掀起了南亚国际关系的"政治风暴"。当日，中央情报局局长赫尔姆斯（Helms）向各机构通报了"来自印度高层"隐秘情报③的主要内容。据称12月6日，英迪拉·甘地在内阁会议上向阁僚表示，在孟加拉获得解放之前，印度不会接受联合国大会关于停火的任何呼吁。她同时透露，莫斯科已经作出保证，若中国在拉达克（Ladakh）和春丕河谷地区（Chumbi Valley）对印度采取军事行动，莫斯科将在漫长的中苏边境上采取必要行动牵制中国。她规定印军在此次战争中的作战目标为：1. 迅速占领东孟加拉；2. 将印度与西巴的边界线"取直"，即夺取巴占"自由克什米尔"地区（Azad Kashmir）南部地区；3. 摧毁巴基斯坦的装甲部队和空军力量，使巴基斯坦不再能够对印度构成威胁。在完全控制东巴之后，将把部署在东线的4—5个师投入到对西巴的军事打击。④

为保证美国在南亚利益诉求的不容侵犯，从最坏的方面着手应对是白宫的唯一选择。在形势发展对巴基斯坦愈加不利的情况下，加大对新德里和莫斯科的威慑力度是"威胁预期最大化原则"之下的不二法门。

在8日召开的华盛顿特别行动小组会议一开始，基辛格便开宗明义

---

① The Richard M. Nixon National Security Files, 1969–1974: India-Pakistan War of 1971, Microfilms: MF1020200424717716717267–727, LexisNexis, 2007.

② The Richard M. Nixon National Security Files, 1969–1974: India-Pakistan War of 1971, Microfilms: MF1020200424717101665651, LexisNexis, 2007.

③ 印度学者阿努吉·达哈（Anuj Dhar）在《中央情报局对南亚的窥探》一书中大量引用中情局的解密档案，对美国在冷战时期针对印度和次大陆其他国家的隐秘行动进行了披露。该书指出："12月6日，英迪拉·甘地跟前的一个重要情报源向 CIA 泄露了印度的'战争目标'。而当白宫获知这一情报后一片哗然。这位内线的情报直接促使了尼克松政府极力阻止印度可能对西巴实施的大规模攻击。出动'企业'号航母特遣编队实际上是 CIA 获悉情报的一个副产品。"达哈认为来自美印双方的文献说明，1971年 CIA 确实在印度内阁高层安插了"鼹鼠"。出于保护情报来源的目的，档案中隐去了这名"鼹鼠"的姓名。参见 Anuj Dhar: CIA's Eye on South Aisa, New Delhi: Manas Publications, 2008, p. 107.

④ FRUS 1969–1976, Vol. XI: South Asia Crisis 1971, pp. 686–687.

地指明本次会议主要议题是，在巴基斯坦面临大失败的情况之下，美国政府应当采取何种应对政策。基辛格说："如果印度进攻西巴，占领自由克什米尔地区并粉碎巴基斯坦的空军和坦克部队，看来会导致若干不可避免的情况。凭良心讲，我们应当心安理得地让分裂势力在西巴同在东巴一样自由活动吗？按照我的理解，正如甘地夫人在同总统谈话时以及在纽约举行的哥伦比亚大学讨论会上讲话时表明的那样，俾路支和其他类似问题必然会突现出来。巴基斯坦将毫无防御能力，西巴将成为印度的一个'仆从国'。"基辛格深信印度对西巴的战略意图就是肢解西巴，取得对次大陆的绝对主导权。但是，基辛格的这一观点遭到了副国务卿约翰逊以及西斯科的质疑，约翰逊援引印度外长斯瓦兰·辛格曾对基廷大使所将的话指出除了克什米尔地区之外，印度对于占领巴基斯坦的"任何"领土不太有兴趣，西斯科也认为印度不太可能吞并西巴。① 由于基辛格与国务院在印度对西巴的战略意图和目标判断上分歧较大，会议决定由中央情报局就印度的战略意图和目标进行评估，以利于下一步决策的及时作出。②

12月9日，中央情报局针对印度的战略意图与目标作出分析评估。报告认为若英迪拉·甘地实现预先设定的三大目标，将会造成极为严重的后果。首先，印度将成为南亚的霸权国，但是战争将使其糟糕的经济状况更将脆弱不堪，它比战争之前更加依赖西方的经济援助；其次，孟加拉将会作为印度的"保护国"出现。印度对它的影响极其重要，但印度不太会寻求对孟加拉的全面控制；第三，西巴的前途将是扑朔迷离，难以确定。但最有可能出现的情况是，由旁遮普人控制的军队被印军击溃后，军人政权将难以维持，长期以来，西巴各省的离心倾向和矛盾冲突将被激化，西巴极有可能分裂为三个或四个国家；最后，从国际层面上看，印度政治、军事目标的成功实现会极大改变次大陆的政治格局。苏联的实力与政策表明它将会有效地为其盟友提供帮助，而美国海外力量的收缩，将使其他国家重新判断美苏实力对比是否均衡，并会以此为

---

① *FRUS* 1969–1976, Vol. XI: South Asia Crisis 1971, p. 694.
② *FRUS* 1969–1976, Vol. XI: South Asia Crisis 1971, p. 697.

契机调整自己的对外政策。①

9日上午,基辛格召集华盛顿特别行动小组会议。他强调"从印巴战争的全球影响来看,美国有两种选择:第一,不介入,忽略美国对巴基斯坦的安全承诺;第二,适时采取行动,遏止印度的扩张野心。'不介入'是一个令人愉悦的辞令,但'不介入'不会给美国带来任何嘉奖"②。欧文和威廉姆斯均认为印度在达到占领东巴的目标后,便会收手。对此,基辛格表示:"若巴基斯坦的空军和装甲部队被彻底摧毁,它将处于任凭印度摆布的境地。除非美国施以援手,否则巴基斯坦将分崩离析。大家都清楚,这一切都是在苏联的政治、外交和军事援助下才能够实现的。如果苏联的政策如此轻而易举地在次大陆得逞,那么它也会在中东采取类似行动。"对于基辛格的这番理论,西斯科依然延续前一天会议的观点,认为美国对巴基斯坦履行安全义务是建立在反对共产主义势力入侵这一基础上的,而并不适用于印巴战争。西斯科认为,从维护南亚均势出发,美国与巴基斯坦所共同面临的问题是:西巴该怎么办?他提出三种政策选择:其一,美国不介入,印度将进一步扩大在东巴的战果,直至占领达卡;其二,美国通过外交、经济制裁等非武力途径抑制印度的战争进度,早日实现停火。但是美国必须承认在遏制印度方面的影响力很有限,对巴军事援助也只是杯水车薪;其三,叶海亚·汗自己必须认识到印巴之间军力对比悬殊,若继续战争,则巴方的损失将会更大。在此情况下,美国应该对叶海亚·汗施压,劝其停止战争,并在东巴撤军。综合上述三种选择,西斯科认为第三选项可取。③在明确表示推动第三国向巴基斯坦提供军援的情况下,基辛格不同意西斯科的政策建议。为此,他要求"各机构统一政策口径","美国必须采取一切可以运用的手段震慑印度,包括派出军队"。④

在华盛顿特别行动小组会议结束后,9日中午12时44分,尼克松与

---

① "Memorandum prepared in the Central Intelligence Agency, Washinton, 9 December, 1971", FRUS, 1969–1976, E–7: Documents on South Asia, 1969–1972, available at http://www.state.gov/documents/organization/47989.pdf. 该情报评估文件的中译文参见:《中情局关于印度击败巴基斯坦的影响的分析(1971年12月9日)》,沈志华主编:《美国对华情报解密档案(1948—1976)》第十四编:《中国与南亚》,上海:东方出版中心,2009年版,第280—283页。
② FRUS 1969–1976, Vol. XI: South Asia Crisis 1971, p. 716.
③ FRUS 1969–1976, Vol. XI: South Asia Crisis 1971, pp. 718–719.
④ FRUS 1969–1976, Vol. XI: South Asia Crisis 1971, p. 712.

基辛格在白宫椭圆形办公室举行单独会谈。在向尼克松呈递中情局对印度的战略意图与目标的评估报告之后,基辛格指出印度正在着手分裂巴基斯坦,这将对中东国家产生不利影响。国务院寄希望于以叶海亚·汗在东巴撤军,承认孟加拉独立来换取印度在西线的停火,这种想法是"幼稚的"、"完全错误的","将会损害与中国刚刚有所起色的关系"。在此基础上,基辛格指明美国介入印巴战争有三个目的:第一,防止西巴被击溃;第二,着眼于中美关系的后继发展;第三,防止其他国家由于南亚危局而产生对世界均势的失望与失落。这样一种失望与失落相迭加的政治心理表现源于以下事实:苏联以及它的"代理人"对一个并非战略要地的国家肆意侵略,而美国这样一个"自由世界"的大国却对此袖手旁观。美国必须采取强力措施制止苏联和印度的扩张行为。尼克松很关注对苏联采取强硬政策意味着什么,基辛格指出:"如果我们不将印度对西巴的战争图谋与美苏关系的缓和相联系,那么,美国将不得不承认苏联将取得对世界和平与均势'颇具威胁性的胜利'。"此外,基辛格认为从加强政策投入的角度出发,派遣一支航母编队开赴孟加拉湾是合适的。尼克松赞成基辛格的这一观点。①

12月10日,印度多路大军直捣东巴腹地,达卡告急。同日,美国海军第七舰队"企业"号核动力航空母舰和其他3艘驱逐舰接到命令,从越南的东京湾进抵新加坡。12日,"企业"号与从美国驻菲律宾苏比克军事基地驶来的1艘两栖攻击舰"的黎波里"号(Tripoli)与另外4艘驱逐舰在新加坡外海汇合,组成第74海军特遣舰队驶向孟加拉湾。该舰队于12月14日晚间经过马六甲海峡,抵达孟加拉湾边缘海域。②

可以说,派遣第74海军特遣舰队开赴孟加拉湾是1971年南亚危机期间尼克松政府最受争议的一个重要举动。很多研究者都从不同的角度对这一重要事件进行解读。③其中,最举代表性的观点是由美国《华盛顿邮报》的专栏作家杰克·安德森(Jack Anderson)所提出的。他依据美

---

① *FRUS 1969 – 1976*, Vol. XI: South Asia Crisis 1971, pp. 722 – 723.

② Jack Anderson and George Clifford: *Anderson Papers*, New York: Ballantine Books, 1973, p. 264.

③ 对此问题的分析可参见 Jack Anderson and George Clifford: *Anderson Papers*, pp. 259 – 267.; Sucheta Ghosh: *The Role of India in The Emergence of Bangladesh*, pp. 226 – 227; Robert Jackson: *South Asian Crisis: India, Pakistan and Bangladesh-A Political and Historical Analysis of The 1971 War*, pp. 139 – 140.

国国防部的一个海军文书军士泄漏的华盛顿特别行动小组12月3日、5日、6日和8日的会议记录撰写了《安德森文件》,并对"企业"号开赴孟加拉湾的隐秘细节做了较为细致的说明。在有关尼克松时期美国外交文件未解密之前,很多学者都是依据《安德森文件》中的刊载文件进行相关研究。安德森认为"企业"号出动有三个目的:第一,突破印度对东巴的海上封锁;第二,吸引在孟加拉湾游弋的印度航母"维克兰特"号的注意,使其搭载的舰载飞机减少对东巴地面和海上目标的攻击;第三,向印度宣示美国对巴基斯坦的政策支持,使之忌惮美军的强大实力而不得不考虑其在陆地战场上的战争进度和作战目标。①

笔者认为安德森的分析有一定道理,但并不全面。综合上述分析,尼克松之所以作出派遣第74海军特遣舰队开赴孟加拉湾的重大决定是多种因素共同促成的。一方面,从美国国内政治博弈的角度来看,面对次大陆危局,尼克松作为美国行政部门的首脑,在未正式宣战,并提请国会两院同意的情况下,快速调遣军队,进驻危机地带并军事介入,是为了显示总统的权威,绕开国会,当机立断采取行动②;另一方面,这一重大决策也是尼克松和基辛格在印度和苏联强大的军事、政治压力面前所采取的一种"有限危机升级"策略,意在通过"强制性讨价还价"行动来迫使印度和苏联作出让步。具体而言,促使尼克松作出决策的因素包括:第一,向印度、苏联警示,若印度进攻西巴,美国非但不会坐视不理,而且将会履行对巴基斯坦的安全义务;第二,针对苏联在印度洋的海上力量存在,采取反制措施;第三,向中国显示,美国完全有能力抵制在中国周边地区,由苏联预谋支持的政治变局。以"问题升级"的方式,采取航母编队这一"威慑性威胁"手段,使印度和苏联相信,如若忽视威胁而肆意进攻西巴将会断送世界和平与美苏缓和,甚至导致大国冲突。如此一来,"企业"号出击实为"一石二鸟"之策,即对苏印,又对中巴。当然,这样一种"有限危机升级"的策略,也是一种"有限冒险"的策略,美国卷入危机的程度越高,所冒的风险也会越大,甚至

---

① Jack Anderson and George Clifford: *Anderson Papers*, pp. 265–267.
② 有关对美国总统与国会在宣战权力上的分歧与争夺,以及国会战争权力演变的详尽阐述看参见周琪主编:《国会与美国对外政策》,上海:上海社会科学院出版社2006年版,第110—115页。依据已有研究成果,笔者认为尼克松作出派遣第74号特遣编队开赴孟加拉湾是白宫规避宣战权的一种表现,首先采取军事行动,再迫使国会承认既成事实。这从一个侧面说明,在南亚危机问题上,白宫与国会山的巨大分歧。

能减少或破坏决策者对局势的控制,导致美苏迎头相撞。因此,"企业"号出击是一次"收益"与"风险"并存的军事外交行动。这一行动说明在"二人团队"眼中,作为南亚危机顶点的第三次印巴战争绝不仅仅只是一场区域战争,而是冷战转型时代大国战略能否实现成功转型的一次重要检验。它所承载的政治意义远远超出它自身的军事行动内涵。

第二节 战争第二周进程与美、苏、中三大国外交角力

到12月10日,印军挺进东巴腹地,达卡告急,战争进入最后阶段。由于战前的错误部署、兵力分散、缺少重型火力和空中力量以及后勤补给的支援,东巴守军的主力在第一周的边境地区作战中几乎消耗殆尽,而剩余部队均被印军分割包围,回天乏力。为争取时间,以待国际社会的调停介入,尼兹动员已有力量,在达卡周边地区转入坚守防御。相比之下,印军在第二周的作战目标是速战速决,一鼓作气,拿下达卡,结束东线战争。印军总指挥奥罗拉将军在边境地区战斗基本完成后,即命令各部队马不停蹄向达卡开进。

一、战争第二周的进程

在东部战区,由萨格特·辛格将军率领的第4军自12月9日攻占了位于梅格纳河畔的达卡东部屏障阿舒甘杰后,一度由于巴军撤退时炸毁阿舒甘杰大桥而使攻势停滞,其后奥罗拉下令将东部军区所属的14架米-4大型军用直升机全部调拨给第4军的攻击主力第57山地师,实施空中接力,将第57师主力部队运抵梅格纳河西岸,第4军进攻进度得以加快。12月11日,印军占领纳辛迪(Narsingdi)。12月14日,第57山地师攻占达卡近郊的普拜尔(Pubier)。

在第4军突进东巴腹地的同时,印度北部战区的印军第101战区后勤地带司令部所属各攻击部队在攻占杰马勒布尔和迈门辛格后,向达卡展开攻击。12月11日和15日,印军第95山地旅和第167旅先后渡过乔姆纳河(Jamuna River),进抵达卡市郊。

相比东部和北部战区部队的长驱直入,印军在西南和西北战区的部队进展却并不顺利。这两路大军并未实现战前所预定的在开战第二周与其他两路大军会师达卡城下的目标,分别被巴军的阻击部队阻隔在莫图

莫蒂河（Montgomery River）以西地区和博格拉以北地区。①因此，到12月15日，仅有东部和北部进攻的两路印军抵达达卡近郊，对达卡构成合围。

相比印军的攻城拔寨，东巴守军的士气低落，弹药及后勤补给几近枯竭。东巴守军主帅尼兹将军和大部分巴军将领并未放弃抵抗，依然顽强地进行战斗。据尼兹回忆，东巴守军的主力部队已陷入印军的分割包围，虽然抵抗顽强，但均无力量实施突围，回援达卡。但达卡所处的地形环境却为达卡城防提供了天然的便利条件。②就地形来看，达卡位于贾穆纳河、梅格纳河和布拉马普特拉河构成的一个三角地带上，其尖角位于达卡市南端。整个地形沟壑纵横、易守难攻。印军想要攻下达卡绝非一朝一夕之事，需要集结大量部队，辅以周密的战略部署，配合强大的火力支援实施强攻。更为重要的是，在第二周的战争进程中，印军的预定作战计划并未完成，虽兵临城下，但达卡仍在巴军手中。若印巴两军相持于达卡城下，地区形势，乃至国际形势都可能发生变化，印度亦将骑虎难下，苏联的支持力度会否如同第一周那样亦存有变数，战争的结果将难以预料。因此，笔者认为，尼克松政府对东巴战局的悲观估计只是从最坏结果处着眼考虑，并未考虑达卡战事陷入僵持的局面。

相比东线战争的胶着状态，印军在西线的积极防御获得不少战果。除持续对西巴进行海上封锁和空中轰炸之外，自12月9日起，印军实施反击，在瓦格赫（Wagah）、胡塞瓦纳（Husainwalla）、沙卡嘎哈（Shakargarh）和恰姆布（Chhamb）地区，与巴军展开阵地拉锯战。印军第26和第39步兵师在旁遮普方向，第36和第54步兵师在信德方向出击，在印度空军强有力的支援下，强行突破了巴军的钳形攻势，一路反击。印军第11和第12步兵师也一举击退进攻朗格维尔的巴军，并一路追击至巴基斯坦信德省境内。至12月16日，印军已经占领了西巴信德省和巴占克什米尔地区4765平方公里的领土。③

在战争的最后关头，对东巴实施"闪电战"的作战目标并未完成，

---

① 有关东线战场第二周的战争进程的详尽叙述可参见 Sukhwant Singh：*The Liberation of Bangladesh*, pp. 130 - 202. ；A. A. K. Niazi：*The Betray of East Pakistan*, pp. 138 - 189.

② A. A. K. Niazi：*The Betray of East Pakistan*, pp. 138 - 189.

③ *The Richard M. Nixon National Security Files*, 1969 - 1974：*India-Pakistan War of* 1971, Microfilms：MF10202004247144166847 - 52, LexisNexis, 2007.

印度是否会一如美国中情局的秘密文件所指出的那样在西线大举进攻，以摆脱在东线骑虎难下的局面？中情局的一份情报评估中解答了这个问题。这份文件援引来自印度高层的情报指出，12月10日，在印度内阁会议上，英迪拉·甘地认为印度在这一场战争中的主要目标是"解放"孟加拉。当这一目标完成后，应当立即接受联合国安理会的停火建议，这样既可以避免与美国关系闹僵，又可以排除中国在中印边境地区采取军事行动的可能性。因此，印度军方的紧迫任务就是尽快拿下达卡。而贾格吉凡·拉姆则有不同意见，他认为应当在夺取巴占克什米尔南部地区和完全摧毁巴基斯坦空军力量和装甲部队之后，再接受联合国的停火建议。经过一番争论，双方达成妥协，在攻克达卡以及在巴占克什米尔南部地区有所斩获之基础上，接受联合国的就地停火建议，英迪拉·甘地强调莫斯科支持印度的政策基点就是要求印度在解放孟加拉之后，立即接受停火，否则，若印度继续西线战争，莫斯科的态度很可能发生变化。会议同时决定派印度外交部政策计划委员会主席达哈（Dhar）赴莫斯科向苏联方面表明印度没有夺取西巴领土的战略意图。①联系前文分析可见，在合围达卡、实施最后总攻击的预定目标遭遇阻力之时，英迪拉·甘地政府内部在印度的战争目标定位上发生分歧。面对不断变化的时局，印度的战争政策也需因时而变。作为总理的英迪拉·甘地观点很明确，那就是当前的关键目标是着力解决孟加拉问题，在尽快攻占达卡后接受联合国的停火建议。

二、巴基斯坦内部的权势纷争

恰恰是在这样一个复杂而微妙的历史节点上，东巴守军内部的矛盾纠葛却推动了印度跨过僵持郁结的壕沟，迈向最后的胜利。

巴基斯坦内部矛盾纠葛之关键主要表现在两件事情上：第一，东巴守军司令尼兹与东巴省督民事顾问法曼·阿里之间的纷争；第二，阿里·布托在12月15日安理会会议上撕毁波兰提案。

尼兹与法曼·阿里之间的矛盾分歧在战争第一周就有所显现。12月

---

① "Central Intelligence Agency Intelligence Information Cable TDCS14/1330801，Washington，December 13，1971"，*FRUS*，1969-1976，E-7：Documents on South Asia，1969-1972，available at http：//www.state.gov/documents/organization/47958.pdf.

7日，对战事发展极度悲观的法曼·阿里假借省督马立克之名①致信叶海亚·汗。信中说到，东巴叛乱分子在东巴各地活动频繁，攻击桥梁、渡口和交通线，使巴军在物资补充、部队调防等方面遭遇极大困难。而且东巴存粮所剩无几，七天之后达卡将断粮。法曼·阿里指出若得不到友好国家的"真心帮助"，则请求在体面的条件下，允许省督与印度代表进行谈判，以避免生命财产的无谓牺牲和毁坏。②

就在法曼·阿里致信的当天，叶海亚·汗以巴基斯坦三军总司令的身份致电表彰尼兹（电报编号：No. G. 0910）在力量对比悬殊的情况下，率领部队进行英勇抵抗。叶海亚·汗指示尼兹宁可丢失土地，也要坚守达卡，并且保证美国和中国会很快进行干预。③

在收到法曼·阿里的信件之后，叶海亚·汗感到很无奈，只能采取精神鼓励的方法要求东巴守军继续坚守。8日，他致电尼兹表示世界大国正在联合国与印度进行斗争，并将很快通过一个停火撤军的决议。④

虽然第26届联大会议通过有关立即停火撤军的决议，但由于联大决议缺乏强制执行力，印度并未执行该决议，而且加强了在东巴的攻势。12月9日，尼兹致电总参谋长哈米德·汗指出由于印度掌握了制空权，已难以重新集结部队实施反击。尼兹强调说，由于水陆运输设备遭到广泛的破坏，部队的行动遭遇极大困难。然而，他仍向总参谋长保证，只要国家利益需要，他和他的部队将继续战斗下去。⑤

12月10日，尼兹接到哈米德·汗的回电，电文中传达了叶海亚·汗的意图，并说明鉴于东巴局势紧张复杂，而拉瓦尔品第又很难真正把握局势发展。因此，叶海亚·汗以三军总司令的身份授予尼兹对东巴时局发展的"专断权"，总揽东巴的军事和民政事务。⑥

但就在10日当天，法曼·阿里在未得到尼兹的许可下，找到滞留达卡的联合国副秘书长保罗·亨利（Paul Henry），私自提交有关东巴停火

---

① 据尼兹回忆，事后他曾当面询问马立克此事，但马立克亲口对他说12月7日并未致信叶海亚·汗。参见 A. A. K. Niazi: *The Betray of East Pakistan*, pp. 175 – 176.
② A. A. K. Niazi: *The Betray of East Pakistan*, pp. 175 – 176.
③ A. A. K. Niazi: *The Betray of East Pakistan*, p. 177.
④ A. A. K. Niazi: *The Betray of East Pakistan*, p. 177.
⑤ A. A. K. Niazi: *The Betray of East Pakistan*, p. 179.
⑥ A. A. K. Niazi: *The Betray of East Pakistan*, pp. 181 – 182.

的停战协议书，并希望联合国与有关各方协调，尽快实现东巴停火。停战协议书中包括五点建议：1. 印巴双方军队立即在东巴脱离接触，实现停火；2. 巴基斯坦军队"体面地"分阶段从东巴撤离；3. 在保证人身安全的情况下，所有愿意回到西巴的人员可以平安返回西巴；4. 确保自1947年以来一直生活在东巴的居民人身安全不受侵犯；5. 以和平的方式将东巴权力移交给"东巴人民选举出来的代表"。① 法曼·阿里在向保罗·亨利提交了停火建议后，径直来到尼兹的战前指挥所，说明来意，两人随即发生激烈争吵。其后，面对既成事实，尼兹仍持保留意见。他表示在向叶海亚·汗呈递有关停火建议时，应加上一句话："尼兹听从您的指挥。"②

与此同时，保罗·亨利在接到法曼·阿里的停战协议书后，感到事关重大，在当日下午2时紧急联系美国驻达卡总领事斯皮瓦克，详细告知相关事宜。③ 在获悉此事之后，斯皮瓦克立即致电国务院。国务院得到消息后旋即指示法兰德拜会叶海亚·汗以证实这一消息的可靠性。④ 10日晚上，法兰德进见叶海亚·汗，这一消息得到证实。⑤

但是美国的一厢情愿代替不了西巴军官团的好战倾向。在与法兰德会谈后，10月深夜，叶海亚·汗在拉瓦尔品第召开三军参谋长联席会议，商讨法曼·阿里向联合国提交的停火建议。与会的军方强硬派认为这是一种可耻的投降行为，反对任何妥协，要求与印度教徒战斗到底。

---

① A. A. K. Niazi：*The Betray of East Pakistan*，p. 182.；美国档案文献中的记载与尼兹的叙述有出入。保罗·亨利随后与美方官员接触时表示，法曼·阿里亲口对他说这份停火协议是经过叶海亚·汗总统同意的。*The Richard M. Nixon National Security Files*，1969 – 1974：*India – Pakistan War of* 1971，Microfilms：MF102020042471101665894 – 895，LexisNexis，2007. 联系事情的前因后果，笔者认为尼兹的叙述是可信的，而法曼·阿里对保罗·亨利所说的话实属先斩后奏之举。

② A. A. K. Niazi：*The Betray of East Pakistan*，p. 184；对于尼兹与法曼·阿里的不同观点，斯皮瓦克有深入的阐述。12月14日在致国务院的电文中，斯皮瓦克指出："法曼·阿里对局势已经不报幻想，通过采取自己认为有效的方式避免西巴军队的灭顶之灾；而尼兹更像一名颇具军事浪漫主义气息的果敢战士，不成功，变成仁。"参见 *The Richard M. Nixon National Security Files*，1969 – 1974：*India-Pakistan War of* 1971，Microfilms：MF102020042471281666542，LexisNexis，2007.

③ *The Richard M. Nixon National Security Files*，1969 – 1974：*India – Pakistan War of* 1971，Microfilms：MF102020042471101665894，LexisNexis，2007.

④ *FRUS* 1969 – 1976, Vol. XI：*South Asia Crisis* 1971, p. 739.

⑤ F. S. Aijazuddin ed.：*White House & Pakistan*：*Secret Declassified Documents*，1969 – 1974，pp. 464 – 465.

在强硬派的巨大压力下，叶海亚·汗不得不有所退让，同时，指示马立克省督重新向联合国驻达卡代表处递交一份新的停火建议，仅仅只保留了停火、保证西巴军队官兵和平民人身安全的内容，而删除了有关政治权力移交和巴军从东巴全部撤出的内容。①在回复法曼·阿里的电文中，叶海亚·汗严厉斥责了他的擅自行动，并明确表示不会批准他向联合国提交的停火建议。②

与巴军方强硬派的观点相同，阿里·布托亦强调停火撤军缺一不可。③ 12月7日，阿里·布托被任命为巴基斯坦政府副总理兼外交部长。④ 12月9日，他飞赴纽约准备参加将于12月15日召开的联合国会议。10日晚上，布托与布什进行了一个半小时的会谈，当谈及法曼·阿里采取的"令人惊愕的"擅自行动时，布托当即表示若这是巴基斯坦政府的真实意图，他将购买头班返航客机的机票立即回国，不必多此一举地在联大会议上白费口舌。⑤而且，布托指出在向12日召开的安理会递交的提案中，巴基斯坦政府将坚持在东西两线同时实现停火与撤军，"他自己不会受到任何外在意识的影响"⑥。

在短短的几天之内，形势发生戏剧性的变化，美国不得不紧急应对。在战局发展愈来愈不利于巴基斯坦之时，若巴方坚持停火、撤军同时实现，不仅是"痴人说梦"，而且亦会为印度继续战争提供充足的理由，巴方的损失将会更大。为此，欧文指示法兰德在第一时间进见叶海亚·汗，询问伊斯兰堡究竟采取何种立场，同时强调巴方若希望东西两线均实现停火的话，巴方的停火建议书必须有所修改。⑦

---

① *The Richard M. Nixon National Security Files*, 1969 – 1974: *India – Pakistan War of* 1971, Microfilms: MF102020042471101665904 – 905, LexisNexis, 2007.

② A. A. K. Niazi: *The Betray of East Pakistan*, pp. 184 – 185.

③ 在拉瓦尔品第当地时间12月7日晚与法兰德的谈话中，布托明确表示结束战争有两个要素：印巴双方停火和从对方领土撤军。参见 *The Richard M. Nixon National Security Files*, 1969 – 1974: *India-Pakistan War of* 1971, Microfilms: MF102020042471771671365, LexisNexis, 2007.

④ *The Richard M. Nixon National Security Files*, 1969 – 1974: *India-Pakistan War of* 1971, Microfilms: MF102020042471771671363 – 364, LexisNexis, 2007.

⑤ *The Richard M. Nixon National Security Files*, 1969 – 1974: *India-Pakistan War of* 1971, Microfilms: MF102020042471101665832, LexisNexis, 2007.

⑥ *The Richard M. Nixon National Security Files*, 1969 – 1974: *India-Pakistan War of* 1971, Microfilms: MF102020042471101665836, LexisNexis, 2007.

⑦ *The Richard M. Nixon National Security Files*, 1969 – 1974: *India-Pakistan War of* 1971, Microfilms: MF102020042471101665917, LexisNexis, 2007.

在接到国务院的指示后，伊斯兰堡时间 12 月 12 日上午 10 时，法兰德紧急进见叶海亚·汗，并告之美国政府的建议。尽管叶海亚·汗以"通讯线路出现故障"为由回避了美方关切的为何修改停火建议的问题，但在法兰德的劝说下，叶海亚·汗接受了美国的新提案①，同时，他指示萨迦按新的方案与美国代表布什协调。②在接到叶海亚·汗的指示后，12 日晚 11 时，萨迦立即与布什取得联系，表示在安理会会议上，美巴将联手按新的方针行事。③

12 月 12 日晚上 7 时，应美国代表布什的要求，联合国安理会再次召开会议讨论南亚局势。布什表示，在巴基斯坦政府已经明确表示接受 12 月 7 日联合国大会所通过的决议的情况下，印度政府也应按照决议立即停火并撤军。他同时指出，印度应对 3 月 25 日以来，南亚安全状况的不断恶化负主要责任。叶海亚·汗政权对东巴的军事镇压是"一个悲剧性的失误"，但这一失误并不能证明印度以军事行动干涉巴基斯坦内政、侵犯其国家主权和领土完整的行为是正确的。布什指责印度对联合国维和行动的不合作态度加深了南亚危机和印巴敌对。他再次提出解决方案，要求印巴双方立即停火，同时从边境地区撤出武装力量，为难民平安返回家园创造条件。由于当天的会议上，各国代表的发言时间较长，美国的提案在 13 日继续召开的会议上再次被苏联所否决。④

在安理会这一"没有硝烟的战场"上，大国进行着激烈的论战交锋。而与此同时，美军第 74 特遣舰队正驶向孟加拉湾。英迪拉·甘地"强烈谴责"美国的举动是在向印度示威，意图用"炮舰政策"和"强

---

① 新方案的内容为："首先提交一份要求在东西两线实现停火的提案；若该提案被安理会采纳，则华盛顿支持伊斯兰堡和穆吉布纳嘎重开政治谈判。"参见 *FRUS* 1969–1976, Vol. XI: South Asia Crisis 1971, p. 767

② *The Richard M. Nixon National Security Files*, 1969–1974: *India-Pakistan War of* 1971, Microfilms: MF10202004247128166617.7-178, LexisNexis, 2007.

③ *The Richard M. Nixon National Security Files*, 1969–1974: *India-Pakistan War of* 1971, Microfilms: MF10202004247128166684, LexisNexis, 2007.

④ *The Richard M. Nixon National Security Files*, 1969–1974: *India–Pakistan War of* 1971, Microfilms: MF10202004247128166669, LexisNexis, 2007.

制外交手段"迫使印度停止"追求自由和民主的斗争"。①故而，为在美国庇护巴军的目的实现之前拿下达卡，印军加大了对达卡和东巴境内其他目标军事打击的力度。12月14日上午，印军情报部门截获破译了一份由达卡发往拉瓦尔品第的电报，其中显示东巴高级军政官员将于14日中午12时在达卡市政大楼地下室举行秘密会议。印度空军的2架米格-21战斗机立即升空对指定地点投掷炸弹，迫使会议中断。这一轰炸事件发生后，省督马立克与东巴民事政府的30名官员提出总辞职，马立克本人则到国际红十字会的驻地达卡洲际饭店谋求政治避难。②在提出辞呈的同时，马立克致信叶海亚·汗，恳请下令停止抵抗。信中说："时间正在流逝，印度的进攻丝毫未减，从人道主义角度出发，我和东巴政府内阁成员最后一次恳请您下令停火，以免生灵涂炭。"③当日下午，已失去对东巴局势控制能力的叶海亚·汗致电尼兹，要求东巴守军停止抵抗（编号：No. G. 0013）。电文中说："你们以寡敌众，作战英勇。巴基斯坦为你们骄傲。为了寻找一个可以接受的解决办法，我已竭尽全力。你们的抵抗已经达到人类所不能继续承受下去的程度。如果继续抵抗，也将毫无用处，只能导致更多的人员伤亡和设施毁坏。你现在可以采取必要措施，停止战斗，保存武装部队人员、所有西巴人和忠诚者的生命。我已要求联合国敦促印度停止在东巴基斯坦的敌对行动，保证所有可能成为恶徒攻击对象的人员的人身安全。"④

12月15日，尼兹前往美国驻达卡总领事馆，希望由美国出面安排停火，并提出四个条件：第一，按照双方协议，巴基斯坦武装部队在指

---

① *The Richard M. Nixon National Security Files*, 1969 – 1974: *India-Pakistan War of* 1971, Microfilms: MF10202004247128166693, LexisNexis, 2007. 12月12日，在与西斯科会晤时，杰哈表示印度政府"严正关切美国核动力航空母舰在印度洋的活动，并强烈质疑出动航母的目的是否确如华盛顿所言是疏散滞留东孟加拉的美国公民"。杰哈认为美国的强力行动是在向印度示威，并会对"今后印美关系的发展制造障碍"。参见 *The Richard M. Nixon National Security Files*, 1969 – 1974: *India-Pakistan War of* 1971, Microfilms: MF10202004247128166521, LexisNexis, 2007.

② Sukhwant Singh: *The Liberation of Bangladesh*, pp. 221 – 222.

③ *The Richard M. Nixon National Security Files*, 1969 – 1974: *India-Pakistan War of* 1971, Microfilms: MF10202004247128166547, LexisNexis, 2007.

④ A. A. K. Niazi: *The Betray of East Pakistan*, p. 187; A. S. M. Shamsul Arefin: *Bangladesh Documents* 1971, Vol. III, p. 214. 根据美国档案记载，12月14日，在与法兰德的谈话中，苏尔坦·汗明确告知叶海亚·汗总统已经授权尼兹停止抵抗。参见 *The Richard M. Nixon National Security Files*, 1969 – 1974: *India-Pakistan War of* 1971, Microfilms: MF10202004247128166251, LexisNexis, 2007.

第五章　第三次印巴战争与南亚国际关系新格局 | 319

定的地点集中；第二，保证 1947 年以来所有在东巴基斯坦定居的人员的人身安全；第三，保证不对 1971 年 3 月以来曾帮助过东巴政府的人员进行报复；第四，印巴双方均应遵守联合国通过的任何决议。①

尼兹的停火建议经由美国总领事馆传递给新德里。新德里很快作出反应。15 日晚，马克内肖致信尼兹，信中说："因为你已经表示了停止战斗的愿望，我期待你向你的司令部所指挥的所有部队发布命令，立即停火，就近向我军部队投降。"同时，他指出任何人不必担心他们的安全，不管他们来自何方，印军部队都不会进行报复。按照日内瓦公约，投降的巴基斯坦人员将得到尊重与优待，伤病员将得到照顾，亡者将被隆重安葬。为了得到东巴守军的积极响应，马克内肖宣布，从达卡时间15 日下午 5 时到 16 日上午 9 时，印军将暂时停止对巴军的地面进攻和对达卡及其周边地区的轰炸。"要是你不同意我的建议，我别无选择，只能下令于 12 月 16 日上午 9 时恢复进攻。"②在收到马克内肖信函之后，15 日午夜，尼兹接到拉瓦尔品第的电报（编号：No. G. 0015），同意印度方面的停火要求，并命令尼兹即刻作出停火安排。③达卡当地时间 12 月 16 日下午 4 时 30 分，印度东北军区司令杰格吉特·辛格·奥罗拉中将与东巴守军主帅尼兹中将签订东巴守军投降书④，第三次印巴战争结束。

就在叶海亚·汗作出东巴守军停止抵抗决定的同时，华盛顿时间 12 月 15 日晚上 7 时 20 分，安理会再次召开会议讨论印巴局势。在会议上，英国、法国、意大利、西班牙以及波兰等国均向大会递交停火问题的草案。其中，波兰提案尤为引人注目。在前 3 次安理会会议上，波兰都是苏联的坚定支持者，但这一次波兰采取新的举措。就内容而言，其与先前苏联的提案有相同之处，即要求巴基斯坦政府"将权力移交给 1970 年12 月大选选举出来的'民意代表'"，但是，与前几次苏联提案的重要不同之处是，波兰提案"要求在东巴政治权力移交过程开始后的 72 小时内，印巴军队在东西两线同时停火、立即脱离接触"，两国军队同时从东

---

① A. A. K. Niazi：*The Betray of East Pakistan*，pp. 189–190.；A. S. M. Shamsul Arefin：*Bangladesh Documents* 1971，Vol. III，p. 213；*The Richard M. Nixon National Security Files*，1969–1974：*India-Pakistan War of* 1971，Microfilms：MF1020200424712816665 86–587，LexisNexis，2007.
② A. A. K. Niazi：*The Betray of East Pakistan*，pp. 190–191.
③ A. A. K. Niazi：*The Betray of East Pakistan*，p. 191.
④ 有关东巴守军投降书的文本可参见 A. S. M. Shamsul Arefin：*Bangladesh Documents* 1971，Vol. III，p. 215.

巴境内撤出。此外，提案还要求"双方放弃在战争期间，通过武力所获取的对方国家的领土"。①波兰提案中有关停火、撤军以及放弃战争期间所占领的领土这三条主要内容与印度的战争目标是有很大抵触的，一经安理会通过将会并对印度构成严重影响：第一，停火和撤军将会使印度已经取得的战果化为泡影，攻占达卡的总目标将受影响；第二，"放弃在战争期间，通过武力所获取的别国领土"将会使印度原本所希望扶植建立对印度友好的、独立的孟加拉国前景扑朔迷离。但是，阿里·布托在安理会上的"表演"却使得印度的担心成为多余。布托在会议上激动地说："巴基斯坦正在遭受敌人的蹂躏，但安理会却无能为力。如果安理会要我参加使这种卑贱的投降成为合法化的行动，我说我决不会这样做。我不会从安理会带回投降书。我不会赞同使侵略合法化、武力占领合法化的任何决议。"与此同时，布托指责斯瓦兰·辛格"双手沾满巴基斯坦人民的鲜血"，戏谑地称苏联代表马立克是"非横跋扈的马立克沙皇"，并将英、法两国斥为"彻头彻尾的机会主义者"。最后，布托表示："为什么要在安理会上浪费时间？我不会成为纵容分裂国家的一分子。"②在说完此番慷慨激昂的讲话之后，他愤然撕毁手中的波兰提案，径直离开会场。布托的举动令全场震惊，有关停火决议的表决不了了之。

  对于已经接到命令停止抵抗的东巴守军，波兰提案也许是挽回颜面，体面地从东巴全身而退的理想方式。但是，布托却将一纸提案撕得粉碎，中途退场，人为地阻断了停火提案的表决过程。实际上，在15日的安理会召开之前，叶海亚·汗曾致电萨迦，让其转告布托有关巴军在东巴停止抵抗的决定，但布托得知后情绪异常激动，并表示会向叶海亚·汗问个清楚，为何下令停止抵抗。③ 美国学者理查德·西森曾于1979年对叶海亚·汗进行访谈。据叶海亚·汗回忆，安理会开始后不久，他获悉波兰提案的主要内容并认为这一提案对巴基斯坦有利，布托应该接受这一提案。但当他给远在纽约的布托打电话说"我们应当接受这个提案"时，布托却一连说了几个"什么？什么"？在几次试音后，叶海亚·汗

---

① *The Richard M. Nixon National Security Files*, 1969–1974：*India-Pakistan War of* 1971, Microfilms：MF102020042471281666359–360, LexisNexis, 2007.

② *The Richard M. Nixon National Security Files*, 1969–1974：*India-Pakistan War of* 1971, Microfilms：MF102020042471281666458–459, LexisNexis, 2007.

③ *The Richard M. Nixon National Security Files*, 1969–1974：*India-Pakistan War of* 1971, Microfilms：MF102020042471281666419, LexisNexis, 2007.

说"我能很清楚地听到你的声音",而布托却以一句"住嘴"挂断电话。在 1979 年接受采访时,叶海亚·汗对此事记忆犹新,并仍困惑不解。①不管阿里·布托的真实意图为何,他在安理会上的举动确确实实终止了波兰提案在安理会上的通过,并最终促成了印度取得最终的军事胜利。

为什么阿里·布托会有如此令人大惑不解的举动?笔者认为,长期以来,军官团一直都是巴基斯坦国家政治生活中的主导力量,而在两次反阿尤布·汗运动中,阿里·布托都是追求制宪民主的旗手。虽然在反对东巴人民联盟的政治斗争中,阿里·布托与西巴军官团结成攻守同盟,但是,阿里·布托并未放弃削弱军方对巴基斯坦政治影响的努力。战争结束之后的 12 月 17 日,巴基斯坦三军总司令部在拉瓦尔品第召开重要军事会议,与会者就叶海亚·汗是否应该继续担任总统一职、是否应该继续军法统治这两个敏感问题展开了激烈争论。虽然三军总参谋长哈米德·汗力挺叶海亚·汗,但包括陆军参谋长古尔·哈桑和空军司令拉希姆·汗在内的众多高级将领纷纷指责叶海亚·汗治国不力,要求由阿里·布托接替叶海亚·汗治理巴基斯坦。最后,在强大的压力下,叶海亚·汗不得不在 12 月 19 日晚 7 时宣布下野。② 12 月 23 日,阿里·布托就任巴基斯坦总统。

三、美、苏、中三大国外交角力

在战争第二周,尼克松政府除了加强美巴协调、加大对印度的外交压制力度之外,更是将以南亚政治危局作为检验美、苏、中战略大三角之存在基础的一个"实验场",开展纵横捭阖的大国外交攻势。

华盛顿时间 12 月 10 日晚 6 时,基辛格与黄华秘密会晤,指出:"如果南亚局势发展威胁到你们的安全,而你们将为维护自己的安全采取果断行动的话,尼克松总统表示美国政府坚决反对其他国家武力干涉中华人民共和国的行动。"黄华指出:"苏印两国对巴基斯坦的侵略阴谋是包围中国的重要一步。东巴问题纯属巴基斯坦内政,任何人、任何国家都无权干涉。印度政府在苏联的怂恿之下武装侵略巴基斯坦是不能容许

---

① Richard Sisson and Leo E. Rose: *War and Secession- Pakistan, India, and The Creation of Bangladesh*, pp. 306 – 307.

② *The Richard M. Nixon National Security Files*, 1969 – 1974: *India-Pakistan War of* 1971, Microfilms: MF102020042471281666856, LexisNexis, 2007.

的。""中国政府和人民将坚决支持巴基斯坦政府和人民捍卫国家主权、领土完整的正义斗争。"①

12月10日，基辛格与黄华的秘密晤谈是南亚危机期间，中美加强协调的重要表现。自印巴边境军事冲突爆发以来，中国领导人多次指责印度"军事挑衅"，制造"战争威胁"。11月22日，参加第二十六届联合国大会的中国代表团团长乔冠华强烈谴责印度在苏联的支持和包庇下对巴基斯坦发动军事侵略。②

在12月5日的安理会会议上，黄华代表中国政府首次在安理会上提出一项决议草案："严厉谴责印度政府制造所谓'孟加拉国'、颠覆、分裂和侵略巴基斯坦的行径。""要求印度政府把它的武装部队立即无条件地撤出巴基斯坦领土。""呼吁印巴两国停止敌对行动，并从印巴两国边界线各自后撤，脱离接触，为和平解决印巴争端创造条件。"③

12月9日晚上，在与坦桑尼亚驻华大使 R. S. 万布拉（R. S. Wambura）的会谈中，姬鹏飞代外长指责印度宣布承认"孟加拉人民共和国"是它一手"导演"的侵吞东巴行动的最好注脚。"苏修社会帝国主义与印度扩张主义对巴基斯坦的联手进攻是赤裸裸的侵略行径。"④

值得注意的是，自第三次印巴战争爆发后，中国政府在有关东巴问题的外交辞令使用上有明显变化：在战争爆发之前，使用的是维护"国家主权"和"民族独立"，战争爆发之后，则强调维护"国家主权"与"领土完整"。这种表述细致地区分了巴基斯坦国内政治动荡与针对巴基斯坦的外来入侵两种不同的政治语境。笔者认为，在第三次印巴战争全面爆发之前，中国之所以未使用"领土完整"的表述，是因为巴基斯坦主要问题在国内，属于巴基斯坦内政，恪守和平共处五项原则的中国政府无权干涉巴基斯坦内政。而第三次印巴战争爆发之后，中国政府认为印度对巴基斯坦进行军事干涉和侵略，因而，支持巴基斯坦反对印度在

---

① FRUS 1969–1976, VolXVII: China, 1969–1972, pp. 617–618.
② Ayun Kumar Singh: *U. N. Security Council and Indo-Pak Conflicts*, New Delhi: Capital Publishing House, 1992, p. 99; *The Richard M. Nixon National Security Files*, 1969–1974: *India-Pakistan War of 1971*, Microfilms: MF1020200042471101665786, LexisNexis, 2007.
③ Arum Kumar Singh: *U. N. Security Council and Indo-Pak Conflicts*, p. 105; 黄华:《亲历与见闻——黄华回忆录》, 北京: 世界知识出版社2007年版, 第189页。
④ 《严厉谴责印度政府妄图吞并东巴基斯坦坚决反对社会帝国主义推行强权政治》,《人民日报》1971年12月10日; *The Richard M. Nixon National Security Files*, 1969–1974: *India-Pakistan War of 1971*, Microfilms: MF1020200042471101665520, LexisNexis, 2007.

苏联幕后指使之下的侵略行径就成为中国政府的主要表述方式。因此，英国学者罗伯特·杰克逊所认为中国在巴基斯坦的利益诉求维系于西巴，中国旨在维护西巴的政治地位不受印度侵犯的观点是片面的，他没有注意到中国官方政策表述在不同政治语境中的细微差别。12 月 16 日，中国政府发表的一份声明中更能够体现在印巴战争期间，中国的政策立场是坚决反对苏联、印度操纵东巴独立运动，阴谋分裂和侵略巴基斯坦。声明中说：" 印巴战争是一场侵略和反侵略、分裂和反分裂、颠覆和反颠覆的斗争……中国政府和人民坚决支持巴基斯坦政府和人民的反侵略、反分裂、反颠覆的斗争，不仅在政治上这样做，而且将继续在物质上给予援助。" 声明还指出：" 印度扩张主义者依仗苏修社会帝国主义的支持，侵占大片巴基斯坦领土，蛮横跋扈，妄图在次大陆称王称霸，自以为是。但是，同印度政府的主观愿望相反，它的侵略罪行必将激起巴基斯坦人民和南亚次大陆人民包括印度人民的更加强烈的不满和反抗，它在南亚次大陆将休想得到安宁。玩火者必自焚。"①

除了认为中国在巴基斯坦的利益诉求维系于西巴之外，罗伯特·杰克逊还指出中国在政治支持巴方的同时，刻意在向巴基斯坦提供安全承诺问题上模糊化。这一说法是否正确？为此，下文将作进一步的分析。

在 12 月 10 日的秘密会谈中，基辛格所言有两层意思：第一，中国是南亚危机的重要利益攸关者。为了实现美国的冷战战略转型，不断送中美关系 " 解冻之旅 " 已取得的成果，不能让中国产生美国是在纵容苏联、印度阴谋分裂巴基斯坦的印象。因此，在基辛格与黄华会晤之前，尼克松明确指示基辛格：" 必须牢记一点，不能让中国认为我们和苏联在决定巴基斯坦的命运，不能将中国排除在解决危机的进程之外。"②第二，苏联和印度在次大陆的联合扩张不仅破坏了南亚均势，而且威胁到中国的国家安全，中美在联合反制苏印扩张方面有共同利益诉求。美国已经向孟加拉湾派遣航母特遣编队，并积极对巴实施间接军事援助。若中国

---

① 《中华人民共和国政府声明》，《人民日报》1971 年 12 月 17 日。

② "Conversation between President Nixon and his Assistan for National Security Affairs (Kissinger), Washington, 12 December, 1971, 10：27A. M. – 10：37A. M. ", *FRUS*, 1969 – 1976, E – 7：Documents on South Asia, 1969 – 1972, available at http：//www. state. gov/documents/organization/48545. pdf.

在中印边境地区采取军事行动,美国将予以支持,并作出承诺"将会反对其他国家干涉中华人民共和国的行动"。

12月12日是第三次印巴战争最后阶段,三大国外交博弈最扣人心弦的一天。当日上午8时45分,尼克松、基辛格和黑格举行小范围会谈,会谈的中心议题是中国将会采取何种行动。会谈期间,中国要求在当日下午紧急会见美国高层。在得知这一消息后,基辛格当即指出:"看来中国人要采取行动了","有关中国议题的关注点应由先前预想的中国可能不会直接军事介入转变为若中国直接军事介入,美国应有何对策"。他接着表示:"如果我们要求中国克制,不让其采取行动的话,那么中美接近的成果将转瞬即逝。"对此,尼克松询问,如果苏联对中国开战,美国要威胁使用核武器吗?经过商议后,尼克松明确了基本态度:"为避免'末日大决战',我们不应挑起核战争。"基辛格同意尼克松的观点,并认为"若中苏之间兵戎相见,美国可以向中国提供一些战略轰炸机,但要避免核战爆发"①。此次会谈实际上反映了美国高层在考虑中国直接军事介入印巴战争复杂矛盾的心理:若苏联威胁中国,美国将支持中国,但同时要避免美苏核大战。作为研究者不得不承认基辛格对12日上午会谈的评价是中肯的,基辛格认为这是一次关键性的会议,"正是在这次会议上我们第一次决定在苏联—中国—美国的三角关系中冒战争风险"②。

这里需要指出的是,自南亚危机以来,美国情报机构都一直将中国的政策动向、在中印边境的兵力部署情况以及中国是否会直接出兵援助巴基斯坦作为情报分析评估的重点议题。战争爆发之后,美国情报界加强了对中国是否会直接出兵援助巴基斯坦的情报评估。

12月7日,中情局出台一份名为《中国的军事选择与进攻印度边境地区的能力》的情报备忘录。其中指出,中国在中印边境地区部署了8.6万人的地面部队。其中,在中印边境西藏地段部署了7.6万人,在新疆地段部署了1万人。在西藏地区,中国主要部署的是缺少坦克和重型火炮的轻装步兵部队,并且空军也没有在西藏的三个军用机场部署作战

---

① *FRUS* 1969–1976, Vol. XI: South Asia Crisis 1971, p.785.
② [美]亨利·基辛格:《白宫岁月》(三),杨静予等译,北京:世界知识出版社2003年版,第1157页。

飞机。大约有30架图-16中型轰炸机①部署在成都附近。② 该备忘录认为西藏复杂高峻的地形地貌和漫长险峻的后勤补给线是中国在中印边境地区采取军事行动的最大制约因素，而中国军队在西藏地区脆弱的后勤补给能力无法保障在中印边境地区进行大中规模的持续战斗。该备忘录的最后结论是："中国军方没有作好深度干预印巴战争的军事准备，不会发动一场越过喜马拉雅山，进入印度平原的大规模持久行动，但是，有可能在最小的军事风险下，在边境地区进行小规模的骚扰行动，以便牵制相当数量的印度军队。"③

与中情局情报评估的最后结论相类似的还有美国国防部的两份文件。战争爆发之前的11月12日，美国国防情报局出台了名为《在90天之内，南亚爆发战争的可能性评估》的绝密文件。文件估计中国军队在中印边境附近部署了7万人（其中6万人为作战人员，1万人为战

---

① 笔者查阅中国军方资料之后认为中情局情报评估中所提到的部署在成都的轰炸机型号有误。根据中国官方军事资料记载，1971年间，中国空军轰炸机部队的主力机种是仿苏联"伊尔-28"轻型轰炸机的轰-5亚音速短程战术轰炸机。该机最大平飞速度为902公里，航程2080公里，战斗活动半径为530公里，正常载弹量1000公斤。而仿制苏联"图-16"中程轰炸机的轰-6高亚音速战略轰炸机于1969年开始装备部队。该机最大平飞速度为1014公里，航程5760公里，战斗活动半径为2190公里，正常载弹量9000公斤。轰-6的列装部队使人民解放军的空中打击力量延伸至内陆和领海的大部分区域。但是"文化大革命"使轰-6的批量生产处于半瘫痪状态，年产量不到10架。到1972年，中国空军装备的轰-6不足所有轰炸机总数的10%。参见李可、郝生章：《文化大革命中的人民解放军》，北京：中共党史资料出版社1989年版，第298—299页。依据以上军事资料，1971年中国空军各型轰炸机总架数约为150架，而已列装部队的轰-6不会超过15架。此外，美国中央情报局出台的题为：《对共产党中国常规部队和防空部队的评估》的国家情报评估第13-3-70（NIE13-3-70）号文件中指出："我们认为苏联的图-16喷气式中型轰炸机可能在1968年开始在陕西省西安市近郊的阎良飞机制造厂进行生产。到现在可能已经生产了大约10架。并且生产率逐步提高，到1971年末达到了每月生产大约4到5架的水平。这种飞机初始作战部署已经开始。中国可能会把图-16作为运输核武器的主要工具。"参见 National Intelligence Council：*Tracking the Dragon*：*National Intelligence Estimate on China During the Era of Mao*，1948-1976，Washington，D. C.：Government Printing Office，2004，p. 348. 因此，正文中所引用的情报评估中所称"30架"一说值得商榷，同时，笔者认为中国空军缺乏大纵深的空中打击手段也是制约中国对印度采取大规模军事行动的重要因素。

② *The Richard M. Nixon National Security Files*，1969-1974：*India-Pakistan War of* 1971，Microfilms：MF102020042471101665724，LexisNexis，2007. 该备忘录的中译文参见：《中情局关于中国介入印巴战争的能力的评估（1971年12月7日）》，沈志华主编：《美国对华情报解密档案（1948—1976）》第十四编：《中国与南亚》，上海：东方出版中心，2009年版，第277—279页。

③ *The Richard M. Nixon National Security Files*，1969-1974：*India-Pakistan War of* 1971，Microfilms：MF102020042471101665725-726，LexisNexis，2007.

斗辅助人员)。若印巴全面开战,中国军方可立即投入1.5万人的部队军事介入。在30天内,中国还可紧急集结9个师(包括成都军区的5个师和兰州军区的4个师),作为预备队。①但文件同时指出:"作为安理会的新晋成员,为维护自身的国际声望,获得国际认同,中国不太倾向于直接出兵援助巴基斯坦。"②12月9日,另一份名为《共产党中国援助巴基斯坦的能力》的文件指出:"在今后一段时间,中国对巴基斯坦的援助主要表现在政治支持、外交声援以及物资援助方面,为了避免莫斯科采取报复行动,中国不会在中印边境地区展开对印度的较大规模的军事行动。"③综合上述三份情报分析不难发现,美国情报界在12月12日之前倾向于认为中国深度军事干预印巴战争的可能性极小。这一结论从一个侧面也说明了为什么当基辛格得知中国方面要求在当日下午紧急会见美国高层这一消息之后,会指出有关中国议题的关注点应由先前预想的中国可能不会直接军事介入转变为中国有可能直接军事介入。

话转正题,10时27分,尼克松和基辛格商议启用美苏热线事宜。两人认为莫斯科的回应表明它们无意与华盛顿发生直接军事冲突。先前所料想的局势可能激化(特别是在中国军事介入战争的情况下)的极端估计应当加以调整,对前景的展望应更加乐观一些。④随后,在上午10时45分,沃龙佐夫正式向黑格递交了苏联政府的外交照会,表示印度政府已向苏联政府保证它并无对巴基斯坦的军事侵略和领土兼并意图。⑤

在获知苏联方面传来的信息之后,由于不能确定苏联保证的可信度,白宫决定继续向苏联施加压力。上午11时30分,尼克松首次启用美苏热线直接致电勃列日涅夫。电文中写道:"我必须指出新德里的保证仍然

---

① *The Richard M. Nixon National Security Files*, 1969 – 1974: *India-Pakistan War of* 1971, Microfilms: MF102020042471511669714, LexisNexis, 2007.

② *The Richard M. Nixon National Security Files*, 1969 – 1974: *India-Pakistan War of* 1971, Microfilms: MF102020042471511669716, LexisNexis, 2007.

③ "Defense Intelligence Agency Intelligence Appraisal, Communist China's Capability to support Pakistan, 9 December, 1971", *National Security Archive Electronic Briefing Book No.* 79: "*The Tilt: The U. S. and the South Asian Crisis of 1971*", available at http://www.gwu.edu/-nsarchiv/NSAEBB/ NSAEBB79/BEBB35. pdf

④ *FRUS* 1969 – 1976, Vol. XIV: Soviet Union, 1971. 10 – 1972. 5, p. 75.

⑤ *FRUS* 1969 – 1976, Vol. XI: South Asia Crisis 1971, p. 789.

空泛，难以使人相信它的真实意图究竟是什么。我依然会按照我 12 月 10 日信中提出的方针行事，换句话说，就地停火并即刻开始谈判。""我怎么强调也不会过分，为了避免我们双方都不愿看到的后果，时间是极其重要的。"①

12 日上午 11 时 45 分，基辛格打电话给沃龙佐夫，告诉他热线电报事宜，同时表示美国正把印巴战争问题重新提交给安理会，希望苏联能够支持合作。②但是在次日安理会会议上，苏联又一次否决了美国的提案。

12 日下午 3 时 50 分，黄华与黑格秘密会晤。会谈中，黄华向黑格通报了中国政府的最新立场：同意美国将停火与撤军分开来考虑的策略，首先就地停火，其后双方同时撤军。③为了表明中国政府反对苏联、印度扶植孟加拉傀儡政权的立场，黄华表示中国政府将继续援助巴基斯坦并坚持不承认孟加拉国的政治原则。针对美国方面最为关心的中国是否会直接军事介入问题，黄华明确告诉黑格，中国政府将按照安理会决议的宗旨，积极推进以政治方式结束战争，恢复南亚地区的和平。④

中国政府作出不采取军事行动的决定使得美国紧绷的神经得以松缓下来。但是，在 1971 年南亚危机期间，中国虽竭尽所能给予巴基斯坦政治、外交和物质上的援助⑤，但没有像 1965 年第二次印巴战争那样通过对印度"最后通牒"和在中锡、中印边界采取"军事牵制行动"的

---

① *FRUS* 1969–1976, Vol. XIV: Soviet Union, 1971. 10–1972. 5, p. 75.

② *FRUS* 1969–1976, Vol. XIV: Soviet Union, 1971. 10–1972. 5, pp. 75–76.

③ 据李达南回忆，当周恩来总理得知黄华与基辛格会晤的情况之后，曾生气地说："这个乔冠华和黄华真是两个书生，怎么连起码的军事常识都没有？人家现在已大兵压境，快要兵临城下了，当务之急是马上停火，还把什么先同意撤军作为先决条件。"他当即指示外交部发电报给中国驻联合国代表团，同意美国方面的建议。参见李达南：《周恩来与 1971 年印巴战争》，《党的文献》2001 年第 2 期，第 8 页。

④ *FRUS*, 1969–1976, Vol. XVII: China, 1969–1972, pp. 621–624.

⑤ 11 月 29 日，美国驻香港总领事馆在致国务院的电文中指出："据尚未证实的消息来源，10 月中旬，中国政府已决定向巴基斯坦政府提供 150 辆 59 式主战坦克，并自 10 月下旬开始启运。"参见 *The Richard M. Nixon National Security Files*, 1969–1974: *India-Pakistan War of 1971*, Microfilms: MF102020042471101665182, LexisNexis, 2007. 12 月 9 日，中情局的一份报告中指出，自 12 月 3 日之后，中国仍然利用通过险峻的喀拉昆仑山口的吉尔吉特公路（The Gilgit Road）向西巴运输各种援助物资。尽管天气条件恶劣，但中情局估计援助物资的运量仍保持在 800—1000 吨/天。参见 *The Richard M. Nixon National Security Files*, 1969–1974: *India-Pakistan War of 1971*, Microfilms: MF102020042471511669572, LexisNexis, 2007.

方式给予巴基斯坦支持①,笔者认为主要有以下四点原因:第一,苏联的安全威胁。自 1969 年 3 月珍宝岛事件后,苏联逐渐加大了在中苏边境地区的军事布防,对中国的北部边陲构成严重安全威胁。中国极力避免的是在两国关系极度紧张的情况下,给苏联以口实,使其在两国漫长边境线上的任意地点采取对中国的突然军事行动。②这一点考虑在"九一三林彪外逃事件"发生后变得尤为关键。③第二,中国对苏印联盟的认知。对中国而言,《苏印条约》的缔结是一个寓意深远的政治信号。12 月 5 日,在接受英国《星期日泰晤士报》记者内维尔·马克斯维尔(Neville Maxwell)专访时,周恩来总理指出:"在尼克松总统宣布将出访中国之前,苏印条约草案在苏联外交部橱柜里躺了两年。但获知尼克松总统访华消息后,莫斯科'急忙'与新德里正式缔约。这是为什么?很显然苏联的矛头是直接针对中国。"④对缔约双方动机的不同考量决定了中国对印苏采取不同的政策。自东线冲突爆发以来,中国官方政策表述中在批评印度侵略的同时,更将批判的矛头指向苏联的扩

---

① 有关中国在 1965 年第二次印巴战争中对巴基斯坦的政策可参见 John W. Garver, *Protracted Contest: Sino-Indian Rivalry in the Twentieth Century*, Seattle and London: University of Washington Press, 2001; 成晓河:《第二次印巴战争中国对巴基斯坦的支援》,《外交评论》2012 年第 3 期。

② 10 月初,美国国家安全委员会的一份评估文件指出,若印巴战争爆发,中国必将支持巴基斯坦,但直接出兵打击印度的可能性最小。个中原因主要在于苏印联盟。苏联极有可能在中国采取军事行动的同时在漫长的中苏边境线上的任一地点发动对中国的军事打击,而中国难以招架。这是制约中国行为的根本因素。参见 *The Richard M. Nixon National Security Files*, 1969 – 1974: *India-Pakistan War of* 1971, Microfilms: MF102020042471511669494, Lexis-Nexis, 2007.

③ 林彪出逃后,中共中央迅速采取紧急措施,逮捕林彪集团的重要成员,隔离审查黄永胜、吴法宪、李作鹏等人。1971 年 10 月 6 日,中共中央通报了林彪企图谋害毛泽东和另立中央两项阴谋,并将传达范围扩大到地方党支部正副书记、军队连级党员干部。10 月 24 日,中共中央将林彪叛逃事件向全国公布。人民解放军遵照中共中央、中央军委的指示和部署,有步骤地开展"批林整风"运动。有关全军"批林整风"运动的具体内容可参见李可、郝生章:《文化大革命中的人民解放军》,第 136—141 页。笔者认为"九一三林彪外逃事件"使人民解放军的一切工作重心放在内部整治上,对南亚局势发展难以兼顾,因此中国内部的政治变化决定了人民解放军难以像 1965 年那样,对南亚危机予以更多关注。

④ *The Richard M. Nixon National Security Files*, 1969 – 1974: *India-Pakistan War of* 1971, Microfilms: MF102020042471101665354, LexisNexis, 2007.

张野心。①在12月4日、5日、6日的安理会会议及7日的联合国大会上，黄华代表中国政府猛烈抨击、强烈谴责苏联代表在安理会滥用否决权，无视联合国大会的决议，继续支持印度扩张主义者干涉和分裂巴基斯坦的罪恶勾当。②真正令中国焦虑的是苏联对南亚次大陆的扩张野心以及对印度的影响力不断扩大。与对苏联的政策不同，一方面，1969年以来，印度从实际出发，不断发出希望与中国缓和的信号③；另一方面，提升中印关系对抑制苏联在南亚次大陆的扩张有重要意义。但如果中国直接军事介入，势必加深中印矛盾，使苏印关系更加紧密。因此，中国没有选择直接军事介入。第三，"文化大革命"对中国国内政治的干扰。据曾任主管南亚事务的中国外交部亚洲司司长杨公素回忆："当时全国正处于'文革'的混乱中，西藏同内地省份一样政治局势不稳定，西藏军区司令员被揪斗，战备情况很差，中国当时所能做的就是向巴方提供一些

---

① 11月29日，新华社播发的一则有关印巴紧张局势的报道中援引了李先念副总理所说的一句话："导致南亚紧张对峙局势不断激化的直接原因是苏联出枪，印度出力，阴谋破坏地区和平。"参见 The Richard M. Nixon National Security Files, 1969 - 1974: India-Pakistan War of 1971, Microfilms: MF102020042471101665181, LexisNexis, 2007. 第三次印巴战争全面爆发之后，中国政府加大了对苏联"社会帝国主义"的批判。12月6日《人民日报》刊发评论员文章指出："苏联修正主义和社会帝国主义集团教唆和支持印度对巴基斯坦的侵略是导致南亚地区局势不断恶化的首要原因。"参见《人民日报》1971年12月6日。

② 《黄华在安理会紧急会议上发言 强烈谴责印度政府侵略巴基斯坦》，《人民日报》1971年12月6日；《联合国安理会举行紧急会议 讨论印度武装侵略巴基斯坦问题》，《人民日报》1971年12月6日；《黄华五日晚在安理会紧急会议上多次发言 强烈谴责苏联纵容、支持、包庇印度武装侵略巴基斯坦》，《人民日报》1971年12月7日；《苏联支持印度侵巴的狰狞面目进一步暴露》，《人民日报》1971年12月7日；《黄华代表在安理会紧急会议上提出关于印度侵略巴基斯坦的决议草案》，《人民日报》1971年12月7日；《黄华代表在联合国安全理事会紧急会议上再次严厉谴责苏联和印度代表妄图把所谓"孟加拉国"的代表塞进安理会会议的阴谋》，《人民日报》1971年12月8日；《联合国安理会继续举行紧急会议讨论印度武装侵巴问题》，《人民日报》1971年12月8日；The Richard M. Nixon National Security Files, 1969 -- 1974: India-Pakistan War of 1971, Microfilms: MF102020042471101665654, LexisNexis, 2007.

③ 在南亚危机日趋紧张的同时，10月25日，第26届联大表决通过了阿尔及利亚等23国关于恢复中华人民共和国在联合国的一切合法权利的提案。印度代表在投票表决过程中投了赞成票。其后，印度媒体大量报导中国恢复在联合国合法席位的消息，周恩来总理以及姬鹏飞代外长频频出现在印度各大媒体的头版。另外，10月下旬从美国驻东欧国家使馆，特别是从南斯拉夫传来的消息指出印度将准备在近期采取缓和印中关系的重大举措：将两国关系由代办级恢复到大使级。参见 The Richard M. Nixon National Security Files, 1969 - 1974: India-Pakistan War of 1971, Microfilms: MF102020042471021664370, LexisNexis, 2007. 笔者认为以上情况表明尽管次大陆危机不断升级，但英迪拉·甘地政府仍希望和缓印中关系，而不是将中国推向巴基斯坦一边。

飞机，常规武器，像 1965 年时准备出兵的设想就谈不上了。"①第四，新中国的国家身份发生变化。1965 年第二次印巴战争时，中国仍在国际体系之外。1971 年中国重返联合国，中美关系初步解冻。1971 年南亚危机是新中国恢复联合国席位后首个亟待解决的地区安全问题。新中国需要尊重联合国并发挥其在国际政治中的重要作用。因此，1965 年与 1971 年两次印巴战争，中国采取了不同的政策。这样一种国家地位的转变实际就是从"革命国家"向"常规国家"转变的"社会化"进程。②

在黄华与黑格秘密会晤的同时，欧文紧急召见杰哈，再次询问印度的战争目的究竟为何。杰哈表示印度对西巴没有领土要求，但对巴占"自由克什米尔"地区态度强硬，认为这一地区自印巴分治以来就属于印度的国土，巴基斯坦任何占据这一地区的行为都是违反国际法的。因此，杰哈的观点很明确，在印巴战争尚未结束之前，印度对西巴领土要求的保证并不包括巴占"自由克什米尔"地区。针对杰哈的强硬立场，欧文当即表示美国政府不会接受印度政府任何试图单方面改变印巴在克什米尔地区划定边境线的做法。③

不仅美国急切地希望知晓印度的战争目的，苏联亦派出第一副外长瓦西里·库兹涅佐夫（Vasily Kusnetsov）前往新德里与印度方面紧急磋商。12 日，在与斯瓦兰·辛格的会谈中，库兹涅佐夫指明若战争拖延下去，苏联在安理会上的回旋余地将越来越小，面对中美等国的停火呼声，苏联很难招架得住。因此，库兹涅佐夫迫切要求印军在最短时间内对达卡实施决定性一击，一鼓作气结束战斗，并在占领达卡之后，接受联合国的就地停火决议。④

12 日晚 7 时 40 分，在尼克松和基辛格的授意下，黑格致电沃龙佐夫，告知美国将在 24 小时内，暂停航母特遣舰队的活动，以便给莫斯科

---

① 杨公素：《沧桑九十年——一个外交特使的回忆》，海口：海南出版社 1999 年版，第 303 页。

② 陈兼：《对"冷战"在战略层面的再界定——1960 年代末、1970 年代初美国对华及东亚政策的转变及其涵义》，《国际政治研究》2008 年第 3 期，第 87 页。

③ The Richard M. Nixon National Security Files, 1969 - 1974: India-Pakistan War of 1971, Microfilms: MF102020042471281666112 - 113, LexisNexis, 2007.

④ "Central Intelligence Agency Information Cable, TDCS15/0761201, Washington, December 15, 1971", FRUS, 1969 - 1976, E - 7: Documents on South Asia, 1969 - 1972, available at http://www.state.gov/documents/organization/47959.pdf.

时间对尼克松总统的热线电报作出回应。①

12月14日凌晨3时，黑格收到沃龙佐夫送来莫斯科的外交照会。在这份照会中，莫斯科呼吁"以平和而又审慎的方式解决危机"，"我们已获得印度领导人的坚决保证：印度没有夺取西巴领土的意图"。"印度领导人明确表示在巴基斯坦政府从东巴土地上撤出全部军队，并将权力平稳地移交给东巴人民的合法代表，以及创造和平环境帮助难民从印度领土返回家园的条件都得到满足的情况下，印度军方将停火并撤军。"②

14日中午12时22分，黑格召见沃龙佐夫，当面提出抗议。黑格表示莫斯科的照会中用语含混，尤为重要的是缺乏印度不会企图占领"任何西巴领土"的保证。若莫斯科再继续拖延时间，将会对美苏关系造成严重影响。③这里需要指出的是，美国与印度在认定巴占"自由克什米尔"地区是否属于巴基斯坦领土这一问题上存在认知偏差。美国认为巴占"自由克什米尔"地区属于巴基斯坦领土，印度对西巴领土没有侵占意图的保证中理应包括这一地区，而印度方面则根本不承认"自由克什米尔"地区是巴基斯坦国土，因此认为在作出的保证中不应包括这一地区。

14日晚6时，基辛格会同黑格再次紧急召见沃龙佐夫。基辛格警告说："次大陆局势日趋危急，必将会对将来的美苏关系造成消极影响。美国政府认为两国合作，采取积极措施对于推进世界和平和次大陆地区稳定是至关重要的。但苏联的行为与上述理念是相背离的。""如果苏联政府支持或胁迫其他国家领导分裂美国的一个盟友。苏联领导人会认为这种行为有利于促进两国的双边关系吗？"④

12月15日上午11时30分，基辛格向沃龙佐夫递交了一封尼克松致柯西金的亲笔信。信中指出："东巴的军事冲突已经到了该有结尾的时刻了，对我们两国，以及世界其他大国而言，最紧迫而富有挑战性的任务就是快速停止流血冲突，并使战争不向西巴蔓延。"尼克松呼吁美苏合作，使次大陆重现和平。基辛格向沃龙佐夫表示："事情的发展很明显：或者通过联合国的直接介入在西巴实现停火，或者美国将采取自己所认

---

① *FRUS* 1969–1976, Vol. XIV: Soviet Union, 1971. 10–1972. 5, p. 76.
② *FRUS* 1969–1976, Vol. XIV: Soviet Union, 1971. 10–1972. 5, p. 77.
③ *FRUS* 1969–1976, Vol. XIV: Soviet Union, 1971. 10–1972. 5, p. 77.
④ *FRUS* 1969–1976, Vol. XIV: Soviet Union, 1971. 10–1972. 5, pp. 78–79.

为合适的任何行动,得出自己认为合适的结论。"①中午 1 时 20 分,沃龙佐夫致电基辛格,告知在他返回大使馆后,接到莫斯科有关 14 日他与基辛格会谈的反馈信息。莫斯科指示沃龙佐夫向尼克松总统和基辛格转告苏联方面正在与印度领导人进行协商,将在包括安理会会议等场合作出最后决定。②

在美国不断向苏联施压的同时,12 月 16 日上午 11 时,印军代表纳格拉(Nagara)准将与东巴守军主帅尼兹将军举行谈判。在印军的军事压力下,尼兹接受印方的所有条件,同意停火,无条件投降。16 日下午 1 时 30 分,印军奥罗拉中将与巴军尼兹中将分别代表两国政府在巴军投降书上签字。尼兹随后下达命令,要求东巴各地守军立即放下武器,停止抵抗。③一个小时后,英迪拉·甘地在印度国会人民院宣布了东巴守军"无条件投降"的消息,并提议于达卡时间 12 月 17 日晚上 8 时在西线实施停火。④

12 月 17 日下午 3 时,在法兰德的建议下,叶海亚·汗发表告巴基斯坦民众书,接受印度在西线的停火建议。⑤12 月 21 日,安理会通过第 307 号决议,要求印巴双方在全面停火之后再行撤军,并呼吁国际社会共同合作,使难民重返家园。⑥至此,1971 年南亚危机全面结束。

历时 14 天的第三次印巴战争呈现出战局发展、国内政治变动与大国外交博弈角逐综合互动的特点。就战争进程来看,第一周,在东线,印军势如破竹,粉碎了巴军的前沿防御,击溃并分割包围巴军主力,挺进东巴腹地;在西线,印军凭借海空军优势,实施海上封锁并掌握制空权,在陆上作战中,采取积极防御态势抵御巴军进攻。第二周,相比西线印军对巴占"自由克什米尔"地区有限而积极的战果,东线印军并未实现战前的预定目标:在两周内攻占达卡。正当印军骑虎难下之时,巴方内部的政治变化帮助了印度,战争以东巴守军的无条件投降,孟加拉国建

---

① FRUS 1969 – 1976, Vol. XIV: Soviet Union, 1971. 10 – 1972. 5, p. 82.
② FRUS 1969 – 1976, Vol. XI: South Asia Crisis 1971, p. 831.
③ A. A. K. Niazi: *The Betray of East Pakistan*, p. 227.
④ *The Richard M. Nixon National Security Files*, 1969 – 1974: *India-Pakistan War of* 1971, Microfilms: MF102020042471281666264, LexisNexis, 2007.
⑤ *The Richard M. Nixon National Security Files*, 1969 – 1974: *India-Pakistan War of* 1971, Microfilms: MF102020042471281666376, LexisNexis, 2007.
⑥ Arum Kumar Singh: *U. N. Security Council and Indo-Pak Conflicts*, Delhi: Capital Publishing House, 1992, p. 134.

立告终。巴基斯坦的实力受到空前削弱,印度成为次大陆"无可争议的大国"。

在战局发展的同时,美苏中三大国之间也围绕次大陆进行着激烈的权势角逐与战略竞争。就美国一方来看,它延续了战争爆发之前的应策思维方式:以全球战略的角度应对这场局部战争。"苏联的一个伙伴在苏联武器和苏联保证的支持下赤裸裸地诉诸武力威胁到国际秩序的结构。"①如果美国听任苏联和印度的肆意妄为,不仅美国在次大陆的利益将受到侵害,"世界上其他爆炸性地区主张克制的力量"也会因为美国的退缩而灰心丧气。更为重要的是作为美国冷战战略转型中的关键环节——中美接近也可能由于美国在面对苏联强势扩张劲头时的懦弱表现而半途而废。因此,在全球战略思维的支配之下,美国政府必须排除众议,支持巴基斯坦,联合中国反制苏印的扩张。从这一意义上讲,东巴之所"失",即为中美接近之所"得",更为美国冷战战略成功转型之所"得"。

苏联最终确定帮助印度以战争方式解决东巴问题是在它认为东巴独立的趋势不可避免以及认为自己可从中获得利益之时。之所以苏联对东巴这样一个处于南亚利益空间边缘化的区域予以如此重视,是因为苏联将东巴视为新鲜出炉的美苏中三角关系格局中,检验自身政治、外交影响力的第一个"试验场"。中美缓和大门的开启使苏联在大国权势游戏中将面临被孤立的窘境,而中美在南亚危机期间日渐趋同的政策倾向亦增大了苏联对中美联合制衡自己的担忧。在此情况之下,为避免成为三角格局中的"被制裁者",苏联只有联合印度才可抑制中美巴联合。

作为中国而言,南亚是打破苏联对华遏制包围圈的一个重要突破口。而作为南亚重要国家的巴基斯坦更是中国在与苏联交恶、与印度芥蒂未解之时所倚重的战略支撑点。在时间发展跨度有所交叉的中美秘密接触与南亚危机同时进行的过程中,中美在南亚危机问题的立场趋于一致:支持巴基斯坦。当印巴战争无法避免地爆发之后,中美在安全威胁的认知观念上也达成一致:主要威胁来自苏联。为此,中美必须联合反制苏联的安全威胁,反对印度在苏联的幕后支持下对巴基斯坦的"侵略"。一言以蔽之,第三次印巴战争既是印度和巴基斯坦这两个夙敌的第三次

---

① [美] 亨利·基辛格:《白宫岁月》(三),杨静予等译,北京:世界知识出版社 2003 年版,第 1163 页。

较量，也是美、苏、中三大国围绕次大陆而展开的权势斗争和战略竞争。

第三节 南亚国际关系新格局的形成

1971年南亚危机是冷战转型时代一次具有重大国际影响的地区危机。它既推进了冷战的转型，也促动了南亚国际关系新格局的形成。这里所指的南亚国际关系格局包括两个层面的内容。第一个层面是美、苏、中三大国关系的调整及对南亚地区的影响；第二个层面是南亚地区内部各国的关系，这里主要是指印巴关系的新发展。

一、美、苏、中战略大三角

1971年南亚危机的重要影响之一是推进美苏中战略大三角的形成。对于美苏中战略大三角的形成过程及内涵，学界存在争议①，大部分学者认为美苏中战略大三角存在于20世纪70年代至80年代的全球冷战之中，但对战略大三角的内涵未有严格界定。笔者认为1972年2月28日《中美上海联合公报》的公布是美苏中战略大三角正式形成的标志，大三角的存在时限为1972年—1989年。就基本内涵来看，美苏中战略大三角是冷战转型时代国际关系中最为重要的战略架构，是两个超级大国（美国和苏联）同一个亚洲大国（中国）之间的战略关系，其作用、影响远远超出三大国本身，对于维护冷战时代的国际总体战略平衡、国际安全与世界和平具有深远影响。

既然《中美上海联合公报》的公布是美、苏、中战略大三角正式形成的标志，那么，大三角的形成与1971年南亚危机、美苏中的危机政策以及1972年2月尼克松访华之间有着何种内在联系？

中美两国在应对危机的过程中通过"秘密外交"的方式，积极接触，并"达成了维护巴基斯坦，反对印度及其背后的苏联的共识及合作，迈出了联合抗衡苏联的第一步"②。联手应对苏联威胁不仅在1972年2

---

① 学界对于美、苏、中战略大三角的争议包括：是否存在大三角关系，大三角的内涵界定以及大三角的形成时间、存在时限。参见孙德刚、张守柱：《美苏中三角关系述评：1972—1989》，《江西教育学院学报》2003年第1期。

② 李丹慧：《打开中美关系进程中的周恩来——来自尼克松外交档案的新证据》，《冷战国际史研究》（第6辑），北京：世界知识出版社2008年版，第169页。

月尼克松访华期间与中国领导人的会谈中有明晰反映,而且是中美关系迈向正常化的基石,亦为战略大三角的形成开辟道路。因此,1971年南亚危机是检验美苏中战略大三角存在基础的第一个"试验场",1972年2月尼克松访华则将中美在应对危机过程中的联手合作意向向前推进了一大步,以宣布结束中美敌对状态的形式开拓了大国战略关系的新天地。

1971年印巴战争的结果是印度战胜巴基斯坦。同时,苏联也加紧了对中国的战略压制和包围,加强安全合作对于中美两国来说,就显得愈加迫切。1971年2月21晚,在中方举行的欢迎尼克松总统来访的宴会上,周恩来指出中国愿意谈判,通过双方坦率地交换意见,弄清楚彼此之间的分歧,努力寻找共同点,使两国关系有一个新的开始。尼克松表示:"过去的一些时期,我们曾是敌人。今天我们有重大的分歧。使我们走到一起的是我们有超过这些分歧的共同利益。我们没有理由成为敌人。"①

在2月22日和23日与周恩来的会谈中,尼克松阐明了美国在中国安全问题上的态度。以南亚危机为例,尼克松说:"印度本身对中国不是威胁,但一个由苏联支持的印度对中国却是一个重要的威胁。这是因为,假如印度的北部邻居苏联支持印度,中国旨在对付印度的军事行动将会受到严重挑战。这也就是为什么在最近的危机中,我们认为警告印度不要进攻西巴是十分重要的——我们得到印度总理企图向西巴进攻的确切情报,这是我们警告印度不要这样做的原因。换句话说,当我们为了袒护巴基斯坦对印度采取强硬态度时,我们不只是对印度发出信号,同时也是对苏联发出警告——这一点我们也试图让印度人明白。"②谈及苏联对中国的安全威胁时,尼克松则进一步表示:"在12月份,当次大陆的局势变得非常敏感的时候,我曾慎重地警告苏联不要对中国发动打击。当然,单纯一个警告并不具有效力,除非受到警告者相信你具有实施警告行动的意愿。""就苏联而言,我可以保证:美国将反对苏联任何针对中国的侵略行为。我们做出这样的保证是因为这样的政策符合我们的利益,当然也符合确保和平——即世界和平的利益。"③为表明美方愿意同中方进行安全合作的诚意,在2月23日上午的会谈中,基辛格向与会的

---

① 《周恩来在欢迎美国总统尼克松宴会上致祝酒词》,《人民日报》1972年2月22日。
② *FRUS* 1969 – 1976,Vol. XVII:China 1969 – 1972,p. 702.
③ *FRUS* 1969 – 1976 Vol. XVII:China 1969 – 1972,p. 736.

叶剑英元帅提供了一份关于苏联在中苏边境驻军情况及最新军事动向的绝密文件，按基辛格的话说，这份文件密级之高，美国情报界的任何高级官员都不曾知晓。①

中美联手抗衡苏联威胁的共识集中体现在尼克松访华结束时签订的《中美上海联合公报》中。《公报》指出："任何一方都不应该在亚洲——太平洋地区谋求霸权，每一方都反对任何其他国家或国家集团建立这种霸权的努力。"②这里所说中美两国反对任何其他国家在亚太地区称霸，主要指的是反对苏联谋求世界霸权的行径。因此，《上海联合公报》将南亚危机期间中美联手合作意向加以提升，完善了联合抗苏的战略构想，达成对于国际格局发展的共识，奠定了两国安全合作的基础，开创了划时代的美苏中战略大三角。

虽然《中美上海联合公报》的公布是美、苏、中战略大三角正式形成的标志、中美联合抗苏的战略构想初步实现，但是在共同面临苏联威胁的同时，台湾问题是中美关系实现正常化所不可回避，但又无法在短期内妥善解决的难题。如周恩来总理所言，"台湾问题是关系我们两国的关键问题"③。对此，尼克松毫无保留地指出："我的目标就是要与中华人民共和国实现关系正常化。我已经意识到，解决台湾问题与实现这个目标息息相关"。④是先行解决台湾问题，实现两国关系正常化之后，再共同对付苏联威胁？还是先建立联合抗苏的战略架构，以此为契机逐步实现两国关系的正常化？这是研究冷战转型时代中美关系不可回避的重要问题。中美高端政治对话的结果表明摆在中美两国面前首要的关键问题是苏联的霸权主义。虽各自的利益不同，动机不一，但两国阻止苏联称霸世界的目标是空前一致的。在共同目标明确之后，台湾问题的解决将服从于抗衡苏联的霸权主义。为此，周恩来对来访的尼克松、基辛格表示："我们已经让台湾问题搁置了 22 年时间，我们还可以让这一问题再等一段时间。尽管台湾问题是我们关系正常化的一个障碍，但是，我

---

① "Memorandum of Conversation, 23 February 1972, 9：35 a. m. ", *National Security Archive Electronic Briefing Book No. 145： New Documentary Reveals Secret U. S. – Chinese Diplomacy Behind Nixon' Trip*, available at http：//www. gwu. edu/~nsarchiv/NSAEBB/ NSAEBB145/10. pdf.

② 冬梅选编：《中美关系资料选（1971.7—1981.7）》，北京：时事出版社 1982 年版，第 7 页.

③ *FRUS 1969 – 1976 Vol. XVII：China 1969 – 1972*, p. 767.

④ *FRUS 1969 – 1976 Vol. XVII：China 1969 – 1972*, p. 768.

们并没有急于试图解决所有问题，并将你们置于一种尴尬的境地。""我们有耐心不让台湾问题妨碍中美关系的正常化。"①

中美在抗衡苏联的霸权主义和台湾问题上实行两步走的战略与当时国际大势的基本走向是一致的。美、苏、中战略大三角形成本身就是苏联因素的产物。如若没有美苏之间的全球争夺、没有中苏之间的尖锐对立，中美关系难有快速发展，三角格局也将难以形成。不容置疑的是，中美高端政治对话的结果有利地延缓了苏联全球扩张的战略部署，确保了大国之间的力量均衡。

战略大三角的本质是安全问题。它的形成有两个充分必要条件：第一，美苏争霸；第二，中苏对抗。从战略大三角的内部架构来看，美苏既是冷战的主要对手，又是冷战的主导核心力量，而中国在综合国力上难敌两个超级大国，主要扮演一个平衡者的角色。

作为20世纪70年代以来国际格局中最重要的三角关系——美、苏、中战略大三角，其发展变化对南亚的形势起着不可或缺的作用，直接地影响南亚的力量平衡。具体说来，大三角对南亚的影响表现为：苏印与美中巴（特别是美巴）的对抗。

1971年印巴战争之后，"苏印特殊关系"进一步发展。两国之间具有军事联盟性质的"特殊关系"，涵盖双边关系的方方面面。不仅在克什米尔问题、果阿问题、孟加拉建国问题上苏联与印度站在一起，而且两国在经济和军事防务方面的联系日益密切。1973年11月，勃列日涅夫访问新德里。此次访问的目的除了继续兜售苏联的"亚洲集体安全计划"和阻止印中关系的改善之外，就是确定两国经济联系和生产合作的新领域。为此，两国签订了为期15年的《经济合作协定》，苏联成为印度最大的贸易进口国。

印巴战争之后，苏联向印度的武器转让飞速发展。苏联提供的武器装备包括：米格-21、米格-23战斗机、苏-7战斗轰炸机、图-124重型军用运输机、T-62、T-72坦克、PT-76水陆两栖坦克、别佳级导弹护卫舰、纳奴契卡级大型导弹艇等。从1968年到1976年，苏联向

---

① *FRUS* 1969 – 1976 Vol. XVII: China 1969 – 1972, p. 823.

印度提供的武器装备总价值为 13.65 亿美元。①苏联成为印度最大的武器进口国。

苏联推进"苏印特殊关系"的第一要务在于遏制中国在南亚的地位和作用。在中印关系未有明显改善，以及中国继续对巴基斯坦予以支持的情况下，"苏印特殊关系"的存在基础就会牢固维持下去，同时，亦是对美国在南亚力量扩张的制衡工具。

苏印的紧密合作推动美中巴的相互支持。在中美关系逐步改善，中巴关系平稳发展的同时，美巴关系呈现出一些新气象。

1972 年 4 月 14 日，尼克松政府宣布放宽对巴基斯坦出售军火的限制条款。4 月 18 日，两国签署协定，美国向巴基斯坦提供 1500 万美元的小麦、食用油和其他农产品，以帮助巴基斯坦渡过难关。②1973 年 3 月，尼克松宣布解冻 1971 年危机期间遭冻结的对巴军售项目。③

1975 年 2 月 24 日，美国总统杰拉尔德·福特（Gerald Ford）正式宣布取消对巴基斯坦的军备转让限制。同时，解除 1965 年战争期间实施的军事禁运。此外，福特政府还向巴基斯坦政府增拨 6500 万美元的粮食援助和 7800 万美元的发展贷款。④

1974 年印度进行核试验之后，印巴关系再度趋于紧张。美国在反感印度做法的同时，对巴基斯坦也采取了核不扩散政策，力图维持南亚的力量均衡，而巴基斯坦则更为急切地寻求美国的军事援助以维护国家安全。

战略大三角的形成强化了苏印与美巴的战略对峙。虽然均势并不能避免危机或战争，但是"它可以制约国家主导他国的能力，限制冲突的范围，同时在国家之间进行适度调节，遏制侵略企图"⑤。1971 年印巴战争之后，直到冷战终结，印巴之间再未发生大规模的战争，其中既有地

---

① ［印］拉詹·梅农：《苏印的军事关系和安全关系》，载［美］罗伯特·唐纳森主编：《苏联在第三世界的得失》，任泉、刘芝田译，北京：世界知识出版社 1985 年版，第 233—235 页。

② Roedad Khan ed., *The American Papers (Secret and Confidential) India—Pakistan—Bangladesh Documents*, 1965 - 1973, New York: Oxford University Press, 1999, p. 839.

③ Dennis Kux: *The United States and Pakistan 1947 - 2000: Disenchanted Allies*, Washington, D. C.: National Defense University Press, 2001, p. 209.

④ Dennis Kux: *The United States and Pakistan*, 1947 - 2000: *Disenchanted Allies*, p. 218.

⑤ ［美］詹姆斯·多尔蒂、小罗伯特·普法尔茨格拉夫：《争论中的国际关系理论》（第五版），阎学通、陈寒溪译，北京：世界知识出版社 2003 年版，第 47 页。

区因素的作用，但大国战略构架的规制因素是不可或缺的。

二、印巴新均势

1971年印巴战争对南亚地区国家间关系的影响有三。首先，孟加拉国成为新独立的主权国家，这彻底改变了1947年印巴分治以来的次大陆地缘政治结构。其次，印度在赢得战争胜利的同时，成为次大陆"无可争议的大国"。第三，对巴基斯坦而言，最严重的损失莫过于国家被肢解。战争之前，巴基斯坦的东西两翼对印度构成南北夹击之势；但战争之后，其国土仅剩余西巴部分，不仅缺乏战略纵深，而且整个国土处于被印度的半包围状态，安全环境进一步恶化。1971年之后，印巴之间虽未爆发大规模的军事冲突和战争，但第三次战争并未从根本上解决印巴纷争的矛盾根源，困扰两国的"安全困境"依然顽固地存在，两国的相互防范并没有消失，而是改变了方式，在保持常规武器军备竞赛的同时，又将权势争夺扩展到核武器的竞争领域。因此，1971年印巴战争是南亚地区新旧格局交替的"分水岭"，它象征着1947年以来次大陆地缘政治结构的终结，同时，又塑造着新时代的印巴关系。

战争之后的南亚地区格局总体上呈现为印巴之间的不对称均势。说它"不对称"，是因为印巴间的综合国力，特别是军事力量对比表现为印强巴弱。说它是"均势"，是因为1971年战争并非印巴的终极之战，印度并没有获得绝对的地区主导权，巴基斯坦虽国力大损，但仍然是印度在南亚的首要对手。同时，战争也未解决印巴之间的所有问题，相互敌对、积怨芥蒂依然存在。但另一方面，1971年之后，两国在边境地区的冲突摩擦不断，却再没有诉诸大规模的军事行动，触发战争。总体来看，1971年战争之后，影响印巴新均势形成的有以下三个因素。

第一，克什米尔依然是影响印巴关系架构的核心问题。

冷战时期，印巴对抗事关南亚的地区安全。两国在冷战期间爆发过三次战争。其中，克什米尔的归属问题是第一次、第二次印巴战争的直接导火索。1971年战争的起因虽非克什米尔问题，但战争的结果却对克什米尔问题造成了重要影响。

1972年7月2日，巴基斯坦总统阿里·布托和印度总理英迪拉·甘地在印度城市西姆拉（Simla）签署《印度政府和巴基斯坦政府之间双边关系协定》（又称《西姆拉协定》）。对于克什米尔问题，《协定》指出：

"两国同意通过双边谈判的和平方式,或双方同意的其他和平方式解决分歧。任何一方不得以双方分歧和法律解释为由,单方面加以改变。双方应保证不以武力相威胁或使用武力侵犯这条控制线。"①

《西姆拉协定》在印巴关系史上具有重要意义:一方面,两国首次以政府协议的形式保证不以武力手段解决克什米尔问题,强调以对话和谈判的和平方式处理双方共同关心的问题。但另一方面,《协定》未正式划定实际控制线,也未就解决克什米尔问题的具体路径和两国实际控制区域的政治归属作出明确规定,问题的解决依然任重而道远。

1975年2月24日,印度政府宣布将查谟—克什米尔并入印度联邦,这再次激起了巴基斯坦的强烈反对。70年代末,两国就停火线最北端,位于喀喇昆仑山脉的锡亚琴冰川地区(Siachen Glacier Region)归属问题发生争议,1984年两国均派出军队在高山之巅对峙至今。

冷战时期的克什米尔问题强烈地受到亚洲政治斗争形势的影响,但这一问题长期无法得到根本解决的"症结"在于印巴关系的本质是安全问题上的"零和关系",利益得失的精确计算使得两国都不愿在《西姆拉协定》的基础上向对方作出实质让步。因此,1971年战争使印度挫败了巴基斯坦,但克什米尔争端并未因为战争而终结,印巴在克什米尔地区维持着脆弱的和平,这一点正是维系印巴均势的基础。

第二,印巴孟关系的发展变化促成了次大陆三国并立地缘政治结构的形成。

1971年12月孟加拉国独立后,印度加大了对孟加拉国政治、经济和军事的全面渗透。1972年3月18日,印孟两国签署为期20年的《印孟友好合作和平条约》。条约规定:"双方将通过各级会晤和交换意见就涉及两国利益的重大国际问题彼此保持定期接触","一旦双方中的任何一方遭到攻击或受到攻击的威胁,缔约双方将立即进行互相磋商,以便采取适当的有效措施消除这种威胁,从而确保两国的和平与安全"。②

自1972年开始,印孟两国领导人频繁互访。在难民回国、医治战争

---

① Ranjana Arora eds.: *50 Years of Indo - Pakistan Relations*, Vol. III, New Delhi: Deep & Deep Publications, 1998, pp. 512 - 513.

② R. C. Gupta: *U. S. Policy Towards India and Pakistan*, New Delhi: D. K. Publishers, 1977, Appendix R, pp. 173 - 175.

创伤以及经济、军事合作方面,印度对孟加拉国给予很大的帮助,同时亦加强了对孟加拉国的控制。1972年—1974年,印度向孟加拉国提供的各类援助总计2.6亿美元。① 但印度的做法激起了孟加拉国各界的强烈不满。1974年4月14日,孟加拉六个政党成立统一战线,要求政府废除同印度签订的一切条约。②

1975年8月15日,孟加拉国发生军事政变,穆吉布·拉赫曼被杀。印孟关系发生逆转,在恒河水源分配问题、非法移民问题以及边界勘定问题上争端再起。在与印度关系日趋紧张的同时,巴孟关系则由敌对走向和缓。在苏印的压力下,孟加拉曾一度扣压巴基斯坦战俘,直到1973年8月,印、巴、孟三国才就遣返巴基斯坦战俘达成初步协议。1974年2月,巴基斯坦宣布承认孟加拉国。1975年8月25日,沙姆谢尔·拉赫曼(Shamsher Reham)就任新总统,其后巴孟两国关系进一步发展,1976年2月,两国正式建立大使级外交关系,实现了关系的正常化。

就1971年战争之后的南亚地区政治发展而言,印度意图控制孟加拉国,强化对巴基斯坦政治压制的意图并未实现,印巴孟关系的发展变化促成了南亚三国并立地缘政治结构的形成,而这一基本的政治构架在某种意义上,促动了印巴新均势的发展。

第三,印巴核竞赛造就了两国之间的相互威慑,改变了南亚地区安全环境。

1971年战争之后,印巴之间的军备竞赛日趋激烈,不仅各自保持了一支庞大的军队和大量现代化的常规武器装备。而且将军备扩张蔓延到核武器领域。

1974年5月18日,印度在拉贾斯坦邦(Rajasthan)的博克兰(Pokhran)成功试爆了第一颗核装置,当量为1.5万吨TNT,这次试爆标志着印度已经掌握了核技术。③ 对此,巴基斯坦作出了强烈反应。阿里·布托指出:"核试验的成功标志着一个国家核武器制造技术的成熟完

---

① A. K. Nazmul. Karim: *The Dynamics of Bangladesh Society*, New Delhi: Vikas, 1980, p. 236.
② 北京大学亚非研究所编辑:《亚非问题参考资料》第33期,1977年3月,第104页。
③ "Central Intelligence Agency: 'India [Redacted],' Central Intelligence Bulletin, May 20, 1974", *National Security Archive Electronic Briefing Book No. 187*: U. S. Intelligence and the Indian Bomb: Documents show U. S. Intelligence failed to warn of India's Nuclear Tests despite Tracking Nuclear Weapons Potential since 1950s, available at http: //www.gwu.edu/~nsarchiv/NSAEBB/ NSAEBB187/ IN17. pdf.

善,以及核能力的获得。在威胁面前,我们决不能后退半步。巴基斯坦必须发展核技术应对印度的核威胁。"①在阿里·布托的极力推动下,巴基斯坦加快发展核计划,并于1998年6月进行公开核试验,成为世界上第七个核国家。

印巴在常规军备与核力量发展上的你追我赶使得南亚地区安全形势日益复杂严峻。南亚地区不仅面临地区冲突的可能性,而且又被注入核扩散的现实威胁。在核时代,若印巴两国再次兵戎相见,战争所付出了高昂代价将会大大超过任何地缘政治上的收益,对任何一方来说都不啻是一场自我毁灭。1987年和1990年,印巴局势虽两度严重恶化,战争似有一触即发之势,但两国都采取了相对克制的态度,使得战争得以避免。而减缓这两次危机的重要因素之一就是印巴核竞赛造就的相互威慑。②因此,印巴核竞赛在改变南亚地区安全环境的同时,也抑制了印巴之间烽烟再起,塑造了印巴之间的力量平衡。

通过上述分析,我们可进一步考察1971年战争之后,印巴均势的基本特征。

首先,印巴之间意识形态、国家理念、国家安全等领域的全方位直接对抗并未消除。一方所得即为另一方所失的零和关系准则依然支配着印巴两国。但印巴愈发清楚地认识到通过战争手段既无法实现自身的对外战略目标,也无法解决克什米尔问题。冷战时代,两国爆发了三次战争,印度不仅未能用武力征服巴基斯坦,确立自己在次大陆的霸主地位,反而深陷无休无止的地区争端;巴基斯坦非但未能夺取克什米尔,甚至连国家统一也未能保全。因此,两国不得不对战争进行反思,对诉诸战争的手段采取更加克制的态度。

其次,核力量成为调控印巴力量对比关系的重要标尺。在两国先后成为核国家之后,印巴力量对比呈现为地区核均势。核武器的巨大毁灭性对双方均起到了威慑作用,抑制了战争爆发的可能性。更为重要的是,促使印巴对追求优势的安全观念发生变化。因此,地区核均势的形成维持了印巴之间的脆弱和平,这是印巴核竞赛对于维护南亚地区安全的积极作用。

---

① Savita Pande: *Pakistan's Nuclear Policy*, New Delhi: B. R. Publisher Crop., 1991, p. 32.
② Rajesh M. Basrur: *South Asia's Cold War—Nuclear Weapons and Conflict in Comparative Perspective*, New York: Routledge, 2008, p. 57.

第三，区外大国的制约因素。南亚的稳定与和平符合区外大国的根本利益。若印巴冲突升级，大国顾及核时代直接对抗的严重后果，必将会在核领域和其他危机领域进行合作或保持沟通和克制，力图减缓战争爆发的诱因。虽然，外部压力不一定是决定因素，但对维持印巴均势无疑起到了重要作用。

三、新格局中的美巴关系

1971年南亚危机及第三次印巴战争促动了南亚国际关系格局的大调整。在这一涤荡更迭的新格局里面，美巴关系的发展又呈现出何种新气象？就此问题，笔者想从以下两个方面加以考察。

首先、从美、苏、中战略大三角的地区力量配置与分布来看，美巴关系是维持权力三角动态平衡关系的重要地区变量。如前文所述，战略大三角的建构基点是安全问题，中美联合抗衡苏联的霸权扩张是大三角建构的必要条件。而中美之间安全共识的形成正是在次大陆危机的发展过程中逐步形成并得到强化的。而这一安全认知在危机之后的次大陆政治板块的聚合嬗变中同样有所反映，其具体表现就是1979年12月苏联入侵阿富汗。"正是因为苏联士兵越过开伯尔山口（the Khyber Pass），使得作为窥探、进攻次大陆重要通道的巴基斯坦成为兵家必争之地，更是美国所极力倚重的对抗苏联南下扩张的'前线国家'。"①

作为阿富汗的邻国，地处连接地中海与印度洋战略要冲的巴基斯坦在阿富汗战争打响之后旋即成为美苏冷战对抗的前沿。在北有苏联、南有印度的双重安全压力之下，伊斯兰堡为消解巨大的安全威胁，迫切需要中东国家和世界大国的援助；而面对苏联的强势扩张，为维护自身在南亚和中东地区的安全利益，加强对印度洋的控制，华盛顿积极支持伊斯兰堡共同对抗莫斯科的南亚扩张。

为共同对抗苏联，美巴的安全利益趋向一致，两国的合作不断深入。卡特政府表示："将依据1959年《双边军事合作协定》，向巴基斯坦提供4亿美元的军事和经济援助，加强双边合作，帮助伊斯兰堡抵抗来自莫斯科的北方威胁。"②在苏联采取"斩首"行动、攻占喀布尔首脑官邸——塔日-别克宫击杀哈菲祖拉·阿明（Hafizullah Amin）两天之后的

---

① Dennis Kux: *The United States and Pakistan*, 1947–2000: *Disenchanted Allies*, p. 245.
② Dennis Kux: *The United States and Pakistan*, 1947–2000: *Disenchanted Allies*, p. 248.

1979年12月29日，中情局便与巴基斯坦三军情报局联手开展隐秘行动，支持反对苏联的抵抗军。① 其后，两国情报部门又在阿巴边境地区广泛建立反对苏联扶植的巴布拉克·卡尔迈勒（Babrak Karmal）政权的游击战训练营，支持阿富汗"圣战者"的抵抗斗争。②

1981年1月21日，罗纳德·里根入主白宫，美巴安全合作进一步强化。在里根政府的对外战略议事日程中，巴基斯坦是对抗苏联在中东和西南亚权势扩张的"关键国家"。1981年5月，美国决定向巴基斯坦提供40架当时最先进、并具有核弹运载能力的F-16战斗机。③同时，还向巴方提供包括C-130军用运输机、AH-1S"休伊"武装直升机、AIM-9J型空对空导弹、BGM-71A型空对地导弹在内的大批先进技术兵器。

可以说，阿富汗战争的爆发使美巴两国再次联手反制苏联扩张，与此同时，中美关系亦在不断改善，美、中、巴三国面对苏联的安全威胁，进一步发展了以反制苏联军事强权为目标的战略准联盟，有力地制约了苏联追求单方面优势，突破均势的企图，稳定了以地区力量平衡为基础的国际力量对比的动态平衡关系。

其次，从次大陆地区政治格局的力量分布角度来看，美巴关系的发展亦受到印巴均势的制约。着眼于全球冷战，华盛顿支持伊斯兰堡抗衡莫斯科。但需要注意的是，这一政策取向有其政策设计的底线，并不意味着华盛顿支持伊斯兰堡抗衡新德里。

1971年印巴战争之后，次大陆的稳定和和平发展是白宫决策者南亚政策规划的首要目标。而影响次大陆和平与稳定的安全问题主要有两个：克什米尔与发展核武器。虽然克什米尔问题久悬未决，但更具威胁性影响的是印巴之间的核对抗。从维持印巴均势出发，美国将防止核扩散吸纳为影响美巴关系的重要变量。

1977年4月，巴基斯坦在法国的技术支持下在卡纳普（Kunupp）建设一座重水反应堆。当美国获悉这一情报之后，卡特和他的国家安全事务助理兹比格涅夫·布热津斯基（Zbigniew Brzezinski）当即表示若伊斯

---

① Dennis Kux，*The United States and Pakistan*，1947-2000：*Disenchanted Allies*，p. 253.
② Dennis Kux，*The United States and Pakistan*，1947-2000：*Disenchanted Allies*，p. 263.
③ Dennis Kux，*The United States and Pakistan*，1947-2000：*Disenchanted Allies*，p. 259.

兰堡不听劝阻继续开发，美国将考虑停止对巴方的项目投资和军事供应。①

1979年10月，在与来访的齐亚·哈克总统的外交事务助理萨哈（Shahi）会谈时，国务卿塞勒斯·万斯（Cyrus Vance）表示美国政府对巴基斯坦发展核设施可能会对次大陆和平造成的影响予以关切，同时，他还提出了巴方核力量发展的三原则：1. 不对其他国家转让核技术；2. 在国际原子能机构的监督下发展核设施；3. 不进行核实验。若巴方不遵守上述原则，美国将采取严厉措施迫使巴方放弃核计划。②

里根上台之后，基于对苏斗争的需要一度放宽对巴核计划的限制。而1981—1983年间，伊斯兰堡利用美国放松管制的机会，加紧核研究，并掌握了浓缩铀技术。③针对巴方核技术的迅速发展，美国国会通过旨在限制巴基斯坦发展核武器的《普雷斯勒修正案》。根据该法案，美国总统每年须向国会提交书面证明证实巴基斯坦不发展、不拥有核武器，美国政府才可向巴方提供所需援助。1986年10月，里根首次宣布将依据《普雷斯勒修正案》，把美国援助与巴基斯坦核问题相联系。若巴方将核技术军事化，美国援助将"大幅度削减"。④

印巴双双跨过"核门槛"后，两国之间的核对抗成为困扰美国南亚政策规划设计和政策实施的重要难题。在对印度核计划进行严厉监控和管制⑤的同时，亦严密关注和采取立法措施遏阻伊斯兰堡获得用于军事目的的核技术。但是伊斯兰堡并未放弃发展核武器，并凭借此作为对抗在常规军备享有优势的印度的威慑手段。因此，尽管伊斯兰堡是华盛顿

---

① "Secretary of State Cyrus Vance to National Security Assistant Zbigniew Brzezinski, ' Nuclear Safeguards-Pakistan, South Africa, China,' 14 July 1977", *National Security Archive Electronic Briefing Book No.* 114: *China, Pakistan, and the Bomb: The Declassified File on U. S. Policy*, 1977 – 1997, available at http: //www. gwu. edu/ ~ nsarchiv/NSAEBB/ NSAEBB114/chinapak – 4. pdf.

② Dennis Kux: *The United States and Pakistan*, 1947 –2000: *Disenchanted Allies*, p. 241.

③ "U. S. State Department, 'The Pakistani Nuclear Program', 22 Jul 1983", *National Security Archive Electronic Briefing Book No.* 114: *China, Pakistan, and the Bomb: The Declassified File on U. S. Policy*, 1977 – 1997, available at http: //www. gwu. edu/ ~ nsarchiv/NSAEBB/ NSAEBB114/chinapak – 11. pdf.

④ Dennis Kux: *The United States and Pakistan*, 1947 –2000: *Disenchanted Allies*, p. 283.

⑤ 有关美国对印度发展核武器的基本态度、采取的对策措施可参见美国国家安全档案馆辑选的解密档案汇编《美国情报界与印度的核武器发展》National Security Archive Electronic Briefing Book No. 187: U. S. Intelligence and the Indian Bomb: Documents show U. S. Intelligence failed to warn of India's Nuclear Tests despite Tracking Nuclear Weapons Potential since 1950s, available at http: //www. gwu. edu/ ~ nsarchiv/NSAEBB/ NSAEBB187.

反制莫斯科全球扩张的一枚重要"棋子",但受制于次大陆均势的政策制约,这枚"棋子"又不能超越既定的棋局规则,破坏整体战略布局。简言之,全球主义战略和地区均势理念是并行支配美巴关系发展的两条主线。一方面,全球主义视阈决定了为联合抗击苏联威胁,美国需要巴基斯坦作为抗击苏联强势扩张的"前沿国家",并向其提供大量经济和军事援助;但另一方面,全球主义视阈下的支持力度又不能超越次大陆均势的政策底线,影响印巴力量平衡,否则,和平与稳定又将稍纵即逝。故此,在两条政策路径的共同作用下,美巴关系呈现间隔性的"波型图"走向,并在冷战的明争暗斗中一颠一簸向前行进。

小 结

1971年印巴战争是南亚国际关系新旧格局交替的"分水岭"。历时14天的第三次印巴战争呈现出战局发展、国内政治变动与大国外交博弈角逐综合互动的特点。首先,就战争进程来看,第一周与第二周呈现的特点有所差异,但战争的最终结果是孟加拉国独立,巴基斯坦的实力遭受空前地削弱,印度成为次大陆"无可争议的大国"。其次,在战局发展的同时,美、苏、中三大国之间也围绕次大陆进行着激烈的权势角逐与战略竞争。在时间发展跨度有所交叉的中美秘密接触与南亚危机同时进行的过程中,中美在南亚危机问题的立场趋于一致:支持巴基斯坦。当印巴战争无法避免地爆发之后,中美在安全威胁的认知观念上也达成一致:主要威胁来自于苏联。再次,就1971年战争的国际影响来看,它促进了南亚国际关系新格局的出现。一方面,美、苏、中战略大三角是冷战转型时代国际格局中最重要的三角关系。它的发展变化对南亚的形势起着不可或缺的作用,直接地影响南亚的力量平衡,使南亚地区均势深入发展,巩固并强化了苏印与美巴的战略对立;另一方面,战争之后的南亚地区格局总体上呈现为印巴之间的不对称均势。印巴之间意识形态、国家理念、国家安全等领域的全方位直接对抗并未消除,但印巴愈发清楚地认识到通过战争手段既无法实现自身的对外战略目标,也无法解决克什米尔问题。两国不得不对战争进行反思,对诉诸战争的手段采取更加克制的态度,如何在核时代,通过战争之外的方式获取对对方的优势地位是印巴在1971年战争之后考量战略竞争的重要问题。

结　语

　　1971年南亚危机是冷战转型时代一次具有重大国际影响的地区危机。危机发展的演变过程直接关系到中、美、苏、印、巴五国之间的关系互动、政治—外交—军事多重博弈。印巴纷争、美巴接近、苏印联盟、中美关系"解冻"、美苏缓和、中苏对抗乃至美、苏、中三角关系的初步建构均在次大陆的权势竞技场上展现得淋漓尽致。那么，南亚危机与作为超级大国的美国的冷战战略之间又有何种内在联系、两者之间又呈现出何种互动性特征？对此，笔者将在前文史实分析的基础上进行以下三个方面的归纳：一，以1971年南亚危机为个案探究冷战时期第三世界地区危机形成发生的内在机理和基本特征；二，在冷战转型的时代背景下，析论美国的全球战略与其危机政策之间的内在联系，以及上述联系在1971年南亚危机中的表现；三，借鉴"地区安全复合体"理论，以孟加拉国作为冷战时期一个由民族分离主义运动成功实现独立的个案，诘究促成它独立的全球和地区结构因素。

一

　　1971年南亚危机是以巴基斯坦国内制度缺陷和东巴内乱为逻辑起点，在西巴政府军武力镇压东巴民族主义浪潮之后，民族矛盾激化，引发大规模难民潮涌向印度，使国内利益冲突外溢到次大陆，诱发印巴的新一轮纷争对抗。同时，危及地区稳定和撼动大国的利益诉求，在印巴持续对峙和大国竞争性介入的双重影响下导致第三次印巴战争爆发，孟加拉国最终获得独立。就时间跨度而言，自3月25日"探路灯"行动实施引发东巴内乱，到12月16日东巴守军投降、战争结束，整个危机的持续时间长达10个月之久。由于各阶段危机的对抗程度和对地区局势、大国安全利益的影响程度各不相同，危机的紧迫性呈现因时而异的特征。因此，与古巴导弹危机、苏伊士运河危机和西恩富戈斯危机这些冷战时代典型形态的危机事件不同，1971 年南亚危机有其独特禀质。

就 1971 年南亚危机内部发生机理的探究，以色列海法大学的政治学教授本杰明·米尔（Benjamin Miller）提出的"国家—民族平衡关系"①是解读此次危机的重要分析工具。米尔教授认为一个特定地区之所以容易发生危机、冲突，爆发战争是与该地区"国家—民族平衡关系"的平衡协调程度紧密相关的。区域内国家间的紧张关系，某个国家内部的民族分离主义浪潮、一国对邻国民族分离主义势力的支持、对毗邻国家领土的"修正主义"领土要求都会使上述关系趋向于不平衡、不协调，危机、冲突爆发的几率就大大增加。而当区域内某一国家政府执政合法性缺失、内部裂痕逐渐增大，乃至发生内战都会为区域内的邻国干涉提供机遇，并加剧危机发生的程度，地区战争爆发的可能性也就递增。②

笔者认为以 1971 年南亚危机作为分析对象，借助上述分析框架可划分出两个分析层次深入探究南亚危机爆发的内在机理：第一，西巴与东巴之间在巴基斯坦"民族建设"与"国家建设"关系上的冲突与对立；第二，巴基斯坦与印度在国家理念水火不容之下，国家间权力分配关系合法性的缺失。

"民族建设"与"国家建设"是国家政治发展中两个意义上有着重要区别却又紧密联系的关键词。"民族建设"涉及的是"忠诚和义务"的问题，体现为公民对国家的认同、参与、承担义务和效忠；"国家建设"则是指"渗透和统一"的问题，可表述为中央集权的官僚化、专门化、一体化以及对地方基层在政治、经济、文化等领域的渗透、贯

---

① 本杰明·米尔教授认为"国家—民族平衡关系"（The States-to-Nation-Balance）是关系到一个特定地域战争与和平，危机与冲突发生频率的决定性动态变量关系。其中既包括领土疆域划分、国家构成与国家建设、国家实力等与地区冲突、战争爆发密切相关的物质因素，也包括狂热的民族主义情绪、修正主义式的领土要求、竞争性的国家意识形态等促成地区冲突、战争爆发的政治心理因素。在《国家、民族与大国：地区战争与和平的根源》一书中，米尔教授运用这一分析模式对中东、巴尔干、南美以及 1945 年之后西欧的安全态势进行分析。参见 Benjamin Miller: *States, Nations, and the Great Powers: The Sources of Regional War and Peace*, Cambridge: Cambridge University Press, 2007.

② Benjamin Miller: *States, Nations, and the Great Powers: The Sources of Regional War and Peace*, pp. 18 – 19.

彻与控制。①可以说，一国"民族建设"与"国家建设"之间的协调发展程度决定了该国政治发展的进程。反观1947年—1971年巴基斯坦的政治发展，"民族建设"与"国家建设"的发展是极不平衡的，"国家建设"被异化为西巴对国家政治生活的垄断控制，而"民族建设"则长期处于"两个民族"理论的精神统领之下的被忽略地位。在这一过程中，由于西巴的政治歧视、经济压榨和文化排斥使得世居东巴的孟加拉族民族情感始终没有超越地域本位限制而升华为对巴基斯坦的国家认同，而1971年东巴政治危机的爆发则宣告巴基斯坦"民族建设"的失败。

其具体表现如下：第一，体现西巴政治意志的中央政府以强制手段提升西巴通用语言乌尔都语为国语而贬抑孟加拉语的地位，实际上是力图通过强制手段同化东巴的民族文化。但这一强制措施扩大了不同民族间的文化断层，削弱了共同文化纽带、共同价值追求的建构。其二，西巴民族，特别是旁遮普族对国家权力的垄断使得孟加拉族被排挤到权力体系的边缘地位，地域平等无从谈起，政治平等更是空中楼阁。其三、巴基斯坦经济发展长期处于西巴、东巴发展极端不平衡的局面。西巴的经济现代化是以牺牲东巴发展为代价的，并不断加剧利益结构上的不对等、不平衡。在这样一种经济发展模式下，巴基斯坦的国家建设难以赢得东巴民众的正当性支持，对国家的政治认同与忠诚程度难以提升，并呈不断下降趋势。上述畸化现象缓慢发展，不断集聚成为挑战并威胁巴基斯坦国家存在的社会暗流，到叶海亚·汗执政时期总爆发，最终分裂了统一的巴基斯坦国家体系。这里需要进一步深入探究的是，在"民族建设"与"国家建设"的发展已经严重失衡、百孔千疮的情况下，究竟是什么充当了巴基斯坦国家分裂的"引爆器"？笔者认为"引爆"巴基斯坦内战与分裂的因素有两个：一是军人政权在巴基斯坦国家建设的路径选择上采取排他性、强制性垄断措施；二是孟加拉族裔民族主义在巴基斯坦民族建设长期处于受压制状态下的激进迸发。

---

① ［美］阿尔蒙德、小鲍威尔：《比较政治学：体系过程与政策》，曹沛霖译，上海：上海译文出版社1987年版，第27页。

冷战时代,军人政治是亚非拉新兴国家政治发展中的一个普遍的现象。①美国著名学者亨廷顿在分析军人政权为什么会在亚非拉新兴国家大行其道后指出,在代议民主制度确立的社会文化条件还远未达到之时,社会的整合程度极低。当文官政府组织越虚弱,文官领袖处理国家政务的能力越低下,军人干预政治的可能性就越大,对国家发展的控制能力就越强。②

在1947年—1971年巴基斯坦的政治发展中,军人政治是其整体发展轨迹中的重要组成部分(军人政权统治的时间长达13年)。在阿尤布·汗和叶海亚·汗两位军人统治者主政时期,军人集团是通过军事政变的形式获取国家权力,权力归属关系的向度转变和更迭缺乏任命国家元首和政府首脑、组建政府的合法程序,仅仅是依靠军队直接掌握的国家暴力资源登上权力的宝座,因此,执政合法性的缺失是巴基斯坦军人政权的根本缺陷。③

在1968年11月到1969年3月的第二次反阿尤布·汗运动中,巴基斯坦的民主政治浪潮和东巴谋求自治的呼声愈发高涨,政治精英和普通民众都希望军人政权下台,走宪政民主的道路。虽然叶海亚·汗通过"和平政变"的方式使军人政权的统治得以延续,民众公意未得到实现,但是,巴基斯坦的民主化转型是叶海亚·汗必须直面的首要政治议题。

在体现民主化转型的1970年12月大选中,叶海亚·汗忽略了非常重要的一点,即像巴基斯坦这样一个没有多少民主传统的国家,各政党、各利益集团、甚至西巴与东巴之间对民主的理解、对大选之后的政治需求和政治利益均难以达成一致。在1971年1月—3月25日的"三巨头"政治角逐中,叶海亚·汗和他背后的军官团认识到以"六点纲领"为旗帜,涌动分权和自治倾向的东巴人民联盟是对军人政权的最大威胁,而捍卫巴基斯坦国家统一的共同理念则让叶海亚·汗与阿里·布托结成西

---

① 国际学界有关亚非拉国家军人涉政与军人政权研究的代表著作可参见 Bengt Abrahamsson: *Military Professionalism and Policitcal Power*, Beverly Hills: Sage Poblications, 1972; Fidel Kenneth ed.: *Militarism in Developing Countries*, New Brunswick: Transaction Books Inc., 1975; Miles D. Wolpin: *Militarism and Social Revolution in the Third World*, Allanheld: Osmun Books Inc., 1981.

② [美] 亨廷顿:《变动社会的政治秩序》,张岱云译,上海:上海译文出版社1989年版,第219页。

③ Veena Kukreja: *Military Intervention in Politics: A Case Study of Pakistan*, New Delhi: NBO Publishers, 1985, p. 98.

巴政治同盟一致对抗穆吉布·拉赫曼。在事关巴基斯坦国家政治走向的危急关头，军人政权的政权性质决定了在它面对独立倾向愈演愈烈的东巴激进民族主义势力之时，为保持它在国家政治生活中的排他性、强制性垄断地位，必须用枪和炮来维持它的统治。因此，叶海亚·汗军人政权的政权性质与其冲突行为构成正向联动关系。

相较军人政权在巴基斯坦国家建设的路径选择上采取排他性、强制性垄断措施，东巴族裔民族主义在巴基斯坦民族建设长期处于受压制状态下的激进迸发亦是将巴基斯坦推向分裂与内战深渊的重要因素。

东巴民族主义是在巴基斯坦民族建设长期处于受压制状态下不断滋生发展的。不仅统一的民族国家认同没有形成，而且还催生出反对西巴人对东巴的绝对控制和压迫，力图改变不平等地位、强调孟加拉族在国家政治生活中的利益表达和利益实现的激进民族主义思潮。这种思潮从内在禀质上表现为族裔民族主义①的激进迸发。以1966年"六点纲领"出台为标志，一股族裔民族主义思潮在东巴逐渐兴起，它的出现标志着旧有的以印度教与伊斯兰教对抗为特质的巴基斯坦国家民族主义在东巴世微衰退，取而代之的是体现孟加拉人自主独立意识的族裔民族主义。其与"两个民族"理论有着不同的思维路径，体现的是非宗教对立的理念。这一新的民族主义思潮的矛头并非指向印度，而是反对西巴统治者对东巴的绝对控制，谋求建立"孟加拉人的东巴"。在叶海亚·汗一手导演的民主化转型过程中，东巴与西巴之间的历史宿怨被激化，现实的利益冲突与社会不满被放大，以穆吉布·拉赫曼为代表的孟加拉族政治精英热衷于通过政治煽动推进东巴的政治和经济要求，而当激进的民族

---

① 国际学界在研究民族主义问题时，一般将其划分为"公民民族主义（Civic Nationalism）"和"族裔民族主义（Ethnic Nationalism）"，又可称为"族群民族主义"。戴晓东博士认为"族裔民族主义"以血缘、亲族、语言等因素加以维系，其存在是诉诸历史与文化，维护族裔的特殊性；而"公民民族主义"则主要是一个政治层面的概念。它强调的是公民的政治权力、义务与信仰，其基础是共同的法律和公共文化，借助政治与法律，统合不同的族群，实现公民的普遍权益与民族的团结。"两种民族主义在手段与功能上的不同决定了它们在民族共同体中必然会有深刻的矛盾。民族国家的力量来自族裔与公民之间关系的协调与平衡，一旦两者发生激烈的冲突，催生离心力极强的族裔民族主义，民族共同体便会陷入危机之中。"参见戴晓东：《浅析族裔民族主义与公民民族主义》，《现代国际关系》2002年第2期，第58—59页。西方学界有关公民民族主义与族裔民族主义内在特征、相互联系和区别的精彩论述可参见 Hugh Seton-Watson: *Nations and States: An Enquiry into the Origins of Nations and the Politics of Nationalism*, Boulder: Westview Press, 1977.; John A. Hall ed.: *States in History*, Oxford: Basil Blackwell, 1986.

主义势力提出建立"独立的孟加拉国",挑战军人政权的政治底线时,内乱与流血冲突不可避免。西巴与东巴之间在巴基斯坦"国家建设"与"民族建设"关系上的冲突与对立最终只能是通过内战与分裂作出决断。在西巴军人政权的清剿打压之下,为延续东巴独立运动,民族主义者们不得不向外部力量谋求政治、道义、经济和军事支持,为东巴冲突的国际化打开一个重要缺口。

巴基斯坦与印度在国家理念水火不容之下,国家间权力分配关系合法性的缺失是促动南亚危机发展的另一要素。

1947年的分治使印巴彼此成为首要敌人。自分治以来,两国在领土归属、资源分配、地区主导权等体现国家间权力分配关系的主要指标上很难达成一致,以克什米尔争端为例,两国领土的划分隐患重重,既未通过领土勘定条约、协议的形式加以固定、保障,而且也未通过国际组织仲裁、调停和双边协商谈判就领土纷争达成一致。因此,两国均不满领土归属现状,领土分配关系的合法性极度欠缺。正是由于这种权力分配关系合法性的缺失使得两国争端、冲突乃至战争频繁发生。现代国际政治研究中将权力划分为"硬权力"和"软权力"两大部件,印巴之间权力分配关系合法性的欠缺既表现在国家实力、克什米尔领土争端、资源以及地区主导权的争夺等"硬权力"层面斗争之上,又表现在国家意识形态、宗教观念、民族特性、价值观念等"软权力"层面竞争之中。不仅如此,印巴在"硬权力"和"软权力"上你死我活的斗争使得次大陆严重缺乏维护稳定与和平的地区安全机制。由于两国间不存在国家安全上的信任关系,有效的地区安全机制难以建立,因此,冲突双方的暴力行为无所约束,常以流血冲突甚至是高度暴烈性的战争形式呈现。上述权力分配关系合法性的缺失构成了冷战时代,特别是1971年南亚危机爆发的重要地区政治背景。那么,在这一猜疑、不信任、仇恨与安全感极度缺乏并立存在的政治背景中,印度干涉东巴内乱的原因何在?

笔者认为有两大原因:其一,拯救东巴难民的人道主义考虑。当叶海亚·汗军人政权用军事镇压回应东巴激进民族主义者的独立呼声和挑战时,践踏人权、滥杀无辜的暴行不可避免,而这场民族暴力冲突的最大受害者是东巴平民。大量东巴平民流离失所,沦为难民,形成大规模人口的跨境流动,不仅为接收难民的印度带来严重的社会、经济发展问题和国家安全隐患,而且使得巴基斯坦国内民族暴力冲突获得国际性特征，向跨国危机——印巴危机转化。通过安置收容难民、提供食物、药品以及声援东巴独立运动、声讨谴责西巴政府军的民族大清洗和高压控制、以及争取国际舆论支持等方式，印度以难民问题介入东巴民族冲突。

其二，削弱巴基斯坦这一最主要对手的现实功利动机。人道主义考虑因素并不意味着应当忽略印度从挫败它的主要地区竞争对手中所获得的地缘政治利益。印度政府通过资金支持、提供武器装备、军事训练、政治支持、外交声援甚至军事干涉等方式支持东巴独立运动，其中根植于强权政治的功利动机就是要借助巴基斯坦内部矛盾一劳永逸地削弱这个老对手，独享地区政治主导权。从印度在整个危机进程中的政策选择上看，它最终选择的是军事干涉。这种军事干涉带有更加明显的利益指向性，实际上是以伸张正义之名（诸如：制止东巴境内的大屠杀、帮助孟加拉人民的民族解放斗争）而行谋取利益（肢解巴基斯坦，扶植建立孟加拉国）之实。① 当然，在印度政府支持东巴独立运动的同时，东巴的激进民族主义者在确信无疑地追求孟加拉独立的目标之下，也在迫切谋求外部力量，特别是印度的外交、资金、道义和军事支持。

对1971年南亚危机地区根源的考察实际上凸现了南亚危机——这一地区冷战事件的"本土性"特点。具体而言，在以猜疑、不信任、仇恨与隔阂对立作为共同特点的国家政治、地区政治氛围中，西巴军人政权与孟加拉族裔民族主义的暴力冲突与印巴国家对抗构成双重联动效应，使得危机进程逐步滑向高度暴烈性的战争。从1971年南亚危机的起因和发展进程来看，与前两次印巴战争均有所区别，但利益纠葛和斗争更为复杂化，其结果不仅改变了巴基斯坦的国家构成，而且

---

① 学界对印度在军事干预东巴内乱这一问题的研究分析上有两种截然对立的观点。以孟加拉国杰拉沙希大学教授扎格卢勒·海德（Zaglul Haider）为代表的一部分学者认为，印度通过战争方式结束次大陆危机说明所谓"人道主义干涉"不过是一个"幌子"，真实的意图在于战略层面的考量，即通过肢解巴基斯坦，实现印度梦寐以求的"尼赫鲁版本的'大印度联邦'"。参见 Zaglul Haider："A Revisit to the Indian Role in the Bangladesh Liberation War", *Journal of Asian and African Studies*, Vol. 44, Issue 5, 2009, p. 537. 而另一部分学者则基于国际关系中的国际伦理研究，认为印度的军事干预行为是"正当的人道主义干预"。代表性的观点可参见 Christoffer Brekke: *Humanitarian Intervention and Just War: A Comparative analysis of India's intervention in Bangladesh, 1971 and Sri Lanka, 1987 – 1990*, University of Oslo, Master's Thesis, 2008, Chapter 4. 笔者在史料分析的基础上，认同孟加拉学者扎格卢勒·海德的观点。

也改写了南亚的力量格局。这一重大的南亚冷战事件所表达的本土性逻辑可表述为：在地区安全机制未曾建立之下，西巴、印度、孟加拉分离主义势力三方的理念冲突、明争暗斗、血与火的搏杀决定了危机只能是通过战争暴力手段解决，权力角斗场的法则：一拼到底，强者胜出支配着这一斗争过程，即便是大国的调解也无法阻挡战争的爆发。

二

尼克松执政时期并没有忘记美国要称霸世界的战略目标，他对苏联的有限让步只是一种战略规划上的无奈。二战之后的美国极力追求世界领导权，但在1960年代后期却遭遇苏联的强大竞争。面对处于转型进程中的全球冷战大势与苏联的强力扩张，尼克松和基辛格首要任务便是妥善解决冷战转型时代，美国对外战略自身所面临的"瓶颈"：如何协调美苏两国在军事上分庭抗礼与全球范围内政治、经济多元中心兴起的结构性紧张。对此，尼克松政府采取的是以退为进，体现"间接路线"战略①思想的两大政策：一，确保重点与局部收缩；二，对苏缓和与联华制苏。两者共同构成尼克松政府的对外战略。这一对外战略的核心要义就是要在美国进行海外防务力量适时收缩但不退却的同时，破除中美隔阂敌对的"坚冰"，实现中美关系的"解冻"，构建美苏中战略大三角，与中国建立反对苏联威胁的"战略准联盟"。②

在美国对外战略调整的背景之下，尼克松政府对1971年危机的因应政策体现了何种特点？

依据前文各章的史实论述与诘究，笔者认为作为最高决策者的尼克松—基辛格"二人团队"在应对1971年南亚危机的过程中是以美国对外

---

① "间接路线战略"是由英国最富盛名的战略思想家利德尔·哈特最先提出的。他认为从谋求获胜的基本策略方法看，如果主要依靠军事力量，采取与对手进行直接的正面交锋和军事对抗来夺取胜利，这就是"直接战略"；如果是避其锋芒，动员国家的综合实力并强调非军事对抗的重要性，以迂回方式夺取对敌胜利，这种战略思维模式即为"间接路线"战略或"间接战略"。随着时代的发展，"间接路线"战略的适用范围在不断扩大，已经由一种纯粹的军事战略思维上升为一种重要的国家大战略思维模式。有关"间接路线"战略的精彩论述可参见〔英〕利德尔·哈特：《战略论：间接路线战略》，中国人民解放军军事科学院译，北京：战士出版社1981年版。

② 孙德刚：《多元平衡与"准联盟"理论研究》，北京：时事出版社2007年版，第244页。

战略的总体战略目标与核心国家利益为基点构筑南亚危机的因应政策。影响危机政策的具体因素包括："其一，以处理南亚危局为契机力促中美接近；其二，支持巴基斯坦这个'旧时'盟友，彰显美国在战略收缩之时，在对盟国安全承诺方面不打折扣。"①

在12月4的华盛顿特别行动小组会议上，基辛格曾指出，尽管战局对巴基斯坦一方极为不利，甚至印度将会最终占领东巴。但是"摆在我们面前最紧迫的任务是依据我们更广泛层面上的战略去表明我们的立场与态度"②。笔者认为基辛格所提及的"更广泛层面上的战略"，应当是指以南亚危局为平台，推进中美在安全利益上的交汇点，促进中美关系的进一步接近。

在美国的战略图谱中，南亚并非战略要地。若仅是就事论事地从解决次大陆政治纷争的角度应对南亚危局，"二人团队"在应对危机、处理美国与巴基斯坦关系时就不会在西巴军事清洗问题、难民问题、对巴军售问题、东巴政治和解问题上采取偏向巴基斯坦的政策。但是，若从美国全球战略布局来看，南亚、乃至巴基斯坦都具有相对重要的价值，这种价值表现为处于内忧（东巴内战）外患（印巴危机）的巴基斯坦同时与中、美保持友好关系。在1971年7月基辛格"秘密外交"公开之前，巴基斯坦是美国开启中美关系大门的重要"秘密外交"渠道，美国既不希望对巴施压而影响巴基斯坦对中美"秘密外交"的支持态度，又担心若抛弃巴基斯坦会引起中国对美苏勾结，主宰南亚事务的怀疑。而在基辛格"秘密外交"公开之后，苏印出于各自利益，缔结了《苏印条约》，苏联在南亚危机中的介入程度大为增强，并随着危机逐渐滑向战争，成为中美两国反制、防范、谴责的首要目标。在对待危机的立场态度上，中美两国均反对印度在苏联的幕后支持下借东巴内乱实行扩张，削弱巴基斯坦。因此，1971年南亚危机前后的华盛顿、北京、伊斯兰堡

---

① Dan Haendel: *The Process of Priority Formulation—U. S. Foreign Policy in the Indo-Paki War of* 1971, Boulder: Westview Press, 1977, p. 172.

② "Minutes of the Washinton Speical Action Group Meeting of 4 December, 1971", cited in Robert Jackson: *South Asian Crisis: India, Pakistan and Bangladesh-A Political and Historical Analysis of The 1971 War*, p. 217.; Marta Nicholas, complied: *Bangladesh: The Brith of A Nation: A Hangbook of Background Information and Documentanry Sources*, Madras: M. Seshachlam and Compancy, 1972, p. 119. 《美国外交文件》南亚危机卷中隐去了基辛格的这句话。参见 *FRUS 1969 - 1976*, Vol. XI: South Asia Crisis, 1971, pp. 620 - 627.

之间呈现三组双边关系的正向联动效应。不仅中美关系的"解冻"使得美巴、中巴关系呈现互为促进的正相关性,而且中美接近的战略考虑在尼克松政府对巴基斯坦政策中亦有充分反映。在"二人团队"的政策引导下,尼克松政府之所以介入南亚危机,是因为危机的发生确实威胁到美国的安全利益,但这些利益的终极指向并非停留在美国在南亚的利益维护层面,而是指向美国的全球战略层面——联合中国,对抗苏联的扩张。① 同时,美国的介入也是美国对外战略能否成功转型的一次检验,并非针对南亚的就事论事。

中美接近的战略考虑可以很好地解释为什么美国在南亚危机期间会对巴基斯坦采取"偏袒"政策。从这一政策走向的最终结果来看,它并没有保全巴基斯坦的完整,没有阻止战争的爆发,更没有使巴基斯坦在与印度的战争中获得胜利。但东巴之所"失",却为中美接近之所"得"。"偏袒"政策的原动力之一就在于"打开中美关系大门,推进中美关系正常化"②,构筑美、苏、中战略大三角,联合中国反制共同敌人——苏联的扩张势头,推动全球均势。诚如基辛格所言:"如果我们同苏联勾结起来使中国的朋友——我们的盟国——公开受到屈辱,美国采取的、对保持全球力量均势具有根本重要性的一次主动行动就会完蛋。"③ 因此,在全球主义战略视野支配之下的"偏袒"政策是冷战转型时期美国对外战略的有机组成,是美国对华政策的"润滑剂"和"催化剂"。中国因素在美巴关系之中,在美国的危机政策的审慎考量中均占重要份额。

在中美关系逐步"解冻"的同时,南亚危机却在一步一步滑向战争。由于南亚一直都是中国外交的一个主战场,并且中巴关系密切,而中印关系却积怨较深,美国在处理南亚危机时必须小心谨慎,密切关注中国的动向,唯恐因南亚危机处理不周而使中美和解进程出现意外变故。随着印巴冲突的不断升级,美国考虑到上述诸多问题之间的内在紧密联

---

① Dan Haendel: *The Process of Priority Formulation—U. S. Foreign Policy in the Indo-Paki War of* 1971, pp. 317 – 318.

② Dan Haendel: *The Process of Priority Formulation—U. S. Foreign Policy in the Indo-Paki War of* 1971, p. 376.

③ [美] 亨利·基辛格:《白宫岁月》(三),杨静予等译,北京:世界知识出版社 2003 年版,第 1163 页。

系，因此不断加强与中国的政策协调。①由前文分析可见，中美两国在危机应策，特别是对巴政策上有以下共同点：第一，均承认西巴与东巴之间的民族暴力冲突是巴基斯坦内政，印度无权干涉；第二，在西巴政府军实施军事镇压和清洗问题上，中美两国均持缄默态度；第三，当东巴危机外溢为印巴危机之后，中美两国均认为巴基斯坦在接受联合国的调处方面态度是积极的，而印度则采取敌视、抵制态度；第四，在危机期间，中美都以各自不同的方式向巴基斯坦提供援助；第五，当战争爆发之后，中美均指责印度是"侵略者"，在联合国上支持巴基斯坦，反对印度在苏联支持下的扩张。之所以美国会与中国有上述五个政策共同点，"偏袒"巴基斯坦的政策基点是决定因素。不仅如此，"偏袒"政策更从美国一方促动了中美两国在安全利益上的"交集"——共同对付苏联在次大陆的扩张。南亚危机结束之后的1972年2月8日，基辛格在致尼克松的备忘录中明确指出："南亚是显现中苏意识形态差异与国家权势竞争的敏感地区。随着印度击败巴基斯坦和苏联加紧包围中国，中美两国加强安全合作，共同反对苏联的安全威胁将显得更为迫切。"②

除了以处理南亚危局为契机，力促中美接近之外，显示美国在支持盟友方面的示范作用亦是战略层面之下"偏袒"巴基斯坦的重要因素。

在"二人团队"的战略规划中，美苏缓和也好，局部收缩也好，均

---

① 8月16日和9月13日，基辛格在巴黎与时任中国驻法国大使的黄镇就南亚危机两次秘密会谈。基辛格针对中美之间的秘密交流曾指出，在南亚危机日趋紧张之际，"我们认为中美之间保持交流以及对印巴施与一定的影响作用都是十分重要的"。参见 F. S. Aijazuddin ed. ： *White House & Pakistan*：*Secret Declassified Documents*，1969 - 1974，pp. 263 - 264；pp. 285 - 286；11 月 23 日，基辛格与中国常驻联合国代表黄华在纽约市东 30 区的一栋中央情报局秘密公寓内会晤。此次会谈的中心议题是逼近战争边缘的印巴局势。基辛格说："很显然，印度是想利用孟加拉游击队和印度军队，向巴基斯坦无端挑衅，激怒巴军的反击，从而为印度找到发动全面战争的借口。我们坚决反对这种观点，即一个国家有权使用武力强制解决任何因难民问题引起的紧张状态。我们也坚决反对印度对巴基斯坦的军事侵犯。"因此，美国政府将继续坚持支持巴基斯坦、反对印度侵略的立场。基辛格向黄华表示，若安理会召开会议讨论南亚次大陆的战争问题，美国政府希望与中国沟通协调，反对印度的侵略行径和苏联的幕后操纵。针对基辛格的上述言论，黄华表示理解和赞同。参见 *FRUS* 1969 - 1976，Vol. XVII：China 1969 - 1972，pp. 596 - 597；"Lord to Kissinger，' Your Nivember 23 Night Meeting '，29 November，1971，enclosing memcon of Kissinger-Huang hua Meeting"，*National Security Archive Electronic Briefing Book No. 70*：*Negotiating U. S. - Chinese Rappochement*：*New Amercian and Chinese Documentation Leading up to Nixon's 1972 trip*，available at http：//www. gwu. edu/ ~ nsarchiv/NSAEBB/ NSAEBB70/doc22. pdf.

② F. S. Aijazuddin ed. ：*White House & Pakistan*：*Secret Declassified Documents*，1969 - 1974，p. 497.

非美国"政治赢弱"的象征。若华盛顿在战略调整时期,毫无反抗地默认莫斯科在次大陆的强势扩张将会诱使其乘机在世界其他地区采取相同策略和行动,这必将进一步威胁美国在全球和各地区的利益诉求,削弱美国作为"自由世界"领袖的国家声誉和地位,并使美国的地区盟国对于美国是否会在自己危难之际兑现安全承诺产生深刻的疑问,动摇"自由世界"的认同基础。在印巴战争的硝烟还未完全消散的 12 月 15 日,中央情报局出台了题为《苏联军事力量在遥远地区的使用》的第 11 – 10 – 71 号国家情报评估(NIE11 – 10 – 71)。该评估中指出:"由于苏联的海、陆、空三军实力在不断加强,它向遥远地区的力量投送能力在逐步提升,对受到水域和其他地理条件阻隔,但政治上对苏友好国家的支持力度亦在加大。"①"虽然苏联力量投送能力的增强并不意味着它将全面出击,对所有第三世界国家进行直接军事干涉。但可以肯定的是,苏联将凭借这一不断提升的能力向美国叫板,争夺蚕食不发达世界,显示一个与美国同等地位的世界大国所具有的世界影响。"②

对待莫斯科的强力进逼,华盛顿丝毫不能怯弱手软。因此,"偏袒"政策实施的另一个重要动力在于当昔日的盟友巴基斯坦内外交困之时,美国必须出手相助,既向中国表明面对苏联威胁,美国会反制苏联的强权,同时,更向美国的盟友昭示即便美国实力呈现颓势之际,在苏联威胁下,美国也不会放弃盟友,不会抛弃安全承诺与安全义务,只不过在表现形式和威胁程度上有所区分。以"偏袒"政策为个案分析可见,冷战时期,大国在地区危机与冲突中的政策行为与大国关系的融洽与否是密切相关的,按尼克松的说法就是将大国危机政策与缓和进程相联系,构成"连环套"(Linkage)③。若苏联在地区危机的处理中愿意与美国合作,加强沟通,防止危机升级,则美苏缓和的相互克制和信任基础就能够建立,缓和进程就可以较为顺利地进行。反之,"若苏联在地区事务中,直接或间接地以侵蚀美国或美国盟国的利益来单方面地谋取私利,

---

① *FRUS 1969 – 1976*, Vol. XIV: Soviet Union, 1971. 10 – 1972. 5, p. 98.
② *FRUS 1969 – 1976*, Vol. XIV: Soviet Union, 1971. 10 – 1972. 5, p. 99.
③ 尼克松对"连环套"的解释如下:"既然世界上两个竞争的核超级大国美国和苏联的利益是如此广泛和重叠交叉,所以把有关的领域分割对待的方针是不现实的。因此,我决定把苏联所关心的诸如限制战略武器和增进贸易等领域的进展与对我们极为重要的越南、中东和柏林等领域的进展联系起来,这个概念后来成为众所周知的'连环套'。"参见《尼克松回忆录》(上),伍任译,北京:世界知识出版社 2001 年版,第 447 页。

试图不断改变全球力量对比的话,美国必会反制苏联的企图,美苏缓和也必定受到严重影响"①。美苏关系的任何进展都要同苏联在世界各地的行为相联系。

尽管 1971 年南亚危机是尼克松政府第一届任期内最错综复杂的地区问题,"二人团队"也对南亚和作为美国战略调整基点的巴基斯坦给予相当的战略重视。但是,拨开全球战略层面的考量因素,美国在南亚的实际利益诉求与尼克松主义的宗旨是相契合的。从地区冷战的重要性来看,相比东亚、东南亚、中东乃至欧洲这些美苏争夺的战略要地,南亚确实只是位居次要地位,而尼克松主义正是要从非战略要地力量收缩。为此,尽管美国对巴基斯坦采取"偏袒"政策,但是"偏袒"的程度除主要受制于全球战略层面因素的影响之外,还受制于美国对南亚的实际利益诉求,"偏袒"政策中实际作用于巴基斯坦的政策份额是较少的。故而,全球主义战略视角决定了美国在危机期间对巴基斯坦采取"偏袒"政策,但地区实际利益诉求却制约着"偏袒"政策的适用限度。危机时段,美国对东巴政治前途的立场,战争期间及之后,美国对于印度在东巴的战争胜利和在"自由克什米尔"地区领土获取的默许②可为明证。

需要明确指出的是,尼克松政府的南亚危机政策的形成、整合与具体实施并非一帆风顺,其中,以"二人团队"为核心的白宫"全球主义者"与国务院为代表的"地区专家"针对南亚危机采取的审视视角、政策方针等方面都存在很大分歧。尼克松时期,基辛格和国家安全委员会愈发成为控制和约束国务院、国防部等官僚机构的"外交决策中枢"。基辛格不仅成为尼克松总统的首席外交决策顾问,而且也是以总统名义进行谈判的首席谈判者和政策发言人。"人人对基辛格负责,基辛格对尼克松总统负责"是以"二人团队"为中心的"垄断寡头型"外交决策机制的核心要旨。依照 1947 年《国家安全法》和 1949 年《国家安全法(修正案)》中的规定,国家安全顾问(国家安全事务助理)并不具有国务卿那样的内阁官员头衔,总统对国家安全顾问的任命也不需得到参议院

---

① Dan Haendel: *The Process of Priority Formulation—U. S. Foreign Policy in the Indo-Paki War of* 1971, p. 274.
② 美国政府在战争结束后,并未要求印度政府向巴基斯坦政府归还在战争期间获取的巴控克什米尔地区领土。

的批准。但从总统的角度来看，"总统可以不受约束地指派国家安全顾问充当自己的个人使节，担负特殊、敏感的重要外交使命，国家安全顾问也可以不受行政职责和官僚机构的束缚，随时听候调遣，其行动也不会那么引人注目"①。总统权威和国家安全顾问决策创议权的增长是一个相互促进的过程。基辛格的纵横捭阖加强了尼克松对外交权力的掌控，提高了总统自身战略意图转化为外交决策的效率。另一方面，尼克松对基辛格的授权与信任，使得基辛格的权势地位得以不断攀升，日趋显赫。相比之下，罗杰斯领衔的国务院的地位和作用则大为下降，退化为外交政策的"被动执行者"。美国南亚危机政策的形成流变鲜明地反映了尼克松政府对外战略决策机制的上述特点。不容忽略的重要政治现实是，"偏袒"政策很大程度上是在白宫与国务院纷争难平的僵持情况下，依靠"二人团队"行政压力才得以制定与强制贯彻的。"二人团队"的政策理念难获各决策机构的支持，在政策的执行上，国务院对白宫的决定往往消极对待，甚至是唱对台戏。这种决策机制上的结构性紧张在一定程度上导致了美国南亚危机政策上的混乱②，并在无形当中，加剧了"大国南亚困境"之于美国的影响作用。

　　白宫与国务院之所以在南亚危机政策上分歧甚大，其根本原因在于：1971年南亚危机究竟是与美国的冷战战略调整有着不可割舍关系的地区危机？还是仅局限于南亚次大陆的地区危机？很显然，白宫的答案是前者，而国务院则选择后者。在以"二人团队"核心的白宫决策圈中，全球均势、中美接近、中美联合反制苏印对巴基斯坦的侵略、扩张是危机政策的主线，而国务院对危机的看法则局限于次大陆自身的政治变动和印巴关系的走向。危机初期和敌对升级阶段，在东巴政治前途问题上，白宫是在不影响中美"秘密外交"、维系美巴逐渐"回暖"的双边关系乃至尼克松个人对巴基斯坦好感的背景下介入其中的，主张用"友好地劝说"，而非公开施压的方式促使叶海亚·汗软化对人联的政治禁令，在关键的"穆吉布·拉赫曼问题"上有所让步；但国务院却坚持认为巨大的压力更能令巴基斯坦在东巴政治前途问题上态度软化，有所退让，化

---

① 周琪主编：《美国外交决策过程》，北京：中国社会科学出版社2011年版，第97页。
② 有关1971年南亚危机期间，尼克松、基辛格与罗格斯领衔的国务院在政策制订、政策实施等环节的理念纷争、部门之间的利益争斗等问题的细致分析可参见 Dan Haendel：*The Process of Priority Formulation—U. S. Foreign Policy in the Indo-Paki War of* 1971, pp. 364 – 376.

解危局。在对巴军售问题上，国务院更是在 4 月 6 日先发制人地切断 3 月 25 日之后的对巴军事供应，并在危机激化之时推动美国完全停止对巴军售。

在第三次印巴战争爆发之后，白宫与国务院的矛盾纷争进一步加剧。白宫认为在莫斯科的默许支持下，新德里利用拉瓦尔品第军人政权的政治弱点和巴基斯坦的内部民族矛盾，诉诸战争，肢解巴基斯坦，并借机确立在次大陆的霸主地位。在这一危局之下，美国必须站在巴基斯坦一边，反对印度侵略，反对苏联扩张；而国务院的主流观点是美国没有必要冒极大的政治风险介入战争，以牺牲美印关系为代价支持巴基斯坦。因此，双方在战争由谁发动、对巴间接军事援助、对印度战争意图的判断乃至"企业"号出动问题上纷争不断。

基于南亚危机的个案研究充分表明，尼克松政府对外决策机制上"实权"与"虚权"的结构性紧张对具体危机应策的作出有以下两点消极影响：第一，思维导向、观念体系上的差异使尼克松政府的全球战略目标与地区政策目标之间难以兼容协调；第二，依据长远战略目标制定的地区政策在面临地区政治特有而繁复微妙的属性之时难以有效应对。如何在向巴基斯坦政策倾斜，推进美国对外战略调整的同时，又要维持印巴均势是尼克松政府第一任期内始终未得以妥善解决的地区难题。通观整个危机时段美国的危机政策，"二人团队"为"确保其战略观念的连贯性而依赖严密的中央控制——通过将官僚机构差不多完全与决策过程切断换来的控制。这意味着地区性知识——为避免全球视角应用于解决当地问题所固有的扭曲而必需的那类专业知识——过于经常地被忽视"①。

综上所述，尼克松政府在 1971 年南亚危机中采取"偏袒"巴基斯坦的政策是处于战略转型时期的美国对外战略总体规划在地区层面的延展与实践。南亚危机不仅是次大陆冷战"本土性"的体现，也是大国在对外战略引导之下对次大陆的权势斗争与战略竞争。大国究竟支持危机冲突的哪一方，反对哪一方使南亚危机呈现出地区危机的国际化特征和"大国冲突的地区性"特征，地区冷战的国际性鲜明体现。

就 1971 年南亚危机与美国处于转型阶段的对外战略之间的相互关系而言，笔者认为可总结为以下三点：

---

① ［美］约翰·加迪斯：《遏制战略：战后美国国家安全政策评析》，时殷弘、李庆四、樊吉社译，北京：世界知识出版社 2005 年版，第 348 页。

第一，1971年南亚危机是检验美、苏、中战略大三角存在基础的第一个"试验场"。①此次危机的特定意义在于它是与转型时代的冷战国际格局密切相关，不仅深受大国战略调整的影响，而且也在转型时代的全球冷战中留下自己的特殊印记。作为美国一方，尼克松与基辛格把南亚危机看成是一个极为重要的地缘政治，特别是维护全球力量均势的战略问题。冷战时期的南亚并非像欧洲、远东、越南那样是大国争夺的至关重要地区，但正是这样一种非战略要地的地位使得各方的政策选择都有一定的回旋余地，凸现多重博弈、权谋策变的"弹性外交"禀质。中美接近、美苏缓和、中苏对抗均在此次危机中有所体现。相比东南亚、东亚，南亚对中美接近的利益纠葛和羁绊束缚较少，使得中美在安全威胁观念趋同的情况下，逐步加强相互协调，推动中美进一步接触。通过危机期间的较量，美苏对缓和的实质有了进一步认识："缓和是两个互为主要敌手的超级大国之间有限的共处合作与经常性的竞争和斗争的结合。"② 只有在主要大国都承认国际体系的结构和使这个体系得以维持的秩序与规范时，缓和才能够存在下去。对处于敌对状态的中苏而言，次大陆是一个"对抗缓冲区"，可以在一定程度上消解两国间的紧张敌对。

第二，大国的竞争性介入使地区危机呈现冲突不断激化和危机长期化的局面。美、苏、中三大国均从各自的对外战略出发制订危机应策。中国为破除苏联的敌对包围和苏印的联合扩张，支持巴基斯坦。美国为反对印度在苏联的指使下破坏次大陆力量均势和促进中美接近而采取"偏袒"巴基斯坦的政策。而苏联为了反制中美联合，抑制中国在次大陆的影响，与印度结盟，支持印度对东巴的军事干涉。在大国的政策选择和介入之下，冲突双方可以借助介入危机的外部资源加大危机的规模和竞争强度，并使危机激化和长期化。

第三，大国采取的危机政策虽然难以改变危机双方的敌对与仇视，甚至难以阻挡战争的爆发和战场上的攻守进退，但是大国对全面战争（甚至是核大战）的根本顾虑则制约着地区战争的范围和规模。在南亚危机的整个发展过程中，次大陆僵局最终是由战争打破的。虽然大国无法阻止战争的爆发，但为了避免冲突国的利益诉求超越大国在地区内的

---

① Dan Haendel：*The Process of Priority Formulation—U. S. Foreign Policy in the Indo-Paki War of* 1971, p. 371.

② 黄正柏：《美苏冷战争霸史》，武汉：华中师范大学出版社1997年版，第237页。

安全底线，避免大国卷入地区战争而迭增全面战争（甚至是核大战）的风险，大国或抑制"代理人"的战争意图和战争行为，或威胁对方的代理国家，以平息地区战火。战争期间，库兹涅佐夫的新德里之行、美苏领导人在处理危机上的讨价还价乃至"有限危机升级"政策（"企业"号出击）都是大国限制地区战争的具体表现。

三

依据前文史实分析可见，孟加拉之所以能够实现独立，是地区政治激变与全球冷战转型双向互动的结果。笔者认为可以借鉴国际著名学者巴里·布赞和奥利·维夫提出的"地区安全复合体理论"（Regional Security Complex Theory）①，结合保罗·肯尼迪有关大国兴衰的理论，对促成孟加拉国独立的全球和地区结构因素进行相应分析。在全球层面上，美苏两国是冷战时代的"一流强国"②，抑或"超级大国"③。中国是冷战转型时代在全球范围内政治、经济多元力量中心兴起的代表，虽无法

---

① 巴里·布赞（Barry Buzan）和奥利·维夫（Ole Waver）认为地区层次在国际安全结构中的重要性正在日益上升，是"国家安全和全球安全两个极端之间彼此交汇的地方，也是大多数行动发生的地方"。在特定地区中，"由于大多数威胁在近距离传播比在远距离传播更容易，因此安全相互依赖通常会组成以地区为基础的躯体，即安全复合体"。"地区安全复合体"理论提出地区安全研究的四层组织框架：（1）国内层次（domestic level）——地区内国家；（2）地区层次（regional level）——国与国的关系；（3）地区间层次（interregional level）——该地区同周围地区的互动；（4）全球层次（global level）——全球大国在地区中的角色。以上四个层次的互动构成安全组群。此外，地区安全复合体还包括四个变量：（1）边界，将地区安全复合体与近邻地区分开来；（2）无政府结构，即地区安全复合体必须包括两个以上的自治单位；（3）极性，它涉及单位之间的权力分配；（4）社会性建构，它涉及单位之间的友好和敌对模式。从任何给定时间的地区安全复合体的构成来看，它都存在着三种可能的演变：（1）维持现状；（2）内在变革；（3）外在变革。有关"地区安全复合体"理论的相关介绍可参见［英］巴里·布赞、［丹］奥利·维夫：《地区安全复合体以国际安全结构》，潘忠岐、孙霞、胡勇、郑力译，上海：上海世纪出版集团2010年版，译者序。

② ［英］保罗·肯尼迪：《大国的兴衰——1500—2000年的经济变革与军事冲突》，王保存、王章辉、余昌楷译，北京：中信出版社2013年版，第81页。

③ 巴里·布赞和奥利·维夫认为："超级大国地位的标准是很高的，它要求具有能够在整个国际体系内行使的范围广泛的能力。超级大国必须具有一流的军事政治能力，以及为这种能力提供支持的经济实力。它们必须能够并实际上发挥全球军事和政治影响力。""超级大国在体系中所有地区或几乎所有地区的安全化和去安全化进程中，必须是积极的行为体，不论作为威胁、支持者、盟友，还是作为干涉者。"参见［英］巴里·布赞、［丹］奥利·维夫：《地区安全复合体以国际安全结构》，潘忠岐、孙霞、胡勇、郑力译，上海：上海世纪出版集团2010年版，第33页。

从根本上撼动美苏的主导地位，但具备"全球体系层次上的大国地位"①。"超级大国和（全球体系层次上的）大国决定全球层次的极性，它们与地区大国之间的界限决定全球安全态势与地区安全态势之间的差异。"②从地区层面上看，印度和巴基斯坦是决定南亚次大陆政治前途的竞争性"地区大国"③。它们之间的竞争雄长使次大陆呈现为两极结构的"标准地区安全复合体"④的特征。在南亚危机中，美中两国支持巴基斯坦，苏联支持印度，双方的力量对比呈现美中巴为一方、苏印为另一方的集团斗争。印度支持孟加拉独立运动，并在对巴军事斗争中占据优势。冷战时代的南亚次大陆虽然并非冷战对抗的"主战场"，但不可避免地受到冷战的波及和渗透。正如"地区安全复合体理论"所提出的观点，当超级大国和（全球体系层次上的）大国"之间存在对抗的时候，一个处在冲突状态的地区安全复合体会沿着它本身的内部分裂线招致外部干涉"⑤。"将全球大国之间权力分配的总体模式与地区安全复合体的地区态势联系起来的是渗透机制。"次大陆本土的地区对抗——"印度和巴基斯坦之间的对抗，为大国对这个地区的渗透提供了机遇或需要。"⑥基于上述分析可见，以"地区安全复合体"理论为理论基础，印巴之间的"本土对抗"和区外大国的"渗透"是决定孟加拉独立建国的关键因素。

---

① 巴里·布赞和奥利·维夫认为（全球体系层次上的）大国地位主要取决于"它们被其他国家在体系层次计算当前和未来权力分配的基础上进行回应"。"一个大国，在其他主要国家的算计中，被认为具有明显的经济、军事和政治潜力。可以在短期或中期内争取获得超级大国地位。"参见［英］巴里·布赞、［丹］奥利·维夫：《地区安全复合体以国际安全结构》，潘忠歧、孙霞、胡勇、郑力译，上海：上海世纪出版集团2010年版，第34页。

② ［英］巴里·布赞、［丹］奥利·维夫：《地区安全复合体以国际安全结构》，潘忠歧、孙霞、胡勇、郑力译，上海：上海世纪出版集团2010年版，第33页。

③ 巴里·布赞和奥利·维夫认为："地区大国决定任何给定地区安全复合体的极性。""其能力在它们各自的地区是表现突出的，但在全球层次上并没有引起非常广泛的关注。"参见［英］巴里·布赞、［丹］奥利·维夫：《地区安全复合体以国际安全结构》，第35页。

④ 巴里·布赞和奥利·维夫指出："标准地区安全复合体总体上是威斯特伐里亚式的，包括两个以上的国家，最主要的安全议题是军事—政治议程。""在标准地区安全复合体中，极性完全由地区大国界定，如南亚地区的印度和巴基斯坦。"参见［英］巴里·布赞、［丹］奥利·维夫：《地区安全复合体以国际安全结构》，潘忠歧、孙霞、胡勇、郑力译，上海：上海世纪出版集团2010年版，第54页。

⑤ ［英］巴里·布赞、［丹］奥利·维夫：《地区安全复合体以国际安全结构》，潘忠歧、孙霞、胡勇、郑力译，上海：上海世纪出版集团2010年版，第101页。

⑥ ［英］巴里·布赞、［丹］奥利·维夫：《地区安全复合体以国际安全结构》，潘忠歧、孙霞、胡勇、郑力译，上海：上海世纪出版集团2010年版，第45页。

为什么孟加拉国会在超级大国——苏联、地区大国——印度的支持之下，成功脱离巴基斯坦而独立？笔者认为，除了印度在印巴之间的"本土对抗"中占优之外，很重要的一点在于区外大国的"渗透"程度不同，而"渗透"程度不同是由美苏中三大国因为"大国南亚困境"的掣肘，"利益"、"实力（尤指军事实力）"与"大国介入地区危机的程度"三者之间存在的联动关系所决定的。就美国而言，虽然对巴基斯坦采取"偏袒"政策，但这一政策的利益基点在于促进中美接近、制衡苏联，真正对巴基斯坦的实际利益诉求只是防止印度彻底击溃并分裂西巴，而且美国正处于战略收缩的调整时期，南亚是美国实施战略收缩的地区之一。为此，在"利益—实力"关系上呈现较低利益诉求与高实力等级的关系，因此介入程度较低；而反观苏联，支持印度取得军事胜利是推进苏联在次大陆利益、进一步遏制中国的绝好机会，特别是在战争期间，苏联在外交与军事上对印度的支持力度是美、中两大国所难相比的。因此在"利益—实力"关系上呈现高度利益诉求与高实力等级的关系，苏联的介入程度最大；相较美苏，中国虽在反制苏印联合扩张方面有较高的利益诉求，但是自身实力远逊于两个超级大国，因此在"利益—实力"关系上呈现高度利益诉求与低实力等级的关系，介入程度低。虽然中美支持巴基斯坦，但支持的力度和介入危机的程度不及苏联对印度的支持，印度能够在这一特殊而微妙的国际环境中，抓住机遇，夺取对巴战争的胜利，改写次大陆的政治格局，促成孟加拉国的独立。因此，1971年南亚危机的结果不是由外部力量决定的，但也不是脱离外部力量而决定的，区外大国的"渗透"与印巴借助区外大国的竞争和对抗体现了冷战转型时代的国际力量分布对于南亚危机最终结果所起的不可或缺作用。从这个意义上讲，"冷战最重要的方面既非表现在军事领域，也不是在战略领域，亦不是以欧洲为中心的，而是与第三世界的政治与社会发展紧密联系的"①。

---

① Odd Arne Westad: *The Global Cold War: Third World Intervention and the Making of Our Times*, Cambridge: Cambridge University Press, 2007. p. 396. 参见［挪］文安立：《全球冷战：美苏对第三世界的干涉与当代世界的形成》，牛可等译，北京：世界图书出版公司2012年版，第407页。

参考文献

一、英文档案文献（微缩胶卷、电子资源及纸本）

1. *The Richard M. Nixon National Security Files* 1969 – 1974：*India-Pakistan War of* 1971，Microfilm Reels，LexisNexis，2007.

2. "解密文件参考系统"（Declassified Documents Reference System，简称 DDRS），华东范大学图书馆电子数据库 http://galenet.galegroup.com/servlet/DDRS? locID = ecnu.

3. *National Security Archive Electronic Briefing Book No.* 49：*The Sino-Soviet Conflict* 1969：*The U. S. Reactions and Diplomatic Maneuver.* available at http：//www.gwu.edu/ ~ nsarchir/NSAEBB/NSAEBB49/.

4. *National Security Archive Electronic Briefing Book No.* 66：*The Beijing-Washington Back-Channel and Hernry Kissinger's Secret Trip to China*，September 1970 – *July* 1971，available at http：//www.gwu.edu/ – nsarchiv/NSAEBB/NSAEBB66/.

5. *National Security Archive Electronic Briefing Book No.* 70：*Negotiating U. S.* – *Chinese Rapprochement*：*New Amercian and Chinese Documention Leading up to Nixon's 1972 trip*，available at http：//www.gwu.edu/ ~ nsarchiv/NSAEBB/ NSAEBB70/.

6. *National Security Archive Electronic Briefing Book No.* 79：*The Tilt*：*The U. S. And the South Asian Crisis of* 1971，available at http：// www.gwu.edu/ – nsarchiv/NSAEBB/ NSAEBB79/.

7. *National Security Archive Electronic Briefing Book No.* 106：*N ixon's Trip to China*，available at http：//www.gwu.edu/nsarchiv/NSAEBB/ NSAEBB106/.

8. *National Security Archive Electronic Briefing Book No.* 145：*New Docu-*

mentary Reveals Secret U. S. , Chinese Diplomacy Behind Nixon's Trip, available at http：//www. gwu. edu/ ~ nsarchiv/NSAEBB/ NSAEBB145/ .

9. United States Department of State：*Foreign Relations of the United States*（简称 *FRUS*），1969 – 1972，Washington，D. C. ：U. S. Government Printing Office.

10. *Documents of the National Security Council*：1947 – 1977，华东师范大学冷战国际史研究中心.

11. *The Department of State Butlletin*：*The Official Monthly Reccord of United States Fpreign Policy*，Washington，D. C. ：The Office of Public Communication in the Bureau of Public Affairs.

12. *Pakistan Horizon—Documentary and Chronological Appendices*，Karachi：Pakistan Institute of International Affairs, Vol. XXIV. 1971.

13. *Bangladesh Documents*, Vol. I, II. New Delhi：The B. N. K. Limited Press，1972.

14. Kumar Jain, Rajendra：*U. S. —South Asian Relations* 1947 – 1982，Vol. II，III，New Delhi：Radiant Publishers, 1983.

15. Khan, Roed ed. ：*The American Papers*：*Secret and Confidential India—Pakistan—Bangladesh Documents*，1969 – 1973，New York：Oxford University Press, 1999.

16. Aijazuddin, F. S. ：*White House & Pakistan*：*Selected Declassified Documents*，1969 – 1974，New York：Oxford University Press, 2002.

17. Biswas, Sukumar：*Bangladesh Liberation War*：*Mujibnagar Government Documents*，1971，Dhaka：Mowla Brothers，2005.

18. Arefin, A. S. M. Shamsul：*Bangladesh Documents* 1971，Dhaka：Bangladesh Research & Publications，2009.

19. National Intelligence Council：*Tracking the Dragon*：*National Intelligence Estimate on China During the Era of Mao*，1948 – 1976，Washington，D. C. ：Government Printing Office，2004.

20. 沈志华主编：《美国对华情报解密档案（1948—1976）》第十四编：《中国与南亚》，上海：东方出版中心，2009 年版。

二、英文参考文献

1. Afraisab, Muhammad：*U. S. Relations with South Asia（Since Christo-*

pher Columbus) *and Pakistan—India Interaction* [1492 - 2002], Islamabad: WordMate. 2002.

2. Akhatara Ahameda: *Advance to Contact: A Soldoer's Account of Bangladesh Liberation War*, Dhaka: Dhaka University Press, 2000.

3. Ahmad, Kabir Uddin: *Breakup of Paksitan: Background and Prospects of Bangladesh*, London: Social Science Publishing, 1972.

4. Alam, Habibul: *Brave of Heart: The Urban Guerilla Warfare of Sector - 2 during The Liberation War of Bangladesh*, Dhaka: Academic Press and Publishers Library, 2006.

5. Aijazuddin, F. S. : *From A Head, Through A Head, To A Head: The Secret Channel Between The United States and China through Pakistan*, New York: Oxford University Press, 2000.

6. Allison, Roy and Williams, Ohiled. : *Superpower Competition and Crisis Prevention in the Thrid World*, Cambridge: Cambridge University Press, 1990.

7. Anderson, Jack and Clifford, George: *The Anderson Papers*, New York: Ballantine Books, 1973.

8. Ayoob, Mohammed and Subramanyam, K. : *The Liberation War*, New Delhi: S. Chard, 1972.

9. Azad, Salam: *Contribution of India in The War of Liberation of Bangladesh*, New Delhi: Bookwell, 2006.

10. Ball, Nicole: *Regional Conflicts and the International System: A Case Study of Bangladesh*, Brighton: Institute for the Study of International Organisations, University of Susses, 1974.

11. Barnds, William J. : *India, Pakistan and The Great Powers*, London: Pall Mall Press, 1972.

12. Baujyan, Abdul Wadud: *Emergence of Bangladesh and Role of Awami League*, New Delhi: Vikas Publshers, 1982.

13. Berlatsky, Noah ed. : *Genocide & Persecution—East Pakistan*, Maine: Greenhaven Press, 2013.

14. Bertelsen, Judy S. : *Nonstate Nations in International Politics: Camparative System Analyses*, New York: Praeger, 1977.

15. Bindra, S. S. : *Determinants of Pakistan's Foreign Policy*, New

Delhi: Mayapuri, 1988.

16. Brecher, Michael and James, Patrick: *Crisis and Change in World Politics*, London: Westview Press, 1986.

17. Bhattacharji, G. P.: *Renaissance and Freedom Movement in Bangladesh*, Calcutta: The Minerva Associates, 1973.

18. Bhutto, Zulfikar Ali: *The Great Tragedy*, Karachi: Paksitan People's Party, 1971.

19. Bikram, Oli Ahmad Bir: *Battles that I fought and Interviews of Liberation War Heroes*, Dhaka: Annesha Prokashon, 2009.

20. Brecher, Michael and James, Patrick: *Crisis and Change in World Politics*, Boulder: Westview Press, 1986.

21. Brines, Russel: *The Indo-Pakistani Conflict*, London: Pall Mall Press, 1968.

22. Bundy, William: *Tangled Web; The Making of Foreign Policy in the Nixon Presidency*, New York: Hilland Wang, 1998.

23. Burke, S. M.: *Paksitan's Foreign Policy: An Historical Analysis*, London: Oxford University Press, 1973.

24. Burke, S. M.: *Mainsprings of Indian and Pakistan Foreign Policies*, Minneapolis: University of Minnesota Press, 1974.

25. Buzan, Barry and Rizvi, Gowher ed.: *South Asian Insecurity and The Great Powers*, London: The Macmillan Press LTD. 1996.

26. Chorpra, Pran: *India's Second Liberation*, Delhi: Vikas Publshers, 1973.

27. Choudhury, G. W.: *The Last Days of United Paksitan*, Bloomington: Indiana University Press, 1974.

28. Choudhury, G. W.: *India, Pakistan, Bangladesh, and the Major Powers: Politics of A Divided Subcontinent*, New York: The Free Press, 1975.

29. Choudhury, G. W.: *Brezhnev's Collective Security Plan for Asia*, Georgetown University Press, 1976.

30. Chowdhury, Rashid Ul Ahsan: *United States Foreign Policy in South Asia: The Liberation Struggle in Bangladesh and the Indo-Pakistan War of 1971*, Ph. D. Paper, University of Hawaii, 1989.

31. Choudhury, Sukhbi: *Indo - Pak War and Big Powers*, New Delhi: Trimurti Publications, 1972.

32. Cohen, Stephen P.: *The Paksitan Army*, Berkeley: University of California Press, 1984.

33. Cohen, Warren I. and Tucher, Nancy Bernkopf, eds.: *Lyndon Johnson Confronts the World: American Foreign Policy, 1963 - 1968*, Cambridge: Cambridge University Press, 1994.

34. Crockatt, Richard: *The Fifty Years War*, London: Taylor & Francis Books Ltd., 2000.

35. Dixit, J. N.: *Makers of India's Foreign Policy*, New Delhi: Harper-Collins Publisher, 2004.

36. Feldman, Herbert: *From Crisis to Crisis: 1962 - 1969*, London: Oxford University Press, 1973.

37. Feldman, Herbert: *The End and the Beginning: Pakistan 1969 - 1971*, London: Oxford University Press, 1975.

38. Gandhi, Indira: *India and Bangladesh: Selected Speeches and Statements*, March to December, 1971, New Delhi: Orient Longman, 1972.

39. Ganguly, Shivaji: *U. S. Policy toward South Asia*, Bolder: West view Press, Inc., 1990.

40. Ghosh, P. C.: *India's Foreign Policy and the Soviet Union*, Calcutta: Classical Publication, 1973.

41. Ghosh, Sucheta: *The Role of India in The Emergence of Bangladesh*, Calcutta: Minerva Associates Pvt. Ltd., 1983.

42. Gupta, R. C.: *U. S. Policy towards India and Pakistan*, New Delhi: B. R. Publishing Corporation, 1977.

43. Haendel, Dan: *The Process of Priority Formulation—U. S. Foreign Policy in the Indo-Paki War of 1971*, Boulder: Westview Press, 1977.

44. Hall, John A. ed.: *States in History*, Oxford: Basil Blackwell, 1986.

45. Herman, Charles F.: *International Crises: Insight from Behavioral Research*, New York: Free Press, 1972.

46. Hoque, Mofidul ed.: *Bangladesh Genocide 1971 and the Quest for Justice—Papers presented in the Second International Conference on Genocide*,

Truth and Justice on 30 – 31 *July*, 2009, Dhaka: Kamala Printers, 2009.

47. Husain, Noor A. and Rose, Leo E. eds.: *Pakistan—U. S. Relations—Social, Political and Economical Factors*, New York: Berkeley, 1988.

48. Hyder, Sajjad: *Foreign Policy of Pakistan*, Lahore: Progressive Publishers, 1987.

49. Islam, M. Rafigul: *A Tale of Millions: Bangladesh Liberation War*, 1971, Dhaka: Bangladesh Books International Press, 1981.

50. Jackson, Robert W.: *South Asia Crisis: India, Paksitan and Bangladesh—A Political and Historical Analysis of the* 1971 *War*, New York: Praeger Publisher, 1975.

51. Jahan, Rounaq: *Pakistan: The Failure of National Integration*, New York: Columbia University Press, 1972.

52. Jain, J. P.: *China, Pakistan and Bangladesh*, New Delhi: Radiant Publisher, 1974.

53. Jain, J. P.: *Soviet Policy towards Pakistan and Bangladesh*, New Delhi: Radiant Publisher, 1974.

54. John, Gilbert ed.: *The New Era in American Foreign Policy*, New York: St. Martin Press, 1973.

55. Juneja, V. P.: *Indo-Pak War* 1971, New Delhi: New Light Publishers, 1972.

56. Kapur, Ashok and Wilson, A. Jeyaratnam: *Foreign Policies of India and her Neighbours*, New Delhi: Biddles Ltd. , 1996.

57. Kapur, Harish: *The Embattled Triangle: Moscow-Peking-New Delhi*, New Delhi: Abhinav Publication, 1973.

58. Karim, S. A.: *Sheikh Mujib: Triumph and Tragedy*, Dhaka: The University Press Limited, 2005.

59. Kegley, Charles W. and Eugene, J. R.: *American Foreign Policy*, New York: St. Martia's Press, 1996.

60. Khan, Fazal Muqueem: *Pakistan's Crisis in Leadership*, Islamabad: National Book Foundation, 1973.

61. Khan, Mohammad Asghar: *Generals in Politics: Pakistan* 1958 – 1982, Delhi: Vikas Publishing House Pvt Ltd. 1983.

62. Khan, Mohammed Ayub: *Friends Not Masters*: *A Political Autobiography*, London: Oxford 1976.

63. Kissinger, Henry: *White House Years*, Boston: Little Brown, 1979.

64. Krishan, N.: *No Way but Surrender*: *An Account of the Indo-Pakistan War in the Bay of Bengal*, *1971*, New Delhi: Vikas Publisher, 1980.

65. Kukreja, Veena: *Military Intervention in Politics*: *A Case Study of Pakistan*, Delhi: Sunil Printers, 1985.

66. Kux, Dennis: *The United States and Pakistan* 1947 – 2000: *Disenchanted Allies*, Washington, D. C.: National Defense University Press, 2001.

67. Kux, Dennis: *Estranged Democracies*: *India and the United States*, 1941 – 1991, Washington, D. C.: National Defense University Press, 1993.

68. Lebow, Richard Ned: *Between Peace and War*: *The Nature of International Crisis*, Baltimore and London: The Johns Hopkins University Press, 1981.

69. Litwak, Robert S.: *Détente and The Nixon Doctrine*: *American Foreign Policy and the Pursuit of Stability*, 1969 – 1976, Cambridge: Cambridge Uiversity Press, 1984.

70. Malik, Lftikhar H.: *The History of Pakistan*, NewYork: Greenwood Press, 2008.

71. Majumdar, Ramendu ed.: *Sheikh Mujibur Rahman-Bangladesh*, *My Bangladesh*: *Selected Speeches and Statements*, *October 28*, *1970 to March 26*, *1971*, New Delhi: Orient Longman, 1972.

72. Mamuna, Munatasira: *The Vanguished Generals and The Liberation War of Banglesh*, Dahaka: Somoy Prokashan, 2000.

73. Maniruzzaman, Talukder: *Group Interests and Political Changes*: *Studies of Pakistan and Bangladesh*, Delhi: South Asian Publishers Pvt Ltd. 1982.

74. Maola, Enayeta: *Birth of A Nation*: *Story of The Liberation War of Bangladesh*, Dhaka: Shahitya Prakash, 2010.

75. McMahon, Robert J.: *Cold War on the Periphery*: *The U. S.*, *India and Pakistan*, New York: Columbia University Press, 1994.

76. Miller, Benjamin: *States, Nations, and the Great Powers*: *The Sources*

ofRegional War and Peace, Cambridge: Canbridge University Press, 2007.

77. Mitchell, C. R.: The Structure of International Conflict, London: Macmillan, 1981.

78. Morgan, Patrick M. and Nelson, Keith L. ed.: Re-viewing the Cold War: Domestic Factors and Foreign Policy in the East-West Confrontation, London: Westport Coonecticut, 2000.

79. Muhith, A. M. A.: Americian Response to Bangladesh Liberation War, Dhaka: The Uiversity Press Limited, 1996.

80. Nasim, Abu Salah Mohammed: Bangladesh Fights for Independence, Dhaka: City Art Press, 2002.

81. Niazi, A. A. K.: The Betray of East Pakistan, New Delhi: Manohar Publishers, 1998.

82. Nicholas, Marta complied: Bangladesh: The Brith of A Nation: A Handbook of Background Information and Documentanry Sources, Madras: M. Seshachlam and Compancy, 1972.

83. Nixon, Richard M.: U.S. Foreign Policy for the 1970's: A New Strategy for Peace, Washington D. C.: Government Printing Office, 1970.

84. Nixon, Richard M.: U.S. Foreign Policy for the 1970's: Building for Peace, Washington D. C.: Government Printing Office, 1973.

85. Nixon, Richard M.: The Memoirs of Richard Nixon, New York: Grosset & Dunlap, 1978.

86. Noorani, A. G.: Brezhnev Plan for Asian Security, Bombay: Jaico Publishing, 1975.

87. Pittberger, Volker and Mayer, Peter eds.: Theories of International Regimes, New York: Cambridge University Press, 1997.

88. Pakistan Government: White Papers on the Crisis in East Paksitan, Islamabad, August 5, 1971.

89. Palit, D. K.: The Lighting Campaign, Salisbury: Compton, 1972.

90. Patnalik, Sudhansu Kumar: Paksitan's Foreign Policy, New Delhi: Kalpaz Publications, 2005.

91. Raina, Asoka: Inside RAW: The Story of India's Secret Service, New Dehli: Vikas Publishing House, 1981.

92. Rahman, Anisur: *My Story of 1971: Through The Holocoust that Created Bangladesh*, Dhaka: Liberation War Museum. 2001.

93. Quddus, Muhammed A.: *Pakistan: A Case Study of A Plural Society*, Calcutta: Sage Publications, 1980.

94. Rahim, Enayetur Rahim, Joyce L.: *Bangladesh Liberation War and the Nixon White House*, 1971, Dhaka: Pustala, 2000.

95. Rahman, Matiur: *The Role of India and the Big Powers in the East Pakistan Crisis of 1971*, London: Razia Rahman, 1984.

96. Rahman, Mizanur: *Emergence of A New Nation in A Multi-polar World: Bangladesh*, Dacca: Dacca University Press, 1979.

97. Raza, Rafi: *Zulfkar Ali Bhutto and Pakistan (1967–1977)*, Karachi: Oxford University Press, 1998.

98. Richardson, James L: *Crisis Diplomacy: The Great Powers since the Mid-Nineteenth Century*, Cambridge: Cambridge Unviersity Press, 1994.

99. Rudolph, Lvoyd I ed.: *The Regional Imperative: the Administration of U. S. Foreign Policy towards South Asian States under Presidents Johnson and Nixon*, Naurang Rai: Concept Publishing Company, 1980.

100. Salik, Siddiq: *Wintess to Surrender*, Karachi: Oxford University Press, 1977.

101. Samasujjamana, Kaji: *History of the 1971 Bangladesh Freedom Struggle*, Dhaka: Nargisa Jamava, 1985.

102. Sathasivam, Kanishkan: *Uneasy Neighbors: India, Pakistan and U. S. Foreign Policy*, Burlington: Ashgate Publishing Company, 2005.

103. Sayeed, Khalid Bin: *Politics in Pakistan: The Nature and Direction of Change*, New York: Praeger, 1980.

104. Schendel, Willem Van: *A History of Bangladesh*, Cambridge: Cambridge University Press, 2009.

105. Sen Gupta, Jyoti: *History of Freedom Movement in Bangladesh*, Calcutta: Naya Prokash, 1974.

106. Sen Gupta, Jyoti: *Bangladesh in Blood and Tears*, Calcutta: Naya Prokash, 1981.

107. Seton-Watson, Hugh: *Nations and States: An Enquiry into the Origins*

of Nations and the Politics of Nationalism, Boulder: Westview Press, 1977.

108. Sharma, Shri Ram: *Bangladesh Crisis and Indian Foreign Policy*, New Delhi: Young Asia, 1978.

109. Sherwani, Latif Ahmed: *Pakistan, China and America*, Karachi,: D. B. Y. Printers, 1980.

110. Siddiqi, Aslam: *Pakistan Seeks Security*, Lahore: Longmans, Green & Co. Ltd. , 1960.

111. Siddiqui, Kalim: *Conflict, Crisis and War in Paksitan*, New York: Praeger Publisher, 1972.

112. Singh, Arum Kumar: *U. N. Security Council and Indo-Pak Conflicts*, Delhi: Capital Publishing House, 1992.

113. Singh, Lachhman: *Indian Sword Strikes in East Paksitan*, New Delhi: Vikas Publisher, 1979.

114. Singh, Jagdev: *Dismemberment of Paksitan*: 1971 *Indo-Paki War*, New Delhi: Lancer International, 1988.

115. Singh, Sukhwant: *The Liberation of Bangladesh*, New Delhi: Vikas, 1980.

116. Singh, Sukhwant: *Defence of the Western Border*, New Delhi: Vikas, 1981.

117. Synder, Glenn and Dieslag, Paul: *Conflict Among Nations*: *Bargaining, Decision Making, and System Structure in International Crises*, Princeton: Princenton University Press, 1977.

118. Subrahmanyam, K. : *Bangladesh and India's Security*, Dehra Dun: Palit and Dutt, 1972.

119. Sulzberger, C. L. : *The World and Richard Nixon*, New York: Prentice Hall Press, 1987.

120. Tahir-Kheli, Shirin: *The United States and Pakistan, Evolution of An Influence Relationship*, New York: Praeger, 1982.

121. Thornton, Richard C. : *The Nixon—Kissinger Yeats*: *Reshaping U. S. Foreign Policy*, New York: Paragon House, 1990.

122. Umar, Badruddin: *The Emergence of Bangladesh*, Vol. 2, *Rise of Bengal Nationalism* (1958 – 1971), Karachi: Oxford University Press, 2006.

123. Verma, Ashok Kalyan: *Bridge on The River Meghna: The Dash to Dhaka: Bangladesh Liberation War*, 1971, New Delhi: KW Publisher, 2009.

124. Westad, Odd Arne: *The Global Cold War: Third World Intervention and the Making of Our Times*, Cambridge: Cambrigde University Press, 2005.

125. Wilcox, Wayne: *The Emergence of Bangladesh-Problems and Oppurtunities for a Redefined Amercia Policy in South Asia*, Washington, D. C.: American Enterprise Institute for Public Policy Research, 1973.

126. Yaday, Leela: *U. S. Policy in South Asia—A Case Study of Pakistan*, New Delhi: Harman Publishing House, 1989.

127. Zaheer, Hasan: *The Separation of East Pakistan: The Rise and Realization of Bengali Muslim Nationalism*, Karachi: Oxford University Press, 1994.

128. Zaman, Imamuz: *Bangladesh War of Liberaiton*, Dhaka: Columbia Prokashani, 2001.

三、英文论文

1. Ahmed, Eqbal: "Pakistan: Its Role in U. S. World Strategy", *Middle East Research and Information Project Reports*, No. 16, Apr. 1973.

2. Ahmed, Feroz: "Alliances and the Break-up of Pakistan", *Pakistan Forum*, Vol. 2, N0. 7/8, Apr. – May 1972.

3. Banerjee, Sanjoy: "Explaining the American 'Tilt' in the 1971 Bangladesh Crisis: A Late Dependency Approach", *International Studies Quarterly*, No. 31. 1987.

4. Barnds, Willam J. : "China's Relations with Pakistan: Durability amidst Discontinuity", *The China Quarterly*, No. 63. Sep. , 1975.

5. Basrur, Rajesh M. : "1971 in Retrospect: A Reappraisal of Soviet Policy in South Asia", *International Studies*, Vol. 25, No. 3, 1988.

6. Baxter, Craig: "Pakistan Votes – 1970", *Asian Survey*, Vol. 11, No. 3. March, 1971.

7. Bokhari, I. H. : "Playing with A Weak Hand: Kissinger's Manage-

ment of The 1971Indo-Pakistan Crisis ", *Journal of South Asian and Middle Eastern Studies*, Vol. 22, No. 1, Spring, 1998.

8. Brecher, Michael and Wilkenfeld, Jonathan: "Crises in World Politics", *World Politics*, Vol. 34, No. 3. April. 1982.

9. Budhraj, Vijay Sen: "Moscow and the Birth of Bangladesh", *Asian Survey*, Vol. 13 No. 5. March, 1973.

10. Burke, S. M. : "The Postwar Diplomacy of the Indo-Pakistan War of 1971", *Asian Survey*, Vol. 13, No. 11, Nov. 1973.

11. Chadda, Maya: "India and the United States: Why Détente Won't Happen", *Asian Survey*, Vol. 26, No. 10. Oct., 1986.

12. Chari, P. R. : "Indo-Soviet Military Cooperation: A Review", *Asian Survey*, Vol. 19, No. 3. March, 1979.

13. Choudhury, G. W., "Bangladesh: Why It Happened", *International Affairs (Royal Institute of International Affairs, 1944 –)*, Vol. 48, NO. 2. April., 1972.

14. Colaresi, Michael, William R. Thompson: "Strategic Rivalries, Protracted Conflict, and Crisis Escalation", *Journal of Peace Research*, Vol. 39. No. 3. May, 2002.

15. Dobell, W. M. : "Pakistan's Relations with the Major Powers and Some Minor Agreements", *Pacific Affairs*, Vol. 37, No. 4. Winter, 1964 – 1965.

16. Donaldson, Robert H. : "India: The Soviet Stake in Stability", *Asian Survey*, Vol. 12, No. 6. June, 1972.

17. Dumbar, David: "Pakistan: The Failure of Political Negotiations", *Asian Survey*, Vol. 12, No. 5. May, 1972.

18. Dutta, S. : "China and Pakistan: End of a 'Special Relationship'", *China Report*, Vol. 30, No. 2, 1994.

19. Gardezi, Hassan N. : "Neo—Colonial Alliances and the Crisis of Pakistan", *Pakistan Forum*, Vol. 1., No. 2, Dec. 1970 – Jan. 1971.

20. Haider, Zaglul: "A Revisit to The Indian Role in The Bangladesh Liberation War ", *Journal of Asian and African Studies*, Vol 44, No. 5, 2009.

21. Heginbotham, Stanley J. : "In the Wake of Bangladesh: A New Role for India in Asia?" *Pacific Affairs*, Vol. 45, No. 3. Autumn, 1972.

22. Hermann, Richard K.: "Soviet Behavior in Regional Conflicts: Old Questions, New Strategies, and Important Lessons", *World Politics*, Vol. 44, No. 3. April. 1992.

23. Horelick, Arnold L.: "Soviet Policy Dilemmas in Asia", *Asian Survey*, Vol. 17, No. 6. June, 1977.

24. Jha, Nalini Kant, Pakistan: "India and The Creation of Bangladesh", *Ingernational Studies*, Vol. 29, No. 1, 1992.

25. Johnson, Robert H.: "Exaggerating America's Stakes in Third World Conflicts", *International Security*, Vol. 10, No. 3. Winter, 1985 – 1986.

26. Kapur, Ashok: "Indo-Soviet Treaty and the Emerging Asian Balance", *Asian Survey*, Vol. 12, No. 6. June 1972.

27. Kapur, S. Paul: "India and Pakistan's Unstable Peace: Why Nuclear South Asia in Not Like Cold War Europe", *International Security*, Vol. 30, No, 2, 2005.

28. Khan, Sultan Muhammed: "Pakistani Geopolitics: The Diplomatic Perspective", *International Security*, Vol. 5, No. 1 Summer, 1980.

29. Kumar, Satish: "The Evolution of India's Policy towards Bangladesh in 1971", *Asian Survey*, Vol. 15 No. 6 Jun, 1975.

30. Malik, Iftikhar H.: "The Pakistan—U. S. Security Relationship: Testing Bilateralism", *Asian Survey*, Vol. 30, No. 3, March 1990.

31. Malik, Hafeez and Duncan, Peter J. S.: "Soviet—Pakistan Relations and Post—Soviet Dynamics", *Europe-Asia Studies*, Vol. 48. No. 5, 1996.

32. Marwah, Onkar: "India's Military Invention in East Pakistan 1971—1972", *Modern Asian Studies*, Vol. 13, N0. 4 1979.

33. Mahmudul, Huque: *Quest for Stability: The Role of the United States in the India—Pakistan Conflict*, 1947 – 1971, Ph, . D. Paper, University of Houston, 1988.

34. Misra, K. P.: "Intra-State Imperialism: The Case of Pakistan", *Journal of Peace Research*. Vol. 9, No. 1. 1972.

35. Mitra, Subrata: "War and Peace in South Asia: A Revisionist View of India-Pakistan Relations", *Comtemporary South Asia*, Vol. 10, No. 3, 2001.

36. Moten, Abdul Rashid: "Nationalsim, Elite Politics and The Breakup of Pakistan", *The Muslim World*, Vol. 88, No. 1, January, 1998.

37. Noorani, A. G.: "Soviet Ambitions in South Asia", *International Security*, Vol. 4, No. 3. Winter, 1979-1980.

38. Philip Oldenburg: "'A Place Insufficiently Imagined': Language, Belief, and The Pakistan Crisis of 1971", *The Journal of Asian Studies*, Vol. 44, No. 4, August, 1985.

39. Rao, P. V.: "The U. S. Congress and The 1971 Crisis in East Pakistan", *International Studies*, Vol. 43, No. 1, 2006.

40. Rashiduzzaman, M.: "The National Awami Party of Pakistan: Leftist Politics in Crisis", *Pacific Affairs*, Vol. 43, No. 3. Autumn, 1970.

41. Rashiduzzaman, M.: "The Awami League in the Political Development of Pakistan", *Asian Survey*, Vol. 10, No. 7. July, 1970.

42. Ram, Raghunath: "Soviet Policy towards India from the Tashkent Conference to the Bangladesh War", *International Studies*, Vol. 22, No. 4, 1985.

43. Riaz, Ali: "Beyond The 'Tilt': U. S. Initiatives to Dissipate Bangladesh Movement in 1971", *History Compass*, Vol. 4, No. 1, January 2006.

44. Soherwordi, Syed Hussain Shaheed: "US Foreign Policy Shift towards Pakistan between 1965&1971 Pak-India Wars", *A Research Journal of South Asian Studies*, Vol. 25, No. 1, January-June 2010.

45. Yoon, Mi Yung: "Explaining U. S. Intervention in Third World Internal Wars, 1945-1989", *The Journal of Conflict Resolution*, Vol. 41, No. 4. August 1997.

46. Walter, Michael: "The U. S. Naval Demonstration in the Bay of Bengal during the 1971 India-Pakistan War", *World Affairs*, Vol. 141, Spring, 1979.

47. Warner, Geoffrey: "Nixon Kissinger and The Breakup of Pakistan, 1971, *International Affairs*", Vol. 81, October, 2005.

48. Widmaier, Wesley W.: "The Democratic Peace is What States Make of It: A Constructivist Analysis of The U. S. - Indian 'Near-Miss' in The 1971 South Asian Crisis", *European Journal of International Relations*,

Vol. 11, No. 3, September, 2005.

四、中文参考文献

1. ［巴］阿尔塔夫·高哈：《阿尤布·汗——巴基斯坦首位军人统治者》，邓俊秉译，北京：世界知识出版社，2002年中文版

2. ［美］阿尔蒙德. 小鲍威尔：《比较政治学：体系过程与政策》，曹沛霖译，上海：上海译文出版社，1987年中文版

3. ［法］安德烈·博福尔：《战略入门》，中国人民解放军军事科学院外国军事研究部译，北京：军事科学出版社，1989年中文版

4. ［英］巴里·布赞、［丹］奥利·维夫：《地区安全复合体以国际安全结构》，潘忠岐、孙霞、胡勇、郑力译，上海：上海世纪出版集团，2010年中文版

5. ［英］保罗·肯尼迪：《大国的兴衰—1500—2000年的经济变革与军事冲突》，王保存、王章辉、余昌楷译，北京：中信出版社，2013年中文版

6. 北京太平洋国际战略研究所：《应对危机—美国国家安全决策机制》，北京：时事出版社，2001年版

7. 蔡佳禾：《双重遏制—艾森豪威尔政府的东亚政策》，南京：南京大学出版社，2000年版

8. 谌焕义：《英国工党与印巴分治》，北京：社会科学文献出版社，2003年版

9. 陈延琪：《印巴分立—克什米尔冲突的滥觞》，乌鲁木齐：新疆人民出版社，2003年版

10. ［日］衫田一次：《从兵要地志看中苏战争》，军事科学院外国军事研究部译，北京：战士出版社，1983年中文版

11. ［美］德瑞克·李波厄特：《五十年伤痕：美国的冷战历史观与世界》（上、下），郭学堂、潘忠岐、孙小林译，上海：三联书店，2008年中文版

12. ［法］弗农·沃尔特斯：《秘密使命》，尤勰、朱州、胡晓译，北京：世界知识出版社，1980年中文版

13. 高鲲、张敏秋主编：《南亚政治经济发展研究》，北京：北京大学出版社，1995年版

14. 韩召颖编著：《美国政治与对外政策》，天津：天津人民出版社，2007年版

15. [英] 赫德利·布尔：《无政府社会：世界政治秩序研究》（第2版），张小明译，北京：世界知识出版社，2003年中文版

16. [美] 亨利·基辛格：《动乱年代：基辛格回忆录》，张志明译，北京：世界知识出版社，1983年中文版

17. [美] 亨利·基辛格：《大外交》，顾淑馨，林添贵译，海口：海南出版社，1988年中文版

18. [美] 亨利·基辛格：《白宫岁月》（三），杨静予等译，北京：世界知识出版社，2003年中文版

19. 胡志勇：《冷战时期南亚国际关系》北京：新华出版社，2009年版

20. 黄华：《回忆与亲历—黄华回忆录》，北京：世界知识出版社，2007年版

21. 黄正柏：《美苏冷战争霸史》，武汉：华中师范大学出版社，1997年版

22. [美] 加尔布雷思：《我们时代的生活：加尔布雷思回忆录》，祁阿红、王喜六等译，南京：江苏人民出版社，1990年中文版

23. [英] 理查德·克罗卡特：《50年战争》，王振西主译，北京：新华出版社，2003年中文版

24. [美] 理查德·尼克松：《真正的战争》，常铮译，北京：新华出版社，1980年中文版

25. [美] 理查德·尼克松：《1999不战而胜》，王观声译，北京：世界知识出版社，1989年中文版

26. [美] 理查德·尼克松：《尼克松回忆录》（上），伍任译，北京：世界知识出版社，2000年中文版

27. [英] 利德尔·哈特：《战略论：间接路线战略》，中国人民解放军军事科学院译，北京：战士出版社，1981年中文版

28. 李景治、罗天虹等著：《国际战略学》，北京：中国人民大学出版社，2003年版

29. 李德昌：《巴基斯坦的政治发展（1947—1987）》，成都：四川大学出版社，1989年版

30. 林良光、叶正佳、韩华：《当代中国与南亚国家关系》，北京：社会科学文献出版社，2001年版

31. 刘金质：《冷战史》（3卷本），北京：世界知识出版社，2003年版

32. ［美］罗德里克·麦克法考尔、费正清主编：《剑桥中华人民共和国史（1966—1982）》，金光耀等译，上海：上海人民出版社1992年中文版

33. ［美］罗伯特·唐纳森主编：《苏联在第三世界的得失》，任泉、刘芝田译，北京：世界知识出版社，1985年中文版

34. ［美］罗伯特·阿特：《美国大战略》，郭树勇译，北京：北京大学出版社，2005年中文版

35. ［英］米勒、波格丹诺：《布莱克维尔政治学百科全书》，邓正来等译，北京：中国政法大学出版社，1992年中文版

36. 钮先钟：《战略研究》，桂林：广西师范大学出版社，2003年版

37. ［美］塞利格·哈里逊：《扩大中的鸿沟：亚洲民族主义和美国政策》，金婉如、王宝玉等译，北京：中国社会科学文献出版社，1984年中文版

38. ［美］斯蒂芬·科亨：《孔雀与大象——解读印度大战略》，刘满贵、宋金品译，北京：新华出版社，2002年中文版

39. 时事出版社选编：《中美苏战略三角》，北京：时事出版社，1988年版

40. 孙德刚：《多元平衡与"准联盟"理论研究》，北京：时事出版社，2007年版

41. 孙德刚：《准联盟外交的理论与实践——基于大国与中东国家关系的实证分析》北京：世界知识出版社，2012年版

42. 宋海啸：《印度对外政策决策—过程与模式》北京：世界知识出版社，2011年版

43. 孙一先：《在大漠那边——一个前驻蒙外交官的回忆》，北京：中国青年出版社，2001年版

44. 孙士海主编：《南亚的政治、国际关系及安全》北京：中国社会科学出版社，1998年版

45. 孙士海主编：《印度的发展及其对外战略》，北京：中国社会科

学出版社，2000 年版

46. 唐昊、彭沛：《巴基斯坦 孟加拉：面对种族和宗教的冲突》，北京：四川人民出版社，2002 年版

47. ［孟］威廉·冯·申德尔：《孟加拉国史》，李腾译，上海：东方出版中心，2011 年中文版

48. ［挪］文安立：《冷战与革命——苏美冲突与中国内战的起源》，陈之宏、陈兼译，桂林：广西师范大学出版社，2002 年中文版

49. 吴永年、赵干城、马孆：《21 世纪印度外交新论》，上海：上海译文出版社，2004 年版

50. 王成至：《跨越雷区的握手：1969—1972 年中美缓和进程研究》上海：上海三联书店，2010 年版

51. ［美］西摩·赫什：《权力的代价：尼克松执政时期的基辛格》，吴聿衡译，北京：中国国际文化出版公司，1991 年中文版

52. ［美］小约瑟夫·奈：《理解国际冲突——理论与历史》，张小明译，上海：上海世纪出版集团，2002 年中文版

53. 谢福苓、林良光主编：《孟加拉国政治与经济》，北京：北京大学出版社，1994 年版

54. 徐天新、沈志华主编：《冷战前期的大国关系——美苏争霸与亚洲大国的外交取向（1945—1972）》，北京：世界知识出版社，2011 年版

55. ［日］岩岛久夫：《突然袭击研究》，张健、贺小铭译，北京：国防大学出版社，1987 年中文版

56. ［英］伊夫提哈尔·H.马里克：《巴基斯坦史》，张文涛译，北京：中国大百科全书出版社，2010 年中文版

57. 杨翠柏、李德昌：《当代巴基斯坦》，成都：四川人民出版社，1999 年版

58. 杨公素：《沧桑九十年——一个外交特使的回忆》，海口：海南出版社，1999 年版

59. 杨坚：《特殊机构：美国驻华联络处揭秘》，重庆：重庆出版社，2008 年版

60. ［英］约翰·柯林斯：《大战略》，钮先钟译，台北：黎明文化事业公司，1975 年中文版

61. ［美］约翰·加迪斯：《遏制战略：战后美国国家安全政策评

析》,时殷弘、李庆四、樊吉社译,北京:世界知识出版社,2005 年中文版

62. 赵蔚文:《中印关系风云录》,北京:时事出版社,2000 年版

63. 赵伯乐:《当代南亚国际关系》,北京:中国社会科学出版社,2003 年版

64. 张敏秋:《中印关系研究(1947—2003)》北京:世界知识出版社,2004 年版

65. 张小明:《冷战及其遗产》,上海:上海人民出版社,1998 年版

66. 张忠祥:《尼赫鲁外交研究》,北京:中国社会科学出版社,2002 年版

67. 中国国际问题研究所编译:《国际条约集(1969—1971)》,北京:商务印书馆,1980 年版

68. 《中华人民共和国外交大事记》(第三卷),北京:世界知识出版社,2002 年版

69. 周琪主编:《国会与美国外交政策》,上海:上海科学院出版社,2006 年版

70. 左凤荣:《致命的错误——苏联对外战略的演变与影响》,北京:世界知识出版社 2001 年版

五、中文论文

1. 陈兼:《对"冷战"在战略层面的再界定——1960 年代末、1970 年代初美国对华及东亚政策的转变及其涵义》,《国际政治研究》2008 年第 3 期

2. 常县宾:《试论尼克松政府在 1971 年印巴危机中的外交政策》,华中师范大学硕士学位论文,2005

3. 成晓河:《中国—巴基斯坦关系的嬗变 1962—1965》,《南亚研究》2009 年第 4 期

4. 戴超武:《1965 年印巴战争与美国的反应和政策》,《世界历史》2008 年第 2 期

5. 傅小强:《印巴冲突的历史与地缘考察》,《亚非纵横》2002 年第 2 期

6. 韩晓青:《无意识的"推动者"——中巴边界谈判过程中的印度

因素》,《南亚研究》2010 年第 3 期

7. 韩晓青:《周恩来对二十世纪六十年代初期中巴关系根本改善的奠基性贡献》,《中共党史研究》2011 年第 9 期

8. 韩晓青:《中国与巴基斯坦解决双边陆地边界问题外交谈判的历史考察》,《当代中国史研究》2011 年第 6 期

9. 韩晓青、齐鹏飞:《20 世纪 60 年代初期巴基斯坦积极推动中巴边界谈判之动因分析》,《南亚研究》2010 年第 4 期

10. 兰江、毛德金:《1954—1965 年美国对巴基斯坦的军事援助及其影响》,《南亚研究季刊》2004 年第 2 期

11. 李达南:《周恩来与 1971 年印巴战争》,《党的文献》2001 年第 2 期

12. 李丹慧:《打开中美关系进程中的周恩来——来自尼克松外交档案的新证据》,《冷战国际史研究》(第 6 辑),北京:世界知识出版社,2008

13. 李孟一:《第三次印巴战争及其对大国关系的影响》,郑州大学硕士学位论文,2006

14. 李晓妮:《美国对巴基斯坦政策研究(1941—1957)》,东北师范大学博士学位论文,2009

15. 栗广:《论 1971 年南亚危机与中美关系缓和进程》,《武汉大学学报(人文科学版)》2013 年第 1 期

16. 刘磊:《基辛格与美国对 1971 年印巴危机和战争的反应》,《冷战国际史研究》(第 5 辑),北京:世界知识出版社,2008

17. 刘妍妍:《尼克松政府对 1971 年南亚危机的政策》,东北师范大学硕士学位论文,2005

18. 罗金平:《试论尼克松时期美国政府对巴基斯坦的外交政策(1969—1972 年)》,浙江师范大学硕士学位论文,2012

19. 马加力:《浅析美、印、巴三角关系的变化》,《现代国际关系》2001 年第 11 期

20. 钱江:《中美建交〈巴基斯坦渠道〉是怎样开掘的》,《党史文苑》2003 年第 3 期

21. 曲家明:《1971 年美国应对南亚危机过程中的中国因素》,中山大学硕士学位论文,2010

22. 斯文：《浅析冷战时期的印苏关系》，《南亚研究季刊》1999 年第 2 期

23. 宋德星：《论巴基斯坦的安全战略—地缘政治方面的强制性因素》，《战略与管理》2001 年第 6 期

24. 孙德刚，张守柱：《美苏中三角关系述评：1972—1989》，《江西教育学院学报》2003 年第 1 期

25. 宋德星：《论巴基斯坦联盟外交及其困境》，《南亚研究》2001 年第 1 期

26. 宋德星：《印巴安全两难与中国的南亚政策》，《南亚研究》2002 年第 1 期

27. 宋德星：《南亚地缘政治构造与印度的安全战略》，《南亚研究》2004 年第 1 期

28. 唐龙彬：《一次特别神秘的外交使命——接待基辛格秘密访华追记》（上）《世界知识》1995 年第 13 期

29. 唐龙彬：《一次特别神秘的外交使命——接待基辛格秘密访华追记》（下）《世界知识》1995 年第 14 期

30. 汤广辉：《巴基斯坦外交政策的历史分析》，《南亚研究季刊》1991 年第 1 期

31. 王昊：《冷战时期美国对印度援助政策研究（1947—1971）》，华东师范大学博士学位论文，2008

32. 王琛：《美国外交政策与南亚均势（1947—1963）》，南京大学博士学位论文，1999

33. 王琛：《美国对 1962 年中印边界冲突的反应》，《史学月刊》2002 年第 1 期

34. 王琛、王苏礼：《1971 年南亚危机与尼克松政府的对策》《史学月刊》2009 年第 12 期

35. 王苏礼：《美国与 1971 年南亚危机》，郑州大学硕士学位论文，2007

36. 王苏礼：《试论 1971 年南亚危机的演变过程》，《新远见》2008 年第 4 期

37. 吴永年：《论印巴危机的根源、现状与发展趋势》，《复旦学报（社会科学版）》2002 年第 4 期

38. 习罡华：《地缘政治与 1947—1974 年的克什米尔冲突》，北京大学博士学位论文，2008

39. 夏立平：《当代国际关系中的三角关系：超越均势理念》，《世界经济与政治》2002 年第 1 期

40. 杨奎松：《中美和解过程中的中方变奏——"三个世界'理论提出的背景探析》，《冷战国际史研究》（第 4 辑），北京：世界知识出版社，2007 年

41. 姚远梅：《印度与巴基斯坦的分裂》，郑州大学硕士学位论文，2004

42. 严维娜：《英国对 1971 年南亚危机的反应与政策》，华东师范大学硕士学位论文，2013

43. 余伟民：《国际性与本土性：冷战的双重逻辑——〈读冷战与革命〉》，《冷战国际史研究》（第 2 辑），北京：世界知识出版社，2006

44. 赵日辰：《印巴关系与巴基斯坦的安全防务战略》，《南亚研究季刊》1995 年第 1 期

45. 张贵洪：《超越均势：论后冷战时期的美国南亚安全战略》，复旦大学博士论文，2004

46. 张世均：《孟加拉人民联盟的民族主义运动及其作用》，《世界历史》2009 年第 5 期

47. 张文木：《印度的大国战略与南亚地缘政治格局》，《战略与管理》2002 年第 4 期

48. 赵辉兵：《1971 年巴基斯坦内战成因考察》，《徐州师范大学学报（哲学社会科学版）》2012 年第 3 期

49. 郑华：《中美关系解冻过程中的巴基斯坦渠道》，《史学集刊》2008 年第 2 期

六、中英文报刊

1. 《人民日报》
2. 《纽约时报》
3. 《华盛顿时报》

后 记

自硕士阶段以来，无论是写硕士论文，还是写博士论文，抑或本书的后记，我最大的感受是想写的东西很多，但每当正襟危坐，想正儿八经地写的时候，却总感思绪纷呈，不知从何处下笔。思来想去，所谓"后记"应当是指书稿完成之后，点滴汇聚书稿写就的心路历程。于心灵记录的自我感受而言，可融为12个字："拨弄键盘世界，描摹文字江山。"掐指一算，自2001年初涉冷战国际史，到这部以我的博士论文为基础修改而成的书稿封笔已有13个年头，一路走来，虽苦其心智，却苦中有乐，虽苦尤甘。

但仔细想来，写就一部书稿单靠一己之力是难以完成的。若无师长的教诲与指点、学友的鼓励和建议、家人的关爱和理解，这部书稿是万万写不出来的。

8年前有幸来到华东师范大学历史学系，在余伟民教授门下攻读博士学位。先生学识渊博，治学严谨，朴实无华，宽厚待人。在论文的写作过程中，无论是史料的搜集整理、纲目结构的构建，抑或观点的斟酌提炼、字句标点的修改，余老师都耐心、细心地审阅指导，提出详尽的修改建议。每遇困惑茫然之处，是余老师的点化迷途，助我拨开思维的阴霾，找到继续前进的道路。偶有思想火花的闪现，是余老师的真切鼓励，让我充满信心地去探究尘封史料背后的历史谜团。学生能完成这部书稿，离不开余老师多年来的悉心教诲。师恩浩荡，毕生难忘。

王扬教授与宋瑞芝教授是引导我走向冷战国际史研究道路的引路人。正因为有两位老师的严格要求、无私帮助，才促使我在学术领域不断前进，衷心感谢两位老师多年来对我的关心和培养。

历史系的诸位老师——郑寅达教授、沈志华教授、沐涛教授、戴超武教授在论文开题和写作过程中给予莫大的帮助，提出了宝贵的建议。

他们的学术风范和治学态度深深地感染着我。学生在此深表谢意。

已故的著名学者金重远教授是我的博士论文答辩委员会主席。还记得答辩那天，是我到华东师大中山北路大门去迎接金老的。那时的金老身体状况并不是太好，但精神依旧矍铄。答辩会上，金老用两页写有"复旦大学"题头的信笺纸满满当当地写下我的博士论文中出现的纰漏和错误，并一一作出修改和批注，字里行间闪现的严谨和勤勉令我这位后学愚生钦佩不已、难以忘怀。金老的那两页信笺纸，我将好好保存，永远珍藏。

同样令我难以忘怀的还有上海师范大学的叶书宗教授。叶老是我论文的评阅人和答辩委员会成员。记得2009年初夏，我送论文给叶老评阅时，两碗软糯、香甜的银耳莲子羹既包含了叶老对年轻人的真切勉励，更让我感受到了家一般的温润。真心祝愿叶老健康长寿！

去年上半年，受"湖北省高校青年教师海外访学计划"资助，我有幸到美国康奈尔大学，在陈兼教授的指导下从事访问研究。访学期间，陈兼教授的大师风范、风趣幽默的谈吐、深邃宽广的学术视野令我获益匪浅，衷心感谢陈兼教授！康奈尔大学幽美的校园环境和丰富的学术资源使我能沉淀下来搜集、研读大量与本书稿相关，且最新的英文文献，为文稿修改打下了坚实的基础。康奈尔的访学经历使我留下了美好的回忆。

华东师大冷战国际史研究中心的梁志和周娜两位老师在资料查找方面提供诸多便利和帮助，特别是梁志博士在香港访学期间为我复印了国内所没有的珍贵档案文献，使我的博士论文写作更加充实。我衷心感谢两位老师。师兄陈波博士对我关怀备至，时常向我讲述他的学习心得和治学体会，感谢多年来师兄的无私帮助。

感谢国家社科规划办对本书稿学术价值的肯定和出版资助。

黄冈师范学院科技处和政法学院的诸位领导一直关心本书稿的写作，本书稿在完善和修改过程中还得到了黄冈师范学院博士科研基金（项目编号：09CD150）的资助，在此一并致谢！

最后，我要感谢长久以来一直默默支持我的父母和家人。我的父母是质朴善良的知识分子。他们的勤劳、豁达、坚毅深刻地影响着我的生活态度。父母时常教导我面对困难，不要轻言放弃，要善于将学术道路上的种种阻力转化为学术前进的动力，对此我将铭记于心。妻子陈文林乐观、直率，每当我因为文稿写作焦躁、烦闷之时，是妻子的真切鼓励使我能够从焦躁、烦闷的情绪中摆脱出来，继续写作。感谢一直以来，妻子文林的理解和支持！感谢我的父母和家人，正是他们的无私大爱促我不断前进。

  由于本人学识和能力所限，文中纰漏和舛误以及挂一漏万之处在所难免，恳请各位方家批评指正。

张 威
2014年6月于古城黄州

图书在版编目（CIP）数据

1971年南亚危机与美巴关系：冷战时期地区危机与大国战略的互动性研究／张威著.
—北京：中央编译出版社，2015.9
ISBN 978-7-5117-2757-2

Ⅰ.①1…
Ⅱ.①张…
Ⅲ.①国际政治关系－研究－美国、巴基斯坦－1971
Ⅳ.①D819

中国版本图书馆CIP数据核字（2015）第198226号

1971年南亚危机与美巴关系：冷战时期地区危机与大国战略的互动性研究

出 版 人：	刘明清
责任编辑：	曲建文
责任印制：	尹　珺
出版发行：	中央编译出版社
地　　址：	北京西城区车公庄大街乙5号鸿儒大厦B座（100044）
电　　话：	（010）52612345（总编室）　（010）52612370（编辑室）
	（010）52612316（发行部）　（010）52612317（网络销售）
	（010）52612346（馆配部）　（010）55626985（读者服务部）
传　　真：	（010）66515838
经　　销：	全国新华书店
印　　刷：	北京金瀑印刷有限责任公司
开　　本：	787毫米×1092毫米　1/16
字　　数：	490千字
印　　张：	25.25
版　　次：	2015年9月第1版第1次印刷
定　　价：	78.00元
网　　址：	www.cctphome.com　　邮　箱：cctp@cctphome.com
新浪微博：	@中央编译出版社　　　　　微　信：中央编译出版社(ID: cctphome)

凡有印装质量问题，本社负责调换，电话：（010）55626985